AF532689

Bibliografische Information der Deutschen Nationalbibliothek
Die Deutsche Nationalbibliothek verzeichnet diese Publikation in der Deutschen Nationalbibliografie; detaillierte bibliografische Daten sind im Internet über http://dnb.de abrufbar.

Volker Wortmann
Authentisches Bild und authentisierende Form
Köln: Halem 2023

2., überarbeitete und ergänzte Auflage

1. Auflage 2003
2. Auflage 2023

ISBN (Print): 978-3-86962-651-2
ISBN (PDF): 978-3-86962-652-9
ISBN (ePub): 978-3-86962-653-6

Den Herbert von Halem Verlag erreichen Sie auch im Internet unter http://www.halem-verlag.de
E-Mail: info@halem-verlag.de

SATZ: Herbert von Halem Verlag
DRUCK: docupoint GmbH, Magdeburg
GESTALTUNG: Claudia Ott Grafischer Entwurf, Düsseldorf

Volker Wortmann

Authentisches Bild und authentisierende Form

2., überarbeitete und ergänzte Auflage

HERBERT VON HALEM VERLAG

Inhalt

Vorwort zur zweiten, überarbeiteten Auflage

Als ich mich vor mehr als zwanzig Jahren erstmals aus akademischer Perspektive dem Problem der Authentizität näherte, war der Begriff für die Kulturwissenschaften bereits erledigt. Der *Strukturalismus* hatte uns gelehrt, dass alles Text sei und ein Schritt zurück hinter die Zeichenhaftigkeit der Welt unmöglich; die *Dekonstruktion* hatte uns vor Augen geführt, dass die Wesenskerne der Welt als beliebige Setzungen verstanden werden müssten, die wie modrige Pilze zerbröseln, wenn man nur genau genug hinschaute; schließlich insistierte der *Konstruktivismus* darauf, dass eine objektive Wirklichkeit, unabhängig von sozialen Aushandlungen und Einschreibungen, nicht denkbar sei. Für ein essentialistisches Konzept wie das der Authentizität waren das keine guten Voraussetzungen. In einem seinerzeit vielbeachteten Aufsatz schrieb der Literaturwissenschaftler Helmut Lethen: »Was ›authentisch‹ ist, kann nicht geklärt werden. Mich interessiert, welche Verfahren den Effekt des ›Authentischen‹ auslösen können bei einem Publikum, das die Möglichkeit von Authentizität eher skeptisch einschätzt« (1996: 209).

Von Authentizität wurde also nicht mehr gesprochen, stattdessen von Authentizitätseffekten und Authentisierungsstrategien. Auch in dem Buch, das sie gerade aufgeschlagen haben, wird viel von Effekten und Strategien die Rede sein. Insofern ist der Text erkennbar mit seiner Entstehungszeit verbunden. Seinerzeit ging man davon aus, dass Authentizität als Beschreibungskategorie mit der konsequent fortschreitenden Entzauberung von Welt in die Asservatenkammer der Kulturgeschichte durchgereicht werden könne. Diesbezüglich war ich mir nicht so sicher.

Mein Interesse bestand zunächst darin zu verstehen, wie es sein kann, dass man sich von dem Authentizitätsversprechen (eines musealen Gegenstands, eines Kunstwerks, einer theatralen Aufführung, eines dokumentarischen Films) selbst dann affizieren lässt, wenn man um all seine historischen, kulturellen und sozialen Vorbedingungen weiß, sozusagen wider besseres Wissen und das vielleicht sogar mit Genuss. Jean-Louis Comolli hatte im Kontext der Apparatus-Theorie über das Kino und die Realitätseffekte des Films etwas Vergleichbares beschrieben: »[T]he spectator is anyhow well aware of the artifice but he/she prefers all the same to believe in it« (1980: 132). Allein das Anerkennen dieses ›doppelten Bewusstseins‹ des Publikums führt zu einer deutlichen Komplizierung der Verhältnisse: Es stellt keinen Widerspruch dar, auch wenn es auf gegenläufige Interessen hindeutet.

Mehr aber als an einer Klärung der Publikumsinteressen (in der Arbeit ist mehrfach von ›Authentizitätssehnsucht‹ zu lesen) war ich an einem funktionalistischen Modell von Authentizität interessiert – auch wenn mir das beim Schreiben der Arbeit damals noch nicht klar war. Zwar ist ein solches Modell in der Organisation des Materials bereits angelegt, es wird aber an keiner Stelle explizit gemacht. Erst in späteren Texten tritt es deutlicher hervor (vgl. WORTMANN: 2006, 2018).

Funktionalistisch bedeutet anzuerkennen, dass das Konzept von Authentizität – solange es noch in Verwendung ist und insofern von Relevanz – eine Funktion wahrnimmt, die sich nicht ohne Weiteres substituieren lässt. Diese Funktion ist zumeist eine regulative, die sich wiederum auf die unterschiedlichsten Gegenstandsbereiche und Diskurse erstreckt.

Solange über Authentizität gesprochen wird, ist das Konzept virulent. Das gilt auch dann, wenn man Authentizität zur Hölle wünscht, wie das die Schriftstellerin Juli Zeh vor einiger Zeit mit gehöriger Verve in der *Zeit* getan hat (2006). Probleme wird man nicht los, wenn man sie ignoriert oder ins infernale Abseits zu exilieren versucht. Selbst die größten Authentizitätsverächter werden konstatieren müssen, dass Authentizität ein Begriff mit Konjunkturen ist, ein Begriff wie ein Symptom, das in regelmäßigen Abständen aus den Ablagefächern der Geschichte aufsteigt und durch Fachdiskurse und Feuilletons geistert – das mitunter in durchaus widersprüchlichen Gestalten: mal als emphatische Beschwörungsformel, mal als großes Lamento über seinen Verlust, schließlich als Beschwerdeführung darüber, dass alle Welt von Authentizität spreche, man das ganze Echtheits- und Authentizitätsgerede aber als Zumutung empfinde.

Zuletzt sah sich Erik Schilling dazu veranlasst, in Bezug auf die Gegenwart von einem »Authentizitätsboom« zu sprechen (2020: 10). Interessanterweise sieht er Authentizität nicht mehr an ihr poststrukturalistisches Ende gekommen (wie das vor zwanzig Jahren noch der Fall gewesen war);

im Gegenteil: »Weil die Rede vom ›Authentischen‹ auf eine unveränderliche Essenz von Menschen und Dingen rekurriert, ist sie widerstandsfähig gegenüber dem freien Flottieren digital-kosmopolitischer Tendenzen« (ebd.: 18).

Damit ist zunächst nur gesagt, dass das Konzept nach wie vor von Interesse ist. Damit ist nicht in Abrede gestellt, dass es vieles gibt, was den Begriff und seine Verwendungsweisen problematisch erscheinen lässt: sein ubiquitärer Gebrauch und die daraus resultierende Unbestimmtheit zum Beispiel, dass man also den Terminus auf alles Mögliche beziehen kann, er dabei oft aber nur wie eine semantische Nebelkerze wirkt, die vieles behauptet und kaum etwas klärt. Dann natürlich seine essentialistischen Implikationen, die auf grundsätzliche Unterscheidungen hinauslaufen: Immer geht es um das Echte, das Wahre und das mit sich selbst Identische (damit zugleich um das Unechte, das Falsche, um den bloßen Schein). Schließlich geht es um Werte, die – wie Aleida Assmann schreibt – »aus der expliziten Negation ihres Gegenteils destilliert werden«, Werte, die »stets untrennbar den Schatten ihres Unwerts mit sich« führen (2012: 29). Man könnte auch sagen: Der Begriff ist auf Klärung und auf Eindeutigkeit aus. Er lässt wenig Raum für all die Phänomene, die sich irgendwo dazwischen befinden, für all die Ungereimtheiten, die Verunreinigungen und Grenzüberschreitungen, mit denen sich vor allem die Künste beschäftigen.

Es scheint mir zudem ein wenig kurzsichtig, wenn in kulturwissenschaftlichen Kommentaren Authentizität pathologisiert und als Symptom von Transzendenzverlust gedeutet wird. Susanne Knaller und Harro Müller etwa sprechen vom Individuum in einer »›obdachlosen‹ Moderne«, das keinen Ort findet, die verschiedenen Zumutungen, mit denen es konfrontiert ist, zu synthetisieren, und sehen in Authentizität das Symptom einer Krise und zugleich das Zauberwort, sie zu überspielen (2006: 10f.). Wolfgang Funk und Lucia Krämer wiederum erkennen in Authentizität eine Strategie, den verunmöglichten Anspruch auf Wahrheit zu kompensieren (2011: 12). Ebenso Norbert Bolz, der in der »Krise der Echtheit und dem Kult der Authentizität [...] Komplementärphänomene« sieht (2005: 101). Oder Ursula Amrein, die in Authentizität eine Reaktion auf die Kontingenzerfahrungen der Moderne erkennen will (vgl. AMREIN 2009: 9).[1]

1 Ähnlich lesen sich die Erklärungsversuche des Feuilletons, die in gleicher Regelmäßigkeit entsprechende Authentizitätskonjunkturen zu kommentieren versuchten: Dass nämlich das

Wo aber die Konjunkturen von Authentizität lediglich als Kompensationseffekt verstanden werden, reduziert man sie zu Übergangsphänomenen, konzipiert Authentizität mithin als Symptom eines Ablösungsprozesses von einer (bald sicher überwundenen) Moderne und/oder Postmoderne und demnach als Problem, das sich binnen kurzem erledigt haben wird.

Die vorliegende Arbeit schlägt einen anderen Weg vor. Authentizitätsdiskurse sind weder epochetypisch noch lassen sie sich historisch eingrenzen. Als Problemkonstellation scheinen sie epochenübergreifend wirksam – zumindest im Hinblick auf europäische und vom europäischen Bild- und Subjektverständnis beeinflusste Kulturen.

An dieser Stelle noch eine zweite, grundlegende Anmerkung: Authentizität als Effekt, Konstruktion und/oder als diskursive Strategie zu verstehen, ist ebenso vorausgesetzt wie unproblematisch. Wenn alles konstruiert ist, ist die Frage nach der Konstruktion obsolet. Anstatt die Frage nach dem Ob zu stellen, müsse – wie Bruno Latour zuletzt vorschlug – danach gefragt werden, *wie* etwas konstruiert sei. Latour tut das mit dem Ziel, die gute von der schlechten Konstruktion zu unterscheiden, um schließlich wieder ein Urteil zu ermöglichen, das – wie er schreibt – nach wie vor ein Sakrileg sei: »*Weil* es *gut* konstruiert ist, ist es *demnach* vielleicht *wirklich* wahr« (2014: 232; Herv. i. O.).[2] Tatsächlich schlägt Latour vor, von »Konstruktion« als theoretischem Begriff ganz abzusehen, da man sich seiner negativen Konnotation nicht werde entledigen können. Stattdessen spricht er von »Instauration« und hofft, mit dieser Entlehnung bislang Unvereinbares zusammenzuzwingen: das Herstellen und das Auffinden, das objektiv Vorhandene und das Gemachte, das Authentische und das Fingierte (ebd.: 237).[3]

Kommunikationszeitalter »mit seinen unzähligen Formen der Vermittlung und Übermittlung, der Kopie und des Zitats einen starken Hunger nach Unmittelbarkeit« erzeugt habe (ZEH 2006). Oder dass wahlweise die Postmoderne, die Spaßgesellschaft respektive die Multioptionalität uns dermaßen überfordern würden, »dass wir nicht mehr zwischen Schein und Sein, Original und Fake, uns selbst und dem, was wir sein wollten, unterscheiden« könnten und deshalb »anfingen, uns nach Echtheit zu sehnen« (HABERL 2010).

2 Erläuternd schreibt Latour dazu: »Eine Sache ist es, die *Differenzen* zwischen den Existenzmodi anzuerkennen, indem man sorgsam die Vielfalt der Typen des Wahrsprechens bewahrt; eine andere ist es, als »fait accompli« zu akzeptieren, den man nicht einmal mehr zur Quelle zurückverfolgt, dass sich jede Konstruktion in Mißkredit bringen lässt. Die Diversität der Wahrheiten schützen ist die Zivilisation selbst; die Pflasterungen der Wege aufreißen, die zur Wahrheit führen, eine Hochstapelei.« (2014: 232-233).

3 In ähnlicher Weise argumentiert Donna Haraway bereits in den 1980er-Jahren in ihrem wichtigen und viel zitierten Aufsatz zum ›situierten Wissen‹. Sie schreibt: »Feministinnen müssen auf einer besseren Darstellung der Welt beharren: Es reicht nicht aus, auf die grundlegende

Dass sich der Herbert von Halem Verlag zwanzig Jahre nach der Erstveröffentlichung dazu entschlossen hat, das Buch in einer Neuauflage herauszubringen, nehme ich als weiteres Indiz für die anhaltende Relevanz von Authentizitätsfragen. Dem Herausgeber Herbert von Halem sei an dieser Stelle für seine Initiative und sein Engagement herzlichst gedankt.

Die Neuauflage ist in Teilen von mir überarbeitet: Vorwort und Einleitung wurden neu geschrieben, das Resümee ist aktualisiert und erweitert. Der gesamte Mittelteil ist in seiner ursprünglichen Fassung belassen. In den überarbeiteten Teilen habe ich mich für einen genderbewussten Sprachgebrauch entschieden. Der nicht überarbeitete Mittelteil verwendet das generische Maskulinum. Menschen und Texte haben eine Geschichte; beidem ist hiermit Rechnung getragen.

Der Text entstand als Dissertation im Rahmen des Graduiertenkollegs ›Authentizität als Darstellungsform‹ an der Universität Hildesheim. Prof. Dr. Jan Berg war Initiator und Sprecher des Kollegs, zudem erster Betreuer dieser Arbeit. Ihm bin ich für die freundschaftlich geduldige Begleitung der Textentstehung zu tiefem Dank verpflichtet. Mein Dank gilt auch den damaligen Kollegiat:innen und den kooptierten Teilnehmer:innen, allen voran Dr. Simon Frisch, mit dem ich mich in einem über mehr als zwanzig Jahre anhaltendem Gespräch über Authentizität verbunden sehe.

Hildesheim, im September 2023

historische Kontingenz zu verweisen und zu zeigen, wie alles konstruiert ist. An dieser Stelle finden wir uns als Feminist_innen paradoxerweise mit dem Diskurs vieler praktizierender Wissenschaftler_ innen verbunden, die, wenn alles gesagt und getan ist, größtenteils davon überzeugt sind, dass sie die Dinge mittels ihres Konstruierens und Argumentierens beschreiben und entdecken.« (HARAWAY 2017: 377).

Vorwort

Eine problemgeschichtliche Studie und implizit eine Aufforderung, Mediengeschichtsschreibung zu überdenken – konsequent diskursgeschichtlich. Es geht um mediale Authentizität, die der Bildmedien, um einen Gegenstand, von dem nicht wenige annehmen, er lasse sich, ein griffiges medientheoretisches Klassifikationsschema vorausgesetzt, so leicht abhandeln wie erledigen. So kann mediale Authentizität einer evolutionstheoretischen, auf die Evolution der Medientechnologie perspektivierten Medienwissenschaft kaum als relevanter Gegenstand erscheinen; eher als Restposten, medienontologisches Phantasma.

War Authentizität nicht ein Steckenpferd der inzwischen obsoleten Filmtheorie und Filmgeschichtsschreibung, die das Fiktionale dem Nichtfiktionalen dichotomisch gegenüberstellte und partout den nichtfiktionalen bzw. dokumentarischen Filmformaten besonderen Wahrheitsstatus, Substanz bzw. eben Authentizität zuzuschreiben versuchte? Eine Geschichte also von gestern. Wortmann widerspricht nicht, liest sie aber neu: im Kontext viel älterer Texte, Anekdoten, Legenden, Legendisierungen der Bild-Authentizität. Und die Resultate sind oft frappierend.

Er beginnt seine Lektüren und Re-Lektüren also in der Spätantike, findet aber nicht nur da Asketen, Hagiographen, Autoren von Authentizitätslegenden, sondern auch in der Renaisssance, im 19., im 20. Jahrhundert, heute. Wie die ›selbst sich malenden‹ Bilder, die Acheiropoieten, mit deren sorgfältiger Analyse die Studie beginnt, so erweisen sich auch z.B. die fotografischen und filmischen Authentizitätsdarstellungen, die sich der unvergleichlichen Exaktheit, Neutralität und Transparenz fotografischer oder filmischer Darstellungstechnik verdanken sollen, als durch Texte, Legenden ermöglicht, die von diesen Technikeigenschaften erzählen.

Die populäre Annahme, wonach Authentizität eine Art pseudoreligiöses Surrogat sei, entstanden nach dem Zusammenbruch des aristotelisch-thomistischen Weltbilds, gewissermaßen die Stelle einnehmend des verlorenen Substanzbegriffs, sie ist aus verschiedenen Gründen unhaltbar. Zum einen, weil Authentizität ja aus den ›diskreditierenden Aspekten der ästhetischen Gestaltung‹ entsteht; erst sie verschaffen der – autorlosen, transparenten, neutralen – Medientechnik den besonderen Rang. Und das tun sie, wie Wortmann zeigt, im sechsten Jahrhundert so gut wie im zwanzigsten. Wie verhält es sich dann aber, die mediengeschichtliche Bedeutsamkeit authentifizierender Legenden unterstellt, mit dem ›entscheidenden epistemologischen Bruch‹ (h. böhme), der großen Trennung von Mittelalter und Neuzeit?

Bezieht man Hobbes' substanzialitätskritisches Diktum, wonach die Wahrheit keine Eigenschaft der Dinge, sondern der Urteile über sie sei, auf das Problem der medialen Authentizität und das der Medientechnik, wäre mediale Authentizität nach dem 17. Jahrhundert eine Zuschreibung, ein Wahrheitsurteil ›über‹, das aber auf die Wahrheit von ›Dingen‹ referiert – eben die Unwiderlegbarkeit, Faktizität der medialen Technik. Dass zwei sich ›eigentlich‹ ausschließende Bestimmungsstücke sich so in der Authentizitätslegende ergänzen und legitimieren, wäre plausibel für die Zeit nach dem ›entscheidenden epistemologischen Bruch‹. Davor wäre die negative Genese der authentischen Darstellung, Darstellung des Heiligen und Wahren die Antwort auf das theologische Paradox, eine Darstellung der Nichtdarstellung bzw. eine Darstellung nicht von Menschenhand sein zu müssen.

Es ist nahe liegend, heutige evolutionistische Technik-Paradigmen im Zusammenhang von Legendierung zu verstehen. Evolutionistische Medientheorie will zwar mit Authentizität nichts zu tun haben, ausschließlich mit technischer Faktizität und der ihr innewohnenden Entwicklungslogik. Doch ob sie es tut, ist sehr die Frage.

Wortmann ist nicht auf die Klärung dieser Frage aus, es ist aber kaum möglich, seine historischen Fall-Analysen nicht auch in solchen Gegenwartsbezügen zu lesen. Der Studie geht es allenfalls am Rande darum, über die Thematisierung der medialen Darstellungstechnik, also den zentralen Aspekt der historischen Authentizitätslegende, auch Stellung zu beziehen zur Paradigmatisierung von Technik in heutiger Medientheorie. Diese Studie beweist fast beiläufig, dass Medienwissenschaft zu Neuem nicht nur über immer neue Forschungsfelder und Quellen kommt. Sie zeigt, wie außerordentlich fruchtbar Lektüre und Re-Lektüre bereits existierender, ursprünglich in anderen Wissenschaftszusammenhängen erschlossener Quellen für Medientheorie wie Mediengeschichtsschreibung sein kann.

Jan Berg, März 2003

EINLEITUNG: ORDNUNGEN IM SEMANTISCHEN FELD

Will man Struktur und Gebrauchsweisen des Begriffs Authentizität verstehen, muss man zuallererst realisieren, dass man es mit einem Begriff zu tun hat, dem der Sprachwissenschaftler Rainer Schulze relationalen Charakter zuschreibt (2011: 29). Relational bedeutet in diesem Zusammenhang, dass etwas nur dann authentisch sein kann, wenn gleichzeitig auch die Möglichkeit besteht, dass es das nicht ist – und umgekehrt: Wenn die Nichtauthentizität eines Gegenstands oder einer Äußerung konstatiert wird, setzt diese Feststellung stillschweigend voraus, dass ein authentisches Pendant zumindest denkbar ist. Diese zunächst eher schlicht anmutende Feststellung entfaltet bei näherer Betrachtung weitreichende Folgen, denn der relationale Charakter des Begriffs bedeutet auch, dass seine Verwendung nicht auf etwas Eindeutiges verweist, sondern einen instabilen Zustand markiert, einen Bereich im semantischen Feld, in dem die Verhältnisse nicht geklärt sind, in dem es also noch etwas auszuhandeln gibt.[1]

Der Begriff Authentizität übernimmt im Aushandlungsprozess regulative Funktion. Termini wie Fälschung, Betrug und Verstellung sind damit keine Gegenbegriffe von Authentizität, sondern Komplemente im relatio-

1 Mit Aleida Assmann kann man Authentizität auch als Differenzbegriff bezeichnen, weil seine differenzierende Setzung Bedeutung und Werthaftigkeit produziert. Assmann bezieht sich in ihrer Argumentation auf »Aufrichtigkeit« und »Echtheit«, die sie in ihrem Aufsatz jedoch als Synonyme für Authentizität nimmt; sie schreibt: »Aufrichtigkeit und Echtheit sind Differenzbegriffe, die ihren Sinn aus der Verbindung mit ihrem Gegensatz beziehen. Gleichzeitig handelt es sich um Werte, die aus der expliziten Negation ihres Gegenteils destilliert werden. Deshalb führen diese Werte stets untrennbar den Schatten ihres Unwerts mit sich. Die Anerkennung des Werts schließt dialektisch die Verdammung des Unwerts mit ein und führt zu einem misstrauischen Blick« (ASSMANN 2012: 29).

nalen Gefüge. Ein Gegenbegriff zur Authentizität wäre Evidenz, denn dort, wo alles unmittelbar einsichtig ist, wo es also nichts mehr zu klären und auszuhandeln gibt, finden auch keine Authentizitätsdiskurse statt.

In einem zweiten Schritt wird man im heterogenen Bedeutungscluster von Authentizität verschiedene semantische Felder isolieren müssen. Das ist mehrfach geschehen, jeweils mit unterschiedlichen Schwerpunktsetzungen und heuristischen Interessen. Es soll hier nicht darum gehen, den bereits vorliegenden Begriffsklärungen einfach eine weitere hinzuzufügen. Vielmehr sollen mit der modellhaften Skizzierung vor allem die Verflechtungen und Überlagerungen der semantischen Felder offengelegt werden; nicht zuletzt in der Hoffnung, damit auch die besondere Anfälligkeit des Begriffs für eine ebenso inflationäre wie unscharfe Verwendung zu klären. Zu diesem Zweck schlage ich vor, mit der *philologischen Authentizität*, der *Subjektauthentizität* und der *Referenzauthentizität* drei semantische Felder zu benennen, die auf verschiedene begriffsgeschichtliche Linien zurückzuführen sind, die entsprechend verschiedene Bedeutungsnuancen aufweisen und damit auch eine getrennte Betrachtung verlangen.

Philologische Authentizität

Das semantische Feld der philologischen Authentizität führt uns gleich zu den Anfängen der Begriffsgeschichte und damit zum altgriechischen Wortstamm *authentes (autohentes)*, was so viel wie *Ausführer* und *Selbstherr* bedeutet, aber auch »jemand, der etwas mit eigener Hand, dann auch aus eigener Gewalt vollbringt, so auch Urheber« (RÖTTGERS 1971: 691). Das Attribut *authentikos* bezieht sich auf Handlungen und Äußerungen des *authentes*, die dadurch, dass sie von ihm verantwortet werden, Rechtsgültigkeit erlangen. Authentizität ist in dieser ursprünglichen Bedeutung mit Autorität nahezu identisch (vgl. ebd.).

Das Verhältnis von *authentes* und *authentikos* ist unproblematisch, so lange das eine dem anderen zugeordnet werden kann, es also z. B. möglich ist, eine Äußerung von der Person autorisieren zu lassen, die diese Äußerung auch getätigt hat. Goody und Watts sprechen in diesem Zusammenhang von einer *direkten semantischen Ratifizierung* (2002: 244), wie sie für orale Kulturen prägend ist.

Das Verhältnis von *authentes* und *authentikos* wird in dem Moment instabil (und damit zu einem Authentizitätsproblem), in dem etwas zwischen beide tritt (Zeit oder Raum) und wir es mit einer medial vermittelten Situation zu tun haben (vermittelt über Schriftstücke, Briefe, Bilder o.Ä.). Das destabilisierende Dazwischentreten vollzieht sich mediengeschichtlich erstmals mit dem Übergang von der oralen zur literalen Kultur, wenn wir es also nicht mehr mit dem *authentes* selbst zu tun haben, sondern lediglich mit dem, war der *authentes* in der Welt an medialen Artefakten hinterlassen hat.

Ist der *authentes* abwesend und nur noch über ein Schriftstück präsent, braucht es eine vermittelte Anbindung, d.h: Ein Schriftstück muss mit der Urheberschaft glaubhaft in Verbindung gebracht werden, damit es als *authentikos* anerkannt wird. Im Allgemeinen erfolgt die Anbindung über die *cheirographia*, also die Handschrift (vgl. KALISCH 2007: 32), oder über ein autorisierendes Siegel.

Mit der Schrift, vor allem aber mit der Tradierung von Schriftzeugnissen über Raum und Zeit, ist diese Rückbindung von Text an die Autorschaft ein fragiles Konstrukt. Wobei nicht nur die Anbindung ein Problem darstellt, sondern auch der Inhalt einer Äußerung, der mit zunehmendem Abstand (mit zunehmender Dekontextualisierung) immer weniger evident erscheint und insofern interpretationswürdig wird. Das mediale Problem *philologischer Authentizität* evoziert damit eine ganze Reihe von authentisierenden Maßnahmen, mit denen wir nach wie vor vertraut sind: die Textkritik, die Hermeneutik, die Provenienzforschung u.ä.

Tatsächlich haben wir es bei der philologischen Authentizität vor allem mit einem Problem von Medialisierung zu tun, insofern die Schrift als Medium nach einer Rückbindung verlangt, die der sozial verbürgte Äußerungsakt oraler Medialität in dieser Weise noch nicht benötigte. Gelingt diese Rückbindung nicht, oder wird sie in Frage gestellt, verliert das schriftliche Dokument an Gültigkeit und Bedeutung. Oder anders gesagt: Das Medium Schrift ermöglicht zwar die Tradierung von Äußerungen über Raum und Zeit, sie tradiert damit aber nicht die *semantische Ratifizierung*, die in einer sozial geschlossenen Konstellation noch situativ erfolgt und die über die Wertigkeit der Äußerung entscheidet. Das Medium tradiert Schriftstücke, die über ihren soziokulturellen Entstehungskontext hinausragen und sich mit zunehmendem Abstand zu ihrer Entstehung in immer geringerem Maße ausdifferenzieren lassen, so dass schließlich ein sekundäres Differenzierungssystem eingezogen werden muss. Dieses sekundäre Differenzierungssystem ist u.a. der Kanon, mithilfe dessen man der medieninduzierten Informationsflut zu begegnen versucht, und sein primäres Unterscheidungskriterium ist Authentizität.

Subjektauthentizität

Erinnern wir uns kurz an die ursprüngliche Wortbedeutung: Der *authentes* (*autohentes*) ist im Wortsinn der *Selbstherr*. In der griechischen Antike ist damit die Person gemeint, die – im Gegensatz zum Sklaven – frei reden darf (vgl. KALISCH 2007: 34), in dem Sinne also die *selbstbestimmte, souverän agierende* Existenz. Womit eigentlich die durchgängige Bedeutung des Begriffs weitgehend geklärt ist, wären die tatsächlichen Verhältnisse nicht deutlich komplizierter.

Einige Autor:innen verorten die Frage nach der Authentizität des Subjekts vor allem im 18. Jahrhundert und beziehen sich dabei etwa auf Rousseau (KNALLER 2007: 37-63), auf die französischen Moralisten (ENGLER 1989, 2009) oder auf den Pietismus (KALISCH 2007). Subjektauthentizität wird hier oft verstanden als Effekt der Aufklärung, insofern die Idee eines *mit sich selbst identischen Subjekts* in der kulturhistorischen Gemengelage offenbar geeignet schien, den Verlust transzendentaler Ordnungen und ihrer *ex cathedra* erfolgten Funktions- und Rollenzuweisungen zu kompensieren, oder besser: zu operationalisieren und in ein Spiel der Selbst- und Fremdbefragung zu überführen (das wiederum exemplarisch in den bürgerlichen Medien der Zeit, also in der Literatur und im Theater zur Aufführung kam). Lionel Trilling argumentiert ähnlich, findet allerdings schon in Quellen der Renaissance entsprechende Tendenzen und sieht in Shakespeares *Hamlet* eine erste, zentrale Figur, mit der die Idee eines authentischen Selbstentwurfs inklusive ihres Scheiterns popularisiert wird (TRILLING 1980: 33). In der vorliegenden Arbeit wird an späterer Stelle verdeutlicht, dass zumindest Teilaspekte des semantischen Felds bereits in der spätantiken und mittelalterlichen Hagiografie angedeutet sind – z. B. mit der Unterscheidung von personalem Charisma und Amtscharisma (siehe Kap. 2.2).

Die Problematisierung und Selbstbefragung des Subjekts ist auch in der Gegenwart nicht obsolet geworden, zumal die Möglichkeiten des kommunikativen Abgleichs, also des Austauschs von Authentizitätsforderungen und gelingenden Rollenmodellen, in einer digitalen Öffentlichkeit exponentiell gestiegen sind und damit auch die Operationalisierung der Authentizitätsfrage an Dynamik gewonnen hat.

Die Aufgabe besteht also nicht darin, authentische Subjektivität historisch zu verorten, sondern das Feld inhaltlich zu bestimmen: »Das ›Wesen‹ der Authentizität enthüllt sich, wenn überhaupt, im Streit sowie im Wandel der einschlägigen Vorstellungen und Praktiken«, schreibt Wolfgang

Engler (2017: 104) und benennt damit das eigentliche Problem: Die Idee subjektiver Authentizität ist äußerst variabel und anpassungsfähig (vgl. hierzu GUIGNON 2004).

Erik Schilling schlägt vor, zu einer präziseren Beschreibung von Subjektauthentizität und ihrer Variabilität, Unterbegriffe wie *Wesensauthentizität*, *Erfahrungsauthentizität* und *Sprechauthentizität* zu etablieren (2020: 33); diese sollen im Folgenden kurz vorgestellt werden.

Mit *Wesensauthentizität* ist ein Subjektverständnis anvisiert, wie es im Kontext der Aufklärung entwickelt wurde: Das Subjekt verfügt über einen stabilen und kohärenten Persönlichkeitskern, der in einem instabilen und fragilen Verhältnis zu den Formen des Ausdrucks steht (vgl. ebd.: 35). Fragil ist das Verhältnis insofern, als dass der Kern sich *nicht unmittelbar* im Auftreten und Handeln ausdrückt, sondern nur *mittelbar*, also nur vermittels der Selbstauskunft des Subjekts, der mimischen und körperlichen Selbstdarstellung oder vermittels darstellungsunabhängiger Affekte. Ein Authentizitätsproblem liegt vor, weil das Innere der Person, also der Persönlichkeitskern, nicht einsichtig ist – entsprechend der hier verwendeten Terminologie ist der Persönlichkeitskern damit *abwesend*. Ob eine Person authentisch ist oder nicht, lässt sich letztlich nicht sagen. Gerade deshalb ist es ja ein Authentizitätsproblem.

Christian Strub hat bereits vor Jahren angemerkt, dass zur Klärung des Authentizitätsproblems die Unterscheidung von Akteur:in und Beobachter:in unerlässlich sei (STRUB 1997: 7-17). Wobei wir natürlich immer beides zugleich sind: Akteur:innen unseres Lebens, die kommunizieren und sich entfalten und zugleich Beobachter:innen der anderen. Aus der Perspektive der Akteur:innen geht es nicht nur darum, Inneres und Äußeres in Einklang zu bringen, sondern zunächst überhaupt eine Klärung darüber herbeizuführen, was dieses *Selbst* sein könnte, das sich authentisch zu entfalten hat. Die Perspektive des Beobachtenden wiederum beschäftigt uns mit der Frage, wie Äußerungen und Selbstentwürfe eines Gegenübers einzuschätzen sind. Aufgrund unserer alltagspraktischen Erfahrung sind wir allesamt Spezialist:innen und als solche von Grund auf skeptisch, da wir nur zu gut wissen, dass die Divergenz von Ausdruck und Absicht, von realisiertem Leben und kommuniziertem Entwurf die kommunikative Regel darstellt.

In der Doppelrolle als Akteur:in und Beobachter:in befinden wir uns in einer anhaltenden Feedbackschleife von Selbst- und Fremdbeobachtung, die eine eigentümliche, nicht unbedingt normativ wirkende Dynamik entfaltet; oder anders gesagt: Authentizitätsideale sind nicht statisch und durchaus in der Lage, sich an verändernde Wirklichkeiten anzupassen und die Anforderungen an einen authentischen Selbstentwurf offener zu gestalten. »Menschen sind nie näher bei sich, authentischer, als in jenen Momenten, in den sie aus der *Differenz* zu sich heraus zu spielen anfangen«, schreibt Engler (2017: 130) und beschwört damit ein Rollenmodell, in dem das authentische Subjekt nicht als widerspruchsfreier Nukleus gedacht ist, sondern als Knotenpunkt, von dem aus die verschiedenen Rollenanfragen und Anforderungen an das Selbst taxiert und austariert werden können. Authentisch wäre dann die Person, die genau dieses Wechselspiel am überzeugendsten beherrscht.

Die *Erfahrungsauthentizität* autorisiert ein Subjekt im Hinblick auf seine Sprecher:innenposition biografisch (vgl. SCHILLING 2020: 37). Authentisch redet eine Person z. B. aus Perspektive der Zeitzeugenschaft,[2] der Betroffenheit oder aus Perspektive der eigenen Erfahrung. Entsprechend redet eine Person in-authentisch, wenn ihre Rede sich auf einen ihr fremden Erfahrungsraum bezieht. Auch in diesem Feld übernimmt die Frage nach Authentizität regulative Funktionen, insofern die jeweiligen Authentizitätsparameter diejenigen Stimmen und Positionen zu markieren helfen, die aus dem allseitigen Stimmengewirr herausragen und die aufgrund ihrer Autorität/Authentizität Aufmerksamkeit verdienen. Die Parameter wiederum sind – wie bereits angemerkt – variabel und einer permanenten

2 Bei der Zeugenschaft haben wir es tatsächlich mit einem Sonderfall der *Erfahrungsauthentizität* zu tun, auf dessen Komplikationen Sybille Krämer u. a. in ihrem Aufsatz zum ›Paradoxon von Zeugenschaft im Spannungsfeld von Personalität und Depersonalisierung‹ hinweist; sie schreibt: »Einerseits soll er [der Zeuge] wie der teilnahmslose Seismograph eines Geschehens, wie ein ›Datenerhebungsinstrument‹ unabhängig aller eigenen Meinungsbildung, Beurteilung und Kommentierung, ein Ereignis ›aufzeichnen‹ und ›wiedergeben‹; er wird dann ein umso besserer Zeuge sein, je mehr er von persönlichen Interessen, Meinungen und Präferenzen abzusehen, sich also zu depersonalisieren vermag. Zugleich jedoch muss er sich als eine zuverlässige und kohärente Person erweisen, bei der äußeres Verhalten und innere Überzeugung übereinstimmen. Zugespitzt ausgedrückt: Der Zeuge hat sich zugleich wie ein ›neutrales Ding‹ und wie eine ›authentische Person‹ zu verhalten.« (KRÄMER 2012: 22f.) Vor Gericht allerding, so führt Krämer im Weiteren aus, tritt der Aspekt der *Depersonalisierung* (in dieser Arbeit wird in späteren Kapiteln von *Subjektlosigkeit* als authentisierendem Aspekt die Rede sein – beide Begriffe können synonym verwendet werden) stärker in den Vordergrund. »Der Zeuge agiert als ein Sachmittel der Beweisaufnahme, er dient als ein Medium; seine Aussage soll nicht ›Urteil‹ sein, vielmehr wie eine Spur fungieren, in die sich die Kausalkette [...] eines Geschehens objektiv eingegraben und eingezeichnet hat. Nur so kann der Zeuge etwas anderes als er selber ist (oder weiß, oder meint ...) zur Erscheinung bringen. Je ›uneigentlicher‹ also der Zeuge als ›Bote‹, umso authentischer seine Botschaft.« (ebd.: 24)

Aushandlung unterworfen; sie unterscheiden sich kulturell und historisch und können innerhalb der verschiedenen Milieus äußerst divers ausfallen.

Die *Sprechauthentizität*, der dritte Unterbegriff dieser Reihung, fordert »die Übereinstimmung zwischen einer Intention des Subjekts und einem von ihm gesendeten Zeichen« (ebd.: 39), versucht also Gesten, Äußerungen und Handlungen an die innere Haltung rückzubinden. Verkürzt gesagt geht es um *aufrichtige Kommunikation*, und damit um eine kommunikationstheoretisch eher heikle Forderung. Niklas Luhmann hielt Aufrichtigkeit grundsätzlich für »inkommunikabel« (LUHMANN 1984: 207), und zwar nicht aus moralischen Erwägungen (weil die Menschheit zu verschlagen sei), sondern aus theoretischer Einsicht. Ohne an dieser Stelle näher auf sein Kommunikationsmodell eingehen zu wollen (vgl. hierzu BERGHAUS 2011: 86ff.), sei zumindest angemerkt, dass Luhmann das klassische Sender-Empfänger-Model umkehrt und Kommunikation aus Perspektive der Empfänger:innen konzipiert. Diese, die Empfänger:innen, beobachten nun, dass das kommunizierende Gegenüber vor allem selegiert. Und zwar notwendigerweise, weil jeder Äußerung immer eine Wahl vorausgeht, Teilnehmer:innen in einem Gespräch grundsätzlich davon ausgehen müssen, dass das Gegenüber vieles zurückhält und das Meiste ungesagt bleibt. Für Luhmann ist das das Kernproblem kommunikativen Handelns:

> »Einmal in Kommunikation verstrickt, kommt man nie wieder ins Paradies der einfachen Seelen zurück. [...] Man kann dann sehr wohl auch über sich selbst etwas mitteilen, über eigene Zustände, Stimmungen, Einstellungen, Absichten; dies aber nur so, daß man sich selbst als Kontext von Informationen vorführt, die auch anders ausfallen könnten. Daher setzt Kommunikation einen alles untergreifenden, universellen, unbehebbaren Verdacht frei, und alles Beteuern und Beschwichtigen regeneriert nur den Verdacht« (LUHMANN 1984: 207).

Gerade aber dieser unauflösbare Verdacht macht Aufrichtigkeit zu einem Authentizitätsproblem, das entsprechende Authentisierungsstrategien evoziert: Authentizitätsdiskurse der Aufrichtigkeit zielen entsprechend auf Situationen ab, in denen die kategorische Trennung von innerer Haltung und äußerem kommunikativen Handeln (von Sprache und innerer Wahrheit) kurzgeschlossen wird. Zumeist geschieht dies durch Affekt, unter Tränen oder im Fieber, bisweilen aber auch durch das unbestechlich blickende Auge der Kamera; an mehreren Stellen der Arbeit werden entsprechende Konstellationen in unterschiedlichen historischen und medialen Kontexten vorgestellt.

Referenzauthentizität

Die Referenzauthentizität schließlich versucht das Verhältnis von Darstellung und Darstellungsgegenstand, von Objekt und dessen Ursprung zu klären und zwar auf gänzlich andere Weise, als dies im semantischen Feld der philologischen Authentizität geschieht. Oberflächlich betrachtet assoziiert der Begriff vor allem analoge Bildmedien wie Fotografie und Film. Bis zu ihrer Digitalisierung in den 1990er-Jahren wurde deren medienontologisches Konzept noch durch die kausale Verkettung von Signifikant und Signifikat, von Abgebildetem und Abbildung, begründet. Roland Barthes sprach in seinem viel zitierten Essay *Die helle Kammer* von der »Nabelschnur«, die den »Körper des photographischen Gegenstandes mit meinem Blick« verbindet (BARTHES 1989: 91)

Das semantische Feld der Referenzauthentizität ist viel tiefer in kulturellen Grundfragen verankert. Tatsächlich kann man von Referenzauthentizität immer dann sprechen, wenn es sich um eine physisch sich vollziehende und physikalisch nachvollziehbare Relation von Darstellung und Darstellungsgegenstand handelt, also um einen Kontakt oder eine Berührung, die als Ursache für eine Abbildung rekonstruiert werden können, die also *Spuren* hinterlassen, die auf etwas *Abwesendes* deuten – Sybille Krämer spricht in diesem Zusammenhang von »Dingsemantik« (2007). Eingeschlossen sind sämtliche Formen des Kontakts bis hin zur Verletzung (der Emulsionsschicht, der Leinwand, der Haut). Es geht dabei um eindeutig lesbare oder auch ambivalente Spuren, um den willentlich oder unwillkürlich hinterlassenen Abdruck – eingeschrieben ist das authentische Zeugnis einer medienunabhängigen Existenz.

Die Gegenstandsfelder referenzauthentischer Zuschreibungen sind zahlreich: neben der analogen Fotografie und dem analogen Film gehören mittelalterliche Reliquiare und Berührungsreliquien ebenso dazu wie Goethes Schreibtisch in Weimar, oder die Memorabilien und Kleidungsstücke der Popsängerin Madonna, die sie im Jahr 2014 durch ein Auktionshaus versteigern ließ (vgl. MIESSGANG 2014). Letztlich auch das Gemälde, dessen Authentizität sich dadurch begründen lässt, dass eine bestimmte Künstlerin/ein bestimmter Künstler in einem unmittelbaren Ausdrucksgeschehen Hand an die Leinwand gelegt und ›Spuren des Selbst‹ hinterlassen hat.

Womit wiederum vor Augen geführt ist, dass auch Referenzauthentizität ein überaus fragiles Konstrukt ist, das sich eben nicht über Evidenzen klären lässt. Die Echtheit echter Objekte wird nicht auf der Objektebene ausgehandelt. Sie ist ein Effekt von Inszenierung (im Museum) oder von Erzählung (durch Legendisierung).

Alle drei semantischen Felder (*philologische Authentizität, Subjektauthentizität* und *Referenzauthentizität*) beschreiben unterschiedliche Aspekte und Gebrauchsformen, die jedoch keinesfalls einander ausschließen. Auch wird man sie nicht in jedem Fall präzise voneinander trennen können. Die Komplexität und semantische Unschärfe des Authentizitätsbegriffs liegen nicht zuletzt darin begründet, dass Gebrauchsformen und Felder sich überlagern und gegenseitig bedingen, schließlich auch gegeneinander ausgetauscht werden können. Nehmen wir ein Beispiel: Bei einem fotografischen Bild – sagen wir: aus den 1930er-Jahren – haben wir es im klassischen Sinne mit Referenzauthentizität zu tun. Sehen wir auf dieser Fotografie eine Person, die sich unbeobachtet wähnt, sich also keiner medialen Situierung bewusst ist und deshalb auch nicht im Hinblick auf die Kamera agiert, lässt sich das Geschehen mittels der Subjektauthentizität beschreiben. Wenn dann noch die Entstehungszeit der Fotografie für deren Bedeutung entscheidend wäre, neben der Zeit auch der Ort, der Entstehungs- und Veröffentlichungskontext, würden also Fragen nach ihrer Provenienz aufgeworfen werden, befinden wir uns mitten im Feld der philologischen Authentizität. Bei der Beschreibung eines solchen Bild würden alle semantischen Felder zum Tragen kommen.

In allen drei semantischen Feldern entzündet sich die Frage nach Authentizität an einer medialen Konstellation: Jedes Mal wird ein medialer Aspekt (des Dokuments, des Subjekts, der Abbildung, des Objekts) thematisiert, und zwar thematisiert als Negation, insofern mit der Behauptung von Authentizität die Verbindung des authentisch Erscheinenden mit etwas Abwesenden hergestellt wird. Das Medium als ein Dazwischen tritt nicht in Erscheinung, es wird kurzgeschlossen, sein bedeutungsgenerierender und überformender Aspekt wird aus dem Diskurs suspendiert.

Als strukturelles Problem von Medialität treten Authentizitätsfragen zeitunabhängig auf und können deshalb auch nicht als epochentypisches Phänomen begriffen werden. Ein Großteil der Arbeit ist dementsprechend darum bemüht, Authentizitätsfragen in Problemkonstellationen aufzuspüren, die keine Konstellationen der Moderne, Postmoderne oder der Neuzeit sind. Sieht man zudem von der reinen Begriffsverwendung ab, die tatsächlich in der zweiten Hälfte des 20. Jahrhunderts eine besondere Ausprägung erfährt, und orientiert sich stattdessen an den durch die Begriffsverwendung markierten Problemkonstellationen dann lässt sich Authentizität als durchgehende Problemkonstellation und Authentisierung als ein konstantes kulturelles Handlungsmuster (zumindest der westlich geprägten Kulturen) beschreiben.

Bildauthentizität

Die Authentizität einer bildlichen Darstellung, so wie ich sie im Folgenden verstehen werde, behauptet im Hinblick ihrer Referenzauthentizität die privilegierte Relation von Darstellung und Darstellungsgegenstand im Sinne einer transparenten Medialisierung, die den Blick auf den Gegenstand weder trübt noch aspektiert. Dabei muss der dargestellte Gegenstand notwendigerweise auch unabhängig von der Darstellung existieren. Diese Differenzierung mag trivial erscheinen, doch ist damit z. B. das autonome Kunstwerk aus dem Problemfeld authentischer Darstellung ausgeschlossen. Zwar kann man auch ein gegenstandsloses Bild authentisch nennen, doch nur insofern, als dass die Gegenstandslosigkeit der Darstellung als ›Reinheit des funktionslosen Zeichens‹ und damit als ›Signatur des genuin schöpferischen Individuums‹ begriffen wird (vgl. BLUMENBERG 1957: 270). Das Bild wäre dann Ausdruck einer ›authentischen Persönlichkeit‹.

Im Kontext der Bildmedien erscheint das Attribut authentisch – von vereinzelten Ausnahmen abgesehen – ab der zweiten Hälfte des zwanzigsten Jahrhunderts; doch soll dieser Umstand hier weder als problemgeschichtliches Indiz, noch die ausbleibende Verwendung als Ausschlusskriterium genommen werden. Diese Arbeit wird sich nicht an den Demarkationslinien der Begriffsgeschichte orientieren. Tatsächlich finden sich authentisierende Muster und Strategien in der Bildgeschichte von dem Zeitpunkt an, an dem die Darstellungstransparenz eines Bildmediums prinzipiell in Zweifel gezogen wird und Authentisierung als apologetischer Reflex erscheinen kann. Die Tatsache also, dass man um die diskreditierenden Aspekte visueller Darstellungsformen weiß, schließt Authentizität nicht aus, sie erscheint vielmehr als notwendige Vorbedingung jeder Authentizitätsbehauptung. Authentisch ist das sublime Bild, das sich gegenüber einer verdächtig erscheinenden Darstellungspraxis zu profilieren versucht (siehe hierzu Kap. 1.1).

Folgt man diesem Gedanken, dann ist der Problemgeschichte authentischer Darstellung keine historiographische Grenze gesetzt und damit auch jene diskursimmanente Festlegung auf technisch-analoge Medialisierung aufgehoben, die die Abbilddebatten um dokumentarische Authentizität in Fotografie und Film im 20. Jahrhundert bestimmt hat.

Grenzen sind natürlich auch keine gesetzt im Hinblick auf das digitale Bild. Selbst die Tatsache, dass inzwischen künstliche Intelligenzen fotorealistische Bilder aus den Tiefen des Netzes emporrechnen und mit ihren *inauthentischen* Entwürfen Betrachter:innen hinters Licht führen, setzt dem Authentizitätsdiskurs kein Ende. Im Gegenteil: Die Verunsicherungen, die entsprechende KI-generierte Bilder hervorrufen, halten ihn vielmehr virulent. Eine ausführlichere Diskussion der Authentizitätsdiskurse des digitalen Bildes und seiner Dynamiken ist im letzten Kapitel zu finden.

Bildlegenden

Wenn in dieser Untersuchung vom authentischen Bild die Rede ist, dann sollte dabei immer bedacht werden, dass ein Bild *an sich* weder authentisch ist noch nicht-authentisch. Authentisierend wirkt erst das Milieu, in dem ein Bild erscheint und das es mit Bedeutung und Anspruch auflädt. Bilder *an sich* zeigen und präsentieren, bisweilen repräsentieren sie auch etwas (vgl. SEEL 2000: 271f.), jedoch sind sie nicht in der Lage, Aussagen zu treffen oder eine solch komplexe semantische Differenzierung vorzunehmen wie die von ›authentisch‹ und ›nicht-authentisch‹. Bilder erzeugen ihren Sinn nicht nach prädikativer Logik, sondern aus genuin bildnerischen Mitteln. Ihr Sinn unterläuft sprachliche Formen, wird auch nicht gesprochen, sondern wahrnehmend realisiert (vgl. BOEHM 2004: 28f.). Selbst die Feststellungen, dass etwas so gewesen sei, wie es sich darstellt, ist Bildern *an sich* fremd. Bilder können nicht einmal lügen, auch wenn im Hinblick auf Fotografien gern anderes behauptet wird. Wer aber sagt, »daß Fotografien lügen«, so Stanley Cavell, »der impliziert, sie könnten auch die Wahrheit sagen, wo doch gerade das Schöne daran ist, daß sie keines von beidem tun – sie lügen weder, noch sagen sie die Wahrheit.« (CAVELL 1987: 137)

Die vermeintliche Lüge der Fotografie ist ein Effekt der Verknüpfung von Bild und Text, von semantisch offenem Bildgeschehen und engführender Behauptung, von einer Argumentation, die dem Bild untergeschoben wird, während sie sich liest, als würde sie all ihre Argumente aus der bildlichen Darstellung ziehen, als würde sie allein der Evidenz der bildlichen Darstellung folgen, wobei die Evidenzen der Darstellung erst durch Text und Argumentation aufgerufen werden (vgl. WORTMANN 2006: 164ff.)

Dass unsere Bildwahrnehmung von Texten reglementiert wird, Texte Bildzeichen deuten, sie vereindeutigen, mithin ihren Referenten erst bestimmen, ist hinlänglich bekannt. Bereits Ende des 8. Jahrhunderts hatte Theodulf von Orléans in den *libri carolini* angemerkt, dass Bilder ohne entsprechenden *titulus* vieles bedeuten könnten: das Bild einer schönen Frau mit Kind in ihrem Arm z. B. müsste nicht unbedingt die Jungfrau Maria sein, es könnte genauso Rebecca und Isaak darstellen, Alkmene und Herkules, Venus, die Äneas trägt oder irgendeine beliebige andere Frau, die ihr Kind hält (FREEMAN 1998: IV 21, 540). Das übrigens ist auch der Grund, warum die Berater am Hofe Karls des Großen, anders als die Vertreter der griechischen Ostkirche, Bildern gegenüber äußerst skeptisch auftraten: Eben weil sie im Hinblick auf theologische Wahrheiten so uneindeutig waren.

Das textliche Milieu vereindeutigt dabei ein Bildgeschehen nicht nur, es autorisiert das Bild und lässt es schließlich als authentisches erscheinen – dies allerdings weniger durch bloße Zuschreibung. Die Authentisierung ist zumeist komplexer. Sie geschieht vor allem durch die narrative Erfassung der Bildentstehung und seiner Umstände, wobei die authentisierenden Faktoren variabel sind und sich aus den jeweiligen (historisch verschiedenen) bildskeptischen Einwänden generieren. Die Untersuchung dieser authentisierenden Paratexte steht im Zentrum der Arbeit.

In den ersten beiden Kapiteln werden die archäologischen Spuren der Vor- und Frühgeschichte authentisierender Milieus eruiert. Dies geschieht zum einen, um die Relativität dessen, was jeweils als authentisch bezeichnet wird, vor Augen zu führen. Es treten zum anderen aber auch jene Konstanten zu Tage, die trotz aller Variationen und Transformationen auf gleichbleibende Authentisierungsmuster und damit signifikante Strukturanalogien zu den authentisierenden Strategien technischer Medialität hinweisen.

Anhand des Quellenmaterials lassen sich zwei grundsätzlich unterscheidbare Authentisierungsformen beschreiben: eine kontextbezogene und eine bildimmanente. Agenzien der ersten Form sind Bildlegenden, Künstleranekdoten und Hagiographien. Die Texte müssen nicht unbedingt auf ein konkretes Bildexemplar bezogen sein, berichten zumeist aber von einer Bildentstehung, deren authentisierende Wirkung sich dadurch entfaltet, dass entweder auf den Menschen als Vermittlungsinstanz ganz verzichtet wird, oder aber die Vermittlungsinstanz in Gestalt eines transparenten Mediums erscheint. Ein früher Hinweis auf diese Form findet sich schon in der Kunstgeschichte des älteren Plinius, dessen eigene Quellen bis in die Zeit um 300 vor Christus zurückreichen (vgl. SCHEIBLER

1978: 352). Im Mittelpunkt der Beschreibung stehen jedoch Überlieferungen der byzantinischen Spätantike, des lateinischen Mittelalters und der italienischen Renaissance.

Bei der zweiten Form handelt es sich um die Verknüpfung der im ersten Teil dargelegten Bildentstehung mit einer Bildgestalt, deren spezifische Form die Authentizitätsbehauptung der Entstehung analogisch umzusetzen versucht. Da Authentisierung in den Quellen zumeist auf eine Zurückweisung anthropomorpher Kunstfertigkeit hinausläuft, lässt sich ein performatives Korrelat zu diesem Ideal auch erst ab dem Zeitpunkt behaupten, von dem der Gestaltungswille als Stil lesbar wird, also so etwas wie ein Stilbegriff existiert. Schließlich ist es unabdingbar, eine konkrete Vorstellung von dem zu haben, was man negieren will. Bei dieser Form handelt es sich sozusagen um eine zweite Stufe der Authentisierung, was auch im historischen Sinn so zu verstehen ist. Stilbewusstsein setzt die diskursive Favorisierung von Gestaltungswillen und Bilderfindung voraus, auf die man in den Bildmedien erst in den Kunstdiskursen seit der Renaissance stößt. Im Hinblick auf geschriebene und gesprochene Sprache sieht das anders aus: Bereits in der Antike gibt es mit der Rhetorik als eigener Kunstfertigkeit ein ausgeprägtes Bewusstsein für Sprachstil und persuasiver Stilisierung – damit einhergehend auch die Möglichkeit zu einer authentisierenden Stilverweigerung. So wird das zweite Kapitel zunächst mit einem ausführlichen Exkurs die Formen und Funktionen stilloser Kommunikation in der Literatur anhand ausgewählter Beispiele beschreiben und analysieren, wobei sich ein erstes Modell dieser Authentisierung anhand der anachoretischen Literatur des vierten und fünften nachchristlichen Jahrhunderts entwickeln lässt. In einem späteren Schritt werden dann die Muster und Funktionen stilloser Kommunikate auch auf die Bildmedien übertragen.

In den beiden letzten Kapiteln gilt es die im ersten Abschnitt erarbeiteten Begriffe und Problemfiguren auf den Gegenstandsbereich der technischen Medien zu transferieren. Beide Kapitel sind in ihrer Anlage nicht mehr auf die verschiedenen Authentisierungsformen bezogen, sondern der medienhistorischen Entwicklung seit der frühen Neuzeit verpflichtet. Kapitel III widmet sich der *Camera Obscura* als einem epistemologischen Modell der Bildmedien der Neuzeit, dann den Diskursen um das fotografische Bild im 19. und 20. Jahrhundert; Kapitel IV entfaltet die historische Entwicklung dokumentarischer Authentizität im Film. In beiden Medien, Fotografie und Film, lässt sich eine sukzessive Aneignung der historisch ableitbaren Authentisierungsmuster feststellen, deren Dynamik der iterativ erscheinenden Konstellation von Authentizitätsskepsis und apologetischem Reflex geschuldet ist. Die historische Rahmung, innerhalb der nun die Authentizitätseffekte der technischen Medien erscheinen, wird sich hilfreich erweisen bei dem Versuch, sowohl die Authentizität technisch generierter Bilder als auch die epistemologische Kritik ihrer Apologetik als konstantes kulturelles Handlungsmuster zu begreifen.

1. LEGENDEN AUTHENTISCHER DARSTELLUNG

1.1 Das authentische Bild – eine erste Annäherung: Protogenes und sein wunderbar gemalter Hund

In seiner umfangreichen *Naturalis Historiae* aus dem ersten nachchristlichen Jahrhundert berichtet der ältere Plinius von Protogenes, dem antiken Maler, der im vierten vorchristlichen Jahrhundert einen wunderbar gemalten Hund geschaffen habe. Protogenes war für seine Kunst weithin berühmt, doch in diesem Fall sollte es nicht die unbestrittene Kunstfertigkeit des Malers sein, der sich das Außerordentliche der Darstellung verdankte. Wunderbar an dem gemalten Hund war der Schaum an dessen Schnauze, und genau den zu malen, stellte Protogenes vor ein diffiziles Problem:

> »Er meinte, auf dem Bild den Schaum des keuchenden Hundes nicht recht darstellen zu können, während er doch in jedem anderen Teil – was sehr schwierig war – mit sich selbst zufrieden war. Das Ergebnis seiner Kunst jedoch mißfiel ihm: sie konnte nicht gemindert werden und schien allzu großartig und weit von der Naturtreue entfernt zu sein, da der Schaum wie gemalt aussah, jedoch nicht wie aus dem Maule entstanden. In ängstlicher Seelenpein, da in der Malerei das Wahre, nicht aber das der Wahrheit Ähnliche enthalten sein sollte, hatte er den Schaum öfters abgewischt und den Pinsel gewechselt, war aber keineswegs mit sich zufrieden. Schließlich warf er aus Zorn über die Tüftelei, weil man sie ›als solche‹ erkenne, einen Schwamm auf die verhaßte Stelle der Tafel. Dieser trug die abgewischten Farben wieder so auf, wie es sein Bemühen gewünscht hatte, und so hat in der Malerei der Zufall die Naturwahrheit geschaffen« (PLINIUS 1997: 83).

Gewiss, der Bericht ist nur eine Anekdote und das *Wahre* der Darstellung nicht mehr als der Schaum an der Schnauze eines keuchenden Hundes.

Und doch umschreibt Plinius in dieser unscheinbaren Form eine Problemstruktur, die sich nicht allein als das literarische Arrangement der gesucht pointierten Wendung erklären lässt. In der Malerei solle das *Wahre* und nicht das der Wahrheit *nur Ähnliche* dargestellt werden, schreibt der antike Kunsthistoriker und lässt damit erkennen, dass ihm die konstitutive Differenzierung authentischer Darstellung durchaus vertraut ist – auch wenn er die gelungene Darstellung selbst nicht authentisch nennt (die Verwendung des neuzeitlich modernen Terminus wäre in diesem Kontext auch nicht zu erwarten gewesen). Das authentische Bild und die konstitutiven Elemente seiner Generierung sind also schon in dieser kurzen anekdotischen Begebenheit angelegt. Allerdings verlangt der Einblick in die grundlegende Differenzierung authentischer Darstellung zunächst ein näheres Verstehen seiner Negation, also ein Verstehen dessen, was Plinius das ›nur Ähnliche‹ einer Darstellung nennt.

i.

Der kunstgeschichtliche Entwurf der plinischen Anekdotensammlung folgt einem einfachen Grundgedanken: Der einzelne Künstler illustriert mit seiner innovativen Leistung die Idee einer sich stetig fortentwickelnden Malerei. Folglich beginnt seine Geschichte der Kunst auch mit den unbeholfenen Anfängen namenloser Maler, von denen aus andere die Malerei Schritt für Schritt ihrem idealisierten Ziel entgegenführen: der vollkommenen Naturnachahmung (vgl. TRAUTWEIN 1997: 22).[3] Sie ist das Ideal fast

3 Jede Verfeinerung der Malerei wird in der plinischen Kunstgeschichte mit dem Namen eines Malers verbunden. Eumares aus Athen unterscheidet als Erster in seinen Darstellungen Mann und Frau, der Maler Kimon aus Kleonia später verschiedene Kopfhaltungen, malt also Menschen, die rückwärts, aufwärts oder nach unten blicken. Er erfindet auch die Verkürzung, macht Adern und Runzeln sowie Falten an den Gewändern sichtbar (PLINIUS 1997: 51f.). Polygnotos aus Thasos wiederum malt als Erster »Frauen in durchsichtigem Gewand« und beginnt darüber hinaus die Mimik der Gesichter zu modellieren (ebd.: 54). Apollodoros aus Athen wagt es wiederum, die »schöne Gestalt darzustellen« (ebd.: 55). Ihm folgt Zeuxis aus Herakleia, der mit seinen kunstvollen Umrisslinien den Darstellungen äußerste Feinheit, Anmut und einen »sprechenden Ausdruck« verleihen konnte (ebd.: 59). Zuletzt übertrifft Apelles alle anderen vor ihm: Er malt z. B. ein Bild Alexander des Großen, den er einen Blitz in seiner Hand halten lässt, in der Art, dass es scheint, »als würden die Finger deutlich hervorragen und der Blitz außerhalb des Gemäldes sein« (ebd.: 75). Apelles beherrscht also das ganze Ensemble seiner illusionistischen Kunst: Er versteht sich auf Perspektive und Verkürzung genauso wie auf Tiefenerstreckung und Plastizität. Folglich geht es in der plinischen Reihung einzelner

aller Berichte. Allerdings erscheint zumeist schon die mehr oder weniger ausgeprägte *Ähnlichkeit* als hinreichendes Kriterium einer geglückten Darstellung, gefeiert von dem triumphalen Topos der Täuschung, vornehmlich der von Tieren und Zunftgenossen: So führte z.B. der viel gerühmte Apelles lebende Artgenossen an ein von ihm gemaltes Pferd heran, um sich durch ihr Wiehern die Ähnlichkeit der Darstellung und damit die Qualität seiner Kunst unter Beweis stellen zu lassen (vgl. PLINIUS 1997: 77). An anderer Stelle liest man von Vögeln, die auf »täuschend ähnlich« gemalte Dachziegel einer Theaterkulisse zugeflogen seien (ebd.: 27), oder auf die von dem großen Zeuxis gemalten Trauben, der sich nun wiederum selbst durch einen von Parrhasios gemalten Vorhang düpieren ließ, als er in der Darstellung nicht das von seinem Kontrahenten im Malerwettstreit präsentierte Bild erkannte. Er glaubte einen über die eigentliche Darstellung geworfenen Stoff zu sehen, der jedoch, selbst gemalt, nichts Eigentliches mehr verbarg (ebd.: 57ff.).

Angesichts dieser offensichtlichen Begeisterung antiker Maler an der Täuschung ihrer Sinne könnte man annehmen, dass – entgegen dem plinischen Insistieren – in der Malerei vorrangig das der Wahrheit nur Ähnliche, nicht aber das Wahre selbst vorrangiger Gegenstand der Darstellungen gewesen sei. Und tatsächlich findet man für diese Einschätzung genügend Belege – allerdings eher solche skeptischer Art, geprägt von dem klassischen Ressentiment antiker Philosophie gegenüber der Kunst des Malers.

Im zehnten Buch seiner *Politeia* beschreibt Platon die Malerei und mit ihr alle Kunst bekanntlich als Nachahmung der Natur, und dies ist nicht nur eine Feststellung, sondern schon gleich sein entscheidender Einwand: Nachgeahmt werde in der Malerei nämlich nur das, was in der stofflichen Welt selbst Nachahmung einer ursprünglichen Idee sei. Platon verdeutlicht diesen Gedanken an dem berühmten Beispiel eines Tischlers. Fertigt dieser ein Bett oder einen Stuhl, so formt er zwar die alle Möglichkeiten umfassende Idee zu einem konkreten Gegenstand aus, muss dabei aber noch immer auf die Idee der Gegenstände schauen. Insofern haben Bett und Stuhl noch Anteil an der Wahrheit, wenn sie der Tischler mit seinem Werk abbildet. Der Maler hingegen bezieht sich nicht mehr auf das Urbild

Erfindungen in jedem Fall um die Fortentwicklung der Malerei in den Kategorien der Naturnachahmung, die bestenfalls dort ihr Ziel erreicht, wo die Kunst des Malers das Medium der Darstellung vergessen lässt (vgl. TRAUTWEIN 1997: 22).

selbst. Mit seiner Malerei erfasst er nur die äußere Erscheinung und von ihr lediglich einen ausgewählten Aspekt – damit aber erfasst er letztlich sehr wenig, jedenfalls nichts Essentielles.

Der eigentliche Vorwurf ist jedoch noch tiefgreifender: Wenn sich die Darstellung der Malerei auf eine oberflächliche Abbildung unwesentlicher Erscheinungen beschränkt, dann benötigt der Maler für seine Kunst im Gegensatz zum Werkbildner auch keine besondere Einsicht in die Dinge. Er kann so vieles malen, doch tut er es ohne Verstand! Damit kann sein künstlerisches Schaffen aber auch keinen Erkenntnis- oder Wahrheitsanspruch erheben. In letzter Konsequenz muss ihm sogar angelastet werden, nur Falsches darzustellen, indem er die ohne Verständnis erlangte Wiedergabe des bloß Erscheinenden als Abbildung des Wirklichen ausgibt (vgl. PERES 1990: 5). »Die Nachahmungskunst ist also weit vom Wahren entfernt« (PLATON 1989: 390), resümiert der Philosoph und wirft ihr dementsprechend vor, allein auf Täuschung angelegt zu sein. Dieser Einsicht entsprechen die meisten Pointen der plinischen Anekdoten. Ihr entspricht aber auch das Unbehagen des Protogenes angesichts einer Darstellungsaufgabe, die offensichtlich die Möglichkeiten seiner Kunst außer Acht lässt.

ii.

Man könnte annehmen, dass Plinius in Begeisterung für den wunderbar gemalten Hund die notwendige Umsicht bei seinen Formulierungen vermissen ließ und so eher versehentlich den von Platon gesteckten abbildtheoretischen Rahmen überschritten habe. Sein besonderes Darstellungsversprechen wäre dann ein ehrenwerter, aber haltloser Versuch, das Wunderbare des gemalten Hundes mit einem rhetorischen Kunstgriff zu manifestieren. Bezieht man hingegen die platonische Skepsis in ein mögliches Kalkül der Beschreibung mit ein, scheinen gerade die Einwände der Philosophie den wohl durchdachten Aufbau der Anekdote bestimmt zu haben.

So ist das Wahre in seiner dargestellten Form für Plinius zwar ein denkbares Potential der Malerei, ein Potential des Malers aber ist es deshalb noch lange nicht. Dieser Logik entsprechend signalisiert auch dessen Scheitern weniger eine handwerkliche Unzulänglichkeit als vielmehr die eingestandenen Grenzen einer Kunst, die nur Nachahmung wäre. Hätte Protogenes den Schaum selbst malen können, es wären die zweifelsohne begabten, von gewöhnlicher Malerei aber kaum unterscheidbaren Bemühungen seiner Hand geblieben. So aber wird das Scheitern des Malers zu der unverzichtbaren Voraussetzung einer Darstellung, die einsichtig und nachvollziehbar gerade diese Grenze überschreiten will. Das Paradox einer dargestellten, der Malerei aber eigentlich unzugänglichen Wahrheit löst Plinius, indem er einfach die problematische Figur, eben den verständnislosen und damit diskreditierten Maler, umgeht. Protogenes versteht also seine Sache besser als andere, wenn er die Vergeblichkeit seiner Mühen erkennt und dem »Zufall« ermöglicht, die Darstellung von seiner gestalterischen Willkür und dem höchst artifiziellen Kontext seines Mediums zu befreien. Erst als er das Malen aufgibt und sich im Zorn selbst zu einer unmittelbaren Reaktion hinreißen lässt, streift endlich der Schwamm die Tafel nicht weniger unwillkürlich, wie der Schaum aus der Schnauze des Hundes tritt. Diese notwendige Einsicht in sein Bildsujet gewinnt der Maler aber nur unter Verzicht auf seine Kunst. In diesem Augenblick ist die Darstellung des Unwillkürlichen allerdings schon selbst ein unwillkürlicher Akt und damit eine Konstellation beschrieben, unter deren Bedingung sich »Naturwahrheit« unter die Farben des Tafelbildes mischen kann.

iii.

Es mag sein, dass meine Interpretation dem kurzen Beispiel der plinischen Naturalis Historiae zu viel abverlangt. Was ich hier aufzufinden meinte, ist sicherlich nicht mehr als die historische Spur eines Problems, das erst in späteren Jahrhunderten seine ganze Komplexität entfalten wird. Und dennoch: die plinische Anekdote vermittelt durch ihre Konstellation auch eine Vorstellung davon, was man über ihren historischen Kontext hinaus im Hinblick auf visuelle Medien sinnvoll das Authentische einer Darstellung nennen kann – das sich abzeichnende Modell möchte ich kurz in drei wesentlichen Punkten skizzieren:

1.) Zum einen steht vor der unmittelbaren Entstehung des Bildes das Eingeständnis einer grundlegenden Differenzerfahrung: In der Regel bezieht sich eine Darstellung auf etwas, das unabhängig von ihr existiert und das mit den Mitteln ihrer Kunst nur unvollständig, nicht allen Aspekten der Erscheinung entsprechend repräsentiert werden kann. Diese offenkundige Unstimmigkeit zwischen Darstellung und Darstellungsgegenstand zu leugnen würde ein magisches Bildverständnis und damit die Koinzidenz von Zeichen und Bezeichnetem voraussetzen, doch davon ist Plinius weit entfernt. Tatsächlich sieht er sich vielmehr dazu veranlasst, diese Differenz ausführlich zu thematisieren, denn erst durch das Scheitern des Malers tritt sie ja in das Bewusstsein des Lesers: Der von Protogenes gemalte Schaum kann die Spuren seiner Entstehung und damit die Unzulänglichkeit der Darstellung nicht verbergen – und darf es auch nicht.

Platon beschreibt diese grundlegende Differenz als elementares Defizit der Malerei. Wie eine undurchlässige Schicht trete sie zwischen Darstellung und Darstellungsgegenstand – undurchlässig vor allem aufgrund der unvermeidbaren Aspektierung durch die Darstellung und der fehlenden Einsicht ihres Malers. Diese Einschätzung schließt zwar die Möglichkeit aus, dem prinzipiellen Mangel des Mediums zu entgehen, das Wissen um die theoretische Fragwürdigkeit steht allerdings dem Interesse an einer authentischen Darstellung keineswegs entgegen. Tatsächlich kann eine Darstellung nur dann authentisch sein, wenn gleichzeitig auch die Möglichkeit besteht, dass sie es nicht ist – ein entsprechendes Darstellungsproblem würde andernfalls gar nicht erst entstehen.

2.) Die platonische Authentizitätsskepsis zielt auf eine konkrete Darstellungsform: die Nachahmungskunst. Sie produziere Trugbilder, indem der Maler mit seiner kunstvollen Annäherung der Darstellung an den Darstellungsgegenstand bis zur Ununterscheidbarkeit die Differenz nur durch äußerliche Ähnlichkeit, nicht aber wesentlich aufzuheben gedenke. Plinius hingegen beteuert nicht die Ähnlichkeit der geglückten Darstellung, sondern beschreibt das Verfahren ihrer Entstehung. Dem Leser wird so versichert, dass der im Affekt geworfene Schwamm weder einer darstellerischen Absicht des Malers noch den Regeln seiner Kunst folgt. Denn der Schwamm hinterlässt seine Spuren auf der Bildtafel ja vielmehr zufällig und unwillkürlich und behauptet damit einen wesentlichen Unterschied der Darstellung gegenüber bloßer Nachahmungskunst. Die eingestandenen Grenzen des Mediums werden dem Leser durch das Scheitern des Malers also nur deshalb vor Augen geführt, um sie gleich darauf mit der Pointe der Anekdote zu überwinden.

In dieser Hinsicht korrespondieren Authentizitätsskepsis und plinische Apologetik, da seine Authentizitätsbehauptung strukturell von dem platonischen Vorbehalt geprägt zu sein scheint. Dessen Skepsis antizipierend beschreibt Plinius die Authentizität der Darstellung als das Ergebnis eines nachvollziehbaren Verfahrens, das in dieser Konstellation verspricht, als transparentes Medium den zuvor von Platon beklagten erkenntnistheoretischen Abgrund zwischen Abbild und Welt zu schließen.[4]

3.) Folglich lässt sich die Authentizität einer Darstellung nicht denken ohne das wie auch immer vermittelte Wissen um seine Entstehung. Dieser letzte Aspekt ist nicht weniger entscheidend: Selbst wenn sich die Entstehung des wunderbar gemalten Hundes so zugetragen hätte, wie Plinius sie uns überliefert, dem Bild wäre seine besondere Qualität kaum anzusehen! Zumindest so lange nicht, wie der Betrachter ohne Kenntnis

4 Die Grenzen der Nachahmungskunst werden nicht allein in diesem Bericht überschritten; ein weitaus bekannteres Beispiel ist der – wiederum in der plinischen *Naturalis Historiae* beschriebene – Malerwettstreit zwischen Protogenes und seinem Malerfreund Apelles: Auf einer zum Malen vorbereiteten Tafel hinterlässt dieser dem Protogenes, der selbst nicht anzutreffen ist, als Nachricht eine farbige Linie, an deren Feinheit der Zweite bei seiner Heimkehr das Talent des Freundes erkennt. Zum Wettstreit gelockt, malt er seinerseits eine noch feinere Linie in die erste, muss sich aber letztlich von einer dritten geschlagen geben, die Apelles den ersten beiden hinzufügt. »Man beschloß«, schreibt Plinius abschließend, »die Tafel so der Nachwelt zu überliefern, zum ehrfürchtigen Staunen aller, besonders aber der Künstler.« Dabei habe die Bildtafel »nichts anderes [enthalten] als kaum sichtbare Linien; unter den herrlichen Werken vieler Künstler war sie gleichsam leer, lockte aber gerade darum an und war berühmter als jedes andere Kunstwerk« (PLINIUS 1997: 69). Natürlich handelt es sich hierbei nicht um eine authentische Darstellung im Sinne einer transparenten Präsentation des Dargestellten, denn offensichtlich gibt es keinen Referenzpunkt, der außerhalb der Darstellung existiert und an dem sich diese messen lassen könnte. Andererseits wird die spielerische Übung in der Interpretation Hans Blumenbergs zu einer frühen Signatur des genuin schöpferischen Individuums, die auch er authentisch nennt, insofern hier das kreative Potenzial des Menschen mit der »Reinheit der funktionslosen Handschrift« authentisch – nicht regelhaft verstellt – zur Geltung komme (BLUMENBERG 1987: 172). Es gilt also die Begriffsverwendung zwischen dokumentarischer und künstlerisch produktiver Authentizität zu differenzieren, wobei man zugleich anmerken muss, dass die Interpretation Blumenbergs die Perspektive neuzeitlicher Anthropologie voraussetzt. Er selbst bemerkt in seinem Aufsatz zur *Nachahmung der Natur*, dass die kaum sichtbaren Linien der Bildtafel von der Antike noch gar nicht als Signatur der »authentischen Produktivität des Menschen« (BLUMENBERG 1957: 270) gelesen werden konnten: »Die [aristotelische] Idee der vollständigen Entsprechung von Möglichkeit und Wirklichkeit läßt nicht zu, daß der Mensch geistig *originär* wirken kann«, schreibt Blumenberg. So bleibe also nur die Nachahmung von etwas bereits Verwirklichtem, »oder anderes ausgedrückt: im Werk des Menschen geschieht essentiell *nichts*« (ebd.: 273). Der Bruch mit diesem antiken Nachahmungsprinzip erfolge erst durch die Renaissance, vorbereitet durch den grundlegende Vorstellungswandel von einer »Endlichkeit des Faktischen« zur »Unendlichkeit des Möglichen« (ebd.: 267). Und es ist Nikolaus von Kues, der um 1450 in diesem Kontext die Aufwertung menschlicher Erfindungskraft am Beispiel der eher unscheinbaren Tätigkeit der Löffelschnitzerei vollzieht. »Zwar ist auch diese ›Kunst‹ Nachahmung, aber nicht Nachahmung der Natur, sondern Nachahmung der *ars infinita* Gottes selbst, und zwar insofern diese originär, urzeugend, schöpferisch ist« (ebd.: 268). Dieser Vorstellung entspricht das Verständnis von ›Kunstwerk‹ und Künstler seit der Renaissance, die entsprechend das Ideal einer authentischen Darstellung im Sinne ihrer Transparenz gegenüber dem Darstellungsgegenstand nicht mehr kennt – authentisch ist hier nur noch das Werk, das eindeutig die Zeichen des Stil- und Schöpfungswillens ihres Urhebers trägt.

von der Entstehung des Bildes auch nicht von der Möglichkeit weiß, das Zufällige der Darstellung darin zu entdecken. Erst durch den plinischen Bericht präpariert und für die Suche nach marginalen Indizien geschult, werden aus den Pigmenten Spuren, deren Bedeutung die Phantasie des Betrachters entfesseln kann – zweifellos in der vermeintlichen Gewissheit, allein ihrer ikonographischen Evidenz zu folgen. Das Besondere der Darstellung ist letztlich eine Qualität der Beschreibung seiner Entstehung und ihre Authentizität somit primär ein rezeptiver Effekt. Erst in der Bildbetrachtung wird das kommunikative Versprechen der Anekdote durch die Phantasie des Betrachters eingelöst und damit jene ästhetische Spekulation ermöglicht, die in der Darstellung mehr zu sehen meint als nur die Pinselstriche eines gewöhnlichen Malers.

Natürlich ist die plinische Anekdote um den wunderbar gemalten Hund eine Legende, jedoch eine Legende auf zweierlei Weise: Bei einer semiotischen Überprüfung wird man schnell feststellen, dass auch die besondere Konstellation der Bildentstehung keinen Anlass bietet, das Paradox der vermittelten Unmittelbarkeit hinzunehmen. Die Spuren auf der Bildtafel sind genau genommen indexikalische Zeichen der resignativen Wut des Malers, und eben nicht – wie behauptet – eine unmittelbare Darstellung der unbewussten Instinkte des Tieres. Protogenes bleibt aller Beschreibung zum Trotz alleiniger Urheber einer Darstellung, die durch ihre Entstehung bestenfalls in Analogie zu den Affekten des Tieres gesetzt werden kann. Aber selbst wenn man dieser Verknüpfung folgt, ließe sich kaum mehr als Ähnlichkeit behaupten. Die Analogie als Evokation der sich einstellenden Naturwahrheit zu nehmen ist allein Authentizitätsbehauptung der Legende.

Begreift man allerdings die Authentizität der Darstellung als rezeptiven Effekt, kann dieser Aspekt durchaus vernachlässigt werden. Für den Betrachter der Darstellung spielen zeichentheoretische Erwägungen bestenfalls eine untergeordnete Rolle. Ausschlaggebend ist vielmehr seine Bereitschaft, der jeweiligen Authentizitätsbehauptung zu folgen – oder nicht. Auch in dieser Hinsicht ist der plinische Bericht eine Legende, aber nun eine Bild-Legende in dem Wortsinn einer Leseanweisung oder Zeichenerklärung. Sie wäre somit als eine die Betrachtung des Rezipienten leitende Kontextinformation zu verstehen, die ihn erst dazu befähigt, die Zeichen auf dem Bild als Zeichen der Authentizität zu deuten. Auch wenn die Legende einer kritischen Betrachtung nicht standhalten kann, so muss man doch davon ausgehen, dass sie in dieser Konstellation offensichtlich auf eine Authentizitätssehnsucht des historischen Bildbetrachters abzielt und dementsprechend eine Bildentstehung beschreibt, unter deren Umständen dem Leser die Authentizität der Darstellung glaubwürdig erscheinen konnte.

Diese Umstände variieren mit dem jeweiligen historischen Kontext, dem Wissen des Lesers oder Bildbetrachters um die Möglichkeit oder Unmöglichkeit authentischer Darstellung. Die Authentizitätsbehauptung orientiert sich dabei vorrangig an der jeweils formulierten Authentizitätsskepsis, deren Bedenken es ja mit der Legende argumentativ zu umgehen gilt.

Im Folgenden werde ich vorrangig diesen Aspekt der verschiedenen Bild-Legenden beschreiben – auch hier geleitet von der Annahme, dass die jeweilige Authentizitätsbehauptung strukturell von der sie begleitenden Authentizitätsskepsis und nicht von zeichentheoretisch ahistorischen Vorbehalten geprägt wird. Diese authentisierenden Legenden folgen, wie sich zeigen lässt, dem schon bei Plinius angedeuteten Modell, das allerdings in den kommenden Jahrhunderten immer feinere und subtile Konturen bildet. Die nächsten Beispiele sind dem unermesslichen Fundus der Legenden christlicher Kultbilder entnommen – entsprechend meiner Arbeitshypothese lassen auch ihre Beschreibungsformen sich erst verstehen vor dem historischen Hintergrund christlicher Bilderfeindlichkeit.

1.2 ›Nicht von Menschenhand‹: Acheiropoieten-Legenden

1.2.1 *Christliche Apologetik und heidnisch-antike Bildpraxis*

Für die frühen Christen der ersten Jahrhunderte stellte sich die Frage nach der Authentizität einer Darstellung nicht – oder besser gesagt: die Frage war schon entschieden, bevor man sie überhaupt stellen konnte. Das Bild, vor allem das Bild in seinem religiösen Gebrauch, wurde gemäß dem alttestamentlichen Bilderverbot mit allen Konsequenzen abgelehnt. Diese Haltung war riskant, zumal das heidnisch-antike Umfeld mit der christlichen Bilderlosigkeit unweigerlich Atheismus assoziierte. So sahen sich schon die ersten apologetischen Schriften zu einer abbildtheoretischen Debatte herausgefordert: »Kurz gesagt«, schreibt der Apologetiker Athenagoras im 2. Jahrhundert, »keines dieser [heidnischen] Bilder entging dem Schicksal, von Menschen hergestellt zu werden. Wenn sie nun Götter sind, [...] was bedurften sie der Menschen und ihrer Kunst, um zu entstehen? Aber sie sind Erde, Stein und Holz und unnützes Werk« (zitiert nach THÜMMEL 1992: 30). Dass die frühen Christen heidnische Kultbilder und mit ihnen die Fremdgötterverehrung ablehnten, mag niemanden verwundern. Tatsächlich aber waren bildende Kunst und heidnischer Kult der Antike derart ineinander verstrickt, dass sich die Kirchenväter Hippolyt und Tertullian im 3. Jahrhundert dazu genötigt sahen, einfache Maler aus der christlichen Gemeinschaft auszuschließen, wenn diese ihre Tätigkeit nicht aufgeben wollten (vgl. GUYOT/KLEIN 1994: 35, 37ff.).[5]

Von einigen allegorischen Motiven abgesehen, konnte man sich andererseits aber auch eine Darstellung christlicher Glaubensinhalte mit den Mitteln der Malerei nicht vorstellen. Für die unumstößliche Glaubenswahrheit der Menschwerdung Gottes bot die Kunst des Malers keinerlei angemessene Form der Darstellung: »Wie könnte jemand etwas Unmögliches erreichen?«, erwidert Eusebius von Caesarea unmissverständlich die Anfrage der Tochter des ersten christlichen Kaisers Konstantin nach einem Bild Christi: »Wie könnte jemand von dieser so wunderbaren und unbegreiflichen Gestalt, wenn man überhaupt noch das göttliche und geistige Wesen Gestalt nennen darf, ein Bild malen?« (zitiert nach THÜMMEL 1992: 49). So sehr sich ein Maler auch abmühe, gibt Makarios Magnes in einem späteren Text zu bedenken, und wenn ihm mit der Darstellung der äußeren Gestalt vielleicht sogar vieles gelingen möge, so schaffe er dennoch »nicht das, was wahrhaftig ist«, und erschöpfe sich »vergeblich, weil er das in den Griff bekommen will, was sich dem Zugriff entzieht« (ebd.: 38).

5 Für die frühen Christen gab es freilich auch andere Gründe, die Kunst des Malers mit Argwohn zu betrachten. In moralischer Hinsicht war ihm viel zuzutrauen und für den weitverbreiteten Verdacht seiner zweifelhaften Moral fanden sich genügend Hinweise. In seiner um 153 geschriebenen Hauptschrift zählt der Apologet Justin einige davon auf: »Und daß die Künstler, die diese Dinge herstellen, schamlos sind und sich allen möglichen Lastern – um sie hier nicht aufzuzählen – hingeben, wißt ihr genau; sie verführen sogar ihre eigenen Sklavinnen, die ihnen bei der Arbeit helfen. Welch ein Wahnwitz ist es, wenn gesagt wird, daß zügellose Menschen Götter zum Zweck der Verehrung formen und umformen« (GYUOT/KLEIN 1994: 145ff.). »To love art meant knowing artists«, schreibt Peter Brown, »and every ancient man knew what artists were like; they slept with their models […]; they designed theatre posters […]; in 692 they had been caught still painting classical pornographic scenes […]. The works of artist, therefore, that were most sought at the time of the Iconoclast controversy were precisely those which had least to do with the idea of the holy in the minds of any Western European, Byzantine or Muslim« (BROWN 1982a: 264). Die Kunst des Malers war zu sehr mit der Hypothek einer in der Welt und ihren Begierden verstrickten Künstlerexistenz behaftet, als dass ein Christ ihr zugetraut hätte, gerade dem der Welt und ihren Begierden Abgeschiedenen Ausdruck zu verleihen.

Ungeachtet aller theologischen Vorbehalte tauchten indes schon bald erste Berichte von Christus- und Apostelbildern auf, wenn auch zunächst nur im Zusammenhang mit häretischen Sekten. So soll nach Irenäus von Lyon von den Karpokratianern das Bild Christi neben denen von Plato, Pythagoras und Aristoteles verehrt worden sein (vgl. LIPPOLD 1993: 66); Vergleichbares berichtet Eusebius von Caesarea von den Manichäern. Der syrische Bischof kannte allerdings auch schon den Bildgebrauch aus ›rechtgläubigen‹ Kreisen: »Ich weiß nicht«, schreibt er an die Kaisertochter Konstantia, »einmal hielt ein Weiblein in den Händen zwei Darstellungen wie von Philosophen, und sie sagte so etwas, als seien es (Bilder) von Paulus und vom Heiland. Ich kann weder sagen, woher sie sie hatte, noch, wo sie so etwas gelernt hatte« (ebd.: 49f.). In seiner Kirchengeschichte aus dem frühen vierten Jahrhundert beschreibt Eusebius obendrein eine Statue, die er in Caesarea Philippi noch mit eigenen Augen gesehen haben will. Die Figur sei das Bild Christi und als solches eine Stiftung der aus den Evangelien bekannten ›blutflüssigen‹ Frau (vgl. EUSEBIUS 1989: 7. Buch, 18. Kapitel, 334). »Man braucht sich nicht darüber zu wundern«, fügt er entschuldigend seinem Bericht hinzu, »daß die Heiden [ihrem Erlöser] solche Denkmäler errichteten. Denn wir haben auch die Bilder seiner Apostel Paulus und Petrus und sogar das Bild Christi selbst in Farben gemalt gesehen. War es doch zu erwarten, daß die Alten sie als ihre Retter ohne Überlegung gemäß ihrer heidnischen Gewohnheit auf solche Weise zu ehren pflegten« (ebd.). Eusebius sah in diesen Beispielen wohl eher marginale Verirrungen als eine tatsächliche Gefährdung des christlichen Kults. Andere Quellen der Bildkritik hingegen scheinen schon ab dem dritten Jahrhundert mit einem umfassenden Bildgebrauch konfrontiert gewesen zu sein – zumindest deutet die differenzierte Form ihrer Argumentation auf eine offensichtliche Duldung christlicher Bilder; allein der Hinweis auf das alttestamentliche Bilderverbot oder die alarmierende Nähe der Bilder zur heidnischen Kultpraxis reichten nun nicht mehr.

Eines der schönsten dieser um Differenzierung bemühten Textbeispiele findet man mit der Legende um den Apostel und Evangelisten Johannes aus den apokryphen Apostelakten: »Werde du mir aber ein guter Maler«, so Johannes zu seinem griechischen Gastgeber Lykomedes. Seine Aufforderung zum Malen wollte der Apostel jedoch metaphorisch verstanden wissen als Ausformung des inneren Wesens, die einer Verehrung der äußeren Gestalt allemal vorzuziehen sei. Johannes sah sich zu dieser Belehrung durch ein heimlich gemaltes Porträt des Apostels veranlasst, das, obwohl unbemerkt entstanden, Lykomedes vor seinem Gast nicht lange verbergen konnte. »Ich sehe, daß du noch heidnisch lebst!«, ruft ihm Johannes bestürzt entgegen in der Annahme, der auf dem Bild Dargestellte sei eine heidnische Gottheit. Dargestellt jedoch war Johannes selbst:

> »Ioannes aber, der nie sein eigenes Gesicht gesehen hatte, sagte zu ihm: Du verspottetest mich, Kind! So ansprechend sehe ich der Gestalt nach aus? Da holte Lykomedes einen Spiegel, und als er (Ioannes) sich im Spiegel sah und das Bild betrachtete, sagte er: So wahr der Herr Jesus Christus lebt, das Bild ist mir ähnlich, aber nicht mir, Kind, sondern meiner fleischlichen Gestalt. Wenn aber der Maler, der dieses Aussehen nachgebildet hat, mich im Bild malen will, dann kann er auf die Farben, die er dir geliefert hat, verzichten. [...] Was du aber jetzt getan hast, ist kindisch und unvollkommen, du malst das tote Bild eines Toten« (zitiert nach THÜMMEL 1992: 43f.).

Die ausgefeilte Kunstfertigkeit des Malers und überraschende Ähnlichkeit seiner Darstellung schien Johannes kaum beeindruckt zu haben. Dargestellt und ähnlich war ihm nur Unwesentliches. Das »tote Bild eines Toten« ist der entsprechende Topos frühchristlicher Bilderkritik. Im Hinblick auf das zu erwartende Urteil wäre der Bericht um Lykomedes und Johannes wohl zu einem vorzeitigen Ende gekommen, hätte der Verfasser dieser Legende nicht ein heimlich gemaltes Bild als Gegenstand gewählt. So aber entdeckt Johannes erst das fertige Porträt und fällt sein Urteil angesichts einer vollendeten Kunst um vor allem eines zu verdeutlichen: Die von ihm ausgemachte Unzulänglichkeit der Darstellung ist kein Mangel des Malers, sondern grundlegendes Defizit des Mediums. Das Bild sei zwar ähnlich, eine wirklich gelungene Darstellung aber hätten Lykomedes und sein Maler nur am eigenen Leib vollziehen können. Die Legende argumentiert also gegen den Bildgebrauch, indem sie der Ästhetisierung christlicher Glaubensinhalte einen darüber hinausweisenden lebenspraktischen Glaubensvollzug gegenüberstellt:

> »Du hast die Farben, die dir Jesus durch mich gibt, der uns alle für sich malt, der sich auf die Formen und die Gestalten, das Aussehen und den Zustand und den Charakter unserer Seelen versteht. Diese Farben aber, mit denen du – wie ich sage – malen sollst, sind Glaube an Gott, Erkenntnis, Gottesfurcht, Liebe, Gemeinschaft, Sanftmut, Rechtschaffenheit, Bruderliebe, Reinheit, Lauterkeit, Festigkeit, Furchtlosigkeit, Heiterkeit, Heiligkeit und die ganze Palette der Farben, die deine Seele malt und bereits deine darniederliegenden Glieder aufrichtet und die aufgerichteten ordnet und die Wunden heilt und die Verletzungen wieder genesen lässt« (ebd.).

Die Legende entstand im 3. Jahrhundert. Obwohl die apokryphen Apostelakten keine kanonisierte Textsammlung waren, kann man davon ausgehen, dass sie – wie andere apokryphe Berichte auch, die in hohem Ansehen standen – in den christlichen Gemeinden verlesen wurden.

Vorgelesen wurde die Legende zumindest im Herbst 787 den in Nizäa zu einem Konzil versammelten Bischöfen, doch diesmal entschied man sich einmütig, den apokryphen Bericht zu verbrennen (vgl. DUMEIGE 1985: 171). Es war nicht der einzige Text, den man in diesem Jahrhundert aus dem Verkehr zog. Das zweite Konzil von Nizäa hatte man einberufen, um die Bilderverehrung im byzantinischen Reich wieder herzustellen. Vor diesem Hintergrund musste die Legende der Apostelakten, wie andere bilderfeindliche Berichte auch, den versammelten Bischöfen apokryph und damit falsch erscheinen.

In den Jahrhunderten zwischen der Entstehung der Legende und ihrer Verbrennung war offensichtlich Erstaunliches geschehen: Während man zuvor noch die Unmöglichkeit einer Darstellung mit dem göttlichen Wesen Christi begründen konnte, sah man jetzt in den bildhaften Darstellungen die sinnliche Erfahrbarkeit der »wahren und nicht erdachten Fleischwerdung Gottes« (THON 1979: 210). Man wagte sogar den Umkehrschluss: Mit einer wie auch immer gearteten Geringschätzung der Bilder würde auch der Glauben an die Inkarnation Gottes angetastet (vgl. DUMEIGE 1985: 293ff.). Von der Ikonologie des Konzils darf man sich jedoch nicht täuschen lassen. In Nizäa wurde lediglich sanktioniert, was schon längst weithin praktizierter Bildgebrauch in christlichen Kreisen war und die entsprechende Legitimation hierfür verlegte man auf das »Niveau des theologischen Streits um die Natur Christi« (BELTING 1991: 164). Da sich der skeptische Teil der Auseinandersetzung nicht einfach mit der Verbrennung zweifelhafter Texte bezwingen ließ, suchte man in den Bibliotheken eifrig nach solchen Dokumenten, mit denen man das nizäische Bildverständnis zweifelsfrei bestätigen konnte. Gefunden hatte man bald Berichte von einem schon weithin berühmten Bild, das erstmals im 6. Jahrhundert Erwähnung in der Kirchengeschichte des Euagrios Scholastikos fand. Auch sein Text wurde den Bischöfen verlesen und von diesen entschieden freundlicher aufgenommen als der vorherige (vgl. DUMEIGE 1985: 173). Das darin beschriebene Bild schien geradezu modellhaft den paradoxalen Anforderungen der Theologie zu genügen: wie nämlich von der ›wunderbaren und unbegreiflichen Gestalt‹ ein Bild zu erlangen sei, ohne durch die vermittelnde Darstellung das eben ›Wunderbare‹ und ›Unbegreifliche‹ zu verlieren.

Das Bild war eine Christusikone, und das Modellhafte seiner Erscheinung resultierte aus der kurzen Bemerkung, dass es ein gottgemachtes sei, »das Menschenhände nicht gefertigt haben« (MIGNE 1860: Sp. 2750). Wunderbar entstandene Götterbilder kannte mit den sogenannten Diipetes schon die heidnische Antike. Das also konnte in Nizäa kaum hinreichendes Kriterium einer theologisch sanktionierten Bilderverehrung sein. Das Besondere an dem Bild von Edessa war das Interesse seiner Legende, nicht der Materialität, sondern dem Entstehungsprozess besondere Aufmerksamkeit zu widmen.

1.2.2 *Ein erstes Modell authentischer Darstellung: Die Abgarlegende der Spätantike*

Euagrios Scholastikos erwähnt diese ›nicht von Menschenhand gefertigte‹ Christusikone im Zusammenhang mit seinem Bericht von der Belagerung und wunderbaren Errettung der kleinasiatischen Stadt Edessa. Als Quelle dienten ihm nach eigenem Bekunden die Perserkriege des Procopius, dessen Bericht um einiges detaillierter und nicht wesentlich älter ist als der des antiochenischen Kirchenhistorikers, der allerdings die entsprechende Erwähnung einer Christusikone vermissen lässt.[6] Nicht anders verhält es

6 Die von Euagrios und Procopius geschilderte Belagerung der Stadt Edessa ist die des Persers Chosroes aus dem Jahr 544. Seine Kirchengeschichte schreibt Euagrios um das Jahr 593, Procopius die *Perserkriege* ungefähr 30 Jahre zuvor. Nach seiner Schilderung lässt Chosroes einen gewaltigen, die Mauern der Stadt überragenden Wall aus Holz und Erde aufwerfen. In größter Not versuchen die Stadtbewohner einen unterirdischen Gang zu graben, den sie dort, wo er den feindlichen Aufwurf erreichte, zu einer Kammer erweitern. Darin häufen sie nun leicht brennbares, mit Zedernöl, Pech und Schwefel getränktes Holz und stecken es in Brand. Der Wall bricht ein und die Perser müssen ihre Belagerung aufgeben (vgl. PROCOPIUS CAESARIENSIS 1970: 387-403). Der jüngere Bericht des Euagrios unterscheidet sich nicht wesentlich von dieser Beschreibung bei Procopius, wenn man davon absieht, dass es hier zunächst nicht gelingen will, das Feuer in der unterirdischen Kammer mit ›natürlichen‹ Mitteln zu entfachen. So holt man bei Euagrios das »nicht von Menschenhand gemachte« Bild, bespült es mit Wasser und damit dann das Holz, das nun endlich Feuer fängt und den feindlichen Wall einstürzen lässt (vgl. MIGNE 1860: Sp 2746-2750). Procopius beschreibt die Rettung der Stadt lediglich als eine strategische Leistung der Belagerten, doch lässt sich diese ›nüchterne‹ Beschreibung nicht mit einem übermäßigen Skeptizismus des Autors in Verbindung bringen. Immerhin weiß dieser Procopius an anderer Stelle sehr wohl die Rettung einer weiteren Stadt auf den in ihren Mauern sich befindenden Splitter des Kreuzes Christi zurückzuführen (vgl. CAMERON 1981: 7). Hätte er also von dem Bild gewusst, es hätte zweifelsohne auch in seinem Bericht Erwähnung gefunden. Die Tatsache also, dass Euagrios erst dreißig Jahre nach Prokopius ein wundertätiges Bild in das Geschehen einführt, lässt darauf schließen, dass die besagte Christusikone in Edessa wohl nicht vor 560, aber auch nicht nach 590 erstmals ausgestellt wurde (vgl. dazu auch VON DOBSCHÜTZ 1899: 105-120; CAMERON 1983).

sich mit der Ursprungslegende des Bildes: Euagrios will sie der Kirchengeschichte des Eusebius von Caesarea aus dem frühen vierten Jahrhundert entnommen haben, aber auch dort sucht man nach einer entsprechenden Erwähnung vergeblich. Bei Eusebius findet sich zwar die älteste Version einer Legende um den edessenischen König Abgar, die in späteren Überlieferungen auch mit dem fraglichen Bild in Verbindung gebracht wird, doch steht bei Eusebius noch alleinig die fiktive Korrespondenz des Königs Abgar mit Jesus Christus im Mittelpunkt des Geschehens, so dass auch der fragliche Gegenstand dieser ersten Version ein Brief und eben kein Bild ist.

Der Bericht bei Eusebius ist kurz erzählt: Er schreibt, wie Abgar, König der kleinen Stadt Edessa, schwer erkrankt. Von Jesu Wirken in Palästina unterrichtet, schickt er ihm einen Boten mit der Bitte, zu ihm zu kommen und ihn zu heilen. Auf sein Verlangen geht Jesus allerdings nicht ein, schreibt ihm vielmehr den besagten Brief und verspricht, einen seiner Jünger zu schicken. Wie angekündigt kommt nach Christi Himmelfahrt Thaddäus, der Jünger, nach Edessa, heilt den König und führt ihn zum christlichen Glauben.

Eusebius entnimmt diesen Bericht, wie er schreibt, dem Archiv der Stadt Edessa, wo er auch den besagten Brief Christi an Abgar gefunden haben will (vgl. EUSEBIUS 1989: 1. Buch, 13. Kapitel, 111-114). An keiner Stelle ist die Rede von einem Bild – es bleibt den verschiedenen Stufen der Redaktion der Legende vorbehalten, ein solches in die Erzählung einzuführen.

Der älteste Text, der nun tatsächlich ein Bild erwähnt, ist eine syrische Bearbeitung des von Eusebius überlieferten Berichts: die Doctrina Addai, entstanden ungefähr um das Jahr 400. Die Beschreibungen stimmen weitgehend überein, nur dass der Bote Abgars hier zugleich auch ein begabter Maler ist, der nebenbei und ohne besondere Motivation ein Bild anfertigt:

> »When Hannan, the keeper of the archives, saw that Jesus spake thus to him, by virtue of being the king's painter, he took and painted a likeness of Jesus with choice paints, and brought with him to Abgar the king, his master. And when Abgar the king saw the likeness, he received it with great joy, and placed it with great honour in one of his palatial houses« (zitiert nach PHILLIPS 1876: 5).

Das Bild der Doctrina Addai ist ebenso wenig problematisch wie seine Entstehung spektakulär. Es erscheint vielmehr am Rande der Legende als eigentlich zu entbehrender Zug. In späteren Versionen wird dann der Brief zu einer kurzen mündlichen Botschaft und das Bild selbst zum Angelpunkt, das, je mehr es in den Vordergrund rückt, um so wunderbarer in Erscheinung tritt. In den so genannten Thaddaeus-Akten aus dem sechsten Jahrhundert erwartet Abgar von seinem Boten neben dem Antwortschreiben nun ausdrücklich auch ein getreues Portrait Christi, das dieser zu malen aber nicht mehr in der Lage ist. An die Stelle bloßer Kunstproduktion tritt hier erstmals die wundersame Entstehung:

> »Abgarus enjoined Ananias to take accurate account of Christ, of what appearance he was, and His stature, and His hair, and in a word everything. And Ananias, having gone and given the letter, was carefully looking at Christ, but was unable to fix Him in his mind. And He knew as knowing the heart, and asked to wash Himself; and a towel was given Him; and when He had washed Himself, He wiped His face with it. And His image having been imprinted upon the linen, He gave it to Ananias [...] And having received Ananias, and fallen down and adored the likeness, Abgarus was cured of his disease before Thaddaeus came« (zitiert nach ROBERTS/DONALDSON 1870: 440f.).[7]

In den darauf folgenden Bearbeitungen der Legende wenden sich die Verfasser zunehmend dem Boten und seiner darstellerischen Aufgabe zu, wobei immer deutlicher herausgestellt wird, dass Jesus von vornherein das Anliegen des Malers kennt und billigt. Was also in den Thaddaeus-Akten lediglich mit einer schmucklosen Bemerkung angedeutet wird – »He knew as knowing the heart« –, erscheint z. B. in der um 900 entstandenen Epistola Abgari schon als ein umfassend ausformulierter Dialog: Hier trifft Jesus den Boten und Maler tags zuvor in den Toren der Stadt, um ihn dann zur Ausführung seines Auftrags für den nächsten Morgen in die Synagoge zu bestellen. Dort entsteht das Bild als wunderbarer Abdruck vor den Augen der Juden, nicht ohne die unvermeidliche Anmerkung, dass der Maler »es nicht erfassen konnte, wie er das Bild Jesu malen sollte« (zitiert nach VON DOBSCHÜTZ 1899: 204*).

Die in dieser Hinsicht erfindungsreichste Version findet man in einer späten, slawischen Fassung des Mittelalters. Hier übergibt der Maler – es ist der spätere Evangelist Lukas – zunächst den Brief, bevor er sich darum bemüht, das Bild zu malen:

> »Während Jesus aber las, sah Lukas scharf auf Jesus hin und dachte nach, wie er ihn malen sollte. Er bemühte sich sein göttliches Angesicht mit materiellen Farben auf-

7 Der Bericht legt offenbar besonderen Wert auf die Feststellung, dass schon vor Ankunft des Apostels *das Bild* den erkrankten Abgar heilt. Spätere Bearbeitungen fügen dieser Heilung noch weitere Wunderberichte hinzu, die sich – teils sogar im Wortlaut – an den Heilungsberichten der Evangelien orientieren. Die Parallelisierung der Berichte markiert unmissverständlich das den Legenden zugrunde liegende Bildverständnis: Wie Christus handelt auch das Bild und wirkt Wunder entsprechend der vorbehaltlosen Annahme aller Bildlegenden, die Darstellungen wie handelnde Personen zu betrachten.

zuzeichnen. Da aber Jesus sein Vorhaben erblickte, sprach er: ›Lukas bringe mir her, was du trägst, und was du im Sinn hast.‹ Lukas aber fürchtete sich und sprach: ›Ich habe nichts.‹ Und sofort bewegten sich seine Hände, und es fiel das Tuch herunter. Und Jesus nahm Wasser und wusch sein göttliches Angesicht, und nachdem er das Tuch genommen hatte, [... legte er] es an sich heran und es zusammenfaltend gab er es ihm in die Hände« (ebd.: 231*).

Diese kurz umrissene Entwicklung der Legenden um das Bild von Edessa ist beachtenswert. Der bildlose Ursprung der ersten Niederschrift aus dem frühen vierten Jahrhundert erklärt sich schon allein aus der bilderfeindlichen Haltung ihres Verfassers: Eusebius hatte seinen Standpunkt hinsichtlich einer künstlerischen Darstellung Christi in seinem Brief an die Kaisertochter Konstantia unmissverständlich zum Ausdruck gebracht; Bilder, die er an anderer Stelle seiner Kirchengeschichte erwähnt, waren in seinen Augen nicht mehr als Relikte des heidnischen Kults. Ein Portraitbild Christi, das der Dargestellte selbst gebilligt und veranlasst haben sollte, wäre ihm allein schon aus diesen Gründen undenkbar gewesen. Anders zeigt sich die Situation für den Autor der Doctrina Addai: Für ihn scheint ein kategorisches Darstellungsverbot schon nicht mehr im gleichen Maße bindend gewesen zu sein. Dabei ist seine Version noch ›naiv‹, insofern sie sich um keine besondere Authentisierung der Darstellung bemüht – von der Behauptung einmal abgesehen, das Bild sei als Portrait zu Lebzeiten Christi entstanden und somit zumindest seiner ikonographischen Gestalt nach verlässlich. Was der Doctrina Addai in dieser Hinsicht noch unproblematisch erscheint, sieht sich allerdings schon bald einem zunehmenden Rechtfertigungsdruck ausgesetzt. Spätestens ab dem sechsten Jahrhundert konnte und wollte man die Darstellung Christi nicht mehr als ein herkömmliches Produkt menschlicher Kunstfertigkeit verstehen. Von nun an hatte sich die autorisierte und damit allein verehrungswürdige Darstellung durch einen besonderen Entstehungsprozess auszuzeichnen. Das Modell, das man hierbei zur Apologie des Bildes entwickelt, verbürgt sich vornehmlich durch den Begriff *a-cheiro-poietos*, also ›nicht-von-Menschenhand-gemacht‹ – was gleich einer ganzen Gruppe von Bildern ihren Namen gibt: den Acheiropoieten der byzantinischen Spätantike.

Es sind also vertraute Motive, mit denen man im Bilderstreit die strittigen Darstellungen von einer sie diskreditierenden Hypothek zu befreien gedachte: das unvermeidliche Scheitern des Malers und ein Abbild, das wesentlich ohne Zuhilfenahme seiner Kunst zustande kommt. Die bildliche Darstellung fand ihren Zugang in den christlichen Kult also nur unter der

Voraussetzung, dass sie einem autorisierten Selbstausdruck entsprach, dass also das Heilige sich selbst einen Weg in die Welt der Zeichen bahnte, ›unbefleckt‹ und ›unberührt‹ von jeder Kunst; oder wie es in der Logik der Legenden hieß: ›jungfräulich‹ – so Georg von Pisidien in einem Bildgedicht aus dem siebten Jahrhundert, denn, so schreibt er weiter, Christus »nahm einst ohne Samen und jetzt ohne Malerei Gestalt an« (zitiert nach BELTING 1991: 522).

In seiner elaboriertesten Form erscheint dieses Modell authentischer Darstellung in einer Version der Abgarlegende aus der Zeit nach dem Bilderstreit: Es ist die Narratio de imagine Edessena. Um 944 entstanden und Konstantin Porphyrogenneta zugeschrieben, stammt sie wohl eher aus dem Umkreis der gut unterrichteten Chronisten seines Hofes. So weiß der Bericht z.B. den heiklen Umstand zu nutzen, dass sich die Quellen früherer Jahrhunderte über ein Bild in Edessa ausschweigen. Die entsprechende Erklärung der Narratio ist ebenso einfach wie einnehmend: Demnach hatte Abgar zwar von Christus ein wunderbar entstandenes Portrait erhalten, da aber die folgenden Generationen ihm in seiner Frömmigkeit nicht folgen wollten, ließ es ein vorsorgender Bischof an geeignetem Ort einmauern. Über die Jahrhunderte geriet es so der Legende nach in Vergessenheit. Ebenso unverhofft wie das Bild in den Quellen auftaucht, präsentiert es nun der Autor der Narratio als Fundstück des sechsten Jahrhunderts. Korrespondierend zum Bericht der Belagerung der Stadt durch den Perser Chosroes bei Euagrios, erscheint es auch hier als rettendes Bild in größter Not, nur in weit raffinierterem Arrangement:

> »Und so war es im Laufe jener Nacht, da erschien dem Bischof [...] eine schön gekleidete, Ehrfurcht einflößende Gestalt einer Frau, überlebensgroß, die ihm den Rat gab, das göttlich geschaffene Bild von Christus zu nehmen und mit ihm zu flehen, der Herr möge seine Wundertaten ganz kundtun. Der Bischof antwortete, er habe keine Ahnung, ob das Bild überhaupt existiere oder, wenn es so wäre, ob sie oder jemand anderes es hätte. Dann sagte die Erscheinung in Gestalt einer Frau, daß ein solches Bild verborgen an der Stelle über den Stadttoren liege in einer Weise, die sie beschrieb. [...] Der Bischof war überzeugt durch die Klarheit der Vision, die ihm erschien, und deshalb ging er bei Morgengrauen betend zu der Stelle, suchte sorgfältig nach und fand dieses geheiligte Bild unversehrt, und die Lampe, die über so viele Jahre nicht ausgegangen war. Auf dem Stück Ziegel, das zum Schutz vor die Lampe gestellt worden war, fand er ein weiteres Abbild des Bildes aufgedrückt, das zum Glück bis jetzt sicher in Edessa erhalten blieb« (PORPHYROGENNETA 1980: 305).

Der vermeintliche Mangel ›philologischer‹ Glaubwürdigkeit wird in diesem Abschnitt gleich zu einer verzweigten Authentisierung des Bildes umgeschrieben. Zunächst ist es ein Fundstück, und als solches nicht einmal gesucht, sondern dem zuständigen Bischof erst durch die Erscheinung im Traum nahe gelegt. Doch damit allein gibt sich der Autor der Legende nicht zufrieden, denn das Bild hinterlässt auf dem davor gestellten Ziegel auch eine Reproduktion. Diese ist zwar nicht durch die körperliche Gestalt des Darzustellenden selbst veranlasst, aber in gleicher Weise wie das ›Original‹ ohne menschliche Hilfe zustande gekommen. Um die notwendigen Kriterien authentischer Darstellung zu erfüllen, benötigt sie allein das ursprüngliche Bild und ein davor stehendes Licht. Durch diese Reproduktion entscheidet der Autor – die Skepsis seiner Leser antizipierend – auch die fragliche Provenienz des gefundenen ›Originals‹. Wie nämlich der Kontakt zwischen Bild und Bild die Authentizität der Reproduktion bezeugt, verbürgt diese rückwirkend auch die nicht manipulative Entstehung des ersten, also den ursprünglichen Kontakt zwischen Körper und Bild (vgl. BELTING 1991: 66). Beide Bilder werden so als das Resultat analoger Verfahren beschrieben, die sich in diesem Sinne gegenseitig der besonderen Qualität ihrer Darstellung vergewissern.

Die von der Narratio berichtete Reproduktion des eingemauerten Exemplars ist kein Einzelfall. Schon die Epistola Abgari kennt ein vergleichbares Bildwunder. Thaddaeus, der Apostel, und Lukas, der spätere Evangelist, der hier noch als Bote Abgars in Erscheinung tritt, befinden sich nach der wunderbaren Entstehung des Bildes in Palästina auf dem Weg nach Edessa. Vor den Toren der Stadt Hierapolos machen beide Rast und verstecken das ›Bild des Herrn‹ zwischen zwei Steinplatten:

> »Und [...] es zeigte sich eine Feuersäule vom Himmel, wo selbst verborgen lag das Bild des Herrn. Da aber die Stadtwächter solches Wunder erblickt hatten, schrien sie mit lauter Stimme. Thaddaeus aber nahm zu der Stunde das Bild des Herrn und ging seinen Weg. [...] Es gingen aber die Völker der Stadt heraus zu der Stelle, wo die Feuersäule stand und sich fürchtend fielen sie zu Boden, und da sie sahen, dass das Bild des Herrn sich abgebildet hatte auf einem Steine, so nahmen sie den Stein mit dem Bild des Herrn und brachten ihn in die Stadt« (zitiert nach VON DOBSCHÜTZ 1899: 204*).

Mit diesen sich automatisch fortführenden Reproduktionen des Bildes entfalten die Legenden den prägnantesten Ausdruck ihres Authentisierungsmodells. Ähnlich wie bei der Photographie verwirkt das Bild seine ›Originalität‹ nicht durch die ihm zugesprochene Reproduzierbarkeit der Darstellung – seine Qualität ist ja gerade nicht an einen transitorischen und damit einmaligen Schöpfungsakt eines kreativen Subjekts gebunden. Die Authentizität des Bildes verbürgt sich vielmehr dadurch, dass es sich reproduzieren lässt, und dies als logische Konsequenz eines nachvollziehbaren Darstellungsverfahrens, das, weil es nicht auf Einmaligkeit angelegt ist, frei von anthropomorpher Unzuverlässigkeit umso verlässlicher erscheint.

Zu der Gruppe acheiropoietischer Bilder der Spätantike gehört auch eine frühere Christusikone, deren Legende in vielerlei Hinsicht Motive der späteren Abgarlegende vorwegzunehmen scheint. Es ist das Bild von Kamuliana, das unter Justin II. im Jahr 574 aus der Provinz in die kaiserliche Hauptstadt Konstantinopel überführt wurde. Und auch hier lässt die Abfolge verschiedener Legendenversionen eine sukzessive Ausformulierung authentisierender Strategien erkennen. Die älteste auf das Bild bezogene Überlieferung erzählt von einer jungen Frau, die im christlichen Glauben zwar unterrichtet war, sich zu der Annahme desselben aber noch nicht durchringen konnte. »Wie soll ich jenen verehren, da er nicht sichtbar ist, und ich ihn nicht kenne?«, ließ sie ihren Beichtvater wissen.

> »Als sie sich darauf eines Tages in ihrem Garten aufhielt und diese Dinge ihren Sinn bewegten, sah sie in einer Wasserquelle, welche sich im Garten befand, das Bild Jesu, unseres Herrn, auf Leinwand gemalt im Wasser befindlich; und als sie es heraufnahm, ohne dass es nass war, wunderte sie sich und verhüllte es mit dem Mantel, den sie trug, indem sie es ehrte, und brachte und zeigte es dem, der sie zu ermahnen pflegte. Und da blieb auch in dem Mantel die Gestalt von dem, was aus dem Wasser gekommen war, in allen (Einzelheiten)« (zitiert nach VON DOBSCHÜTZ 1899: 4**f.).

In dieser Version unterscheidet sich die Legende, von dem Abdruck einmal abgesehen, zunächst nicht wesentlich von den heidnisch-antiken Berichten der vom Himmel gefallenen Götterbildern den Diipetes. Die Umstände der Entstehung bleiben unklar. In dem Bericht heißt es ausdrücklich, das Bild sei auf Leinwand gemalt, wobei andererseits die offensichtlich übernatürliche Materialität des Bildes in heidnischer Tradition keinen Zweifel an dessen wunderbarem Ursprung lassen sollte.

In einer Bearbeitung des siebten oder achten Jahrhunderts wird nun auch die authentisierende Entstehung dem Bericht hinzugefügt. Hier ist die junge Frau bereits gläubige Christin, die allerdings aus Furcht vor ihrem Gatten es nicht wagte, mit der Taufe das öffentliche Bekenntnis ihres Glaubens abzulegen. Eines Nachts erschien ihr zum Trost Christus selbst, der sein Antlitz wusch und es mit einem Handtuch abtrocknete, auf dem dann entsprechend der acheiropoietischen Legende ein wunderbarer Abdruck zu finden war. Die Frau verwahrte das Bild in einer verborgenen Kammer und vermauerte es schließlich zusammen mit dem aufgezeichneten Entstehungsbericht und einer brennenden Lampe an sicherem Ort. Geschehen sei dies zur Zeit der diokletianischen Christenverfolgung, wobei der Bericht selbst dem Ende des vierten Jahrhunderts verstorbenen Gregor von Nyssa zugeschrieben wurde. Diesem wiederum sei zu der Zeit des christlichen Kaisers Theodosius d.Ä. der verborgene Ort des Bildes offenbart worden, woraufhin er es zusammen mit den Aufzeichnungen und der noch immer brennenden Lampe ausgrub (vgl. VON DOBSCHÜTZ 1899: 43f.) – ohne allerdings dabei auf eine Reproduktion zu stoßen. Diese Verknüpfung bleibt den Autoren der *Narratio de imagine Edessena* vorbehalten, die sich offensichtlich von diesem Bericht der Ikone von Kamuliana inspiriert zeigten.

Auf eine Reproduktion des kamulianischen Bildes stößt man hingegen in einem Überlieferungsstrang, der kurz nach der Translation des Bildes nach Konstantinopel im sechsten Jahrhundert entstanden sein muss. Hier wird die Entstehung nicht mehr erwähnt, dafür aber ein Abdruck des Bildes, der sich mit den notwendigen Accessoires der Reproduktion an vergleichbaren Berichten orientiert. Auch in diesem Fall gibt es das Original, einen für die Reproduktion empfänglichen Bildträger und das unverzichtbare Licht:

> »In den Tagen des Kaisers Tiberius II. […] erkrankte eine vornehme Frau, namens Maria, dem Range nach Patrikia, eine Witwe, und an aller menschlichen Hilfe verzweifelnd, erbat sie sich von den Priestern des Wunderbildes dies auf 40 Tage in ihr Haus, was ihr in Ansehen ihrer Frömmigkeit auch gewährt ward. Sie bedeckte es mit einem gleich grossen Baumwolltuch, legte es in eine reine Lade und diente ihm 40 Tage mit Lichtern. Darauf erkrankte sie schwer, sodaß sie nicht vom Bette aufstehen konnte. Sie bat die Dienerin, ihr die Lade zu bringen. Diese aber fand in der Hauskapelle eine mächtige Feuerflamme. Auf ihre Schreckensrufe hin schleppte sich auch die Kranke zu der Stelle, liess dann alsbald die Priester kommen, denen eine grosse Volksmenge folgte. Alle sahen das Feuer, das erst nach anhaltendem Gebet wich. Wie erstaunte man nun, als das heilige Bild in der Lade völlig unversehrt war und sich dabei auf dem deckendem Tuche, dem die Flammen gleichfalls nichts angehabt hatten, ein genauer Abdruck fand« (VON DOBSCHÜTZ 1899: 47f.).

Auch wenn die verschiedenen Legenden sich auf ein konkretes Bildexemplar beziehen – die Bilder werden nach ihrem Aufenthaltsort benannt, wie z.B. die Christusikone von Edessa oder das Bild von Kamuliana –, kann man nicht davon ausgehen, dass in den Berichten de facto ein und dieselbe Darstellung beschrieben wird: »Es liegt im Wesen des Achiropoiitenglaubens, daß er gleichgültig ist gegen das wirkliche Objekt«, schreibt Ernst von Dobschütz in seiner unübertroffenen Monographie (VON DOBSCHÜTZ 1899: 54).

Tatsächlich findet man Hinweise, dass nicht nur das konkrete Objekt, sondern auch die ästhetische Form für den Rezeptionseffekt authentisch empfundener Darstellungen eher zweitrangig war. Zwar behaupten die Legenden mit dem Abdruck ein treues Abbild der Gestalt Christi, die Evidenz dieser Bilder war jedoch keine ihrer Ikonographie.

Einen diesbezüglich recht aufschlussreichen Quellentext findet man in dem Reisebericht des Antonius von Placentia aus der zweiten Hälfte des sechsten Jahrhunderts, der auf seinem Weg nach Palästina in Memphis ein Tuch zu sehen bekam, in dem Christus – entsprechend den bisherigen Legenden – sein Angesicht gedrückt habe, das seitdem seinen Abdruck bewahrte. An bestimmten Festtagen wurde es in einer Kirche ausgestellt und verehrt. Zu sehen aber habe der Pilger kaum etwas vermocht. Der Glanz, den das Bild abstrahlte, habe ihn geblendet und das, was er noch erkennen konnte, habe, je mehr er hinblickte, seine Gestalt verloren und sich vor seinen Augen stetig verwandelt, so Antonius in seinem Bericht (vgl. ebd.: 63).[8]

Man kann davon ausgehen, dass die kultische Inszenierung des Bildes, seine Einfassung in einen überladen und reich besetzten Goldrahmen, das Kerzenlicht und die ehrfürchtige Distanz es dem Verehrenden nicht erlaubte, eine Darstellung oder sogar Einzelheiten zu entdecken. Dass er nichts erkannte, scheint aber dem Pilger eher nebensächlich gewesen zu sein: Das Tuch war eine Acheiropoiete, und seine Evidenz war die der Legenden und des Kultes. Die liturgische Inszenierung wurde in diesem Zusammenhang zu einem symbolischen Schauspiel, das unmissverständlich jedes einzelne Exemplar erst zu dem wundertätigen, authentischen Original erhob. Sehen konnte und wollte der Pilger in diesem Rahmen nur, was Legende und Kult ihm zu sehen nahe legten: ein Bild, das durch seine authentisierende Inszenierung aus dem gewöhnlichen Tuch eine Projektionsfläche seiner religiösen Erwartungen und Spekulationen werden ließ.

Für den historischen Betrachter erübrigte sich offensichtlich die neuzeitliche Frage nach einem Original, wenn sich nur das Bild, und sei es als Reproduktion, mit der Legende in Verbindung bringen ließ.

8 Im Original heißt es: »In Memphi fuit templum, quod est modo ecclesia, cuius una regia [...] se clausit ante dominum nostrum, quando cum beata Maria illic fuit, et usque hactenus non potest aperiri. Ibi enim vidimus pallium lineum, in quo effigies salvatoris quem dictunt tempore illo tersisse faciem suam in eo et remansisse imaginem ipsius ibi, quae singulis temporibus adoratur. quam adoravimus, sed propter splendorem non potueramus intendere, quia quantum intendebas, immutabatur in occulis tuis« (Antonius Placentius; zitiert nach VON DOBSCHÜTZ 1899: 135*).

1.2.3 *Byzantinische Importikonen und importiertes Bildverständnis: Die ›vera-icona‹ des lateinischen Mittelalters als Bild und Reliquie*

Zusammen mit der von Papst Hadrian I. veranlassten lateinischen Übersetzung der nizäischen Konzilsakten nahm auch der Westen Kenntnis von der byzantinischen Abgarlegende. Gedacht war die Übersetzung für den fränkischen Hof, besonders beeindruckt aber zeigte man sich hier nicht. Der byzantinischen Bilderverehrung brachte der lateinische Westen kein Verständnis entgegen. Entsprechend sah sich Karl der Große veranlasst, mit einer eigenen Schrift die Beschlüsse und Beweisführung des Konzils zu kommentieren. Es sind die vier Bücher der *Libri Carolini*, überschrieben als Werk Karls »gegen die Synode, die in Griechenland für die anzubetenden Bilder dummdreist und anmaßend gehalten worden ist« (zitiert nach LIPPOLD 1993: 181). Geschrieben hatte Karl die Schrift natürlich nicht selbst; man nimmt heute an, dass einer der Theologen in seinem Umfeld – sehr wahrscheinlich Theodulf von Orléans – den Text zu verantworten hatte. Der Tonfall allerdings dürfte ohne Zweifel auf Karl zurückzuführen sein, den man als ›universalen Herrscher der westlichen Welt‹ nicht nach Nizäa eingeladen hatte, was einer sträflichen Missachtung des lateinischen Westens gleichkam.

Ein weiterer Grund für die Verstimmung lag allerdings auch in der vorliegenden fehlerhaften Übersetzung. Bei der Übertragung der Akten nivellierte man die entscheidende Differenzierung der nizäischen Bildertheologie, indem man für die griechischen Worte *latreia* (hingebende Anbetung) und *proskynesis* (allgemeine Verehrung) das gemeinsame lateinische Äquivalent adoratio verwendet hatte, das wohl beides bedeuten kann, damit aber letztendlich ein folgenschweres Missverständnis provozierte: Von einer »Anbetung der Bilder« war in Nizäa nämlich nie die Rede, so dass der zentrale Vorwurf des karolingischen Schreibens unweigerlich ins Leere zielen musste (vgl. ebd.: 179).

Mit der byzantinischen Ikonologie war nun auch die Abgarlegende in Ungnade gefallen: Bei Eusebius sei von einem Bild keine Rede gewesen, so die *Libri Carolini*, und auch seine bildlose Version der Abgarlegende galt den fränkischen Theologen als apokryph. In den Evangelien jedenfalls sei dergleichen nicht erwähnt (ebd.: 182f.).[9]

Als die Kreuzritter 1204, also vierhundert Jahre nach der Niederschrift der Libri Carolini, Konstantinopel anstelle Jerusalems eroberten, sah sich das Abendland erneut, nur diesmal einiges dringlicher mit der dem Westen grundsätzlich fremden Ikonologie des Ostens konfrontiert. In den von den Kreuzrittern sorgfältig aufgestellten Listen byzantinischer Heiligtümer fand sich auch das Bild von Edessa. Robert de Clari will seiner Beschreibung nach zwei an silbernen Ketten hängende goldene Gefäße in der kleinen Marienkapelle des kaiserlichen Palastes gesehen haben, wobei in dem einen ein Ziegel, in dem anderen ein Tuch gewesen sei – offenbar das Abgarbild und seine Reproduktion (vgl. VON DOBSCHÜTZ 1899: 178). Wenig später taucht das Bild noch einmal auf in einer Schenkungsurkunde des lateinischen Kaisers von Konstantinopel Balduin an Ludwig IX. Danach verliert sich seine Spur. Es ist gut möglich, dass es, wie andere Beutestücke auch, seinen Weg zusammen mit den heimkehrenden Kreuzrittern ins Abendland fand, wo auch später noch verschiedene Quellen den Besitz der Ikone proklamieren. In den Inventarlisten der von Ludwig eigens in Paris für die erbeuteten Reliquienschätze erbauten Sainte Chapelle z. B. wird das Bild noch bis zur französischen Revolution geführt. Doch eigentlich ist der Ikone aus Edessa im lateinischen Abendland keine ähnlich spektakuläre Karriere mehr wie zuvor noch im Osten beschieden (vgl. RUNCIMAN 1931: 251f.).

Weitaus mehr Wirkung aber als die konkreten Bildexemplare zeigten die Legenden, die zusammen mit den erbeuteten Heiligtümern in den Westen gelangten. Tatsächlich lässt sich an der Zeitenwende vom zwölften zum

9 Man darf die Streitschrift des Westens allerdings nicht als bilderfeindliches Traktat missverstehen. Bei näherer Betrachtung überrascht ihr pragmatisches Kunstverständnis. So argumentieren die *Libri Carolini*, dass Bilder jedweder Art gänzlich profane Gegenstände seien, die folglich auch keine mystische Funktion haben sollten. Auf das Bildwerk wirke kein übernatürlicher Einfluss, kein Engel leite die Hand des Künstlers. Folglich sei ein Bild auch nicht deshalb wertvoll, weil es einen Heiligen darstelle, sondern weil es gut gearbeitet und aus kostbarem Material hergestellt sei (vgl. ECO 1991: 159). Die *Libri Carolini* gehen in ihrer Demystifizierung sogar noch einen Schritt weiter: Betrachte man eine Darstellung der Jungfrau mit dem Kind, dann könne man in gleicher Weise annehmen, dass es die Venus sei, die Änäas trägt, oder Alkmene mit Herkules. Die Darstellung allein zeige lediglich eine Frau mit Kind. Die eindeutige Zuweisung der Bedeutung müsse auf den unter dem Bildwerk stehenden *titulus* zurückgeführt werden, das Bild selbst aber sei nur ein ambivalentes Zeichen, dessen Gehalt je nach dem Kontext seiner Präsentation variieren könne (ebd.; vgl. SCHLOSSER 1988: 307f.). Für ein authentisches Portrait Christi fehlte der karolingischen Ikonologie entsprechend jedes Verständnis.

dreizehnten Jahrhundert eine sukzessive Rezeption und Transformation östlicher Bildlegenden durch das Abendland nachweisen – exemplarisch dokumentierbar an einer in St. Peter in Rom ausgestellten Berührungsreliquie: Petrus Mallius beschreibt diese in seiner Historia basilicae Vaticanae antiquae aus dem Jahr 1160 als das »unbezweifelbar echte Schweißtuch Christi, in das er vor seiner Passion sein heiliges Antlitz drückte, als sein Schweiß in Tropfen von Blut zur Erde rann« (zitiert nach BELTING 1991: 602). Allerdings ist das Tuch in seinem Bericht noch bildlos. Erst im Jahre 1210 – also kurz nach der Eroberung Konstantinopels – erwähnt Gervase von Tilbury auf dem Tuch einen Abdruck. Er nennt das Bild »Veronica« (*vera-icona*) und behauptet, dass eine Frau gleichen Namens es nach Rom gebracht haben soll (vgl. ebd.). In der um 1275 entstandenen Legenda aurea des genuesischen Bischofs Jacobus de Voragine findet man schließlich den entsprechenden Entstehungsbericht des Bildes, der erstaunliche Parallelen zu der Abgarlegende erkennen lässt. Der hier relevante Passus sei kurz erzählt: Nach Jesu Tod besucht ein gewisser Volusianus Palästina, um für den schwer erkrankten Kaiser Tiberius nach einem Arzt zu suchen:

> »In der Zeit geschah es, daß Volusianus eine Frau traf, die hieß Veronica und war Jesu gefreundet gewesen. Die fragte er, wo er Jesum Christum möge finden. Sie sprach ›Ach, das war mein Herr und mein Gott, der ward von Haß in die Hände Pilati gegeben, der hat ihn verdammt an das Kreuz in den Tod‹. Von dieser Rede erschrak Volusianus und sprach ›Ach wie bin ich nun so gar betrübt, daß ich das Gebot meines Herrn nicht mag erfüllen‹. Da sprach Veronica ›Als mein Herrn durch die Welt ging predigen und ich seiner Gegenwart nicht mochte genießen alle Zeit, da wollte ich mir sein Bild lassen malen, daß ich davon Trost empfinge, wann er selber nicht gegenwärtig wäre. Da ich nun das Tuch zu dem Maler trug, daß er mir darauf das Bild male, begegnete mir mein Herr auf der Straßen und fragte mich, wohin ich ginge. Und da ich ihm die Sache meines Weges sagte, so hiesch er von mir das Tuch; und da er es mir wieder gab, hielt das Tuch das Bild seines Antlitzes. Dieses Bild ist so kräftig, sähe es dein Herr mit Andacht an, er würde ohne Zweifel gesund‹« (DE VORAGINE 1993: 269f.).

Bevor aber die Legende der *vera-icona* mit den Entstehungsberichten der byzantinischen Importikonen verknüpft werden konnte, hatte sie schon selbst eine weitgehend eigenständige Entwicklung durchlaufen – an dieser Stelle sei sie nur mit den wesentlichen Stationen skizziert:

Ähnlich wie bei der Abgarlegende findet man auch hier die älteste Überlieferung in der Kirchengeschichte des Eusebius von Caesarea aus dem vierten nachchristlichen Jahrhundert. Dieser beschreibt eine Statue, die er aus eigener Anschauung gekannt haben will: eine Darstellung Christi, die man in Caesarea Philippi als Stiftung der aus den Evangelien bekannten ›blutflüssigen‹ Frau verehrt habe. Das einzig Wunderbare, das Eusebius von diesem Bildnis zu berichten weiß, sind die an den Füßen der Figur gewachsenen Kräuter, die sich als Heilmittel gegen allerlei Krankheiten erwiesen hätten (vgl. EUSEBIUS 1989: 7. Buch, 18. Kapitel, 334). In späteren Bearbeitungen bekommt die blutflüssige Frau den Namen Veronica, und aus der Statue wird ein Tuchbild, das sie zu Lebzeiten Christi sich aus Dankbarkeit malen ließ. Von bleibendem Interesse ist allein die mit dem Bild verbundene Heilung. In der zwischen dem sechsten und achten Jahrhundert entstandenen *Cura sanitatis Tiberii* (vgl. VON DOBSCHÜTZ 1899: 157**-203**) nimmt die Legende endlich die Gestalt an, die auch Voragine in seiner Legenda aurea überliefert – nun wird aus dem gemalten Bild ein Abdruck, womit auch das Motiv des Scheiterns Eingang in die Veronikalegende findet. In einer niederrheinischen Bearbeitung aus dem zwölften Jahrhundert wird der Maler sogar gleich drei Mal mit der Vergeblichkeit seiner Kunst konfrontiert. Entgegen der Gepflogenheit anderer Berichte nennt der Autor auch seinen Namen: Es ist Lukas, der Apostelschüler und spätere Evangelist. Die Legende erwähnt ihn als Meister der Kunst, der, von Veronica gebeten, ein Bild Christi malt und nach dessen Fertigstellung glaubt, die Aufgabe gewissenhaft erfüllt zu haben. Als beide sich in Christi Gegenwart von der Treue des Portraits überzeugen wollen, erscheint ihnen sein Gesicht allerdings so verwandelt, dass sich eine Ähnlichkeit zu dem Bild nicht einstellen will. Der Maler tröstet seine Auftraggeberin mit dem Versprechen, ein zweites, besseres Bild zu malen, das jedoch ebenso wie ein drittes misslingt. »Lukas, du und die gute Frau, Veronika, Ihr gehet mir zu Herzen«, so Christus zu dem Maler, dessen verzweifelte Darstellungsversuche ihm nicht verborgen geblieben sind: »[...] wenn ich nicht zu Hilfe komme, so ist deine Kunst vergeblich. Mein Antlitz ist nur da bekannt, von wannen ich bin gesendet worden« (zitiert nach glückselig 1862: 102). Daraufhin nimmt er ein Tuch und lässt das Bild als wunderbaren Abdruck auf demselben entstehen (vgl. PALME 1892: 8f.).

Eine einschneidende Veränderung erfährt die Veronicalegende dann mit ihrer Eingliederung in die Passion Christi und erst jetzt kann das Bild der Legende eindeutig mit der in St. Peter in Rom aufbewahrten Berührungsreliquie identifiziert werden. Eine solche Modifikation findet man z.B. in der um 1300 entstandenen legendenreichen biblischen Geschichte des Franzosen Roger von Argenteuil. Nach seinem Bericht trifft Veronica Christus das Kreuz tragend auf dem Weg zu seiner Hinrichtung. Von Mitleid ergriffen reicht sie ihm ein Tuch, in dem er sein von Blut und Schweiß ganz entstelltes Antlitz abwischt, das wiederum sein Bild als Abdruck bewahrt. Das Tuch wird Veronica mit der Weisung anvertraut, es gut aufzubewahren, da es noch manchem Kranken von Nutzen sein könne (vgl. VON DOBSCHÜTZ 1899: 251). Von nun an zeigen die zahlreich angefertigten Repliken die *vera-icona* in der Gestalt, die das Bild späterhin außerordentlich populär machen sollte: als Darstellung der schmerzverzerrten Gesichtszüge Christi mit der Dornenkrone.

Diese spezifische abendländische Modifikation mag auch erklären, warum das Abgarbild aus Edessa im Westen nicht die Bedeutung erlangen konnte, die der *vera-icona* in Rom später zu eigen war. Wirft man einen Blick auf die Inventarlisten der Sainte Chapelle Ludwigs IX., scheinen dort vor allem solche Reliquien sein Interesse gefunden zu haben, die im Zusammenhang mit der Passion Christi stehen: Teile des heiligen Kreuzes, die Dornenkrone, die Nägel, das Rohr, mit dem Christus geschlagen wurde, der Schwamm, mit dem er getränkt wurde, der Purpurmantel, usw. (vgl. VON DOBSCHÜTZ 1899: 185f.). Es ist das charakteristische Ensemble westlicher Passionsmystik, in dessen Umfeld ein herrschaftliches Pantokrator-Bild des byzantinischen Ostens nur Unverständnis provozieren konnte. Sollte ein Bild im Westen Anklang finden, so nur, wenn es den leidenden Christus darstellt, schreibt Ernst von Dobschütz: »Erst als es gelungen ist, das Wunderbild Christi den Marterwerkzeugen einzureihen, ist es der abendländischen Frömmigkeit wirklich adäquat« (ebd.: 186).[10]

10 Neben der *vera-icona* kannte man noch andere Legenden von Tuch- und Berührungsreliquien, die mit der Leidensgeschichte Christi in Verbindung zu bringen waren. Arculf und Beda Venerabilis z. B. überliefern Berichte von einer Reliquie, die ein gläubiger Jude verwahrt und seinen Nachkommen vererbt hatte und die so nach Jahrhunderten in den Besitz Ungläubiger gelangt war. Es ist das Leichentuch Christi, das im Jahr 678 bei dem Streit zwischen Christen und Juden seine vermeintliche Authentizität durch ein außerordentliches Wunder unter Beweis stellen sollte: ins Feuer geworfen, flog es sogleich unversehrt in die Luft, um sich dann in den Schoß des rechtmäßigen Besitzers zu senken – natürlich in den eines Christen (vgl. VON DOBSCHÜTZ 1899: 143*ff.). Zwar erwähnt keiner der Berichte eine bildliche Darstellung in Form eines Abdrucks, doch war es wohl nur eine Frage der Zeit, bis auch das Abendland diese Reliquie für sich entdeckte und das heilige Leichentuch mit einem Bild verband. Das im vierzehnten Jahrhundert von dem burgundischen Ritter Gottfried von Charnay erbeutete und 1353 in der Stiftskirche zu Lirey deponierte Grabtuch nun zeigte ein Bild. Nur wenige Jahre später erwähnte auch der zuständige Bischof von Troyes, Pierre d'Àcris, in einem Protestschreiben an Papst Clemens VII. das Bildtuch: »Vor einiger Zeit«, schreibt er, »hat in der Diözese von Troyes der Dekan einer gewissen Stiftskirche, und zwar der von Lirey, fälschlich und betrügerisch, von der Leidenschaft der Habsucht verzehrt und nicht aus einem Motiv der Frömmigkeit, sondern nur des Gewinnes für seine Kirche ein mit Schlauheit gemaltes Tuch

Darüber hinaus scheint es für den Westen von entscheidender Bedeutung gewesen zu sein, dass die *vera-icona* in Rom zugleich auch eine Reliquie war. In dieser Form konnte das acheiropoietische Bild beinahe nahtlos an das längst vorformulierte Authentizitätsverständnis des im lateinischen Westen weithin praktizierten Reliquienkultes anschließen.

Im Gegensatz zu einem herkömmlichen Bild, dessen Referentialität durch Ähnlichkeit – also ikonographisch – oder symbolisch hergestellt wird, evoziert die Reliquie einen indexikalischen Bezug von bezeichnendem Gegenstand, wie einem Knochen, und der bezeichneten Person, zumeist dem verehrten Heiligen. Die Reliquie eines Heiligen ist diesem ja in größtmöglicher Weise unähnlich und doch zugleich die evidente Spur seiner faktischen Existenz, die zwar fraglos als vergangen angesehen werden muss, aber nach christlichem Verständnis transzendental fortgeführt wird: »Den heiligen Leibern Ehre zu erweisen ist von großem Nutzen«, liest man in den *Libri Carolini*, »zuvörderst deswegen, weil die Heiligen, wie wir glauben, im Himmel auf Thronen mit Christus leben und ihre Gebeine einmal auferstehen werden. Den Bildern aber, von denen nicht geglaubt wird, dass sie gelebt haben und einmal auferstehen werden [...], die allein Gott schuldige Verehrung zu erweisen, zeugt von Unachtsamkeit und Unverstand, ja von Unglauben« (zitiert nach ANGENENDT 1994: 187). Was man im neunten Jahrhundert den Bildern absprechen wollte, genau das waren die vermuteten Eigenschaften der Reliquien: Leben und Kraft. Mit der bildtragenden Berührungsreliquie aber wurden im dreizehnten Jahrhundert beide Repräsentationsformen miteinander vereint – die indexikalische Authentizitätsspur der Reliquie und die ikonographisch ähnliche, zweidimensionale Darstellung des Tuchbildes. Damit war auch jene Differenzierung nivelliert, auf die die Libri Carolini zuvor noch größten Wert gelegt hatten.

angeschafft, auf dem durch geschickte Kunst das zweifache Bild eines Mannes gemalt wurde, das heißt die Rück- und Vorderseite, wobei er fälschlich erklärt und vorgibt, daß dies das wirkliche Grabtuch sei, in welches unser Heiland Jesus Christus im Grab eingehüllt war und auf welchem das ganze Bildnis des Heilandes zusammen mit den Wunden, die Er trug, auf diese Weise abgedrückt wäre« (zitiert nach WILSON 1980: 295). Die bischöfliche Diffamierung der Reliquie als ein »Werk menschlicher Geschicklichkeit« (ebd.: 296) konnte dem Ansehen des Bildes als authentisches Grabtuch Christi keinen Schaden zufügen. Mit der von Pierre d'Àcris überlieferten Beschreibung der ungewöhnlichen Darstellung lässt sich die Reliquie eindeutig mit dem im Jahr 1578 nach Turin überführten und dort noch immer verehrten Grabtuch identifizieren.

Kurioserweise bereitete also gerade der alternativ verstandene Reliquienkult im Abendland den Boden für eine verzögerte Rezeption des byzantinischen Modells authentischer Darstellung. Allerdings gab es im lateinischen Reliquienkult selbst schon Entwicklungen, die auf eine bildliche Darstellung hinausliefen und insofern auch die Akzeptanz einer bildtragenden Berührungsreliquie wie die der Heiligen Veronika vorzubereiten halfen. Ab dem zehnten Jahrhundert wurde die zunächst rein ornamentale Form der Reliquiare mehr und mehr durch plastische Bildformen ersetzt, sodass Reliquie und Reliquiar bisweilen ununterscheidbar miteinander verschmelzen konnten: »Wie im Reliquiar in Form eines Kopfes oder einer Büste das Haupt des Heiligen oder ein Partikel desselben Aufnahme findet, so im Armreliquiar eben eine Armreliquie; und wie bei Reliquienstatuen der Reliquieninhalt gleichsam vervollständigt wird zur ganzen Person des Heiligen, die Reliquienbüste dem bloßen Schädel das Antlitz hinzufügt, so ergänzt das Armreliquiar den Knochen vom Arm oder ein Partikel desselben zum ganzen Arm«, schreibt Anton Legner (LEGNER 1995: 257). In dieser Form vermittelte also schon der Anblick des Reliquiars dem Betrachter, von welchem Körperteil die im Behältnis eingeschlossene Reliquie stammte. Tatsächlich wird sogar die religiös motivierte ›Präsenz‹, die man dem Heiligen in seinen Reliquien zusprach, auch auf die Reliquiare übertragen – in Analogie zu dem byzantinischen Bildverständnis der Koinzidenz von Darstellung und Darstellungsgegenstand (vgl. ebd.: 42).

Eine besonders prägnante Beschreibung dieser sprechenden Reliquiare findet man in einem Bericht des Bernhard von Angers, eines Klerikers aus Chatres, der sich im Jahre 1013 aufmachte, um an Ort und Stelle die Wunder der Heiligen durch ihre Reliquien und Reliquiare zu überprüfen. Er kam als Skeptiker und schied als Bekehrter, nachdem er in Aurillac die reliquientragende Statue des heiligen Gerald gesehen hatte:

> »Nach einer alten Tradition ließ jede Kirche hier (in der Auvergne) eine Statue ihres Heiligen aus Gold, Silber oder einem anderen Metall ... herstellen, um dort dessen Haupt oder eine andere Reliquie einzuschließen. Diese Praxis wurde ... von aufgeklärten Menschen für einen Aberglauben gehalten und scheint zunächst den Kult der Götter und Dämonen fortzusetzen. Auch ich war so leichtfertig, darin einen Mißbrauch des christlichen Glaubens zu sehen. Zuerst sah ich in Aurillac die Statue des hl. Gerald auf dem Altar, ganz in reines Gold und kostbare Steine gefaßt. Sein Gesicht war von einem so lebendigen Ausdruck beseelt, daß seine Augen uns zu fixieren schienen und das Volk am Glanz des Blickes ablas, ob seine Bitte erhört worden sei« (zitiert nach BELTING 1991: 596).

Im dreizehnten Jahrhundert schien es sogar möglich, dass das Bild die Reliquie ganz ersetzte und damit auch deren Funktion als authentische Repräsentationsform übernahm. Zumindest trifft man auf eine solche Entwicklung bei der Verehrung des 1226 verstorbenen und nur wenig später heilig gesprochenen Franz von Assisi. Um den ausufernden und von ihm selbst verabscheuten Reliquienkult für die eigene Person auszuschließen, erbat er sich noch vor seinem Tod, sein Grab mit einer Steinplatte versiegeln zu lassen. Da man von ihm also keine Reliquien besaß, den Heiligen im Kult aber dennoch gebührend ehren wollte, machten die Franziskaner im Gegenzug zu den plastischen Formen der Reliquien die Ikone zur Grundlage ihres Kulttypus – zweifellos angeregt durch die Anfang des dreizehnten Jahrhunderts auftauchenden Importikonen aus dem Osten. Dabei übernahmen die Franziskaner nicht nur das Tafelbild als neue Objektform, sondern auch den von der byzantinisch theologischen Ikonologie entwickelten Status von Realität im Bild, also das mit der byzantinischen Darstellung verbundene Versprechen authentischer Darstellung. »Die Folge war ein tiefgreifender Wandel im Anschauungsgehalt der Bilder und ihrer Wirkung auf den Betrachter«, schreibt Klaus Krüger in seiner Untersuchung zum Funktionswandel des Tafelbildes im dreizehnten und vierzehnten Jahrhundert. »Bilder erhielten eine neuartige Fähigkeit zur ›personalen‹ Vertretung des Heiligen, sie konnten faktisch zu Alternativen von dessen Reliquien werden; wie vormals die Reliquien durch Teilung, so ließ sich jetzt das Bild durch Kopie vervielfachen und verbreiten. Dass aber die Realpräsenz des Heiligen zunehmend zu einer Funktion seines Bildes wurde, hatte für dessen Frühgeschichte eine weitreichende Bedeutung. Die neue Aufgabe, Tatsächlichkeitserfahrung kraft einer neuen Fiktionalität des Bildes zu erwirken, wurde zu einer der grundlegenden Vorgaben für die Konstitution des neuen Wirklichkeitssinnes in der Bildkunst« (KRÜGER 1992: 11).

So war es umgekehrt auch möglich, dass die Ikonen des heiligen Franziskus in der Kontroverse um seine Stigmatisierung Beweischarakter annahmen, denn gemalt hatte man ihn mit den fünf charakteristischen Wunden an Händen, Füßen und an der Seite, und die Darstellung auf einer Ikone allein schien schon auszureichen, die Stigmata als ein historisches Faktum zu begreifen.

1.3 Der Maler als transparentes Medium

Die acheiropoietischen Bildlegenden der bisherigen Beispiele behaupteten zur Authentisierung ihrer Darstellungen eine Entstehung, bei der jede Form gestalterischer Einflussnahme durch den Maler oder verstellender Undurchlässigkeit des Mediums kategorisch auszuschließen war. Abdruck und Reproduktion erfolgten unmittelbar und erzielten damit einen wesentlichen Unterschied der Tuchbilder gegenüber herkömmlichen Kunstwerken. Sie erfüllten also Darstellungskriterien, die schon in dem eingangs erwähnten Authentizitätsmodell der plinischen Anekdote für die ›Naturwahrheit‹ der Darstellung einzustehen hatten.

Zeitgleich mit den acheiropoietischen Legenden entwickelte sich allerdings auch ein zweites, alternierendes Konzept, bei dem die Authentizität einer Darstellung nicht durch den Ausschluss des Malers, sondern gerade durch ihn und seine Integrität, also durch eine personifizierbare Urheberschaft garantiert werden sollte. Die Grundidee beider Legenden war jedoch identisch: Sollte ein Bild, das offenkundig gemalt war, Authentizität für seine Darstellung beanspruchen, dann durfte sein Maler nicht als willkürlicher Kunstproduzent in Erscheinung treten. Ihm war lediglich die selbstlose Funktion des transparenten Mediums zugedacht. Auch dieses Konzept hatte sich schon in der plinischen Anekdote abgezeichnet, denn hier ließ sich der Maler ja im Affekt zu einer unkontrollierten, absichtslosen Reaktion hinreißen, womit er dem ›Zufall‹ als eigentlichem Urheber der Darstellung vermittelnd zur Verfügung stand. Sein Affekt garantierte Transparenz. Der Maler war also durch die Entstehung als Subjekt nicht vollends nivelliert, sondern nun als willkürlich Schaffender.

In den christlichen Legenden der Spätantike und des Hochmittelalters war es nicht ein wie auch immer zu denkender Affekt des Malers, der seine mediale Durchlässigkeit begründen half. An diese Stelle trat die geistliche Hingabe, d. h. die durch Heiligkeit signalisierte Bereitschaft des Malers, sich als Darstellender im Darstellungsprozess asketisch zurückzunehmen – als unverzichtbares Kriterium authentischer Darstellung.

Die prominenteste Malerlegende der Spätantike und des Mittelalters war die des Heiligen Lukas. Seinen Name konnte man schon zuvor in den Beispielen acheiropoietischer Legenden finden: z. B. als Maler in der niederrheinischen Version der Veronicalegende, aber auch in den um 900 entstandenen *Epistola Abgari* oder der späteren slawischen Bearbeitung der Abgarlegende. Diese Lukasvariationen der Berichte bleiben allerdings ungeachtet der Namensnennung ihrem acheiropoietisch-authentisierenden Modell treu. Lukas scheitert an seiner Aufgabe ebenso wie die weniger prominenten Maler vor ihm. Die Einbindung des Evangelisten in die bestehende Legendentradition entsprach offenbar auch weniger dem Interesse an einer konzeptuellen Erweiterung der Berichte als vielmehr der Neigung hagiographischer Autoren, die Kargheit ihrer Quellen proportional zu dem historischen Abstand des beschriebenen Ereignisses um so detaillierter und phantasievoller zu gestalten. Zu dem Zeitpunkt ihrer Abfassung zumindest mag Lukas schon hinlänglich als Maler heiliger Bilder bekannt gewesen sein. Offensichtlich war er wie kein anderer dazu prädestiniert, die bisherigen Überlieferungen mit seinem Namen zu ergänzen.

Die eigentliche Lukaslegende allerdings war die Legende eines heiligen Malers, eine Legende also, die das Authentizitätsversprechen der Darstellungen allein durch den Maler und seine unbezweifelbare Heiligkeit zu verbürgen verstand. Tatsächlich stand seine Heiligkeit derart außer Frage, dass sich auch eine asketische Beglaubigung der medialen Transparenz des Evangelisten für die hagiographischen Berichte in den meisten Fällen erübrigte.

1.3.1 *Lukas und Nikodemus: Legenden heiliger Maler*

Lukas galt vor allem als Maler verschiedener Darstellungen der Gottesmutter mit dem Kind – eine für hagiographische Autoren offenbar nahe liegende Zuschreibung, wenn man bedenkt, dass im Lukasevangelium die detaillierteste Beschreibung der Geburt Jesu und allein dort deren Vorgeschichte um Maria und Elisabeth überliefert wird. Aus historischer Distanz betrachtet scheint diese Zuschreibung eher irritierend. Wie konnte der spätere Apostelschüler und Evangelist das Kind Jesu gemalt haben? Der offenkundige Widerspruch deutet allerdings auf den Umstand, dass sich die Lukasmalerlegende erst später auf schon vorhandene Marienbilder bezogen haben muss, die sie dann, einer entsprechend skeptischen Anfrage ausgesetzt, wohl nachträglich mit einer Entstehung aus apostolischer Zeit und dem vermeintlichen Augenzeugenversprechen des Evangelisten zu authentisieren versuchte.

Jedenfalls stand schon die erste Erwähnung des Evangelisten als Maler im Zusammenhang mit einem Madonnenbild. In der um 530 entstandenen *Historia Tripartita* des Theodoros Anagnostes liest man, dass die Kaiserin Eudokia von ihrer Reise nach Jerusalem der Prinzessin Pulcheria ein Bild der Gottesmutter nach Konstantinopel schickte, das der Evangelist Lukas gemalt haben soll (vgl. VON DOBSCHÜTZ 1899: 268**; KLEIN 1933: 8). Später ging man davon aus, dass ein Marienbild zusammen mit den neutestamentlichen Schriften des Lukas an deren Adressaten Theophilus nach Rom gelangt sei (vgl. VON DOBSCHÜTZ 1899: 276**). In einem Synodalschreiben der orientalischen Patriarchen an Kaiser Theophilos aus dem Jahr 836 wird die bis dahin schmucklose Feststellung der namhaften Urheberschaft durch eine zweite Anmerkung ergänzt: Demnach seien die bekannten Lukasbilder von der dargestellten Gottesmutter selbst gutgeheißen und gesegnet worden (vgl. ebd.: 278**).

Von dieser eher bescheidenen Entwicklung der Berichte abgesehen, konnten die Verfasser der Lukasmalerlegende offensichtlich auf eine ausführliche Legendisierung der Bildentstehung weitgehend verzichten. Die Legende konnte sogar ganz wegfallen, wenn ein konkretes Bild schon durch seine Tradition mit dem Namen des Evangelisten in Verbindung gebracht wurde. Die wenigen schriftlichen Quellen der Lukasmalerlegende zumindest stehen in keinem Verhältnis zu der unüberschaubaren Zahl entsprechender Bilder. Tatsächlich musste man schon bei einer ersten kunsthistorischen Inventur des achtzehnten Jahrhunderts konsterniert feststellen, dass ein Leben allein nicht gereicht hätte, alle die dem Lukas zugeschrieben Bilder zu malen (vgl. ebd.: 268**).

So verwundert es auch wenig, wenn Jacobus de Voragine in dem Lukas gewidmeten Abschnitt seiner um 1275 entstandenen Legenda aurea jeden Hinweis auf den Evangelisten als Maler vermissen lässt (vgl. DE VORAGINE 1993: 796-806), wohingegen er an anderer Stelle sehr wohl von einem Lukasbild zu berichten weiß. Die entsprechende Erwähnung findet man in seinem Bericht von der Pest in Rom zur Zeit Papst Gregor des Großen; eine Gelegenheit, bei der die Lukasmadonna, ebenso wie die byzantinischen Acheiropoieten in ihren Legenden, ihre Authentizität als ein mit thaumaturgischem Charisma begabtes Exemplar unter Beweis stellen konnten:

> »Aber zu Rom war noch das große Sterben. Da ordnete Sanct Gregorius um die Osterzeit einen Kreuzgang mit Litanei, und ließ vorantragen gar feierlich unsrer lieben Frauen Bild. Dasselbige ist noch jetzt zu Rom, als man sagt, in der Kirche Sancta Maria Major; Sanct Lucas, der Arzt und Maler hat es gemacht, und man spricht, daß es unsrer Frau gar gleich ist. Und siehe, alle Unreinigkeit der Luft floh sichtbarlich vor dem Bild, als könne es seine Gegenwart nicht ertragen; und lautere Klarheit folgte ihm nach. Und es wird erzählt, daß man in der Luft, nahe bei dem Bild, Engelstimmen hörte« (DE VORAGINE 1993: 223f.).

Auch dieser Bericht kennt seine legendisierende Entwicklung, deren Rekonstruktion allerdings aufgrund verschiedener Überlieferungsstränge und Bildtraditionen keine eindeutig zu lesende Kontur aufweist. Und doch lohnt es, einige Stränge der verwickelten Geschichte nachzuvollziehen:

Den ältesten Bericht der Ereignisse in Rom aus dem sechsten Jahrhundert überliefert Gregor von Tours in seinen 593/94 verfassten zehn Büchern fränkischer Geschichte. In dieser eher nüchternen Beschreibung des Historiographen vermisst man die Erwähnung der Lukasmadonna ebenso wie die in ihrer Nähe zu vernehmenden Engelsstimmen. Gregor von Tours schreibt lediglich von einem päpstlich veranlassten liturgischen Gesang (vgl. GREGOR VON TOURS 1990b: 321-327). Spätere Bearbeitungen fügen dann ein Bild in die Erzählung ein, das, wiederum später, dem Evangelisten Lukas zugeschrieben wird (vgl. VON DOBSCHÜTZ 1899: 274**). Zwar gibt es in der Kirche S. Maria Maggiore tatsächlich eine seit dem neunzehnten Jahrhundert unter dem offiziellen Namen Salus Populi Romani (Heil des römischen Volkes) bekannte Lukasmadonna, die man gern mit dem Lukasbild der Legenda aurea in Verbindung bringen wollte, schriftlich bezeugt ist das Bild jedoch erst ab der Mitte des zwölften Jahrhunderts; für Hans Belting ein sicheres Indiz dafür, dass gerade dieses Madonnenbild nicht auf Prozessionen mitgeführt wurde (vgl. BELTING 1991: 79).

Die Version der *Legenda aurea* scheint auch vielmehr von einer Bildprozession inspiriert, die ab dem achten Jahrhundert besonders in Notzeiten abgehalten wurde. Hier ging der Papst barfuß, jedoch mit einer Christusikone vom Lateran zu der Maria geweihten Kirche S. Maria Maggiore (vgl. BELTING 1991: 350). In einem Passus der Vita Stephans II., der von der Prozession als Bittgottesdienst gegen die Belagerung durch die Langobarden berichtet, bezeichnete man das Christusbild aus dem Lateran als Acheropsita, ein »verballhorntes Lehnwort« von dem bekannten Acheiropoieton (vgl. ebd.: 78, 83, 554). Nach einer Legende aus dem zwölften Jahrhundert wird diese Acheiropoiete aus dem Lateran wiederum mit dem Evangelisten Lukas in Verbindung gebracht. Der Bericht stammt von dem Kanoniker Nicolaus Maniacutius, der damit zugleich auch eine der wenigen Entstehungslegenden überliefert, die sich auf ein Bild des Apostelschülers beziehen:

»Als die Heiligen Apostel zusammen mit der Heiligen Jungfrau Maria nach der Himmelfahrt des Herrn vom Ölberg herabgestiegen waren, versammelten sie sich zum Abendmahl am Fuße des Berges Zion, wissend, daß viele Gläubige den dringenden Wunsch verspürten, das liebenswürdige und hochverehrte Antlitz des Heilands wenigstens im Bilde zu sehen. Von diesem Wunsch beseelt beschlossen sie, noch zu ihrer Lebzeit sein Bildnis malen zu lassen, wo sie es noch sehr lebendig in ihrer Erinnerung behalten hatten. Man hielt es für angebracht, sich bei diesem Vorhaben an den anerkannten Meister der Malkunst, Lukas, zu wenden. Der Heilige aber lehnte diese Aufgabe als über seine Kräfte gehend ab und ließ sich nicht eher überzeugen, bis ihm nach dreitägigem Fasten und durch innige Gebete mit Hilfe der Apostel und ihrer Mutter Maria die Zusicherung des göttlichen Beistands zuteil geworden war. Er nahm eine Holztafel und zeichnete die Umrisse, doch noch ehe er sich anschickte, Farbe dazuzubringen, erschien ihm das vollendete Bild wie durch ein göttliches Wunder. Wie dies geschah, sah sich die Heilige Versammlung erfüllt mit höchstem Staunen und mit Fröhlichkeit, und das Bild ergebenst verehrend, dankten alle dem Herrn für dieses Wunder.«[11]

Die Legende des Kanonikers liest sich wie eine einfache Synthese der bekannten Authentisierungsmodelle – so zumindest die Deutung der einschlägigen Literatur (vgl. VON DOBSCHÜTZ 1899: 67; BELTING 1991: 78). Zum einen zeigt sich der Bericht gleichgültig gegenüber der meisterlichen Malkunst des Evangelisten, ein Motiv, das an die Entstehungslegenden der Acheiropoieten erinnert. Andererseits folgt dem unverzichtbaren Eingeständnis einer über seine Kräfte gehenden Darstellungsaufgabe nicht unbedingt die wunderbare Entstehung des Bildes. Immerhin trägt Lukas mit seiner Umrisszeichnung entscheidend zu der Entstehung der Darstellung bei. Legitimiert wird diese Teilhabe am Darstellungsprozess jedoch weder

11 Der oben stehende Text ist einem 1747 in Rom erschienen Werk Giovanni Marangonis entnommen. Die Übersetzung aus dem italienischen Original stellte freundlicherweise Gabriella Lagemann-Zappalà zur Verfügung. Im Original heißt es: »Essendo ritornati i Santi Apostoli, colla Beatissima Vergine, dal Monte Oliveto, dopo l' Ascensione al Cielo del Salvatore, e adunatisi nel Cenacolo del monte Sion, e sapendo eglino, che molti Fedeli averebbono sommamente desiderato di vedere le fattezze amabili e venerabili di quella Sagratissima Umanità, così ispirati da Dio, risolvettero di farne dipingere l' Immagine, mentre essi ancora viveano, e molto bene impressa nelle lor menti la ritenevano. Per tanto ritrovandosi, fra gli altri Discepoli del divino Maestro S. Luca, che non poca perizia avea nel dipingere, giudicarono doversi al medesimo una tale impresa appoggiare. Mà il Santo, giudicando ciò opera molto superiore alla sua abilità, non lasciò persuadersi ad imprenderla, se prima assicurato non fù e dagli Apostoli, e dalla loro Madre Maria, che con un triduano digiuno e con fervorose orazioni gli averebbono impetrata l' assistenza dal Cielo. Preparatasi egli dunque una tavola di Palma, sopra di essa tirò i primi lineamenti del suo disegno; mà prima, che si ponesse à colorirla, tutta l' Immagine perfezionata comparve da divina virtù. Ciò vedutosi da quella sagra Adunanza, con sommo stupore ed allegrezza divotamente venerandola, tutti resero molte grazie al Signore per avvenimento sì prodigioso. Nella divisione poi de ss. Apostoli per il Mondo, è da credersi, che questa Sagra Tavola rimanesse appresso la Beatissima Vergine, sino ch' ella passo al Cielo, e che di poi serbata fosse con diligenza da' Fedeli sino che avvennero all' infelice Città di Gersusalemme i meritati castigi per la morte data al Redentore medesimo« (MARANGONI 1747: 73f.).

durch das Augenzeugenversprechen des Malers noch durch seine unbezweifelbare Heiligkeit. Man liest vielmehr vor der Entstehung von einem dreitägigen »Fasten und Beten der ganzen Schar«, also von der asketischen Übung, mit der die Heiligkeit des Malers als notwendiges Kriterium der authentischen Darstellung erstmals als performativer Akt in den Bericht mit aufgenommen wird. Die Legende beschreibt also eine Entwicklung, die über die bloße Kombination bestehender Legendenstränge hinausgeht. Im Mittelpunkt steht die für den Leser nachvollziehbare Bereitschaft des Malers, sich im Hinblick auf die Darstellung als Vermittler zu sehen, der von seiner ›fleischlichen Endlichkeit‹ und allen ›Sünden des Selbst‹ durch Askese zur abstrahieren versucht. Der leidenschafts- und selbstlose Maler erfährt mit dieser Übung ein Signum seiner Transparenz als Medium, dessen Darstellung weder durch Anmaßung, Stilwillen oder sonstigen Eigensinn verunreinigt und damit ›inauthentisch‹ werden könnte.

Hinzu kommt noch ein zweiter Aspekt, der mir nicht weniger wesentlich erscheint: Mit der Trennung von Umrisszeichnung und einer wunderbar hinzukommenden Farbfüllung wird die asketische Transparenz des Malers zudem ästhetische Qualität der Darstellung. Der Bericht versucht letztlich, die charakteristische Ikonographie byzantinischer Ikonen hagiographisch zu deuten; ein nahe liegendes Unterfangen, da sich die Ikonen unter anderem durch ihre deutliche Konturzeichnung zu erkennen gaben und man nun in Kenntnis der Legende die Unterscheidbarkeit von Umriss und Füllung als evidenten Nachweis einer wunderbaren Entstehung sehen konnte.

Eine weitere, den Malerberichten um Lukas in ihren Motiven verwandte Legende sei hier nur noch der Vollständigkeit halber erwähnt. Sie hat ihren Ursprung in einem angeblich von Athanasios überlieferten Bericht einer Kreuzigungsikone aus Beyrout. Dieser Bericht wurde, wie andere Bildlegenden auch, im Herbst des Jahres 787 den in Nizäa zu einem Konzil versammelten Bischöfen zugunsten der Bilderverehrung verlesen (vgl. DUMEIGE 1985: 158f.). Ein Christ, so heißt es dort, habe die Ikone einst vergessen, als er die Stadt verließ. So sei diese in den Besitz eines Juden gekommen, der sich vor dem Verdacht, selbst Christ geworden zu sein, dadurch zu schützen versuchte, dass er mit einer Lanze den Gekreuzigten auf dem Bild noch einmal durchbohrte. Das Bild habe daraufhin aus dem Einstich zu bluten begonnen und so den vermeintlichen ›Frevler‹, ebenso wie alle Juden der

Stadt, zum christlichen Glauben bekehrt (vgl. BELTING 1991: 343).[12] In der einhundert Jahre später von Anastasius Bibliothecarius veranlassten lateinischen Übersetzung der Konzilsakten wird auch der Name des Urhebers erwähnt: es sei Nikodemus, der zusammen mit Josef von Arimathäa dem Johannesevangelium nach Christus vom Kreuz genommen und ihn in das Grab gelegt habe (vgl. VON DOBSCHÜTZ 1899: 282**). Man wählte ihn zum Urheber des wunderbaren Bildes also aus nicht weniger einsichtigen Gründen wie schon zuvor den heiligen Lukas.

Im Abendland verband man die Legende mit einem in Lucca seit etwa 1100 unter dem Namen Volto Santo verehrten Kruzifixus. Aus der Kreuzigungsikone wurde ein plastisches Bild und die Legende um den entsprechenden Nachtrag einer wunderbaren Überführung von Jerusalem nach Norditalien erweitert.

Obwohl die Legenden heiliger Maler – von dem Bericht der römischen Christusikone aus dem Lateran abgesehen – das Authentizitätsversprechen ihrer Darstellungen nicht mit einer acheiropoietischen Entstehung untermauern konnten, verfügten sie im abendländischen Mittelalter doch über ein Ansehen, das man bisweilen selbst mit der unbezweifelbaren Autorität der Heiligen Schrift vergleichen wollte. Zumindest findet man eine solche Einschätzung in einer Predigt des Dominikanerpaters Fra Giordano da Rivalto, der am Dreikönigstag des Jahres 1306 in S. Maria Novella in Florenz über die Magier aus dem Morgenland lehrte und sich angesichts entsprechender Ikonen zu der Behauptung veranlasst sah, dass die Magier Könige gewesen seien:

12 Das von Juden verletzte Kultbild ist Topos der Legenden, der in seiner wohl ältesten Form von den *Liber in gloria martyrum* des Gregor von Tours aus dem sechsten Jahrhundert überliefert wird. Hier liest man, dass ein Bild Christi, von einem Juden durchbohrt, zu bluten begann und den Täter, der es nach Hause schleppte, durch die blutige Spur verriet (vgl. BRUNHÖLZL 1975: 133). Der sich in diesen Bildlegenden immer wieder neu artikulierende Antisemitismus war kirchlich sanktioniert: Da man in den heiligen Bildern eine Manifestation der Inkarnation Christi sehen wollte, lag es nahe, den Juden, die Jesus als ihren Messias nicht anerkennen wollten und nach dem mosaischen Gebot bildlos blieben, Schändung, Bildwunder und darauf folgende Bekehrung anzudichten. In späteren Jahrhunderten stand das verletzte Kultbild dann allerdings für jede Form des Ikonoklasmus. Caesarius von Heisterbach berichtet von den Einwohnern der Stadt St. Goar, die bei einer Belagerung ein hölzernes Kruzifix zum Schutz in ein Fenster gestellt hatten. Ein Armbrustschütze »brachte dem heiligen Bild am Arm eine tiefe Wunde bei. Sogleich erneuerten sich die Wunden der Vorzeit, und wie aus eines Menschen Ader begann Blut aus der Wunde zu tröpfeln« (zitiert nach ANGENENDT 1994: 189). Zur Zeit der Gegenreformation waren solche Legenden äußerst beliebtes Mittel, den vermeintlichen Frevel der wiederholten Bilderstürme effektvoll abzustrafen (vgl. KRETZENBACHER 1977: 13ff.).

»Dafür gibt es ein wichtiges Zeugnis, nämlich die ersten Malereien, die von ihnen aus Griechenland kamen. [...] Diese Malereien rührten ursprünglich von den Heiligen her, damit man genauere Kenntnis der Vorgänge erlangen könne, und die Gestalten wurden derart dargestellt, wie ihr Äußeres und wie ihr Wesen war. So findet man, daß Nikodemus zuerst Christus auf einem schönen Tafelbilde in der Weise malte, in der der Heiland am Kreuze hing, so daß, wer das Bild sah, fast das ganze Geschehnis erschaute, so gut war es abgebildet. Denn Nikodemus war zugegen, als Christus ans Kreuz geschlagen und als er abgenommen wurde. So wissen wir auch, daß San Luca unsere Frau auf einer Tafel ganz genau malte, und diese wird jetzt in Rom hochverehrt. Mithin besitzen diese Bilder, zumal die alten, die in ferner Zeit aus Griechenland kamen, die allergrößte Autorität, weil sie Bekundungen vieler Heiliger sind, die jene Dinge darstellen, und ihnen kommt ebenso große Beweiskraft zu, wie den Schriften. Durch die Gemälde, die aus Griechenland kamen, erfahren wir demnach mit Gewißheit, daß die Magier große Herren gewesen sind, denn sie wurden mit Königskronen auf dem Haupte gemalt« (zitiert nach DAVIDSOHN 1969: 4. Band, 3. Teil, 214).

Neben dem autorisierenden Vergleich griechischer Ikonen mit der Heiligen Schrift erscheint in der Bildpredigt ein weiterer, bemerkenswerter Aspekt der Argumentation: Die Qualität der Darstellungen verbürgte sich dem Dominikaner schon allein durch deren Provenienz. Es waren Bilder heiliger Männer, aus alten Zeiten und dem fernen Griechenland. Damit erweitert Fra Giordano das spezifische Abbildversprechen der Legende heiliger Maler gleich auf den ganzen Bildtypus byzantinischer Ikonen. Für ihn waren alle Malereien, die aus Griechenland kamen, von gleicher Autorität – ungeachtet der Tatsache, dass sich nicht jedes Bild auf eine besonders gesegnete Urheberschaft berufen konnte. Durch ihren gemeinsamen Stil aber partizipierten auch alle anderen an den privilegierten und berühmten Exemplaren.

Fra Giordano beschreibt in seiner Predigt offensichtlich Importikonen, deren Anspruch einer wirklichkeitstreuen Abbildung dem Abendland des frühen vierzehnten Jahrhunderts noch genauso fremd war wie die Ikonographie der Bilder, die ihn einzulösen hatten. Gerade aber deren außergewöhnliche Gestalt mag seine Missdeutung veranlasst haben, den fremden Stil und die durch die Legenden verbürgte, quasi dokumentarische Abbildungstreue in Eins zu setzen, da Fra Giordano deren Gestalt weniger als byzantinischen Stil begreift denn als ahistorischen und adäquaten Ausdruck der Integrität ihrer Maler. So vermittelten die Bilder ihrem Betrachter gesicherte Kenntnis der dargestellten Geschehnisse durch einen

Stil, der als Stil in abendländischen Augen offensichtlich nicht erkennbar war und damit das Authentizitätsversprechen kunstloser Malerei heiliger Männer stillos einzulösen versprach.

1.3.2 *Die Askese des Malers als Zeichen medialer Transparenz*

Noch offenkundiger als in den eigentlichen Malerlegenden tritt das authentisierende Darstellungsmodell kunstloser Malerei heiliger Männer in den Anweisungen zu Tage, die man namenlosen Malermönchen der Ikonentradition auferlegte. Anhand komplexer Regeln und Riten versuchten die Sachwalter dieser Tradition die nach Möglichkeit verlustfreie Überlieferung der prominenten und autorisierten Bilder zu garantieren, wobei die Regeln nicht allein die technische Ausführung der Kopien, sondern vor allem die sittliche Lebensführung der Kopisten betrafen. Die wenigsten Mönche konnten sich einer gewissen Bekanntheit erfreuen, ihre heilige Lebensführung als mediales Transparenzideal war also nicht ohne weiteres vorauszusetzen. Andererseits war die Ikonentradition unbedingt auf eine durch Transparenz verbürgte Wiederholung angewiesen – zumindest als leitende Idee.

So liest sich denn auch die Einleitung eines im 19. Jahrhundert auf dem Athos gefundenen Malerbuchs wie eine Art initialisierende Weihe, mit der sich zukünftige Malermönche dem ›heiligenden‹ Regelwerk zu unterwerfen hatten:

Der du »dich gewürdigt hast dich umschreiben zu lassen; der du die Züge deines unbefleckten Antlitzes sowohl auf dem heiligen Schleier abgedrückt, als durch denselben die Krankheit des Fürsten Abgarus geheilt und seine Seele erleuchtet hast zur Erkenntnis deiner, unseres wahren Gottes. Der du durch deinen heiligen Geist deinen heiligen Apostel und Evangelist Lukas erleuchtet hast, daß er die Schönheit deiner reinsten Mutter beschreiben konnte, wie sie dich als kleines Kind in ihren Armen hält [...], erleuchte und erhelle meine Seele, das Herz und den Geist deines Dieners, führe seine Hand, daß er würdig und vollkommen dein Bild, das deiner allreinsten Mutter und aller Heiligen beschreiben könne« (zitiert nach SCHÄFER 1855: 45).

Die hier beschriebene Haltung des Malers gegenüber seinem Werk war unverzichtbar. Er sollte seine maßgebende Vorlage nicht nur ihrer ikonographischen Gestalt nach kopieren, sondern darüber hinaus auch Sorge dafür tragen, dass dem Duplikat durch die Kopie nichts von dem charismatischen Ursprung der Vorlage verloren ginge. Obwohl die Ikonen der Tradition zweifellos Bilder aus Menschenhand waren, durfte auch hier die Person der Malers im Darstellungsprozess nur bedingt eine Rolle spielen. Sollte das göttliche Werk heiliger Darstellungen fortgeführt werden und die Bilder an den Wundern der Acheiropoieten und denen heiliger Maler partizipieren, musste man einen Weg finden, die Persönlichkeit des Kopisten trotz seiner offensichtlichen und notwendigen Tätigkeit als Maler zu nivellieren.[13]

Vor allem aber sollte diese Nivellierung klaren Regularien unterworfen und damit auch für einen Außenstehenden einsichtig und nachvollziehbar sein. Die Askese war in dieser Hinsicht also nicht bloß mystische Übung, sie führte – zumindest idealiter – jeden Mönch, der sich ihr unterwarf, zu einem leidenschafts-, interessen- und selbstlosen Dasein, also zu einer Existenz, die sich durch Gehorsam und Verzicht allein einem höheren Willen und des-

13 Als der Franzose Adolphe Napoléon Didron im Jahr 1839 auf dem Athos das erwähnte Malerbuch fand, meinte er mit dieser Schrift den Schlüssel zum Verständnis der religiösen Kunst der Ostkirchen gefunden zu haben. Es schien ihm geklärt, wieso die Ikonen über Jahrhunderte hinweg immer wieder gleich ausfallen konnten und so die Spuren eines sich durch Stilwillen profilierenden Malers beharrlich verweigerten. In seinem Vorwort zu dem 1845 in Paris veröffentlichten *Malerbuch vom Berge Athos* schreibt Didron: »Der Maler ist an die Tradition gebunden wie das Tier an seinen Instinkt. [...] Nur die Ausführung des Bildes ist ihm vorbehalten, während Erfindung und Idee Sache der Väter, der Theologen, der katholischen Kirche ist« (zitiert nach SCHÄFER 1855: 5). »Was Didron ›Ausführung‹ nennt«, weiß Hans Belting einzuwenden, »ist in Wirklichkeit Stoff für eine umfassende Stilgeschichte« (BELTING 1991: 30). Tatsächlich lässt sich das Versprechen einer durch Tradition garantierten verlustfreien Überlieferung verschiedener Ikonentypen über die Jahrhunderte von einer Kunst- und Stilgeschichte der Ikonen so nicht einlösen. Im Gegensatz zu der abendländischen Bildgeschichte seit Giotto wird allerdings in der Ikonentradition die Modifikation eines Bildtypus weitestgehend camoufliert, bisweilen sogar durch eigene Legenden autorisiert. Ein besonders schönes Beispiel solcher die Bilderfindung legitimierenden Legenden findet man mit einem Bericht der Gottesmutter-Ikone *Paramythia* des Klosters Watopedi vom heiligen Berge Athos. In alter Zeit, so heißt es dort, lagerte von den Mönchen unbemerkt vor den Toren des Klosters eine Räuberbande. Beim morgendlichen Gebet hörte der Abt eine Stimme, die von dem betreffenden Bild ausging und ihn warnen wollte: »der verwirrte Abt erhob seine Augen zu der Ikone der Mutter Gottes und erblickte ein erschütterndes Wunder: er sah, wie sich das Gesicht der Gottesmutter belebte und ebenso auch das Antlitz des Kindes auf ihrem Arme. Das vor allen Ewigkeiten seiende Kind streckte seine Rechte aus und hielt damit seiner göttlichen Mutter den Mund zu, da er zu ihr sagte: ›Nein, meine Mutter, sage dies ihnen nicht: denn sie erleiden die gerechte Sühne!‹« Später sahen auch die eilig hinzugerufenen Mönche »mit großem Staunen, daß die Gesichter der Gottesmutter und des Herrn Jesus wie auch die ganze Anordnung der Ikone anders waren als zuvor«. Kloster und Insassen wurden zwar vor dem drohenden Überfall gerettet, »die Antlitze aber der Gottesmutter und Jesu Christi verblieben [auf dem Bild] in jener Weise« (zitiert nach THON 1979: 83).

sen Führung zur Verfügung stellte. Zur Verfügung gestellt wurde dadurch auch die malende Hand, die nun nicht mehr dem Mönch, sondern – asketisch sublimiert – dem ›göttlichen‹ Maler unterstellt war. Darüber hinaus war die Einhaltung der Askese kontrollierbar – zumindest zeigte die ausbleibende Disziplin nicht selten entsprechende körperliche Folgen. Der Bischof Palladius berichtet in seiner Historia Lausiaca – einer Vitensammlung östlicher Asketen aus dem frühen vierten Jahrhundert – von einem Mann namens Elpidius, der es mitunter zu einer solchen Leidenschaftslosigkeit gebracht hatte und am Leib von Kasteiungen derart »abgezehrt« war, »daß ihm die Sonne durch die Knochen schien« (PALLADIUS 1912: 104; vgl. ANGENENDT 1994: 59) – man sah ihn von einer Transparenz gezeichnet, die im gleichen Maße wörtlich wie metaphorisch zu nehmen war.

Gleiches galt für einen Malermönch, der als Vermittler im Hinblick auf seinen Darstellungsgegenstand durchlässig zu sein hatte und dieses Ideal nur durch eine asketische Lebensführung einlösen konnte. Allein unter diesen Bedingungen blieb eine Kopie unverdorben, denn es konnte wohl sein, dass durch die »eigenen Phantastereien« und »abenteuerlichen Vorstellungen [eines Malers] die Göttlichkeit« auf den Ikonen nicht dargestellt werde (zitiert nach THON 1979: 105) – das zumindest waren die Befürchtungen der orthodoxen Bischöfe auf der Moskauer 100-Kapitel-Synode aus dem Jahr 1551, die vorsorglich einen entsprechenden Verhaltenskodex aufstellen ließen:

> »Es geziemt aber dem Maler, demütig zu sein und bescheiden und frommen Sinnes, kein Liebhaber der Festfeiern und kein Spaßvogel soll es sein, kein Fresser und kein Hasser der Menschen, kein Trinker und kein Mörder, sondern in allem soll er bewahren die Reinheit des Leibes und der Seele in allen Gefahren. [...] In Fasten und Gebet sollen sie verharren, und so ohne jede Schande und Ehrlosigkeit, aber mit großer Sorgfalt auf den Ikonen und Bildtafeln unseren Herrn Jesus Christus und seine allreine Gottesmutter malen [...], und die alten Bilder sich zum Modell nehmen ... Wenn aber Gott einem die Fertigstellung (einer neuen Ikone) schenkt, so soll ihn der Meister zum Bischof bringen, der Bischof aber soll nachschauen, ob das vom Schüler gemalte nach dem Vorbild und Gleichnis ist, und er soll sich über sein Leben erkundigen, ob er in Reinheit und jeglicher Frömmigkeit lebt nach dem Gebot Gottes ohne jegliche Ehrlosigkeit« (THON 1979: 104f.).

Legenden und Kodizes beschreiben die Bilder ihrer Maler als das Werk heiliger Hände, als kunst- oder künstlerlose Darstellungen. Sie »scheinen von Menschenhand, aber insgeheim ist Gott ihr Künstler, der die Malerei in der Hand des Künstlers als sein Instrument [...] benutzt« (zitiert nach

BELTING 1991: 587) – diese Auffassung findet man in einer Bildbeschreibung des Michael Psellos aus dem 11. Jahrhundert. Es ist ein Traktat über eine Kreuzikone, deren Darstellung Psellos als »beseelte Malerei« beschreibt; und er tut dies in einem doppelten Sinn. Einerseits verteidigt er die Malerei gegen den (platonischen) Vorwurf nachzuahmen, das Leben also nur vorzutäuschen, und damit noch niedriger im Rang zu stehen als die physische Natur. Die Ikone, so seine Argumentation, gehe in ihrer Darstellung über den Begriff der Kunst hinaus. Sie erscheine dem Betrachter so natürlich, dass man »das Werk eher der Natur (*physei*) als der Kunst (*techne*)« (ebd.) zurechnen müsste. Ferner veranschauliche sie das Leben Christi in der Kreuzdarstellungen noch über seinen Tod hinaus. Damit sehe sie sich in die Lage versetzt, ein Paradox darzustellen, das im elften Jahrhundert gängiger Gegenstand theologischer Spekulation war: das Bild des toten und doch lebenden Gekreuzigten, das damit zugleich seine Entsprechung in dem Paradox einer der Malerei eigentlich nicht zugänglichen und doch gemalten Darstellung fand. Durch das Modell ihrer Entstehung schien ihm die Ikone dazu befähigt, über die bloße Oberflächenanschaulichkeit hinaus der theologischen Wahrheit des Bildsujets einen adäquaten und damit wesentlichen Ausdruck zu verleihen (ebd.: 301f.): »Ich will deswegen auch nicht in Zweifel ziehen«, schreibt Michael Psellos weiter, »daß eine höhere Fügung die Hand des Ikonenmalers leitete und den Verstand dessen, der sie ausführte, auf den wahren Prototypus lenkte« (ebd.: 588).

1.3.3 *Das Motiv heiliger Maler in den Künstlerviten*

Die Vorstellung des asketisch selbstlosen Malers als durchlässiges Medium einer sich selbst darstellenden, transzendenten Wirklichkeit, so wie sie in den bisherigen Legenden und Kodizes der Ikonentradition zum Vorschein kam, ist mit einem Bildverständnis verbunden, das in jeder Form künstlerischer Eigenmächtigkeit und Kreativität des Malers, vor allem aber in der bewusst als Überschreitung konventioneller Darstellungsformen gekennzeichneten Bilderfindung nur den folgenschweren Verlust von Tradition und Bildcharisma zu sehen vermochte. Diese Auffassung war Programm, allerdings nur innerhalb eindeutig markierter kunsthistorischer und genretypischer Grenzen der Bildgeschichte: Das authentische Bild als kunst- und künstlerlose Darstellung war in erster Linie das Ideal der sakralen Kunst der Spätantike und des Mittelalters.

Die Legende des heiligen und asketischen Malers wird allerdings auch über den historischen Rahmen der Bildgeschichte hinaus von der Künstlerbiographik späterer Jahrhunderte fortgeschrieben. Ein frühes und schönes Beispiel hierfür überliefert Ekkehard IV. in der Chronik des Klosters St. Gallen mit der Vita seines Mitbruders Tuotilo aus dem elften Jahrhundert: »Er war beredt, von heller Stimme, in Relieftechnik und Malkunst ein Meister von Geschmack« (ECCARDUS SANGALLENSIS 1980: Kapitel 34, 79), so der Chronist über einen Mönch, den er in jeder Hinsicht als monastisches Vorbild beschreibt; »eifrig im Chordienst, im Verborgenen aber voller Tränen [...], erwies er sich in seiner Keuschheit als echter Schüler des Marcellus, welcher vor Frauen die Augen verschloß« (ebd.). Gegen Ende der Lebensbeschreibung, nachdem Ekkehard seine Leser hinreichend von der tugendhaften und heiligen Vita Tuotilos unterrichtet hat, findet man erwartungsgemäß auch die charakteristische Motivverkettung von heiligem Leben und wunderbar entstehendem Bildwerk: Als Tuotilo in Metz auf Geheiß seiner Oberen an einem Relief zu arbeiten hatte, traten zwei Pilger mit der Bitte um ein Almosen an ihn heran. Nachdem sie die erbetene Gabe erhalten und den Spender gesegnet hatten, gingen die Pilger zu einem in der Nähe stehenden Geistlichen und fragten diesen nach jener im strahlendem Glanz erscheinenden Frau, »die ihm mit dem Stichel so geschickt zur Hand« ging und ihm zeigte, »was er tun soll« (ebd., Kapitel 45: 103). Darüber verwundert, wandte sich auch der Geistliche dem Reliefmeister zu und sah nun mit eigenen Augen den Bericht der Pilger bestätigt. Tuotilo aber, der von dieser Erscheinung nichts wusste und von ihr auch nichts wissen wollte, wies solche Reden schroff zurück:

> »Nun sprachen der Geistliche und die Pilger zu ihm: ›Vater, du Gesegneter im Herrn, der du bei deinen Arbeiten eine solche Lehrmeisterin hast!‹ Er aber behauptete, sie wüßten selber nicht was sie sagten, und sprach heftig auf sie ein und verbot ihnen, jemand etwas dergleichen zu erzählen. Anderntags aber mußte er hören, daß manche schon derlei Ruhmesreden über ihn im Munde führten; da machte er sich fort aus ihrer Mitte und entwich und wollte nicht länger mehr in jener Stadt zu tun haben. Auf der Goldplatte selbst aber hat nachher in eine Kreisplatte, die Tuotilo leer gelassen, eine unbekannte Künstlerhand die Lettern eingraviert: ›Dies Geschenk hat die heil'ge Maria selber gemeißelt‹« (ECCARDUS SANGALLENSIS 1980: Kapitel 45, 103).

Auch wenn sich hier das klassische Motiv der von übernatürlichem Beistand geführten Hand wiederfindet, so beschreibt doch der Chronist den ziselierenden Mönch Tuotilo entgegen den bisherigen Legenden als selbstloses Medium wider Willen. Seine Verweigerung zumindest lässt sich nur schwerlich als altruistische Demutsgeste lesen. Tatsächlich wird mit diesem Beispiel das Grundmotiv der Legende verkehrt: Während in der klassischen Konstellation das Bildwunder dem gescheiterten Maler zur Hilfe eilt, sieht sich Tuotilo eher von dem übernatürlichen Eingriff in seiner Souveränität beeinträchtigt. Offenbar kollidiert das legendäre Ideal der entpersonifizierten Bildentstehung mit dem aufkeimenden Selbstbewusstsein des Bildners, oder auch nur mit dem literarischen Interesse des Chronisten an einer klar zu umreißenden Persönlichkeit. Allein aber die Tatsache, dass er dem Reliefmeister mehrere Kapitel seiner Klosterchronik widmet, weist schon auf eine Aufwertung künstlerischer Tätigkeit – immerhin beanspruchen die biographischen Notizen der Chronik vor dem Hintergrund einer weitgehend anonymen Kunst des Mittelalters kunstgeschichtliche Exklusivität.

Der eigentliche Vorstellungswandel in der Kunst des Abendlandes vollzieht sich jedoch erst Generationen später mit den toskanischen Malern des Due- und Trecento – exemplarisch nachvollziehbar an den biographischen Berichten über den florentinischen Maler Giotto. Schon wenige Jahre nach dessen Tod schreibt Boccaccio rückblickend in einer Novelle seines Dekameron, dass jener »die Kunst wieder zu neuem Lichte erhoben [habe], nachdem sie jahrhundertelang wie begraben unter den Irrtümern derer lag, die durch ihr Malen mehr die Augen der Unwissenden zu kitzeln, als der Einsicht der Verständigen zu genügen bestrebt waren« (BOCCACCIO 1952: 491; vgl. PANOFSKY 1990: 27) – eine Deutung, die in der Folge immer wieder aufgegriffen wird. Mit Giotto, so wollen es die Renaissanceschriftsteller, sei eine epochebildende Polarisierung der Bildgeschichte eingeleitet, deren favorisierter Protagonist von nun an das sich durch Stilwillen profilierende Kunstwerk ist. Das authentische Bild nach spätantikem und mittelalterlichem Verständnis als kunst- und künstlerlose Darstellung verliert sukzessive an Bedeutung und wird als Kunstpraxis teilweise nur noch mit tief empfundener Verachtung bedacht.[14]

14 Tatsächlich wandelt sich die maßgebliche Auffassung von Kunst und Künstler bis ins fünfzehnte Jahrhundert dermaßen radikal, dass die Renaissanceautoren später nur noch mir Unverständnis auf das spätantike und mittelalterliche Ideal kunst- und künstlerloser Darstellungen reagieren können. Als Leon Battista Alberti eher am Rande seiner *Zehn Bücher über die Baukunst* auf das Alte Testament und die darin enthalten den Bauanweisungen an das Volk Israel zu sprechen kommt, zeigt er sich irritiert. Das jüdische Volk sollte nach dem mosaischen Gesetz für den Bau von Altären nur Steine verwenden, die »unbehauen von Menschenhand, [...] zusammengetragen, weiß und glänzend« waren (ALBERTI 1975: 357); eine Anweisung,

Mit diesem Wandel wird selbstredend auch die Neuformulierung des künstlerischen Selbstverständnisses eingeleitet, das seinen prägnantesten Ausdruck in dem nun aufkommenden Interesse an einer Selbstinszenierung der künstlerischen Persönlichkeit zeigt. Wenn Cennino Cennini um 1437 in seinem *Libro dell'Arte* die Maler noch ermahnt, dass sie ein Leben führen sollten, »als ob ihr Theologie, Philosophie oder andere Wissenschaften studiertet«, oder die Aufforderung, »sich im Umgang mit den Frauen zurückzuhalten« mit der Verheißung verknüpft, dass diese Regel, »wenn Ihr sie befolgt, Eure Hand so zart machen wird, daß sie gleichsam schwebt, ja wie ein Blatt im Winde fliegt« (zitiert nach WITTKOWER 1989: 31), dann mag hier noch das asketische Ideal heiliger Maler nachklingen, doch scheint die Ermahnung vielmehr auf eine schon konträr angelegte Praxis abzuzielen, die mit der performativen Ausstellung der unverwechselbaren Künstlerpersönlichkeit sich längst von den überkommen geglaubten Idealen des Mittelalters verabschiedet hatte. Spätere Texte werden in dieser Hinsicht noch deutlicher, skizzieren sie doch nicht nur das verlorene Ideal, sondern kritisieren recht deutlich die zeitgenössische Praxis. Giorgio Vasari, der in seiner Vitensammlung keinen Hehl daraus macht, dass ihm alle Extravaganzen verhasst waren, schreibt voller Verachtung über seinen Landsmann Bartolomeo Torri, dass dieser wohl glaubte, »wenn man wie ein Philosoph schmutzig und ohne Regel lebe, und die Unterhaltung der Menschen fliehe, so habe man den Weg gewählt, der zu Größe und Unsterblichkeit führt« (VASARI 1983: 4. Buch, 38; vgl. WITTKOWER 1989: 71f.). Offensichtlich noch schlimmer trieb es eine Künstlergruppe, oder richtiger: »ein Haufen junger Leute«, um Jacone, seinerseits Schüler Andrea del Sartos, die, »unter dem Vorwand wie Philosophen zu leben, [sich] wie Schweine und Bestien gebärdeten; Gesicht, Hände, Haupt und Bart nicht wuschen, das Haus nicht fegten, das Bett in zwei Monaten ein einziges Mal betteten, [...] und nur aus der Flasche und dem Krug tranken. Solche Jämmerlichkeit und Nachlässigkeit erschien ihnen als das schönste Leben der Welt«.

die ihm in keiner Weise gefällt: »Du sollst kein Eisen über ihn schwingen, aus unbehauenen Steinen sollst du den Altar des Herrn, deines Gottes, bauen«, heißt es tatsächlich im fünften Buch Mose (27.5f.; vgl. 2. Mose 20.25; Josua 8.31). Bearbeitete Steine würden das Heiligtum entweihen – ein Verständnis, das dem acheiropoietischen Ideal byzantinischer Malerei sehr nahe steht. Für Alberti aber widersprach diese Anweisung »der Würde eines Tempels« (ALBERTI 1975: ebd.), denn ein Stein, der nicht das eindeutige Zeichen seines stilbewussten Baumeisters trägt, konnte für ihn nur wertlos oder geradezu beschämend – auf keinen Fall aber authentisch – wirken.

Weil aber »das Aeußere Kennzeichen des Inneren« sei, und Vasari dieser Form der künstlerischen Selbstinszenierung keinen Gewinn abzuringen vermochte, kam er nicht umhin anzumerken, dass »der Sinn dieser Leute zotig gewesen [sey] und viehisch wie ihre äußere Erscheinung« (VASARI 1983: 4. Buch, 382; vgl. WITTKOWER 1989: 88).

Dass in beiden Fällen wiederum die ›philosophische Lebensart‹ als Negativbeispiel herhalten muss, ist vielleicht nicht mehr als eine Kuriosität am Rande – die herausfordernde Selbstständigkeit aber, die man einer humanistisch-philosophischen Betätigung unterstellt haben mag, könnte tatsächlich Vorbildfunktion ausgeübt haben: Beide, Künstler und Philosophen, hätten sich dann mit ihrem Selbstverständnis ebenso wie mit ihrer Selbstinszenierung jenseits der Konventionen ›bürgerlicher‹ Existenz platziert, weil allein dies ihnen als möglicher Ort erschien, an dem sich die fortschreitende Suche nach Wahrheit und Innovation realisieren ließ. Diese selbst gesuchte Sonderstellung innerhalb der Gesellschaft zumindest war – lange schon bevor sie im Geniebegriff des 19. Jahrhunderts kulminiert – ein von der Renaissanceliteratur kaum geschätzter Topos: »Unter den Ungebildeten, ja auch unter den Gebildeten, hat sich die schreckliche Ansicht verbreitet, daß ein Maler ersten Ranges selbstverständlich irgendwelche häßlichen und verabscheuungswürdigen Laster haben müsse, verbunden mit einem aus wirrer Geistesverfassung abzuleitenden kapriziösen und sprunghaften Temperament«, schreibt Giovanni Battista Armenini in seinen 1587 erschienenen Werk *Dei veri precetti della pittura*. »Und, was noch schlimmer ist: Viele unfähige Künstler halten sich selbst für ganz etwas besonders, wenn sie nur Trübsinn und Verrücktheit mimen« (zitiert nach WITTKOWER 1989: 109). Auch wenn Armenini sich eindeutig von dieser Haltung seiner Zeitgenossen distanziert, so ist die abfällige Bemerkung doch ein eloquentes Zeugnis von der offensichtlich weit verbreiteten Vorstellung, dass ein Künstler nicht nur einen Bildentwurf, sondern auch seinen Selbstentwurf performativ zu verwirklichen hatte.

Heilige und Künstler-Narren stehen bekanntlich nahe beieinander: Beide versuchen die zentrifugalen Kräfte der Gesellschaft mit einer positiv besetzten Randexistenz abzufangen. So ist es tatsächlich kein weiter Schritt, den man von dem Ideal ›Heiliger Maler‹ hin zu dem als verschroben gezeichneten Künstlerentwurf der Renaissance machen muss; abgesehen von dem entscheidenden Faktum, dass die Verschrobenheit des Künstlers allein anekdotisch seine Lebensbeschreibung ziert, als authentisierendes

Kriterium jedoch – zumindest in der Renaissance – (noch) keine Wirkung zeigt.

Dabei finden sich auch Lebensbeschreibungen, in denen das traditionelle Motiv des heiligen Malers nahezu unverfälscht aufgegriffen wird. So z. B. die Vita Fra Angelicos, die der schon erwähnte Giorgio Vasari Mitte des sechzehnten Jahrhunderts in seinen Leben der ausgezeichnetsten Maler, Bildhauer und Baumeister veröffentlicht. Der malende Dominikaner sei ein »nicht minder trefflicher Maler und Miniaturmaler, als ein vorzüglicher Geistlicher gewesen« (VASARI 1983: 2. Buch, 1. Teil, 312), schreibt Vasari und skizziert des Weiteren Fra Angelico wie einen heiligen Maler byzantinischer Legenden mit den charakteristischen Attributen asketischer Transparenz:

> »Er verachtete alle weltlichen Dinge, lebte rein und fromm und war den Armen ein treuer Freund, weßhalb ich gewiß bin, daß nun seine Seele ganz dem Himmel angehört. Unausgesetzt übte er sich in der Malerei und wollte nie andere als heilige Gegenstände darstellen. [...] Er war menschenfreundlich und mäßig, lebte keusch und fern von den Lockungen der Welt, indem er oft sagte, es solle, wer unsere Kunst übe, ruhig und ohne grübelnde Gedanken bleiben; wer die Werke Christi darstellen wolle, müsse immer bei Christo seyn. Niemals ward er unter seinen Ordensbrüdern zornig gesehen, eine große Sache, die mir fast unglaublich scheint [...]. Kurz dieser niemals genug zu rühmende Ordensbruder war demüthig und bescheiden in allem seinem Thun und Reden, in seinen Malereien gewandt und andächtig, und die Heiligen, die er malte, haben mehr das Ansehen und die Aehnlichkeit von Heiligen, als die irgend eines anderen Meisters. Seine Gewohnheit war, das was er gemalt hatte, nie zu verbessern oder zu überarbeiten, sondern es stets zu lassen, wie es aufs erstemal geworden war, weil er meinte, so habe Gott es gewollt. Einige sagen, Fra Giovanni habe nie den Pinsel in die Hand genommen, ohne vorher gebetet zu haben, und nie ein Crucifix gemalt, ohne daß ihm die Thränen über die Wangen strömten; in den Angesichtern und Stellungen seiner Gestalten aber erkennt man seinen redlichen und starken Christenglauben« (ebd.: 326f.).

Und tatsächlich stößt man auch hier auf die bekannte Motivverkettung von heiligem Leben und wundersam entstehendem Bildwerk, auch wenn sie in der Beschreibung Vasaris mit der literarischen ›Als-ob-Geste‹ nur noch einen abgeschwächten Widerhall findet. An die Stelle des Bildwunders, der tatsächlich geführten, in ihrer Autonomie beschnittenen Hand des Malers tritt das Bildwunder nur noch in Form eines – gleichwohl bemerkenswerten – Gleichnisses: So liest man bei Vasari über den verehrten Dominikanermönch eben auch, dass »von seiner Hand eine Tafel« zu finden sei, »worin der Engel Gabriel der Madonna den Heiland verkündet, deren

Angesicht einen so frommen Ausdruck und solche Zartheit hat, daß es nicht von menschlicher Hand, sondern im Paradies gebildet zu sein scheint« (ebd.: 318). Unmittelbar anschließend heißt es von einem Krönungsbild Mariens des gleichen Malers, dass der Chor von Engeln und Heiligen derart eindrucksvoll dargestellt sei,

> »daß es eine unendliche Freude und Annehmlichkeit ist, sie zu betrachten, ja es scheint, als könnten jene himmlischen Geister, wenn sie von körperlicher Gestalt umkleidet wären, nicht anders anzuschauen sein; denn alle jene Heiligen, Männer und Frauen, haben nicht nur Leben und einen zarten und lieblichen Ausdruck, sondern auch das Colorit des ganzen Werks ist, als ob es von der Hand eines Heiligen oder eines Engels vollführt wäre« (ebd.).

Auch wenn Vasari den Rahmen der bekannten kausalen Verbindung von sublimierter Darstellung und beispielhafter Frömmigkeit sucht und mit dieser unverkennbare Orientierung an dem Ideal des asketischen Malers byzantinischer Provenienz dem klassischen Schema weitgehend treu bleibt, so lässt er doch keinen Zweifel daran, dass die Malerei Fra Angelicos eindeutig als Kunst ihres Meisters und nicht als das authentische Abbild einer transzendenten Wirklichkeit im Sinne der acheiropoietischen Bildlegenden zu verstehen sei. Der Maler ist für ihn kein transparentes Medium, zumindest kein Medium in Hinblick auf den vordergründigen Darstellungsgegenstand seiner Malerei. Vasaris Beschreibung zielt vielmehr auf einen unterschwelligen Bildgehalt, denn zur Darstellung kommt letztlich die charakterliche Eigenart Fra Angelicos selbst, die sich hier – als besondere Qualität der Malerei – in der propagierten Übereinstimmung von Persönlichkeit und bildnerischem Ausdruck zu erkennen gibt. Mit der Aufwertung des Künstlers im Darstellungsprozess richtet die Legende ihr Augenmerk also zunehmend auf den Künstler selbst; wenn man so will, dann ist es die personale Authentizität des Malers, die man in dessen Bildern wiederzufinden glaubt – oder richtiger: deren Auffindbarkeit das Ergebnis und offenkundige Interesse der legendisierenden Beschreibung ist.[15]

15 Noch deutlicher als in Vasaris Lebensbeschreibung tritt dieser Aspekt in einer späteren Bearbeitung der Fra-Angelico-Vita in Erscheinung, die ihr Herausgeber August Hagen im Jahr 1833 irrigerweise den um 1450 entstandenen *Commentarii* Lorenzo Ghibertis zuordnen wollte. Von dieser philologischen Ungereimtheit abgesehen, findet man hier mit einer Episode aus dem Marcuskloster die literarisch geschickt arrangierte Begegnung des Malers mit Papst Eugen IV., der sich im Jahr 1439 während des Unionskonzils von Florenz in dem Dominikanerkloster aufgehalten haben soll. Nach einer ersten durchwachten Nacht erblickt der Papst mit der Morgesonne ein Bild des Malers an der Wand seiner Zelle. »Welche Milde und Anmuth ist über

Jenseits der biographischen Beschreibung, nämlich auf den Tafelbildern und Fresken des malenden Dominikaners selbst, finden sich nun aber tatsächlich Hinweise auf authentisierende Darstellungsanteile, die Vasaris euphemistische ›Als-ob-Geste‹ mit einer ikonographischen Konkretion konterkarieren. Von der zeitgenössischen und der späteren Kunstkritik offensichtlich übersehen, werden sie von dem Kunsthistoriker Georges Didi-Huberman in seiner Fra-Angelico-Monographie 1995 erstmals beschrieben: »große Zonen vielfarbiger Flecken, denen mit unseren gebräuchlichen Kategorien des ›Sujets‹, der Nachahmung oder der Figur scheinbar nicht beizukommen war« (DIDI-HUBERMAN 1995: 9f.); Flecken, die eher an ein dripping Jackson Pollocks erinnern als an irgendeinen narrativen oder perspektivischen Bildaufbau der italienischen Renaissance (vgl. ebd.: 41). Dabei sind diese ›Flecken‹ – beinahe unmerklich eingebunden in Darstellungen klassischer Themen wie der Verkündigung oder der Krönung Mariens – offensichtlich weder Hintergrund noch Beiwerk, sondern zentrales Sujet, Figuration des ‹Heiligen‹ in einem besonderen, in seinem eigentlichen Sinne: »Eine Sache zu figurieren heißt heute für jedermann, den sichtbaren Aspekt dieser Sache wiederzugeben. Für Fra Angelico und die religiösen Denker seiner Umgebung hingegen hieß es, sich vom äußeren Aspekt zu entfernen, ihn zu verschieben und einen Bogen um die Ähnlichkeit und die eindeutige Bezeichnung zu machen. Kurz: es hieß, das paradoxe Gebiet des Äquivoken und der Unähnlichkeit zu betreten«

das fromm einfältige Bild hingehaucht! Alle Figuren sind aus dem Paradiese entlehnt, und wahrlich, ein Heiliger zauberte sie auf die Wand hin« (HAGEN 1833: 332) – so der Papst zu dem Prior des Klosters, der auf die Frage nach dem Urheber dieser außerordentlichen Darstellung seinen Schützling in ähnlicher Weise skizziert, wie schon zuvor Vasari in seiner offenkundig zugrunde liegenden Version; allerdings ergänzt um die Beteuerung, dass man das Wesen des Malers allein schon an seinen Werken ablesen könne: »Ihr kennt ihn, h. Vater, denn jedes Gemälde ist ein Spiegel seiner Sinnesart. Sein tiefes reines Gemüth gibt sich in der Gottseligkeit und Milde seiner Schöpfungen kund. [...] Jede Ausstellung an seinen Werken erträgt er ohne Widerspruch. Beipflichtend sagt er bisweilen sogar: es kommt, daß ich so zerstreut bin, ich habe nicht inbrünstig genug gebetet. Meine Seele ist wie mit einem Flor umschleiert, und ich vermag daher nicht, Gottes Herrlichkeit zu erkennen. Dagegen beugt den Maler Beschämung nieder, wenn er Lobsprüche hört« (HAGEN 1833: 336f.). Dass auch in diesem Passus der Maler vor allem als vorbildlicher Künstler und nicht als asketisch transparentes Medium beschrieben werden soll, verdeutlicht die stilkritische Wendung der Malerei Fra Angelicos gegen die verdächtig erscheinende Praxis ›zeitgenössischer‹ Kunst. »Wie durchaus anders ist der Eindruck, den die neuern Gemälde in uns hervorbringen!«, so das Kunsturteil Papst Eugens, »da sehen wir gesuchte, auffallende Stellungen, stolze Anmaßlichkeit im Ausdruck, alles, um uns Staunen abzunöthigen. Unsere Seele bleibt kalt, denn nur das körperliche Auge wird da erbaut, wo im Bilde die Seele fehlt« (HAGEN 1833: 332f.).

(ebd.: 9f.) – eine Deutung, die sich nur verstehen lässt, wenn man die ideale Gedankenwelt zu rekonstruieren versucht, in der Fra Angelico sich bewegt haben mag. Didi-Huberman stößt dabei auf die Schriften des Dionysius Areopagita, eines anonymen, unter dem Namen des in der Apostelgeschichte erwähnten Areopagiten firmierenden Autors aus dem 6. Jahrhundert, dessen negative Theologie im Kunstdiskurs tatsächlich bis in die Gegenwart nachwirkt, dessen Schriften in der Zeit Fra Angelicos ohne Zweifel weit verbreitet waren. Hier findet sich mit der Idee der ›Unaussagbarkeit‹, des kategorischen Scheiterns der Sprache und des menschlichen Erkennens bei dem Versuch, Gott begreifen zu wollen, ein Schlüssel zum Verständnis der eigentümlichen Flecken in den Werken des Dominikaners:

Für Dionysius Areopagita ist der einzige Ort, Gott erkennen zu können, die unio mystica, die Abkehr von allem Äußeren und die Hinwendung zum Inneren. Dabei löst sich der Mensch »von jenem, was gesehen werden kann und was sieht, und sinkt hinein in das wahrhaft mystische Dunkel des Nichterkennens, durch das er seine Augen aller erkennenden Auffassung verschließt« (zitiert nach SUCHLA 2002: 214). Was bleibt, ist Schweigen – als die »treffende Bekundung der Unaussagbarkeit Gottes« (ebd.: 218). Die unmögliche Kommunikabilität Gottes lässt sich entlang der hierarchischen Systematik des Areopagiten dabei nur in Annäherung überwinden, wobei die negative Rede – also das Sprechen über das, was Gott nicht ist – der positiven vorzuziehen sei, die negative hingegen von der symbolischen Rede noch weit übertroffen wird. Symbolisch kann jedoch in diesem Kontext nur heißen: Symbolisierung des Unähnlichen, da jede Ähnlichkeit ja nur eine unzulässige Nähe zum Bedeuteten suggerieren würde: »So muß die Figur des Göttlichen also eine gestaltlose Gestalt sein, eine Figur, die das Unfigurierbare in sich birgt, oder besser: eine Figur, die aus sich selbst heraustritt, sich jeder Ähnlichkeit entzieht und gleichsam ortlos existiert, so daß man nie einer univoken Bedeutung habhaft wird. [...] Ziel der Figur ist es demnach, ›nur‹ die Alterität zu zeigen, die Alterität des Göttlichen – was etwas völlig anderes ist, als dessen Wesen zu bedeuten« (DIDI-HUBERMAN 1995: 57). Dionysius Areopagita selbst nennt in seinen Schriften mögliche Formen der Symbolisierung: schimmernde Schleier, wohlriechende Salben, Winde, Wolken, Kupfer oder Bernstein und schließlich die Figuren vielfarbiger Steine (vgl. ebd.: 59). Fra Angelico wird sich an dieser Vorgabe orientiert haben, als er mit den vielfarbigen Zonen seiner Malerei die gesuchte Unähnlichkeit des ›Heiligen‹ zu symbolisieren versuchte – unter Verwendung von Darstellungsanteilen, die nicht mehr als ikonische Zeichen fungieren, sondern als Negation des üblichen Figurbegriffs: »sie führen das Mysterium, ›das Unfigurierbare der Figur‹ ein; sie sind Stücke einer farbigen Materie, die auf die Wand geworfen oder projiziert wurde, und gleichzeitig Stücke einer negativen Theologie« (ebd.: 60).

Die Flecken sind also eine adäquate Umsetzung negativer Theologie in der Malerei Fra Angelicos, weitaus adäquater als die Figurationen der bekannten Sujets, von denen gerahmt sie im Bild erscheinen. Doch gilt es noch ein Weiteres zu bedenken: Wenn auch in diesem Zusammenhang von Nachahmung keine Rede sein kann, so wird mit den Flecken doch ein Duktus ›nachgeahmt‹, der in anderen Zusammenhängen schon die Authentisierung einer Darstellung bewerkstelligen konnte. Denn auch hierbei handelt es sich um eine indexikalische (Authentizitäts-)Spur, oder besser: um den Versuch, durch unkontrollierte Berührung (des Bildträgers durch Pinsel oder Schwamm) einen Selbstverlust zu provozieren, der in Analogie zu der Selbstvergessenheit der unio mystica gesehen werden kann – letztlich also um den Versuch, durch entanthropomorphisierende Techniken die Transzendenz als Spur auf das Bild zu zwingen: Im akzidentiellen ›Rauschen‹ der Pigmente erscheint die unerreichbare Darstellung gerade durch ihre Unbestimmtheit wenigstens als Möglichkeit. Man erinnere sich nur an das eingangs erwähnte Beispiel um Protogenes und seinen ›wunderbar‹ gemalten Hund; oder auch an die um indexikalische Authentisierung bemühten Berührungsreliquien der Abgar- und Veronikalegende. »Die Kunst der Malerei, sofern sie sich als ›andächtige‹ versteht und auf Transzendenz zielt, geht nicht bildhaft, sondern spurhaft vor«, schreibt Georges Didi-Huberman. »Die Malerei muß sich damit abfinden, daß sie immer nur Spuren male, die Asche des Feuers« (ebd.: 55).

1.4 Der Renaissancemaler und die Transformation tradierter Authentizitätskonzepte

In dem letzten Abschnitt ging es um die Beschreibung epochetypischer Modifikationen der Ursprungslegende ›Heiliger Maler‹, die in den Beispielen der Viten Tuotilos und Fra Angelicos der grundlegenden Intention der Authentizitätsmodelle im weitesten Sinne verpflichtet bleiben, auch wenn sich hierbei die Referenzebene des Authentizitätsversprechens nicht unwesentlich verschiebt. In der Renaissanceliteratur finden sich allerdings auch solche Beispiele, die keinerlei oder nur mittelbare Verbindung mit dem ursprünglichen Authentizitätsmodell erkennen lassen und doch die Motive der Legenden quasi als Torso weiterreichen. Hierbei ist es sinnvoller, von einer Transformation der tradierten Authentizitätskonzepte zu sprechen, insofern die Intention dieser Berichte den Authentisierungsabsichten der Ursprungslegenden diametral entgegensteht – von diesen Beispielen wird des Weiteren die Rede sein.

In der ersten Hälfte des fünfzehnten Jahrhunderts verwendet der flämische Maler Rogier van der Weyden die Legende des malenden Evangelisten Lukas als Bildsujet. Es ist nicht das erste Bild dieser Art; entsprechende Ikonen oder Buchilluminationen kennt man ab dem dreizehnten Jahrhundert. Allerdings ist in diesen frühen Bildern Lukas als Maler zumeist allein, ohne sein Modell dargestellt (vgl. KLEIN 1933: 19f.). Rogier malt sein Lukas-Maler-Bild mit der Madonna; in dieser Form erinnert seine Komposition an ein früheres Lukasbild seines Zeitgenossen Jan van Eyck, das jedoch den Evangelisten in anbetender Haltung vor der Madonna, nicht aber als Maler zeigt. Auch wenn das Bild Rogiers von diesen Vorbildern sicherlich angeregt war und die Darstellung auf eine entsprechende Bildtradition zurückgeführt werden kann, ist die Lukas-Darstellung des Rogier van der Weyden gleichwohl eine signifikante Umgestaltung des Sujets.

Rogiers Bild zeigt den Maler und Evangelisten Lukas in der rechten Bildhälfte vor der Madonna kniend, in der linken Hand ein Zeichenblatt, in der Rechten einen Silberstift. Auf dem leicht zum Bildbetrachter hingehaltenen Blatt erkennt man die entstehende Strichzeichnung – ein Detail, das an die Lukaslegende des Nicolaus Maniacutius aus dem zwölften Jahrhundert erinnert. In der linken Bildhälfte sitzt Maria auf einem improvisierten Thron. Entsprechend dem konventionalisierten Ikonentypus der Maria lactans reicht sie dem Jesuskind ihre Brust. Allerdings malt Rogier seine Madonna entgegen dem byzantinischen Schema ohne Paenula mit unbedecktem Haar. Zudem wird aus dem Goldgrund herkömmlicher Ikonen in dem Bild Rogiers ein provisorisch angebrachter Baldachin aus Brokatstoff, der sich nur aus der bildimmanenten Perspektive des Malers, nicht aber aus der des Betrachters im Rücken Mariens befindet. »Diese traditionelle Würdefolie für Madonnenbilder«, schreibt Gisela Kraut, »erscheint in der Tat viel diesseitiger und wie eine eilig angebrachte ›Studio-Dekoration‹« (KRAUT 1983: 15). Das Bild lässt keinerlei Anzeichen erkennen, mit denen Rogier die offensichtliche Funktion der Stoffbahn als Requisite zu kaschieren versucht. So wird aus dem das Bildgeschehen transzendierenden Goldgrund der Ikonen in seiner Adaption der Legende eine autothematische Darstellung der kompositorischen Arbeit des Malers – eine Umgestaltung, die offensichtlich dem darstellerischen Kalkül des Künstlers folgt.

Rogiers Lukasbild ist gewiss nicht das erste Kunstwerk der Bildgeschichte, in der sich der Maler mit seiner Überschreitung konventionalisierter Schemata und eigenständiger Bilderfindungen als stilbewusstes und schöpferisches Individuum zu erkennen gibt. Der flämische Maler des fünfzehnten Jahrhunderts verbindet allerdings mit seiner künstlerischen Aneignung der Lukasmalerlegende offensichtlich mehr als nur den Beweis einer souveränen Adaption. Das Marienbild als authentische Darstellung eines heiligen und stilasketischen Malers tritt vollends in den Hintergrund – wenn überhaupt, erscheint hier authentisch nur die künstlerische Produktion, denn allein aus der Perspektive des Malers konstituiert sich ja das heilige Bild, das so unmissverständlich zu einem genuinen Werk des Malers wird. »Rogier van der Weyden hat mit dieser Bildfindung zweifellos einen kunsthistorischen Markstein gesetzt«, so Gisela Kraut, »denn mit seiner Darstellung des Lukas wird überhaupt erstmals bildlich thematisiert, daß es die Kunst, ja der Künstler selbst ist, welcher den Gläubigen die Bildvorstellung der Glaubenswelt, sozusagen die Epiphanie der Gottheit vermittelt« (KRAUT 1986: 13).

In dieser Form findet Rogiers Darstellung zahlreiche Nachfolger – nicht zuletzt, da der heilige Lukas Patron der Malergilden war, in deren Auftrag die meisten Darstellungen des Bildsujets entstehen; wie z. B. für die Kapelle der Malergilde von Mechelen von dem Maler Jan Gossaert, oder für die Capella dei Pittori der florentinischen Accademia del Disegno ein Lukas-Maler-Bild von Giorgio Vasari.[16]

16 Vergleicht man in diesem zuletzt genannten Bild den Kopf des malenden Lukas mit der Vasari-Büste eines anonymen italienischen Bildhauers, scheint es offensichtlich, dass der florentinische Meister des sechzehnten Jahrhunderts sich mit dem heiligen Maler selbst portraitieren wollte (vgl. KRAUT 1986: 76). In diesem Kontext aufschlussreicher jedoch ist ein Detail der Bildkomposition: Vasari platziert seinen Malerheiligen in die Mitte eines palastartigen Raumes, vor ihm schwebt als Erscheinung die Gottesmutter auf einem Wolkenband. In einem zwei Treppenstufen höher gelegenen, unmittelbar anschließenden Raum sitzt sichtbar vor einem Fenster an einer Werkbank ein arbeitender Mann, der in dem Bildkontext als Farbenreiber zu identifizieren ist. Hinter diesem Raum nimmt man durch die nächste Türöffnung einen weiteren Mann wahr, der einen Zeichnenden darstellt (vgl. ebd.: 68f.). Zusammen mit dem heiligen Lukas bilden beide Figuren eine vertikale Bildachse. Aus der Bildtiefe gelesen repräsentiert diese Anordnung analog zu der Darstellung Rogiers die Arbeit des Malers, nur diesmal differenzierter in drei klar zu trennende Stufen. Am Anfang steht mit der Zeichnung der Bildentwurf und damit ein originär schöpferisches Prinzip der Darstellung, dem sich

Das mit der ursprünglichen Lukaslegende verbundene Bildverständnis einer kunst- und künstlerlosen Darstellung ist im lateinischen Abendland bekanntlich schon ab dem dreizehnten Jahrhundert einem radikalen Wandel unterworfen. Vor diesem Hintergrund erscheint die Verwendung der Legende des heiligen Lukas in der Renaissancemalerei bestenfalls als legitimatorische Fassade, als kaschierende Traditionsbehauptung, die das unerhört Neue der Darstellung mit der Rückbindung an eine unverfängliche Bildtradition zu entschärfen versucht. So zumindest lässt sich erklären, »[...] daß die Bilder des hl. Lukas, der die Madonna malt, überhaupt erst existieren, seit der künstlerische Individualstil eine Rolle spielt«, resümiert Gisela Kraut. »Die Künstler dokumentieren, daß ihre Arbeit, trotz aller Innovationen letztlich doch in der alten Tradition des Heiligenbildes stehen soll. Die neue Qualität der ›manu propria‹ formuliert das traditionsreiche Lukasthema um. Das ›Heilige Bild‹ ist nicht heilige Autorität, sondern eine individualkünstlerische Darstellung der absoluten Inhalte« (KRAUT 1986: 135).

Mit einer ›historisierenden‹ Legitimation allein scheint mir das Sujetinteresse allerdings noch nicht hinreichend geklärt. Hans Blumenberg z. B. gibt zu bedenken, dass man den tief greifenden Veränderungen des Trecento weitgehend ›sprachlos‹ gegenüberstand: Das eigentlich Neue, das »schöpferische Selbstbewußtsein, das an der Grenze von Mittelalter und Neuzeit aufbrach« – das entgegen der Grundvorstellung einer Wiederbelebung klassischer Kunstideale eben wesentlich mehr war als die ›Renaissance‹ der antiken Idee der Naturnachahmung –, »fand sich ontologisch unartikulierbar« (BLUMENBERG 1957: 269); oder anders gesagt: es formulierte sich paradoxerweise gerade in Formeln und Traditionen einer Kunstauffassung, die man faktisch schon hinter sich gelassen hatte. Auch die Verwendung der Lukasmalerlegende als Bildsujet der Renaissancemalerei kann in dieser Hinsicht als ›sprachloser‹ Rückgriff auf Traditionen gelesen werden. Die Transzendierung der Bildentstehung wird dabei zu einer Mystifizierung des Künstlers umgeformt – und dies ist mehr als

dann der handwerkliche und der ausführende Teil anschließt. Ohne die Interpretation überspannen zu wollen, kann in dieser Hinsicht sogar die leitende Erscheinung Mariens als das Abbild der sich im Entwurf manifestierenden künstlerischen Vorstellung gelesen werden. Aus dem heiligen Lukas als transparentes Medium einer sich selbst darstellenden transzendenten Wirklichkeit wird in dieser Version des Bildsujets vor allem eine Darstellung der Wirklichkeit des Malers und seiner maßgeblichen Funktion in der Bildfindung.

nur Legitimation: An die Stelle des selbstlosen Darstellungsprozesses tritt die Aufwertung des Künstlers durch einen hagiographischen Vergleich.

1.4.1 *Der Renaissancekünstler als ›alter deus‹*

Einer vergleichbaren Transformation begegnet man auch in der zeitgenössischen Kunstliteratur. In der Biographie Michelangelo Buonarrotis aus der Vitensammlung Giorgio Vasaris z. B. ist die Verwendung der bekannten Motive entsprechend den zuvor beschriebenen Bildbeispielen ganz aus ihrem ursprünglichen Kontext gelöst und nun mit dem grundlegend neuen Kunst- und Künstlerverständnis der Renaissance verbunden. Die hagiographischen Formulierungen bleiben von dieser Transformation allerdings beinahe unberührt. So liest man in Vasaris Beschreibung des Deckenfreskos der Sixtinischen Kapelle, die Darstellung Gott Vaters sei »von einer Schönheit [in] Haltung und Umrissen, so daß man glauben möchte, er sey wiederum von seinem höchsten und ersten Schöpfer gemacht, nicht aber durch Pinsel und Zeichnung eben eines solchen Menschen« (VASARI 1983: 5. Buch, 309). Bei der entsprechenden Beschreibung von Michelangelos Moses versucht der Biograph sogar die bisherigen Bildlegenden mit seiner metaphorischen Verwendung sublimierender Attribute zu übertreffen: Alle Teile seien »so köstlich vollendet, daß man jetzt mehr wie je Moses einen Liebling Gottes nennen kann, da er ihm vor allen Andern den Leib durch die Hand des herrlichen Michelangelo zur Auferstehung hat bereiten wollen, und die Juden, Männer wie Frauen, mögen fort und fort wie bis jetzt geschehen ist jeden Sonnabend in Schaaren zu ihm wallfahrten und beten, sie beten nicht zu einem menschlichen, sondern zu einem göttlichen Werk« (ebd.: 292). Diese »göttlichen« Bildwerke des Künstlers stehen – der tradierten Motivverkettung folgend – auch hier in enger Verbindung mit dessen angeblich heiliger Lebensführung. Als »guter Christ« habe Michelangelo Gefallen an der Heiligen Schrift gefunden, peinlichst alle Ausschweifung vermieden, die Einsamkeit geliebt und, obwohl selbst reich, wie ein Armer gelebt (vgl. ebd.: 419; 426ff.). Die Zeichnungen und Skizzen des Künstlers wurden entsprechend schon zeitlebens wie Reliquien verehrt (vgl. ebd.: 263; 421).

Vasaris hagiographische Mystifikation ist dabei nirgends deutlicher zu vernehmen als in der Beschreibung von Michelangelos Begräbnisfeier: In hohem Alter in der römischen Metropole verstorben, wurde Michelangelos

Leichnam nach Florenz gebracht und in der Kirche San Pietro Maggiore aufbewahrt. Noch in der Nacht seiner Ankunft versammelte sich die gesamte florentinische Künstlerprominenz vor dem Sarg des Künstlers – auch Vasari war zugegen. Er schildert den folgenden Bericht als Augenzeuge:

> »Der Prorector, der sich gemäß seines Amtes dort befand, beschloß den Sarg öffnen zu lassen, überzeugt dieß werde Vielen sehr lieb seyn [...]. Es geschah, und während er und wir alle, die wir gegenwärtig waren, einen verwesten Körper erwarteten (denn schon war er 25 Tage todt und hatte 22 Tage im Sarg gelegen), fanden wir ihn in allen Theilen wohl erhalten und so ganz frei von jedem üblen Geruch, daß wir fast des Glaubens wurden, er liege in einem sanften und ruhigen Schlaf. Nicht nur waren seine Züge genau wie zu der Zeit, da er lebte (ausgenommen, daß sein Angesicht ein wenig Leichenfarbe hatte), sondern es war auch an keinem Gliede eine Beschädigung oder Unsauberkeit zu sehen, und fühlte man Kopf und Wangen an, so glaubte man, er sey erst vor wenigen Stunden verstorben« (VASARI 1983: 5. Buch, 447f.).

Was sich zunächst nur wie eine kuriose Randbemerkung liest, ist tatsächlich die unmissverständliche Anspielung auf einen hagiographischen Topos: der unverweste Leib, der nach mittelalterlichem Verständnis posthum die Heiligkeit eines Verstorbenen unter Beweis stellen konnte.[17]

Obwohl Vasari mit dieser letzten Bemerkung das ganze Potential hagiographischer Beschreibung ausschöpft, ist dennoch die entscheidende Differenz zwischen dem Darstellungsversprechen der ursprünglichen Legenden und Vasaris Künstlervita unverkennbar: Die Kunst sei Michelangelo zu dauerndem Dank verpflichtet, schreibt Vasari an anderer Stelle,

17 In seinem Bericht der Leichenfeier beschreibt Vasari den verstorbenen Michelangelo gleich mit dem ganzen Ensemble hagiographischer Topoi: der Leib sei *unversehrt* oder *nicht verwest*, er erscheint den Versammelten *wie schlafend* oder *wie erst vor wenigen Stunden verstorben*, und wenn auch in diesem Fall kein lieblicher Duft von dem Verstorbenen ausgeht, so ist sein Leichnam doch »ganz frei von jedem üblen Geruch« (vgl. ANGENENDT 1992). Entsprechende Beispiele mittelalterlicher Heiligenviten sind unschwer aufzufinden: »Und siehe, es erschien sein seliges Gesicht, so unversehrt (*integra*) und unverletzt (*inlaaeso*), daß man hätte glauben mögen, er sei nicht tot, sondern schlafend« (zitiert nach ebd.: 38) – so beschreibt Gregor von Tours im sechsten Jahrhundert den Leichnam seines Urgroßvaters Gregorius, bei dessen Umbettung sich durch ein Missgeschick der Sargdeckel zur Seite schob. Von der heiligen Eorcengota weiß Beda Venerabilis in seiner Kirchengeschichte aus dem achten Jahrhundert zu berichten, dass aus dem geöffneten Grab »ein Duft von solcher Süße [strömte], daß es den anwesenden Brüdern und Schwestern schien, als seien Balsambehälter geöffnet worden« (*beda venerabilis* 1997: 3. Buch, 8. Kapitel, 231). Der Logik mittelalterlicher Legenden gemäß, sah man in dem nicht verwesenden Leib der verstorbenen Heiligen die Bestätigung ihres asketischen, d. h. vor allem jungfräulichen Lebens: »Wie tugendhaft sie war, wurde nach ihrem Tode deutlich«, schreibt Beda über Aethelburh, denn als man ihr Grab geöffnet hatte, »fanden sie den Körper so unversehrt, wie er von der Verderbnis fleischlicher Lust unberührt war« (ebd.: 231ff.).

denn er brach »die Bande und Ketten [...], mit denen belastet alle stets auf der gewöhnlichen Straße weitergegangen waren« (VASARI 1983: 5. Buch, 324; vgl. JÄGER: 165). Tatsächlich besaß Michelangelo »eine so große Einbildungskraft, daß seine Hände die großen und schrecklichen Gedanken nicht darstellen konnten, die sein Geist in der Idee erfasste« (VASARI 1983: 5. Buch., 419; vgl. JÄGER 1990: ebd.) – kurz: Michelangelo war Vasaris idealisiertes Leitbild des individuell schöpferischen Künstlers und damit das genaue Gegenteil dessen, was man an Vorstellungen mit dem heiligen Maler mittelalterlicher Legenden in Verbindung bringen konnte.

Vasaris Vitensammlung ist allerdings kein kunsttheoretisches Traktat; entsprechend findet sich das Kunst- und Künstlerverständnis, das der hagiographisch mystifizierenden Beschreibung Michelangelos zugrunde liegt, bei ihm selbst auch nur in Ansätzen formuliert. Erkennbar wird es vor allem dort, wo Vasari aus der Perspektive des sechzehnten Jahrhunderts dem Renaissancekünstler seinen Platz in der teleologisch ausgerichteten Kunstgeschichte zuweist – und dies geschieht einleitend schon mit der Schilderung von Michelangelos Geburt:

> »[Als] der allgütige Lenker der Welten gnädig seine Augen zur Erde [wandte], und als er die Fruchtlosigkeit zahlloser Anstrengungen sah, die eifrigen Studien ohne Erfolg, den Eigendünkel der Menschen, der von der Wahrheit viel ferner liegt als die Dämmerung von dem Licht, beschloß er, uns von so vielen Irrthümern zu erlösen, einen Geist zur Erde zu senden, der, allvermögend in jeder Kunst und jedem Beruf, durch sich allein darthun könne, was Vollkommenheit der Zeichnung sey in Entwurf, Umriß, Licht und Schatten [...]. Zudem sollten wahre Philosophie und die Zierde der hohen Dichtkunst ihm eigen seyn: damit die Welt ihn im Leben, im Wirken, in Heiligkeit der Sitten und in allen Handlungen gleich einem seltenen Vorbilde achte und bewundre, und er von uns mehr als ein himmlisches, denn als ein irdisches Gut erkannt werde. Und da er sah, daß in solcherlei Fertigkeiten und besonders in den Künsten der Malerei, Bildhauerei und Architektur die Geister Toscana's stets vor andern sich hervorgethan, indem sie mehr als irgend ein Volk Italiens Fleiß und Studium in Wissenschaft und Kunst aufwenden, wählte er Florenz, ruhmwürdig vor den übrigen Städten, zu seiner Heimath, um dort die wohlverdiente, endliche Vollendung aller Künste in einem ihrer Bürger ans Licht zu stellen. So wurde dem Lodovico di Lionardo Buonarroti Simoni, der wie man sagt aus der edlen Familie der Grafen Canossa stammte, im Jahr 1474 unter verhängnisvoll günstigem Sterne von einer wohldenkenden, edlen Frau im Casentiner Thal ein Sohn geboren« (VASARI 1983: 5. Buch, 257ff.).

Dass man sich hierbei an die biblisch messianische Erlösung der Menschheit erinnert fühlt, ist wohl Kalkül. In der Parallelisierung von Kunst- und biblischer Heilsgeschichte lässt Vasaris seine historiographische Leitidee erkennen, mit der er den beinahe vierhundert Jahre umfassenden Bogen der Vitensammlung in eine teleologische Sinngeschichte zu fassen versucht. Schon in dem ersten Buch findet man mit Giotto einen prophetischen Wegbereiter, der in Analogie zu den alttestamentlichen Patriarchen Michelangelos endgültige Heilstat vorzubereiten hilft: Wie der israelitische König David von Samuel beim Hüten der Schafe seines Vaters und dem Singen selbst gedichteter Psalmen gefunden und berufen wird (vgl. 1. Samuel 16), findet auch der toskanische Maler Cimabue seinen späteren Schüler Giotto auf dem Feld bei den väterlichen Schafen, der sich die Zeit damit vertreibt, »auf Steine, Erde und Sand immer etwas nach der Natur oder was ihm sonst in den Sinn kam zu zeichnen« (VASARI 1983: 1. Buch, 133). Der konventionellen Deutung entsprechend erweist sich Giottos Beitrag für die weitere Kunstgeschichte als maßgeblich, denn er sei es gewesen, der »die neue und richtige Weise der Malerei« hervorrief, »indem er die Bahn brach, lebende Personen gut nach der Natur zu zeichnen« (ebd.: 134). Während Giotto also die Kunst ›zurück zur Natur‹ führt und damit in einem ersten Schritt – wie der im Alten Testament formulierte erste Bund Gottes mit den Menschen – die ausstehende Erlösung nur anzudeuten vermag, geht Michelangelos ›messianischer‹ Beitrag weit darüber hinaus. Sein Werk muss sich nicht mehr an der Natur, sondern nur noch an dem schöpferischen Potential ihres Meisters messen lassen. In dieser Form erst führt er die Kunst zu ihrer Vollkommenheit.

Vasaris literarische Überhöhung Michelangelos als messianische Heilsgestalt ist ebenso kulminativer Höhepunkt wie hervorstechende Ausnahme – in Ansätzen bestenfalls vergleichbar mit Vasaris Vita des Leonardo da Vinci oder der des Raffael. Der Logik seiner Heilsgeschichte entsprechend läuft alles auf die Erlösungsgestalt Michelangelos hinaus. Der grundlegende Gedanke aber, der den Künstler von der bloßen Reproduktion der Natur löst und ihm schöpferische Qualitäten zubilligt, war schon bei den Renaissanceautoren des fünfzehnten Jahrhunderts vorformuliert – wie z. B. in dem zeitlebens unveröffentlichten Traktat über die Malerei Leonardo da Vincis:

> »Künstler, deine Mannigfaltigkeit sei ebenso endlos wie die Erscheinung in der Natur. Indem du das fortsetzt, was Gott begonnen hat, strebe nicht danach, die Werke von Menschenhand zu vermehren, sondern die ewigen Schöpfungen Gottes« (zitiert nach NEUMANN 1986: 24; Hervorh. vom Verf.).

Die von Leonardo geforderte Orientierung an der ›ewigen Schöpfung Gottes‹ deutet auf nichts weniger als einen eklatanten Vorstellungswandel: Denn anders noch als im Mittelalter verstand man im fünfzehnten Jahrhundert den Kosmos nicht mehr als vollkommen ausformulierte, endliche Gestalt, als endgültig geschaffene Natur also, der ein Mensch mit seinem Werk nichts Wesentliches hinzuzufügen imstande war. Der Renaissance erschien sie endlos. Dementsprechend hatte der Künstler, wollte er das in ihn gelegte Potential vollends ausschöpfen, wesentlichen Anteil an ihrem schöpferischen Prinzip: Seine Tätigkeit wurde nun nicht mehr verstanden als Nachahmung der Natur, sondern als Nachahmung der ars infinita Gottes selbst (vgl. BLUMENBERG 1957: 268). In dieser Hinsicht war Michelangelo – neben Leonardo und Raffael – die idealtypische Figur des Renaissancekünstlers, der mit seinem Werk die auf seine Sinne einströmende äußere Wirklichkeit zu einer vollkommenen Harmonie in Zeichnung und Komposition umzugestalten in der Lage war; eine genuin schöpferische Leistung, und – nach der Logik der Renaissance – eine Bestimmung, die den ›kreativen‹ Künstler zum alter deus beförderte: »So schließt denn die Malerei jene hohe Auszeichnung in sich, dass der, welcher sie mit Meisterschaft ausübt, seine Werke verehrt sehen und sich gleichsam wie einen Gott geschätzt hören wird« (ALBERTI 1877: 90), schreibt beinahe zeitgleich mit Leonardo Leon Battista Alberti in seinem Traktat della pittura.

Der heilige, gottgleiche Maler war also längst nicht mehr Vermittler; er war ›Kreator‹, selbst schöpferisch und dadurch in der Lage, dem ›Wesentlichen‹ durch Phantasie und Erfindung Ausdruck zu verleihen – oder sogar: durch seine Erfindung der Welt ›Wesentliches‹ hinzuzufügen. In dem gleichen Maße, in dem diese Vorstellung heranreifte, schwand das Bedürfnis nach einer Darstellung, die vorgab, Authentisches, also von dem Menschen und seiner Kunst Unabhängiges, darzustellen. Das Motiv heiliger Maler, das zuvor in den mittelalterlichen Legenden den Maler als transparentes Medium zu erkennen gab, übernahm dabei gegenteilige Funktion: der Künstler wurde als Schöpfer selbst transzendiert! Sein Werk konnte inauthentisch nur in dem Maße sein, wie er seinen genuinen Anteil an dem kreativen Potential der Natur nicht auszuschöpfen imstande war.[18]

18 Vor dieser markanten Aufwertung individueller ›Kreativität‹ durch die Renaissance wurde das menschliche Werk bestenfalls als ›künstlich‹, damit aber auch als bedeutungslos, in der patristischen Literatur sogar als frevelhaft beschrieben. »Gott hat an nichts Wohlgefallen, was er nicht selber hervorgebracht hat«, liest man im zweiten Jahrhundert bei dem christlichen

1.4.2 *Der Maler als Fundstück – zum Topos der Berufungslegende*

Die charakteristische Aufwertung des Malers zu einem ›gottähnlichen‹, genialischen Wesen sah man in der zeitgenössischen Literatur allerdings auch an gewisse Bedingungen geknüpft: »Ein Maler wird sich mit seiner Malerei wenig auszeichnen, wenn er die Bilder der anderen Maler zum Urheber seiner eigenen macht«, schreibt Leonardo da Vinci, »wenn er aber von den Werken der Natur lernt, wird er gute Früchte ernten« (zitiert nach ANDRÉ CHASTEL 1990: 213). Diesem Diktum entsprechend wollte da Vinci die Talente auch nicht in den toskanischen Malschulen, sondern auf freiem Feld, oder in den einsamen Bergen gefunden haben, »wo nur Ziegen und ähnliche Tiere hausten« (ebd.) – eine Bemerkung, mit der Leonardo wiederum die zuvor schon erwähnte Berufungslegende des Florentiner Malers Giotto aufgreift. Dieser hatte ja in geradezu idealtypischer Weise an entlegenem Ort ohne Vorbild und Lehrer damit begonnen, »auf die Felsblöcke die Bewegungen

Apologeten Tertullian, der seine charakteristische Polemik gegen das Färberhandwerk richtet: Da Schafe nun einmal keine farbige Wolle hervorbringen könnten, würde Gott in seinem Plan auch farbige Kleidung für den Menschen nicht vorgesehen haben. »Konnte er nicht auch purpurrote oder stahlblaue Schafe erschaffen? Wenn er es vermochte [und nicht tat], so hat er es eben nicht gewollt; was Gott aber nicht machen wollte, das darf man auch nicht machen. Gebilde, welche nicht von Gott sind, dem Urheber der Natur, sind also nicht von Natur die besten« (TERTULLIAN 1912: 184; vgl. BLUMENBERG 1957: 257). Die geschaffene Welt war Willensausdruck ihres Schöpfers und dementsprechend gab es nichts, was man ihr wesentlich hinzufügen konnte. Grundlegend anders die Einschätzung der Renaissancephilosophie: Im Jahr 1450 wurde in der Schrift *Idiota de mente* des Nikolaus von Kues aus der handwerklichen Tätigkeit der Löffelschnitzerei ein Beispiel originärer Schaffenskraft des Menschen, die von nun an sein Selbstverständnis prägte: »Der Löffel hat außer der von unserem Geist geschaffenen Idee kein anderes Urbild«, so der Laie im Dialog mit scholastischer Philosophie und humanistischer Rhetorik (in Gestalt eines Philosophen und Redners). »Solche Formen von Löffeln, Schalen und Töpfen kommen nämlich nur durch menschliche Kunst zustande. Daher besteht meine Kunst mehr im Zustandebringen als im Nachahmen geschöpflicher Gestalten und ist darin der unendlichen Kunst näher« (NIKOLAUS VON KUES 1995: 15). Mit der unendlichen Kunst war Gottes schöpferisches Wesen angesprochen. Entsprechend seiner Berufung könne der Mensch das in ihn gelegte Potential nur entfalten, wenn er nicht die Natur, sondern selbst als schöpferische Kreatur die unendliche Kunst Gottes imitiere: »Das ist so, wie wenn ein Maler zwei Bilder malte«, schreibt Nikolaus von Kues an anderer Stelle weiter, »von denen das eine, tote, ihm in Wirklichkeit ähnlicher schiene, das andere aber, das weniger ähnliche, lebendig wäre, nämlich ein solches, das, durch seinen Gegenstand in Bewegung gesetzt, sich selbst immer gleichförmiger machen könnte. Niemand zweifelt daran, daß das zweite vollkommener ist, weil es gleichsam die Malerkunst mehr nachahmt. So hat jeder Geist, auch der unsrige, obgleich er niedriger erschaffen ist als alle anderen, von Gott, daß er in der Weise, in der er kann, vollkommenes und lebendiges Bild der unendlichen Kunst ist« (NIKOLAUS VON KUES 1995: 113; den entsprechenden Hinweis verdanke ich Dr. Christian Strub).

der Ziegen zu zeichnen«, und infolgedessen eine Kunst hervorgebracht, mit der er »nicht nur die Meister seiner Zeit übertraf, sondern auch die sehr vieler vergangener Jahrhunderte« (ebd.: 213f.).

Der entschiedenen Absage an ästhetisch vorformulierte Schemata stellt Leonardo also die Unmittelbarkeitsrhetorik der Berufungslegende zur Seite, womit er nun allerdings selbst einem Schema der Renaissanceliteratur folgt. Schon die früheste Fassung der Giottolegende verlagert die Berufung des Malers – und mit ihr den Ursprung der Renaissancemalerei – in seine Kindheit, an ländlich abgeschiedenen Ort – in beiderlei Hinsicht in ein Umfeld fernab jeder einschlägig kulturellen Vorprägung. »Die Kunst der Malerei begann ihren Aufstieg in Etrurien, in einer Dorfschaft nahe bei Florenz« – so Lorenzo Ghiberti in dem entsprechenden Passus seiner um 1450 entstandenen Commentarii – mit einem Knaben voll wundersamer Begabung:

> »[...] einmal zeichnete er nach der Natur ein Schaf. Der Maler Cimabue kam des Weges, auf der Straße, die gen Bologna führt, fand das Kind auf der Erde sitzen, wie es gerade auf einer Steinplatte das Schaf zeichnete, und verwunderte sich baß, daß es in so zartem Alter so Gutes zustande bringe. [...] Da ging Cimabue und Giotto zum Vater, ward wohl aufgenommen und verlangte von ihm, der sehr arm war, den Knaben. [Er] erhielt ihn auch, führte ihn mit sich, und also ward Giotto der Lehrling Cimabues. Dieser hielt noch an der alten griechischen Weise fest und genoß großes Ansehen in Etrurien. Giotto machte aber große Fortschritte in der Kunst der Malerei. Er brachte die neue Kunst, ließ die Rohheit der Griechen hinter sich und erwarb sich in Etrurien hohen Ruhm. [...] Giotto erwarb seiner Kunst das, was die anderen vor ihm nicht vermocht hatten; er brachte die Kunst, die auf Wiedergabe des Natürlichen ausgeht, von neuem zu Ehren, zugleich die Anmut der Erscheinung, und überschritt niemals die Regeln. [...] Denn führwahr, wenn die Natur spenden will, so spendet sie sonder Geiz, mit vollen Händen« (GHIBERTI 1920: 51f.).

So konventionell die Verknüpfung von künstlerischer Erneuerung und naturwüchsiger Begabung auch erscheinen mag, im fünfzehnten Jahrhundert folgt sie einer historisch spezifischen Legitimationsnot. Denn mit der Renaissance erscheint in der Bildgeschichte erstmals die später weithin bestimmende, für jede neue Epoche konstitutive Praxis, die eigene Kunst als radikale Abkehr von der Tradition zu definieren. Anders aber als in Literatur, Architektur oder Bildhauerei konnte sich die Malerei der Frührenaissance dabei nicht auf antike Vorbilder berufen, oder zumindest nicht unmittelbar. Entsprechende Vorlagen waren kaum erhalten, so dass auch eine ›Wiedergeburt‹ des Altertums in der Malerei nur schwerlich zu propagieren war. Da die Renaissanceautoren also keinerlei überlieferte Form, ja nicht einmal eine Tradition der Neuerung für ihre Kunst geltend machen konnten, versuchte man die Quelle des Neuen gleich mit der Natur selbst zu identifizieren. Anstelle des humanistischen Postulats »zurück zu den Klassikern« trat also die Parole »zurück zur Natur« (vgl. PANOFSKY 1990: 32). Dabei erschien der ›Natürlichkeits-Topos‹ in den frühen Texten der Renaissance – als Ideal den antiken Kunst- und Künstlergeschichten entnommen[19] – bestenfalls in Funktion einer Leerformel, allein geschärft an der ebenso schroffen wie signifikanten Abgrenzungspolemik gegen die vermeintlich in Rohheit erstarrte Malkunst griechisch-byzantinischer Manier des Duecento. Obwohl sich aus kunsthistorischer Perspektive die mit dieser Polemik anvisierte Maniera Greca sehr wohl als ästhetische Vorstufe der toskanischen Frührenaissance beschreiben lässt, der Renaissanceliteratur diente sie bestenfalls als Negativfolie, von der aus sich die Leerformel der Natürlichkeit mit positiven Beschreibungen füllen ließ. An die Stelle der wenig geliebten toskanischen Schultradition griechischer Prägung trat nun der Heros einer neuen Kunst: ein Heros, der seine natürliche Begabung ohne jede Schulung auf freiem Feld und in früher Kindheit zu erkennen gab.

Im fünfzehnten Jahrhundert war die beispielgebende Berufungslegende Giottos schon Allgemeingut der Kunst- und Künstlerliteratur. In den 1567

19 Tatsächlich erkannte die Renaissanceliteratur in der Rezeption antiker Kunst- und Künstlergeschichten wohl die einzige Möglichkeit einer traditionellen Anbindung der Malerei an klassische Vorbilder. Sowohl Ghiberti als auch Vasari verweisen auf das entsprechende Buch der plinischen *Naturalis Historiae*, übernehmen dessen anekdotisch-biographischen Aufbau und übertragen die antiken Anekdoten bisweilen sogar in das Geschehen der toskanischen Frührenaissance. So liest man in Vasaris Vitensammlung von Giotto, dass er »zur Zeit, in welcher er noch als Knabe bei Cimabue war, einer Figur seines Meisters eine Fliege so natürlich auf die Nase gemalt [habe], daß Cimabue, als er sich bei seiner Rückkehr wieder an die Arbeit setzte, sie als eine wirkliche Fliege mehrmals mit der Hand fortscheuchen wollte, ehe er des Irrthums inne ward« (VASARI 1983: 1. Buch, 172). Unschwer erkennbar ist hier der antike Topos der Täuschung, vornehmlich der von Zunftgenossen, den Plinius mit seiner Beschreibung des Malerwettstreites zwischen Zeuxis und Parrhasios zu einem pointierten Höhepunkt stilisiert (vgl. PLINIUS 1978: 55). Ähnliches liest man schon in einer Novelle von Boccaccios *Dekameron*, der zwar keine plinische Anekdote transferiert, dafür aber das von den biographischen Künstleranekdoten der Antike überlieferte Ideal einer bis zur Ununterscheidbarkeit reichenden Ähnlichkeit der Darstellung auf Giotto überträgt: Dieser sei mit so großem Talent begabt, »daß die Natur, welche die Mutter aller Dinge ist, [...] nichts hervorbringt, was er mit Griffel, Feder oder Pinsel nicht dem Urbild so ähnlich darzustellen gewußt hätte, daß es nicht als Abbild, sondern als die Sache selbst erschienen wäre, weshalb denn der Gesichtssinn der Menschen nicht selten irregeleitet ward und für wirklich hielt, was nur gemalt war« (BOCCACCIO 1952: 490f.).

erschienen *Leben der ausgezeichnetsten Maler, Bildhauer und Baumeister* Giorgio Vasaris wird das Motiv der frühen Berufung sogar zu einem biographischen Muster (vgl. KRIS/KURZ 1980: 52f.). »Wie ich bald an vielen Beispielen zeigen werde«, schreibt Vasari in dem Vorwort seiner Vitensammlung, habe man immer wieder erfahren können, »daß Kinder, die frei in Wäldern aufwuchsen, durch die Lebendigkeit ihres Geistes aufgeregt, die Natur, dieß herrliche Bildner- und Malerwerk nachahmten, und für sich allein anfingen zu zeichnen« (VASARI 1983: 1. Buch, 20). Auch die entsprechenden Beispiele anzuführen, fällt Vasari nicht schwer: So wird ähnlich wie Giotto auch der Maler Domenico Beccafumi an abgeschiedenem Ort, beim Hüten der väterlichen Schafe entdeckt: »Obwohl er noch ein Kind war«, übte er sich darin, »auf Steine und in anderer Weise zu zeichnen«, bis die »reine Naturgabe« von einem sienesischen Bürger erkannt und der Junge zu einem Maler in die Schule geschickt wurde (ebd.: 4. Buch, 3). Gleiches schreibt Vasari von Andrea Sansovino, der den ganzen Tag die ihm anvertrauten Tiere gezeichnet oder im Sand nachgebildet habe, und damit die Aufmerksamkeit eines Florentiner Bürgers erwecken konnte (vgl. ebd.: 3. Buch, 1. Teil, 311f.). Ein wenig abgewandelt findet man das Motiv in der Vita Andrea de Castagnos. Auch er in seiner Kindheit ein Schafhirte traf bei einem Regenschauer Schutz suchend in einer Hütte auf einen Maler, der für wenig Geld Bilder für die Landbevölkerung malte. Andrea, der nie zuvor einen Künstler zu Gesicht bekommen hatte, vergaß seine Tiere und begann aufmerksam den Maler bei seiner Arbeit zu beobachten: »Verlangen und Begierde nach der Kunst wurde plötzlich in ihm wach, und er fing ohne Säumen an, auf Mauern und Steine, mit Kohle oder mit der Spitze des Messers Thiere und Figuren zu kritzeln« (ebd.: 2. Buch, 2. Teil, 31f.). Selbst Cimabue wird in Vasaris Beschreibung die Ehre zuteil, bereits im zarten Kindesalter sein Talent unter Beweis gestellt zu haben. Der Schule entflohen, beobachtet Cimabue einige von der Gemeinde beauftragte Maler aus Griechenland, die sein Interesse und Talent erkannten und dem Vater empfahlen, ihn in die Lehre zu geben. Tatsächlich brachte er es, wie später sein eigener Schüler Giotto, durch Übung und Talent dazu, »in Zeichnung und Farbe seine Lehrmeister weit« zu übertreffen (ebd.: 1. Buch, 48f.). Ähnliches schreibt Vasari in der Jugendgeschichte des Polidoro da Caravaggio, der den Handwerkern, die beim Bau der vatikanischen Loggien beschäftigt waren, Kalkgefäße zutrug und sich in der Abwesenheit der Maler selbst an den Fresken versuchte (vgl. ebd.: 3. Buch, 2. Teil, 68f.); oder über Leonardo da Vinci, der schon in seiner Kindheit mit der von seinem Lehrer ihm aufgetragenen Arbeit die Kunst seines Meisters überbot: »Dieser arbeitete an einer Tafel, wie St. Johannes Christus tauft, und Lionardo malte darin einen Engel, der einige Gewänder hält; obwohl sehr jung noch, führte er doch diese Gestalt so vollkommen zu Ende, daß sie ein besseres Aussehen gewann als die Figuren seines Meisters, und Andrea ungeduldig, daß ein Kind mehr wisse wie er, mochte von der Zeit an nicht mehr mit Farben umgehen« (ebd.: 3. Buch, 1. Teil, 10f.).

1.4.3 *Das Bild als Fundstück – zur Immanentisierung der Transzendenz und Transzendierung der Natur*

In recht eigenwilliger Form findet man die Leitidee des natürlichen Ursprungs künstlerischer Begabung in Vasaris Lebensbeschreibung des Renaissancemalers Piero di Cosimo. Hier ist es nicht mehr seine Kindheit allein, die ganze Biographie scheint von einer ›Natürlichkeit‹ geprägt, die Vasari mit Attributen bizarrer ›Kulturlosigkeit‹ umschreibt:

Piero di Cosimo hielt »sich immer eingeschlossen, ließ niemanden zusehen, wenn er arbeitete, und lebte mehr wie eine Bestie als wie ein Mensch. Er litt nicht, daß die Stube ausgekehrt wurde, wollte essen, wenn er gerade Hunger hatte, und erlaubte nicht, den Garten umzuhacken, noch die Bäume zu beschneiden. Die Weinstöcke wuchsen wild auf, die Ranken verbreiteten sich an der Erde, und weder Feigenbäume noch andere Bäume wurden jemals ausgeputzt; es machte ihm Vergnügen, alles wild zu sehen, wie er selbst war, und er pflegte zu sagen: was die Natur hervorbringe, müsse man ihrem Schutze überlassen, ohne etwas hinzuzuthun. Oft ging er aus, Thiere, Kräuter, oder irgend etwas Ungewöhnliches zu suchen, was die Natur bisweilen aus Laune oder zufällig gestaltet. Ueber solche Dinge gerieth er vor Freude ganz außer sich, und erzählte sie so oft, daß wenn man es auch mit Vergnügen hörte, es doch zuweilen lästig wurde. Bisweilen blieb er vor einer Mauer stehen, gegen welche kranke Leute lange gespuckt hatten, und schuf sich daraus Reiter und Schlachten, die seltsamsten Städte und die größten Landschaften, welche je gesehen worden sind. Dasselbe that er mit den Luftgebilden der Wolken« (VASARI 1983: 3. Buch, 1. Teil, 77f.).

Der Versuch, Zufallsgebilde zu deuten, hatte in der Zeitanschauung tatsächlich schon einen festen Platz: In seinem Traktat über die Malerei empfahl z. B. Leonardo da Vinci seinen Schülern zur Übung die Deutung nasser Flecken an den Wänden (vgl. CHASTEL 1990: 385; KRIS/KURZ 1980: 72) – in Vasaris Bericht allerdings ist die Vorliebe für zufällig entstandene Vorbilder mehr als nur eine Übung. Piero scheint durch seine verschrobene Persönlichkeit geradezu prädestiniert, die eigenwillige Inspirationsquelle zu nutzen; eine Deutung, die um so konturierter erscheint, wenn man das Schema byzantinischer Legenden über die Vita Pieros legt. Ebenso wie der asketisch heilige Maler sich allein durch seinen Lebensstil in die Lage versetzt sah, heilige Bilder zu malen, scheint es jetzt der ursprüngliche, unkultivierte Lebensstil Piero di Cosimos, der ihn dazu befähigt, die von Hinfälligkeit gezeichnete Wand und die Wolkenformation am Himmel als zufällig gebildete Vorlagen seiner Malerei zu erkennen. Natürlich ist er kein transparentes Medium im Sinne byzantinischer Legenden. Der zuvor transzendierte Darstellungsgegenstand erscheint hier ganz und gar diesseitig. Entsprechend findet sich auch kein geistlicher Ursprung der Darstellung, führt kein Engel die Hand des Malers. An die Stelle der Wirklichkeit christlichen Glaubens tritt die Natur, die sich mit Hilfe der bekannten Schemata Ausdruck verschafft. In dieser Hinsicht erscheint Piero di Cosimo tatsächlich als Medium, insofern er sich und sein Umfeld ganz dem Zufall überlässt, letztlich selbst Natur wird, um so die zufälligen Strukturen seiner Umgebung als schon latent vorhandene Bilder der Natur wahrnehmen zu können. Als Maler bleibt ihm nur noch, die schon natürlich geformte Darstellung ästhetisch auszuformulieren.

Die kaum verborgene Geringschätzung, mit der Vasari seine Beschreibung der Vita Pieros unterlegte, lässt darauf schließen, dass er die Idee des Malers als ›naturnahes‹ Medium wohl kaum als Ideal hatte gelten lassen wollen. Seine Heroen waren Michelangelo, Leonardo und Raffael – durch und durch kultivierte Zeitgenossen.

In der Vita Piero di Cosimos ist auch bestenfalls nur angedeutet, was an grundlegender Entwicklung und Vorstellungswandel tatsächlich hinter dem biographischen Bericht steht. In ihrer umfassenden Begriffsgeschichte der Naturvorstellung schreibt Karen Gloy: »Gegenüber der mittelalterlichen Philosophie, die auf Transzendenz hin angelegt war und in der Natur lediglich das Abbild, die Manifestation, den Spiegel Gottes sah, [...] herrscht in der Renaissancephilosophie die Tendenz vor, die Natur zu verselbständigen. Mit dem Abbau des Transzendenzgedankens geht die Immanentisierung der Transzendenz einher, wodurch das Göttliche und seine aktive, bewegende und gestaltende Kraft zur Bewegung und Formgebung der Natur wird« (GLOY 1996: 17). Die Natur wird also anthropomorphistisch gedacht als lebendiger Organismus, allmächtig und allgegenwärtig, der selbst schöpferisch agieren kann. »Nicht mehr von außen empfängt sie [die Natur] die Formen, sondern sie bringt diese von innen ›aus ihrem Schoße‹ hervor« (ebd.: 18).

In der Kunstliteratur der Renaissance verstand man diese Neubewertung der Natur allerdings nicht nur allegorisch. Dass die Natur tatsächlich aktive Bildnerin konkreter Darstellungen sei und dass man diese ihrem ›Schoße‹ entnehmen könne, diese Vermutung war Gegenstand zeitgenössischer Spekulation. So schreibt Leon Battista Alberti in seinem *Traktat della pittura*:

> »Und selten wirst du Jemanden finden, der nicht innig wünschte, in der Malerei bewandert zu sein, scheint doch die Natur selbst sich daran zu erfreuen, wenn wir sehen, dass sie an den Bruchstellen von Marmorstücken nicht selten Centauren und bärtige Gesichter von Königen male. Ja man erzählt, dass Pyrrhus einen Edelstein besass, auf welchem man, von der Natur gemalt, alle neun Musen, unterschieden nach ihren Attributen, sehen konnte« (ALBERTI 1877: 96).

Alberti hatte mit dieser Bemerkung vor allem die Überlieferung antiker Autoren vor Augen,[20] doch natürlich war seine Auflistung klassischer Beispiele in gleicher Weise auch dazu geeignet, die spekulative Phantasie seiner und späterer Generationen zu entfachen. Von der grundsätzlichen Möglichkeit erst einmal überzeugt, traf die Suche nach ›natürlich‹ evozierten Darstellungen erwartungsgemäß auch bald auf entsprechende Bildfunde. Spätestens ab dem frühen siebzehnten Jahrhundert war beides weit verbreitet: die Vorstellung von der Natur als Bildnerin ebenso wie die dazugehörigen Bildexemplare.

Man fand zumeist Marmorstücke, deren Äderung und verschiedenfarbige Schichtung die Assoziation von Landschaften und Bäumen hervorriefen. So beschreibt der Augsburger Kunstliebhaber und Kaufmann

20 In seinen beiden Büchern über Steine, Edelsteine und Gemmen der umfangreichen *Naturalis Historiae* aus dem ersten nachchristlichen Jahrhundert berichtet der ältere Plinius gleich an mehreren Stellen von entsprechenden ›Bildern der Natur‹ (vgl. BALTRUSAITIS 1984: 68f.). So sei in den parischen Steinbrüchen, »als ein einzelner Steinblock durch die Keile der Arbeiter losgesprengt wurde, [...] in seinem Innern das Bild des Silenos zum Vorschein gekommen« (PLINIUS 1992: 23). In der Nähe von Munda in Spanien finde »man Steine mit einer palmzweigartigen Zeichnung, und zwar an jeder Bruchstelle« (ebd.: 95). Auch der von Alberti beschriebene Edelstein des Phyrrus findet sich schon bei Plinius erwähnt. So soll der König einen Achat besessen haben, »an dem man die neun Musen und Apollon mit der Kithara in der Hand sehen konnte; sie waren jedoch nicht von Künstlerhand geschaffen, sondern die Streifen verliefen nach dem Willen der Natur so, daß auch jeder Muse ihr eigenes Abzeichen gegeben wurde« (PLINIUS 1994: 19).

Philipp Hainhofer in einem Bericht seiner Reisen nach Dresden und Innsbruck »aine schöne Landschafft, welche Gott und die natur im Florentinischen gebürg in ainem marmelstein, gleich wie aine Statt mit ainem grossen thurn [hat] wachsen lassen« (zitiert nach DOERING 1901: 161; vgl. BALTRUSAITIS 1984: 59). Hainhofer ließ die gefundenen Bilder im Stein, auf deren Handel er sich spezialisiert hatte, von beauftragten Künstlern ausmalen, wobei die feine Marmorierung als vorformuliertes Szenarium mythologischer und biblischer Bildsujets diente. Es sollte offensichtlich der Anschein geweckt werden, als sei die Ikonographie der Darstellung selbst der natürlichen Gestalt des Bildträgers entsprungen – ein Verfahren, das an die Empfehlung Leonardos an seine Schüler und die eigentümliche Inspirationsquelle Piero di Cosimos erinnert.

Der Vorstellung von der Natur als Künstlerin waren damit allerdings noch keine Grenzen gesetzt. So sammelte z. B. der Bologneser Arzt und Naturforscher Ulisse Aldrovandi für sein 1648 veröffentlichtes Werk über Mineralogie all die ihm bekannten Bildexemplare, die ohne Zuhilfenahme jedweder Kunst allein die Natur durch ihre bildende Kraft geschaffen habe. In seiner Aufstellung finden sich Bilder von Vögeln, Fischen und Pfauen, aber auch komplexere Darstellungen wie die eines Mönchs, gerahmt von zwei Engeln, zu sehen in einem durchschnittenen Marmor; oder die Jungfrau mit dem Kind, gefunden in Bologna und Pisa, wo man auch eine Christusgestalt bewundern konnte, »von der Natur anmutig auf fünf Steine gezeichnet« (zitiert nach BALTRUSAITIS 1984: 75). Als ein gewisser de Brives im Jahr 1604 die Levante bereiste, sah auch dieser in Venedig den gekreuzigten Christus »in einem Marmorstein, der so getreulich dargestellt war, daß man die Löcher, die Wunden und die Blutstropfen erkennen konnte« (zitiert nach ebd.). Der gleiche Reisende will darüber hinaus in jener Grotte Bethlehems, in der sich die Geburt Christi ereignet habe, im Felsen die Gestalt eines bärtigen Greises mit langem Gewand gesehen haben – für ihn zweifellos das Bild des Eremiten Hieronymus, das sich durch ein Wunder in den Fels gegraben habe. Allerdings gab de Brives auch zu bedenken, dass man das Bild aufmerksam fixieren müsse, da es wie ein Trugbild ebenso unvermittelt auftauchen wie gleich darauf wieder verschwinden könne (vgl. ebd.) – eine Bemerkung, mit der schon seinerzeit auf eine elementare Bedingung der Bildfunde verwiesen wurde: Die Bilder im Stein existierten vor allem infolge der Bereitschaft ihrer Entdecker und Betrachter, die vermeintliche Darstellung in den zufälligen Strukturen der Oberfläche zu erkennen. Damit war das eigentliche Bild zu gleichen Teilen eine Komponente der betrachtenden Phantasie wie der bildtragenden Struktur: Die Steine empfingen ihre Darstellungen also in gleichem Maße als Bildprojektion wie durch ihre Gestalt, insofern diese in der Lage war, eine entsprechende ikonographische Projektion anzuregen.

Im Verlauf des siebzehnten Jahrhunderts findet man mit zunehmender Häufigkeit Steine, die mehr oder weniger komplexe Bildwelten enthalten, »und sie entspringen alle einer Spekulation über die Kunst der Natur und die Natur der Kunst, für die Stein und Leben im Überschwang barocker Phantasie einander überlagern und durchdringen« (BALTRUSAITIS 1984: 64).

Wenig später nur sind es vor allem gelehrsame Spekulationen, mit denen man die Bildentstehung zunehmend rational zu klären versucht. Der jesuitische Universalgelehrte Athanasius Kirchner widmet z. B. in seinem 1644 erschienenem Werk Mundus subterraneus einen ganzen Abschnitt den Formen und Gestalten, welche die Natur den Steinen und Gemmen eingeschrieben habe, und versucht diese methodisch zu analysieren. Kirchner ordnet die Steinbilder nach ihren Motiven und unterbreitet seinen Lesern vier mögliche Erklärungen für ihre Entstehungen: So könne zum einen die Darstellung rein zufällig entstanden und damit allein der Phantasie des Betrachters zuzurechnen sein. In anderen Fällen müsse man Versteinerungen oder Abdrücke von verschütteten Gegenständen annehmen, während einige Darstellungen von Kirchner auf den Magnetismus zurückgeführt werden. Erst zuletzt nennt er die Möglichkeit, dass eine Darstellung auch übernatürlichen Ursprungs sein könnte (vgl. ebd.: 66ff.).

Schon im achtzehnten Jahrhundert waren die Steinbilder gänzlich entzaubert und fanden über das spezialisierte Interesse von Mineralogen und Naturgeschichtlern hinaus kaum mehr Beachtung. So beschreiben die Autoren einer 1777 veröffentlichten Sammlung entsprechender Phänomene die von der Natur erzeugten Bilder ohne jede metaphysische Erwägung. Für sie sind die Darstellungen im Stein nur »zufällige Bildungen, Chiffren und ähnliche Züge, von denen man früher viel Aufhebens gemacht hat, die aber heute ihr ganzes Ansehen verloren haben, da man diese Spiele der Natur nur für Kurzweil der Neugierigen hält« (ebd.: 82).

Die Bilder im Stein waren letztlich kaum mehr als Kuriositäten – sieht man in den entsprechenden Darstellungen allein das zufällige Ergebnis kontingent wirkender Kräfte, lässt sich auch kein wie auch immer zu denkender Ursprung mehr ausmachen, dessen Gestaltungswille die Form veranlasst habe und damit die zufälligen Spuren zu einer authentischen Darstellung hätte sublimieren können.

1.5 Zusammenfassung: Drei Authentisierungsmodelle bildender Kunst

Bezieht man nun die ›gefundenen Bilder im Stein‹ in die bisherigen Überlegungen mit ein, dann lassen sich zusammenfassend drei Authentisierungsmodelle beschreiben und unterscheiden, die seit der Spätantike in den vortechnischen Medien visueller Darstellung ausgebildet wurden:

1.) Die acheiropoietische Bildentstehung. Dieses Modell entwickelt sich als apologetischer Reflex auf jene abbildtheoretische Skepsis, die in verschiedener Form gegen die Mimesis anthropomorpher Wirklichkeitsabbildungen polemisiert. Demgegenüber beschreiben die acheiropoietischen Legenden eine entanthropomorphisierte Bildentstehung, die wesentlichen Nutzen aus der Abwesenheit des Menschen im Darstellungsprozess zieht. Der Maler ist nicht mehr Urheber der Darstellung und in den Bildlegenden zumeist nur noch deshalb erwähnt, um mit seinem Scheitern die Grenzüberschreitung herkömmlicher Darstellungsformen zu unterstreichen. Die Authentizität der Darstellung wird dementsprechend auch nicht durch Ähnlichkeit evoziert, insofern die Legenden zur Authentisierung der jeweiligen Bilder eine indexikalische Relation von Zeichen und Bezeichnetem behaupten, die zumeist durch Berührung oder Abdruck zustande kommt. Diese Relation schließt Ähnlichkeit zwar nicht aus, doch wird jene allenfalls als Nebeneffekt der unmittelbaren Bildentstehung angesehen, nicht aber als notwendige Authentizitätsbedingung. Seinen prägnantesten Ausdruck findet dieses Modell authentischer Darstellung mit der sich automatisch fortführenden Reproduktion acheiropoietischer Bildexemplare.

Dabei ist die acheiropoietische Authentisierung im Wesentlichen ein Effekt der Bildlegendisierung. Da Ähnlichkeit nicht zu ihren Kriterien zählt, ist die Authentizität der Darstellung auch kein Bestandteil der Ikonographie und damit notwendig auf die Vermittlung der allein authentisierenden Bildentstehung angewiesen.

2.) Die asketische Transparenz des Malers. Diese Authentisierungsform erzielt im Wesentlichen den gleichen Effekt wie die Legendisierung acheiropoietischer Bilder. Auch hier gilt es, das gestalterische Potenzial des Malers und damit die aspektierenden und verstellenden Auswirkungen der Vermittlung aus dem Darstellungsprozess auszuschließen. Allerdings konzentrieren sich die Bild- und Entstehungslegenden in diesem Fall auf den Maler selbst, der mit seiner spezifische Lebensführung für die Authentizität der Darstellung einzustehen hat. Vorrangiges Interesse ist die behauptete Selbstlosigkeit des Malers, sprich: die Reinigung von allen individualisierenden Aspekten seiner Existenz wie Selbstbestimmung, Eigenwille, Ungehorsam, Genusssucht usf. Diese idealisierte mediale Transparenz des Malers steht in Analogie zu der in mystischer Literatur oft angeführten Spiegelmetapher, insofern er – als anthropomorph gedachter Spiegel – proportional zu seiner Reinigung den Darstellungsgegenstand umso deutlicher und damit unverfälscht reflektieren kann.

Die authentisierende Selbstlosigkeit ist vor allem das Ergebnis einer ethisch-moralischen Verpflichtung, deren Erfüllung sich entweder durch bildbegleitende Wunder oder durch die monastische Reglementierung der asketischen Übung nachweisen lässt.

In den Legenden heiliger Maler ist der Maler durch seine Heiligkeit schon unmittelbar mit der transzendent gedachten Wirklichkeit mystisch vereint und sieht sich demzufolge außerstande, Inauthentisches darzustellen. In der Ikonentradition sind die Malermönche nicht auf die transzendente Wirklichkeit selbst verpflichtet, sondern auf schon existierende Bildexemplare, deren Authentizität außer Frage steht. Hier gilt es, die bloße Kopie zu einer unverfälschten Reproduktion der ursprünglichen Darstellung zu sublimieren, mit der – entsprechend der Reproduktionslegenden acheiropoietischer Bilder – die charismatischen Eigenschaften der Vorlage auch auf die Kopie übertragen werden sollen.

3.) Das gefundene Bild als authentische Darstellung. Diese Authentisierungsform orientiert sich weitgehend an dem heidnisch-antiken Modell der Diipetes, also der vom Himmel gefallenen Götterbilder. Hier bleibt die für die Authentisierung unverzichtbare Nachricht von der Bildentstehung zumeist unklar. Entsprechend trifft man auf gefundene Bilder im Kontext christlicher Bildlegenden nur in Form schon in anderer Weise hinreichend authentisierter Darstellungen, wie z. B. in der *Narratio de imagine Edessena* oder in dem entsprechenden Auffindungsbericht der Christusikone aus Kamuliana. Diese Bilder werden unter glücklichen oder wunderbaren Umständen nach jahrhundertelangem Vergessen wiederentdeckt und mit bekannten Entstehungslegenden verknüpft, wobei die Legende mit der Auffindung verschollener Exemplare vor allem dem heiklen Sachverhalt christlicher Bilderlosigkeit früherer Zeiten zu begegnen versucht.

Gefundene Bilder im Stein hingegen greifen das ursprünglich acheiropoietische Modell christlicher Ikonen in abgewandelter Form wieder auf. Mit der Immanentisierung der Transzendenz seit der Renaissance und der damit verbundenen Vorstellung von der Natur als einer selbständig schöpferischen Kraft bietet sich die Gelegenheit, die Entstehung der Darstellung zum Gegenstand gelehriger Spekulation zu machen. Damit erscheint auch die Möglichkeit, die Darstellung durch ihre Entstehung zu authentisieren, die allerdings in dem gleichen Maße schwindet, wie man die Bilder im Stein rational als das zufällige Produkt kontingenter Kräfte verstehen will und damit die Darstellung ihrem kommunikativen Zusammenhang entzieht.

Am nachhaltigsten wirkt das Modell gefundener Bilder in Form verborgener Darstellungsstrukturen, die man in Steinformationen, Marmorierungen oder verfallenen Wänden zu finden glaubte. Hier werden die Ebenen authentischer Darstellung und künstlerischer Kreation ineinander verschränkt und notwendig aufeinander bezogen. Es braucht dabei den Künstler, um die zufälligen Strukturen seiner Umgebung als das latent schon vorhandene Bild der Natur zu entdecken und die natürlich geformte Darstellung ästhetisch auszuformulieren. Die so evozierten Darstellungen sind nicht allein Bilderfindung des Malers, also kein unverwechselbarer Ausdruck seines Gestaltungswillens, jedoch auch nicht authentisches Bild in Form einer kunstlosen Darstellung.

Die ersten beiden Authentisierungsmodelle beziehen sich vornehmlich auf das personale Bildnis, die *imago*, die für gewöhnlich Personen darstellte und die man entsprechend wie Personen behandelte. In diesem Sinne wurde sie zum bevorzugten Gegenstand der Religionspraxis. Man verehrte sie als Kultbild und unterschied dieses von der Bilderzählung oder historia, die dem Betrachter die Heilsgeschichte erzählend vor Augen stellte (vgl. BELTING 1991: 9). In dem letzten Modell wird diese eindeutige Zuordnung allerdings aufgelöst.

Mit der Renaissance und ihrer Vorstellung einer zunehmenden Künstlerautonomie und der Diskussion um den Kunstcharakter individueller Erfindung verliert das authentische Bild sukzessiv an Bedeutung – vor allem aber wird es aus dem sich etablierenden Diskurs um das Kunstwerk weitgehend ausgegliedert. Von nun an findet man das authentische Bild in den zuvor beschriebenen Formen nur noch in dem klar einzugrenzenden Rahmen kultisch verehrter Objekte der vorreformatorischen Kirchen – hier allerdings beinahe ungebrochen bis in das zwanzigste Jahrhundert hinein. Die mit der Renaissance bekanntlich stattfindende Verschiebung der Bildfunktionen hingegen lässt auch das Interesse an authentischer Darstellung nicht unbeantwortet. Während das kultische Bild in die genuine Einflusssphäre der Kirchen zurückgedrängt wird und der Kunstdiskurs der Renaissance das Darstellungsinteresse seiner Zeit an Kriterien einer humanistischen Anthropologie orientiert, wird die Funktion authentischer Darstellung offensichtlich zeitgleich auf die sich neu entwickelnden technischen Darstellungsformen übertragen, mit denen auch die Kriterien und Strategien der Authentizität beinahe unverändert ein neues Medium finden. Ein solcher Transfer lässt sich ab dem sechzehnten Jahrhundert am Beispiel der Camera obscura nachweisen, deren optisches Prinzip schon seit der Antike bekannt war.

Bevor im Weiteren aber von der Camera obscura im Besonderen und den technischen Medien im Allgemeinen zu sprechen sein wird, gilt es noch einen Aspekt authentischer Darstellung herauszustellen, der in den bisherigen Beschreibungen weitgehend unberücksichtigt geblieben war: die Verknüpfung von authentisierender Bildentstehung und einer Bildgestalt, deren spezifische Form die Authentizitätsversprechen der Entstehung analogisch umzusetzen versucht.

2. STILLOSIGKEIT ALS STILISIERTES AUTHENTIZITÄTSSIGNUM

2.1 Das authentische Bild – eine zweite Annäherung: Stil und Stillosigkeit

Die Predigt des Dominikanerpaters Fra Giordano da Rivalto habe ich bereits erwähnt: Am Dreikönigstag des Jahres 1306 lehrt er in S. Maria Novella in Florenz über die Magier aus dem Morgenland. Fra Giordano verweist dabei auf Bilder, »die in ferner Zeit aus Griechenland kamen« und anhand derer man »genauere Kenntnis der Vorgänge erlangen könne«. Die gemalten Personen, so erklärt er seinem Auditorium, seien »derart dargestellt, wie ihr Äußeres und wie ihr Wesen war« (zitiert nach DAVIDSOHN 1969: 4. Band, 3. Teil, 214). Angesichts dieser ›zweifelsfreien‹ Glaubwürdigkeit der Darstellungen östlicher Provenienz sieht Fra Giordano sich dazu veranlasst, die Magier als Könige zu bezeichnen, denn gemalt hatte man sie ja mit Kronen auf ihren Häuptern (vgl. 1.3.1).

Welche Bilder Fra Giordano tatsächlich vor Augen hatte, lässt sich nicht mehr rekonstruieren; offensichtlich aber handelt es sich hierbei um Importikonen, die im Abendland seit dem Ende des vierten Kreuzzugs gut einhundert Jahre zuvor vermehrt auftauchen – die heimkehrenden Ritter, die Jerusalem nie erreicht und das Heilige Land auch nicht ›befreit‹, dafür aber Konstantinopel erobert hatten, überschwemmten ihre Heimat geradezu mit den im Osten erbeuteten Kultgegenständen. Dabei mag das fremde Erscheinungsbild der byzantinischen Ikonen und der nicht weniger fremde Authentizitätsanspruch, der durch Legenden an diese Bilder herangetragen wurde, zu dem grundlegenden Missverständnis beigetragen haben, die unverkennbare Stilisierung der Darstellung nicht als gesuchte Form, sondern als Zeichen einer gestalterisch unberührten Malerei zu verstehen. Fra Giordano zumindest sah in der byzantinischen Gestalt der Ikonen den ikonographischen Ausdruck ihrer Authentizität.

Folgt man dieser Überlegung, dann ist mit den Ausführungen des Dominikaners ein bislang weithin vernachlässigter Aspekt authentischer Darstellung in die apologetische Argumentation eingeführt. Byzantinische Bildlegenden verhielten sich zumeist gleichgültig gegenüber der ikonographischen Gestalt der legendisierten Darstellung – hier schien das acheiropoietische Abbildversprechen allein auszureichen, das von dem konkreten Bildexemplar nicht noch ikonographisch eingelöst werden musste. In gleicher Weise verhielt es sich mit den Legenden heiliger Maler, die ebenfalls kein ästhetisches Korrelat für das mediale Versprechen asketischer Transparenz kannten. Giordano aber verbindet das Authentizitätsversprechen der ›griechischen‹ Bilder mit der spezifischen Bildgestalt. Gemalt hatte man sie in byzantinischer Manier, und dieses Faktum allein reicht ihm aus, gleich alle Ikonen byzantinischer Provenienz mit dem spezifischen Abbildversprechen besonders privilegierter Exemplare zu verbinden.

Das entscheidende Indiz der Authentizität ›griechischer‹ Ikonen – die vermeintliche *Stillosigkeit* der Darstellung – ist für Fra Giordano allerdings noch nicht als solches benennbar, denn Stillosigkeit als authentisierendes Attribut setzt ein ausgeprägtes Stilbewusstsein voraus. So ist es kaum verwunderlich, dass die Vorstellung stilloser Malerei erst mit der Renaissance und ihrer Profilierung von Stil- und Kunstwillen entwickelt wird. Und tatsächlich entwerfen die Renaissanceautoren ihren – zunächst noch allein negativ konnotierten – Begriff von Stillosigkeit anhand einer Malerei, die unmittelbar von den Importikonen aus Byzanz beeinflusst war: der *Maniera Greca* des Duecento.[21]

21 Seit dem Kreuzzug von 1204 zeigte vor allem die toskanische Tafelmalerei des Duecento eine ausgeprägte Byzantinisierung ihrer Formen und Schemata. Im Umfeld griechischer Lehrer entstanden regelrechte Zentren italienisch-byzantinischer Malerei, wie z. B. in Pisa, Siena und Florenz. Trotz aller eigenständigen Formentwicklung durch die italienische Rezeption war die *Maniera Greca* des dreizehnten Jahrhunderts ihren byzantinischen ›Vorbildern‹ weitgehend verpflichtet (vgl. FELICETTI-LIEBENFELS 1956: 55) – und dies ganz besonders in einer Hinsicht: beide Kunstformen, sowohl die byzantinische Ikonenmalerei als auch ihre italienische Adaption, waren sich einig in ihrer programmatischen Nivellierung des einzelnen Malers als stilbildendes Subjekt. Der Darstellungsrealismus dieser Malerei, so Hans Belting, »war noch nicht an den Stil des Künstlers, sondern an die Autorität einer privilegierten Form gebunden« (BELTING 1982: 43f.). Und dabei war es von untergeordneter Bedeutung, ob ein Bild seinem östlichen Vorbild tatsächlich ähnlich sah, solange es diesem nur ähnlich sehen *sollte*. »Erst in

Eineinhalb Jahrhunderte nachdem Fra Giordano in Santa Maria Novella gepredigte hatte, ist so auch von dem Vertrauen, das der Dominikaner noch dem byzantinischem Stil entgegengebracht hatte, nichts mehr zu spüren. Der florentinische Bildhauer Lorenzo Ghiberti erwähnt in seinen um 1450 entstandenen *Commentarii* die *Maniera Greca* nur noch mit Verachtung. Zwar hätten die Griechen, so schreibt er am Rande seiner Kunstgeschichte, schon im dreizehnten Jahrhundert versucht, von neuem mit der Malerei zu beginnen, doch »alles, was sie machten, war von unsäglicher Rohheit« und »über die Maßen schwachmütig« (GHIBERTI 1920: 51). Noch deutlicher wird Giorgio Vasari in seinen 1568 veröffentlichten *Leben der ausgezeichnetsten Maler, Bildhauer und Baumeister*: »Die Menschen wurden roh in der Ungeschicklichkeit der damaligen Zeit« und alles was sie zustande gebracht hätten, seien die von einem »Ueberrest der alten griechischen Künstler« gemalten, oder besser: »mißgestalteten« Gemälde griechischer Manier gewesen:

> »Diese Künstler, die besten ihres Berufes, weil sie die einzigen waren, brachten Musaik, Bildhauerkunst und Malerei nach Italien, und lehrten die plumpe und rohe Manier, in der sie sie übten, den Italienern, welche sich ihrer, wie ich schon sagte und weiter erzählen werde, bis zu einem bestimmten Zeitpunkt bedienten. Und jene Zeit, nicht gewohnt, etwas Schöneres und Vollkommeneres zu sehen, staunte sie an und ahmte sie, obgleich sie nicht werth waren, als das Vortrefflichste nach« (VASARI 1983: 1. Buch, 40).

Warum gerade die Malerei des Duecento Vasaris vernichtendem Urteil anheim fällt, erfährt der Leser an anderer Stelle. Die »harte und schlechte Methode« der *Maniera Greca*, so Vasari, »war nicht durch Studium erlangt, sondern hatte sich durch Gewohnheit eine lange Reihe von Jahren vererbt, ohne daß je einer trachtete, sie in Zeichnung, in Farbe und Zusammensetzung zu verbessern« (ebd.: 51). Ironischerweise also wird aus Perspektive der Renaissanceliteratur gerade das Kriterium, das dem byzantinischen Stil

Duccios Generation siegte das Axiom der Originalität über das Postulat der Authentizität, begünstigt durch die Rivalität der Auftraggeber und die neue soziale Stellung des Künstlers« (ebd.). Dass mit Duccio nun aber der stilgeschichtliche Aufbruch schon im Kontext der *Maniera Gerca* stattfand, wurde von der späteren Renaissanceliteratur wohl aus Gründen programmatisch pejorativer Abgrenzung ignoriert. Man ging sogar so weit, dass man ein Tafelbild Duccios, das offensichtlich stilistische Innovationen zeigte, Cimabue zuschrieb, der – anders als Duccio – eben nicht mehr zur *Maniera Greca* gerechnet wurde (vgl. CHASTEL 1984: 32f.). Die nuanciert innovative Aneignung griechischer Ikonen in der Malerei Duccios musste vor der Originalität Cimabues und seines Schülers zur Unkenntlichkeit verblassen; und dort, wo sie allzu offensichtlich in Erscheinung trat, durfte sie nicht mehr seinen Namen tragen.

zuvor zu seinem Ansehen verholfen hatte, nun zu seinem gravierendsten Makel: die regelhaft schematische und kunstlose Malerei, die man nicht mehr als authentisch, sondern lediglich als plump, unbeholfen und stillos begreifen will. Die *Maniera Greca* dient der Kunsthistoriographie der Renaissance bestenfalls als Negativfolie, vor deren Hintergrund die Malerei als stilbewusst und der Maler als originelle, klar zu umreißende Persönlichkeit erscheinen kann.

In der Renaissance ist es ein Gemeinplatz zu behaupten, dass Giotto die Kunst der Malerei wieder ans ›Licht‹ geführt habe. Alles, was man an Malerei vor ihm kannte, wird mit Attributen wie »plump«, »grobschlächtig« und »unbeholfen« als Kennzeichen einer Epoche versehen, die man für den Untergang antiker Kultur verantwortlich macht. Diese späterhin weit verbreitete These vom kulturellen Zerfall wird schon in den vierziger Jahren des Trecento von dem Humanisten Petrarca formuliert. Er überträgt in seinen Schriften die aus Theologie, patristischer Literatur und der Heiligen Schrift selbst geläufigen Dualismen von ›Licht‹ und ›Finsternis‹, ›Wachen‹ und ›Schlaf‹, ›Sehen‹ und ›Blindheit‹ auf den Zustand der geistigen Kultur seiner Zeit, wobei er allerdings deren bisherige Verwendung radikal umkehrt: Während man zuvor die Geschichte als einen ständigen Fortgang von heidnischer Finsternis hin zum Licht christlicher Erkenntnis gedeutete hatte, sieht Petrarca die klassische Antike als lichtvolles Zeitalter, das mit der Bekehrung des römischen Kaisers Konstantin sein unheilvolles Ende gefunden habe. Ihm seien nur noch Epochen des Niedergangs und der Verdunklung gefolgt (vgl. PANOFSKY 1990: 24f.).

Gut einhundert Jahre nach Petrarca präzisiert Lorenzo Ghiberti die allgemeine Zerfallsthese der Humanisten mit seiner Theorie vom Untergang der bildenden Kunst. So behauptet er, dass zeitgleich mit dem Wechsel von der verfolgten zur herrschaftlichen Reichskirche die Verfolgung des Götzendienstes eingesetzt und man in ›frommer Raserei‹ die hervorragendsten Zeugnisse antiker Kultur vernichtet habe:

So wurden »alle Bildsäulen und Gemälde zerstört und verstümmelt [...], trotz großen Adels, ehrwürdigen Alters und hoher Kunstvollkommenheit. Zugleich gingen auch die Schriften und Lehrbücher zugrunde, so sie Regeln und Gesetze enthielten, daraus man über so hohe und edle Künste Belehrung und Anleitung schöpfen konnte. Und um jeglicher Übung der Götzendienerei ein Ende zu machen, wurde beschlossen, die Tempel ganz weiß und ungeschmückt zu belassen. Auch wurden schwere Strafen darauf gesetzt, wenn einer sich unterfangen wollte, irgendeine Statue oder sonst ein Bildwerk zu machen. Also gingen Bildnerei, Malerei und die auf sie begründete Lehre und Anweisung unter« (GHIBERTI 1920: 50).

Ghiberti steht mit seiner Deutung nicht allein; Giorgio Vasari z. B. weiß sein Urteil sogar an einem antiken Monument zu belegen, das in seiner Gestalt die kulturelle Zufallsthese geradezu wörtlich zu untermauern scheint – der römische Triumphbogen Konstantins des Großen. Offensichtlich hatte Konstantin in seinem Bauwerk Fragmente älterer Monumente aus klassischer Zeit einsetzen lassen, andere Teile jedoch bei zeitgenössischen Bildhauern in Auftrag gegeben; ein Umstand, der Vasari nicht verborgen blieb. Nur, dass dem Renaissancekünstler alles, was auf die konstantinischen Bildhauer selbst zurückzuführen war, ausnehmend ›plump‹ erschien (vgl. VASARI 1983: I. Band, 23): Für Vasari war der Triumphbogen zweifellos ein eindeutiges Signum des kulturellen Niedergangs. Mehr als alles andere, so liest man abschließend, war es der »ungestüme Eifer der neuen christlichen Lehre«, der den »schönen Künsten Verderben brachte« (ebd.: 29).

Vasaris abfälliges Urteil über die plumpe Kunst christlicher Reliefmeister findet sich zudem bestätigt, als man Ende des sechzehnten Jahrhunderts in den römischen Katakomben die Malereien früher Christen entdeckt. Katholische Historiker werden den Fund begeistert aufgenommen haben – immerhin scheint die Evidenz frühchristlicher Kunstpraxis die Argumente protestantischer Bilderstürmer zu widerlegen – zu ihrer künstlerischen Qualität allerdings hatten sie wenig zu sagen. In den Augen kultivierter Renaissancegelehrter mussten die Katakombenmalereien geradezu armselig gewirkt haben.

Allerdings lässt sich an diesem Beispiel ein Vorstellungswandel aufzeigen, der sich im Kontext ikonographischer Authentizitätszuschreibung als äußerst aufschlussreich erweist. Als im siebzehnten Jahrhundert Giulio Mancini, der Leibarzt Papst Urbans VIII., die Katakombenmalereien zum Gegenstand seiner Betrachtungen macht, kann zwar auch er die offensichtliche Tatsache nicht leugnen, dass die Malereien – obwohl in der Antike entstanden – überraschend wenig darstellerische Qualität aufzuweisen haben, doch versucht er erstmals für den plumpen Stil der Bilder eine plausible, vor allem aber: eine nicht diskreditierende Erklärung zu finden. So schreibt Mancini, dass in den schwächeren Beispielen die Darstellung wohl weniger gelungen sei, da

> »diese heiligen Väter sehr arm gewesen sind und kein Geld ausgeben konnten, und auch weil diese Malereien unter der Erde bei Kerzenlicht und großen Gefahren für Leben und Gesundheit geschaffen wurden und daher von Meistern, die nicht von

allererstem Rang waren; auch war es gefährlich für sie, wenn sie für die Christen arbeiteten, die Schwierigkeiten mit der Obrigkeit hatten, und außerdem waren sie [die Christen] mehr an Hingabe und Frömmigkeit interessiert als an Dekoration« (zitiert nach HASKELL 1995: 139).

Noch wohlwollender äußert sich der Altertumsforschers Filippo Buonarroti, ein Großneffe Michelangelos des Jüngeren, der seinerseits ein Großneffe des Künstlers war. Schon in einer früheren Schrift kommt er im Hinblick auf ägyptische Skulpturen zu der bemerkenswerten Erkenntnis, dass die Plumpheit der Darstellung nicht auf mangelnde Kunstfertigkeit, sondern auf eine bewusste Stilisierung zurückgeführt werden müsse. Die charakteristische Gestalt hätte darauf abgezielt, weitaus ältere Kultbilder und ihre noch größere Plumpheit nachzuahmen, um so dem Betrachter Ehrfurcht einzuflößen (vgl. ebd.: 140). Im Jahr 1716 veröffentlicht Buonarroti in Florenz nun eine entsprechende Abhandlung über die Malerei der römischen Katakomben – und auch hier glaubt er, die Plumpheit der Darstellung in ähnlicher Weise deuten zu können. Ausgehend von zwei auf Glas gemalten Darstellungen der Apostel Petrus und Paulus, die man in einer Katakombe gefunden hatte und die ihm von noch geringerer Qualität zu sein schienen als alle übrigen Fragmente und Darstellungen, stellt er die Behauptung auf, dass gerade die Schwäche der Darstellung ein »klares Argument und ein sicherer Beweis für die große Frömmigkeit der frühen Christen« gewesen sei:

»Insofern sie nämlich mit solchem Eifer und solcher Sorgfalt auf die Reinheit ihrer Religion bedacht waren, daß sie diese auch nicht mit dem geringsten Makel beflecken wollten, erfahren wir von Tertullian, daß sie sich stets von jenen Künstlern fernhielten, durch die sie die Gefahr heraufbeschworen hätten, sich der Götzenbildnerei schuldig zu machen. Und so kam es, daß sich kaum einer oder niemand von ihnen mit Malerei oder Bildhauerei befaßte, deren Hauptzweck es war, die Götter und Fabeln der Heiden darzustellen; wenn die Gläubigen ihre Gefäße mit Symbolen der Frömmigkeit zieren wollten, waren sie daher zumeist gezwungen, auf ungeübte Handwerker zurückzugreifen, die mit ganz anderen Aufgaben beschäftigt waren. Diese Männer, die keine Erfahrung in der Kunst des Zeichnens besaßen, formten die Figuren allein aufgrund ihrer natürlichen Begabung und der grobschlächtigen Beobachtung der Natur, die ihnen – wie schon bei der Geburt der Malerei und der Bildhauerei – nur ihren stofflichen Anblick bot. Sie waren in der Tat unfähig, die Bestandteile der Natur oder deren Anordnung und Schönheit zu erkennen. Man kann indessen nicht leugnen, daß gerade die Grobschlächtigkeit der Künstler viel dazu beitrug, daß die Bilder ihren wahren Zweck als heilige Bilder erreichten – das heißt den Gläubigen fruchtbare Lehre zu sein. Denn da es diesen Figuren gänzlich an Schönheit und Zierde gebricht, die Geist und Verstand gemeinhin von der Kontemplation ablenken, und da sie in natürlicher Schlichtheit und ohne Hinzufügung von Äußerlichkeiten gemacht sind, stärkten sie das Gefühl der Ehrfurcht bei jenen, die sie betrachteten« (zitiert nach HASKELL 1995: 141f.).

In der entsprechenden Abhandlung finden sich sorgfältig reproduzierte Bildbeispiele – in dem oben genannten Fall die bestenfalls archaisch zu nennenden Darstellungen der beiden Apostel. Der zeitgenössische Leser sah sich also in die Lage versetzt, Buonarrotis These vom Erbauungswert plumper und grobschlächtiger Kunst selbst zu überprüfen, vorausgesetzt, dass er der gelehrsamen Anleitung des Historikers Folge leisten wollte. Denn es braucht die legendisierende Bildbeschreibung, um den unterschwelligen Bildgehalt zu entdecken, die zweite, hinter der vordergründigen Darstellung verborgene und doch offensichtlich tiefgründige Bedeutungsebene. Tatsächlich eröffnet damit der Kunsthistoriker des achtzehnten Jahrhunderts seinen Zeitgenossen eine vollkommen neue Perspektive: die Stillosigkeit der Darstellung ist nicht mehr nur das Ergebnis mangelnder Kunstfertigkeit, sie ist vor allem das Zeichen unverdorbener Reinheit und Aufrichtigkeit. Zwar sind es nur latente Zeichen, doch gerade die unverkennbare Absichtslosigkeit spricht für ihren Wert, den hohen Rang ihrer Urheber. Die unter Verfolgung leidenden Maler der ersten nachchristlichen Jahrhunderte konnten keine auf Wirkung zielende Darstellung beabsichtigt, keine verstellenden oder verkehrenden Motive zum Ausgangspunkt ihrer Kunstproduktion genommen haben – und diese Arglosigkeit wurde mit der stillosen Darstellung Bestandteil ihrer Bilder. Ihnen gegenüber muss die zeitgenössische Darstellungspraxis des siebzehnten und frühen achtzehnten Jahrhunderts geradezu überladen und verdächtig kunstvoll erschienen sein, sodass man die These der unverfälschten Reinheit des frühen Christentums auch als programmatisches Gegenmodell lesen kann, das sowohl den unmittelbaren Glaubensvollzug als auch die Formen ästhetischer Repräsentationen anvisiert.

Von nun an gilt es zunehmend als ausgemacht, dass gerade künstlerische Schwäche ein Garant für Reinheit und Aufrichtigkeit sei. Diesem Modell folgend kommt nur wenig später Giovanni Marangoni zu dem Schluss, dass die Malereien von Engeln wohl besonders ungelenk sein müssten, da so keine Gefahr bestünde, dass ein Gläubiger ihrer Schönheit erliegen könne (vgl. HASKELL 1995: 142).

Der tief greifende und nachhaltige Vorstellungswandel, den Buonarroti mit seiner Neubewertung der römischen Katakombenmalerei auslöst, verweist im Kontext der strategischen Authentisierung visueller Kommunikate noch auf eine weitere Umwertung. Während zu Beginn des vierzehnten Jahrhunderts der Dominikanerpater Fra Giordano die Stillosigkeit byzantinischer Importikonen als Kennzeichen quasi *dokumentarischer Authentizität* deutet, sieht man im achtzehnten Jahrhundert darin primär den Ausdruck *personaler Authentizität*. Auch wenn sich beides in anderen Kontexten unabhängig voneinander nicht denken lässt, erscheint mir die Differenzierung an dieser Stelle durchaus angebracht. Denn im Gegensatz zu Fra Giordano ist es für Filippo Buonarroti vollkommen unerheblich, ob die Darstellungen in den Katakomben authentisch wären im Sinne einer eindeutigen Referenzbehauptung. Entscheidend für ihn ist vielmehr, dass sich mit der Stillosigkeit der Darstellung die Aufrichtigkeit ihrer Urheber als ästhetische und damit als erkennbare Qualität in die Bilder eingeschrieben hatte.

Wie sich später zeigen lässt, offenbart Buonarrotis charakteristische Neubewertung stilloser Malerei eine Grundhaltung des achtzehnten Jahrhunderts, insofern in dieser Epoche die (nicht selten strategisch stilisierte) Stillosigkeit der Kommunikate als dominante Form der Authentisierung und damit als eindeutig markiertes Authentizitätssignum erscheint.

Die spezifische Konstellation von Authentizität und Stilaskese folgt allerdings einem schon weithin bekannten Muster. So ist das Ideal längst in einem Medium vorformuliert, in dem Stilbewusstsein – und damit auch die Möglichkeit bewusster Stilverweigerung – schon in der Antike ausgebildet war. Das Medium ist die gesprochene oder geschriebene Sprache und ihr beherrschender Stil die Rhetorik. Bevor ich mich den Formen stilloser Authentisierung in den Medien visueller Darstellung eingehender widmen werde, sei es erlaubt, mit einem ausführlicheren Exkurs die Funktion stilloser Kommunikation in der Literatur seit der Spätantike darzustellen.

2.2 Stillosigkeit als literarische Authentisierungsstrategie der christlichen Spätantike

Gegen Ende des vierten Jahrhunderts schreibt der aquitanische Aristokrat Sulpicius Severus die Vita des heiligen Martin von Tours. Martin war Asket und lebte nach seiner Wahl zum Bischof im Jahr 371 vor den Toren der Stadt mit seinen Anhängern in dem Kloster Marmoutier. Hier trifft ihn auch sein späterer Biograph, der seit langem den Wunsch hegt, die Vita des schon zu Lebzeiten berühmten Heiligen zu schreiben. »Welcher Ernst, welche Würde lagen doch in Martins Wort und Rede!«, erinnert Sulpicius seine erste Begegnung: »Welche Begeisterung und welche Durchschlagkraft! Wie gewandt und geschickt klärte er schwierige Fragen der Hl. Schrift. [...] Wie kümmerlich aber bleibt diese Lobrede angesichts der Tugendgröße Martins. Auf jeden Fall ist das schon allein wunderbar, dass dem ungebildeten Mann solche Gnadengaben nicht fehlten« (zitiert nach FRANK 1975b: 50). Tief beeindruckt zieht auch Sulpicius sich zurück von allen »irdischen Lastern« und den »Lockungen der Welt« und führt fortan »frei und unbeschwert« (ebd.) mit Freunden auf dem Gut seiner Schwiegermutter Bassula ein klosterähnliches Leben – allerdings ein Leben, das nicht ganz so bescheiden wie das des Asketen von Tours ausfällt, da man auf den Komfort der römischen Villa und die standesgemäße Dienerschaft nicht verzichten will.

Noch vor dem Tod Martins im November 397 veröffentlicht Sulpicius seine *Vita Martini*, wenig später einen Brief, mit dem er seine Schrift verteidigt, dann zwei weitere über Tod und Begräbnis des wundertätigen Mönchsbischofs und zuletzt mehrere Dialoge als Ergänzung der Vita, in denen er seinen Heiligen mit dem eine Generation zuvor lebenden und durch die Vita des Athanasius berühmten Antonius als anachoretisches Vorbild des Ostens in Heiligkeit und Askese wetteifern lässt (vgl. BRUNERT 1994: 145).

Die *Vita Martini* eröffnet Sulpicius mit einem Widmungsschreiben an einen gewissen Desiderius. Hier übt der Autor sich in Bescheidenheit: Das Büchlein möge der Adressat nicht aus seinen Händen geben, denn eigentlich hätte seine Schrift die eigenen vier Wänden nicht verlassen sollen. Käme die *Vita Martini* dennoch an die Öffentlichkeit, dann solle Desiderius wenigstens den Titel auf der ersten Seite entfernen: »Das Blatt soll stumm sein. Es soll nur von seinem Gegenstand reden, das genügt doch – nicht aber vom Verfasser« (zitiert nach FRANK 1975b: 21). Vor allem aber sorgt sich Sulpicius um seinen anscheinend plumpen und unbeholfenen Stil, mit dem er die Leser seiner Schrift zu verschrecken befürchtet:

> »Die ungepflegte Sprache sollte dem Leser nicht mißfallen, was ich freilich befürchten muß. [...] [Wenn] du feststellst, daß es von Leuten gelesen wird, dann bitte doch die Leser um Nachsicht, sie möchten mehr auf den Inhalt als auf die Form achten. Sie möchten es gelassen ertragen, wenn sich das Ohr vielleicht am ungeschickten Stil stößt. Das Reich Gottes besteht ja nun einmal nicht in schöner Rede, sondern im

Glauben. Sie sollen auch daran denken, daß das Heil der Welt nicht von Rednern verkündet wurde, obwohl Gott doch auch das hätte verfügen können, wenn es von Nutzen gewesen wäre, sondern von Fischern. Seit ich zu schreiben begonnen habe, schien es mir Unrecht, die ganze Größe eines solchen Mannes im Verborgenen zu lassen. Deshalb nahm ich mir vor, auch über Solözismen mich nicht zu schämen. Ich habe mir in dieser Arbeit nie besondere Fertigkeit erworben. Wenn ich früher aus solchen Studien mir einiges angelernt habe, so habe ich es ganz verlernt, da mir das Schreiben schon lange aus der Übung gekommen ist« (ebd.: 20f.).

Nach seiner entschiedenen Abkehr von der Welt will Sulpicius nun auch den Verzicht auf Bildung und kunstvollen Stil vollziehen – so die Beteuerungen des in Bordeaux, in der berühmtesten gallischen Rhetorenschule seiner Zeit ausgebildeten Autors. Tatsächlich kann jedoch von einer ungeschickten Darstellung oder gar groben Sprachfehlern in dem Text keine Rede sein (vgl. PRINZ 1965: 454; BRUNERT 1994: 150; VON DER NAHMER 1994: 165). Entgegen seinem Bekenntnis der Vorrede fällt es Sulpicius an anderer Stelle keineswegs schwer, seine große Befriedigung darüber mitzuteilen, dass die *Vita Martini* viele Leser gefunden habe (vgl. SULPICIUS SEVERUS 1914: 54) – eine Reaktion, die wohl eher seinem Autorenstolz als der uneigennützigen Freude darüber zuzuschreiben ist, den Ruhm des glühend verehrten Heiligen über die Grenzen seiner Heimat hinaus verbreitet zu haben. Genau genommen war die hagiographische Schrift sogar so etwas wie ein spätantiker Bestseller. Der Sulpicius-Schüler Postumianus berichtet, dass sich das Buch in Rom bei den Buchhändlern gut verkaufe, er es in Karthago gefunden habe, in Alexandrien, in Ägypten in der nitrischen und der thebäischen Wüste und in Memphis (vgl. PRINZ 1965: 454).

Man ist leicht versucht, die vermeintliche Bescheidenheit des Autors und die angebliche Stillosigkeit seiner Schrift als Topos abzuqualifizieren – ein zwar nahe liegendes, aber doch vorschnelles Urteil, manifestiert sich doch hier offensichtlich mehr als nur eine hagiographische Pflichtübung. Geht man den kontextuellen Spuren der Vita nach, scheint Sulpicius mit seiner Vorrede auch weniger um eine Demutsgeste bemüht, als vielmehr die Installation eines kommunikativen Versprechens betreiben zu wollen – ein Versprechen, das gleichzeitig als kulturelle Differenzierungsgeste verstanden werden soll. Wie nahezu die gesamte christlich-römische Elite sieht auch Sulpicius sich an der Wende vom vierten zum fünften nachchristlichen Jahrhundert dem inneren Konflikt zwischen heidnisch-antiker Bildung und christlich-asketischem Heilsversprechen ausgesetzt; und es ist dieser Konflikt, in dessen Kontext die von Sulpicius beteuerte Stillosigkeit seiner Schriften erstmals als systematisches Authentisierungssignal zu verstehen ist.

Deutlicher allerdings als bei Sulpicius ist uns dieser Konflikt mit dem Leben eines weitaus berühmteren Zeitgenossen überliefert, eben mit der Vita des heiligen Augustinus von Hippo – und nicht zuletzt dort, da Augustinus mit seiner Autobiographie ein viel sagendes Zeugnis von dem umfassenden Widerstreit der Kulturen hinterließ.

2.2.1 *Bildung als innere Gefährdung*

Gegen Ende des vierten Jahrhunderts kommt der spätere Kirchenvater Aurelius Augustinus nach Mailand, der damaligen Residenzstadt des römischen Kaisers, um dort die achtbare Stellung eines Rhetoriklehrers anzunehmen. Zu dieser Zeit zieht es ihn auch in die Basilika des Mailänder Bischofs, allerdings zunächst allein aus beruflichem Interesse – Ambrosius war für den geschliffenen Stil seiner Predigten weit über die Grenzen der Stadt hinaus berühmt: »Fleißig hörte ich ihm zu, wenn er zum Volke sprach, freilich nicht in der richtigen Gesinnung, sondern um seine Beredsamkeit zu prüfen, ob sie seinem Rufe entspreche« (AUGUSTINUS 1913: 13. Kapitel, 102). Tatsächlich hinterlassen die elegant stilisierten Predigten des Ambrosius einen tiefen und folgenreichen Eindruck auf den skeptischen Rhetor, der sich wenig später selbst, noch in Mailand, zum Christentum bekehrte, wobei ihm die Lektüre der Heiligen Schrift aufgrund ihrer ›stilistischen Schwerfälligkeit‹ nach wie vor »unwürdig [erscheint], mit Ciceronischer Würde verglichen zu werden« (ebd.: 3. Buch, 5. Kapitel, 45). Diese Einschätzung teilt er mit vielen gebildeten Männern seiner Zeit.

Zunächst aber vollzieht Augustinus einen radikalen Bruch mit Profession und Bildung; tief beeindruckt von der (vermittelten) Lektüre der Vita des östlichen Asketen Antonius. In seinen *confessiones* schreibt er von einem zu Besuch weilenden Gast aus Trier, der seinerseits von Freunden zu berichten weiß, die bei einem Spaziergang an der Stadtmauer auf eine Einsiedelei stießen und dort das Buch der Antonius-Vita fanden, die man allgemein dem alexandrinischen Patriarchen Athanasios zuschrieb: »Einer von ihnen begann es zu lesen; er ward von Bewunderung ergriffen, geriet in Glut und sann schon während des Lesens nach, wie er den Dienst dieser Welt verlassen [und] ein solches Leben einschlagen [...] könne« (ebd.: 8. Kapitel, 172). Der Bericht der *Vita Antonii* zeigt auch bei Augustinus seine

Wirkung: »Ungelehrte stehen auf und reißen das Himmelreich an sich«, erinnert Augustinus seine unmittelbare, sichtlich verunsicherte Reaktion, »und siehe da, wir mit unserer Gelehrsamkeit, wir wälzen uns in Fleisch und Blut herum!« (ebd.: 175; vgl. BROWN 1995: 96). Daran anschließend findet man den Bericht seiner Bekehrung im Garten seines Mailänder Hauses; eine Conversio, die auch seine Überzeugung hinsichtlich der Rhetorik erschüttert. Als rückblickende Einschätzung seiner Tätigkeit liest man in der Autobiographie: »Unter welchen Freuden studierte ich damals, in meiner leicht verführbaren Jugend, die Lehrbücher der Beredsamkeit, in der ich glänzen wollte, verlockt von dem tadelnswerten und verwerflichen Ziele, menschlicher Eitelkeit zu frönen« (AUGUSTINUS 1913: 3. Buch, 4. Kapitel, 43), und lehrte, »selbst von Leidenschaften besiegt, siegreiche Geschwätzigkeit« (ebd.: 4. Buch, 5. Kapitel, 59).

Doch ist diese Abkehr nicht so einschneidend, dass Augustinus in anderem Zusammenhang die Rhetorik nicht wieder hätte aufgreifen können. Im Jahr 397, als der gallische Asket Martin in einer triumphalen Prozession nach Tours zu Grabe getragen wird, schreibt Augustinus seine allerdings erst beinahe dreißig Jahre später vollendete *doctrina christiana*; eine Schrift, mit der er versucht, den selbst durchlebten Widerstreit der Ideale seiner Bildung und seines Glaubens in Einklang zu bringen. Nun wiederum sieht Augustinus keinen Grund mehr, in der Verwendung rhetorischer Mittel eine Gefährdung christlicher Lehre zu sehen – im Gegenteil: Die Rhetorik scheint ihm in mehrfacher Hinsicht unverzichtbar. Zum einen sei die Gabe der Rede an sich etwas Neutrales. Wenn man mit ihr sowohl zu guten als auch zu schlechten Dingen überreden könne, warum sollten dann gerade die Verteidiger der Wahrheit »unbewaffnet« erscheinen?

> »Jene sollen das Falsche kurz, klar und wahrscheinlich erzählen, dieser aber das Wahre bloß so darlegen dürfen, daß das Anhören Ekel verursacht, das Verständnis erschwert und zuletzt Abneigung gegen den Glauben bewirkt! [...] Jene sollen bei jedem Versuch, ihre Zuhörer um jeden Preis in den Irrtum zu treiben, deren Gemüter schrecken, betrüben, erfreuen, feurig ermahnen dürfen; die Verteidiger der Wahrheit aber sollen eine kalte und matte Rede voll Schläfrigkeit halten müssen. Wer ist so töricht, eine solche Forderung zu ersinnen?« (AUGUSTINUS 1925: 4.Buch, 2. Kapitel, 162).

Diese Beurteilung mag nicht unwesentlich von seiner Erfahrung in der Mailänder Basilika beeinflusst gewesen zu sein. Die zentrale These der *doctrina christiana* aber lautet, dass die Autoren der Heiligen Schrift selbst die üblichen Kunstfiguren der Rede verwendet hätten – eine kühne Behauptung, die Augustinus mit einer ausführlichen Stilanalyse des paulinischen

Römerbriefs und dem prophetischen Buch Amos zu belegen versucht: »Wo ich sie nämlich verstehe«, resümiert er seine Untersuchungen, »da kann mir nicht bloß nichts weiser, sondern auch nichts beredter scheinen« (ebd.: 4. Buch, 6. Kapitel, 168). Wenn aber die Heilige Schrift selbst nach den Gesetzen der Beredsamkeit verfasst worden sei, dann müsste man in Kenntnis der Redekunst auch in der Lage sein, die Heilige Schrift adäquat und allgemein verbindlich auszulegen – und dies mit einer exegetisch zuverlässigen Methode. »Es gibt gewisse Regeln«, so schreibt er gleich zu Beginn, »die man meines Erachtens einem, der sich mit dem Schriftstudium befasst, nicht ohne Nutzen mitteilen kann« (ebd.: 6). Tatsächlich gilt ihm die Rhetorik als das Mittel, mit dem die Auslegung der Bibel und ihre Verkündigung Gegenstand von Lehre und Bildung werden könnte; wobei es nicht zuletzt auch um die Kontrolle christlicher Lehre geht, die ohne Regeln bzw. ohne Dogmatisierung der Beliebigkeit anheim fallen würde.

Seine Idee methodischer Exegese provoziert allerdings auch Widerspruch. Schon im Prolog der *doctrina christiana* sieht Augustinus sich dazu veranlasst, das Bildungsprogramm für Prediger und Exegeten vorab gegen diejenigen zu verteidigen, die im »Feuereifer« einen unmittelbaren, intuitiven – damit aber auch nicht lern- und lehrbaren – Zugang zum Wort Gottes zu haben glauben:

> »ohne solche Beobachtungen, wie ich sie hier geben will, auch nur gelesen zu haben, wissen oder glauben sie sich im Besitze der Befähigung, die heiligen Bücher auszulegen. Solche Leute werden schreien, es brauche derlei Regeln überhaupt für niemanden, er könne vielmehr alles, was sich füglich aus dem Dunkel jener Schriften ans Licht bringen lasse, durch direkte Mitteilung von Seiten Gottes erfolgen. […] den Feuereifer derer muß ich abkühlen, […] es könnte sonst sein, daß wir irregeleitet durch solche Schliche unseres Erbfeindes und durch eigene Verkehrtheit, entweder gar nicht mehr in die Kirche gehen wollen, um dort das Evangelium zu hören und kennen zu lernen, oder daß wir kein Buch (zu unserer Belehrung) lesen und keine Vorlesung oder Predigt eines Menschen mehr anhören wollen« (AUGUSTINUS 1925: 7ff.).

Dass Augustinus mit seiner Kritik vor allem die asketischen Bewegungen des Ostens und Westens anvisiert, offenbart sein – in Nachsicht und Respekt gekleideter – Seitenhieb gegen Antonius, der zwar keinen Buchstaben habe lesen können, »der aber vom bloßen Anhören her die göttlichen Schriften auswendig gewusst und infolge seines klugen Nachdenkens darüber auch wirklich verstanden haben soll« (ebd.: 8). Ihm nachzueifern, mag er hingegen niemandem raten. Nicht ohne Ironie schließt Augustinus mit der Bemerkung, dass man in diesem Fall auch gleich darauf warten könnte, »in den dritten Himmel entrückt zu werden und dort geheimnisvolle Worte zu hören, wie sie kein Mensch aussprechen darf, oder dort den Herrn Jesus Christus zu sehen und lieber gleich von ihm selbst als von Menschen das Evangelium zu hören« (ebd.: 9) – anstatt zu lesen, zu hören und zu lernen.

Für Augustinus ist es offensichtlich »eine echte Schwierigkeit, sich von einem ›Weisen‹ einen Begriff zu machen, der nicht ein Mann von klassischer Bildung war«, schreibt Peter Brown in seiner Augustinus-Biographie (BROWN 1973: 232). Auch wenn Augustinus selbst einen zurückgezogenen enthaltsamen Lebensstil mit Freunden wählt, scheint er zeitlebens den asketischen Bewegungen im Osten und Westen des vierten und fünften Jahrhunderts recht skeptisch gegenübergestanden zu haben. Seine eigene monastische Gemeinschaft lebt in dem zum Kloster umgewandelten elterlichen Haus in Thagaste bezeichnenderweise nach einer von Augustinus verfassten Mönchsregel (vgl. FRANK 1993: 40ff.).

Gerade aber auf solche institutionalisierten Formen kirchlicher Heilsvermittlung meinen die Asketen in ihrem »Feuereifer« verzichten zu können, ja verzichten zu müssen, sollte der von ihnen gesuchte individuelle und unmittelbare Zugang zur Wahrheit nicht durch geregelte Formen verstellt werden.

Tatsächlich suchen die Asketen ihren individuellen, unmittelbaren Zugang zur Wahrheit nicht nur in körperlicher Züchtigung, Fasten und sexueller Enthaltsamkeit, sondern auch und vor allem in der klaren Absage an jegliche Form von Bildung. Wenn also Athanasius in seiner *Vita Antonii* berichtet, dass der Asket »vom Unterricht im Lesen und Schreiben nichts wissen« wollte, sondern vielmehr in »Einfalt« leben (ATHANASIUS 1917: 14), oder Sulpicius Severus in seiner *Vita Martini* erkennen lässt, dass es dem »ungebildeten Mann« erstaunlicherweise nicht schwer fiel, »schwierige Fragen der Hl. Schrift« zu klären (zitiert nach FRANK 1975b: 50), dann sind dies keine randständige Bemerkungen, sondern asketisches Programm. Dabei wird die radikalste Form mönchischer Bildungsaskese gerade von denjenigen propagiert, die der antiken Kultur ebenso fasziniert wie argwöhnisch gegenüberstehen – allen voran der von Aelius Donatus in Rhetorik unterrichtete Asket Hieronymus. In seinem 384 geschriebenen Brief an die römische Asketin Eustochium – eigentlich ein asketischer Traktat – schildert er eindrucksvoll seine ›Seelenangst‹ angesichts des verführerischen Glanzes klassischer Bildung: Alles habe er verlassen können, schreibt Hieronymus aus Jerusalem eingedenk seiner früheren

Wirkungsstätte, selbst den »wohl gedeckten Tisch«, nur auf die in Rom mit »großer Mühe und viel Arbeit« erworbene Bibliothek habe er nicht verzichten wollen:

> »Ich Elender fastete also, während ich den Tullius las. Nachdem ich manche Nacht durchwacht und viele Tränen vergossen hatte, welche die Reue über meine frühere Sünden gelöst, nahm ich den Plautus zur Hand. Als ich wieder zu mir selbst zurückfand, fing ich an, einen Propheten zu lesen, aber die harte Sprache stieß mich ab. Mit meinen blinden Augen sah ich das Licht nicht. Ich aber gab nicht den Augen die Schuld, sondern der Sonne« (HIERONYMUS 1936: 100).

Die drastische Konsequenz seiner Unentschiedenheit erfährt Hieronymus während einer schweren Krankheit, als er sich ›im Geist‹ dem Gericht Gottes ausgesetzt sieht:

> »Nach meinem Stande befragt, gab ich zur Antwort, ich sei Christ. Der auf dem Richterstuhl saß, sprach zu mir: ›Du lügst, du bist ein Ciceronianer, aber kein Christ. Wo nämlich dein Schatz ist, da ist auch dein Herz.‹ Darauf verstummte ich« (ebd.: 100f.).

Noch im Traum gelobt er, keine weltliche Handschrift mehr besitzen oder aus einer solchen lesen zu wollen. Es folgt die entsprechende Bestrafung, deren Spuren an seinem Körper sich auch im wachen Zustand noch als nachhaltige Mahnung zeigen. Von der eigenen Erfahrung gepeinigt rät Hieronymus der jungen Eustochium, sich von Rhetorik vorbehaltlos fern zu halten: »Gehe nicht darauf aus, für eine Beherrscherin der Kunst der Rede zu gelten oder vergnüglich Dich in lyrischen Liedern und im Spiel der Verse zu versuchen!«, bittet er inständig, denn »was haben Licht und Finsternis miteinander gemein [...]? Was hat Horaz mit dem Psalterium zu tun, was Maro mit den Evangelien, was Cicero mit den Aposteln?« (ebd.: 99).

Einen vergleichbaren Bericht findet man in der von seinen Schülern verfassten Vita des Caesarius von Arles aus dem sechsten Jahrhundert. Schon in früher Jugend tritt der heilige Mann in ein Kloster ein, wo man seine Begabung erkennt und darangeht, seine »mönchische Einfalt« durch Bildung ein wenig zu verfeinern. Man schickt ihn zu einem Lehrer, der, selbst durch einen asketischen Traktat bekannt, wohl kaum heidnische Mythologie und Philosophie zum Unterricht herangezogen haben wird (vgl. VON DER NAHMER 1994: 164). Dennoch versetzen die Lehrstunden Caesarius in ähnliche Qualen wie einhundert Jahre zuvor Hieronymus:

> »Von langem Wachen ermüdet hatte er ein Buch, das der Lehrer ihm zur Lektüre gegeben hatte, im Bett unter seine Schulter gelegt; darüber schlief er ein, und bald erschrak ihn durch göttliche Fügung ein furchterregendes Gesicht: im Schlaf sah er, wie die Schulter, auf der er lag, und der Arm, auf den er sich stützte, von einer Schlan-

ge aus dem Buch heraus zernagt wurde. Aufgerüttelt aus dem Schlaf, erschrocken durch das Gesicht begann er, sich deshalb heftig zu beschuldigen, weil er das Licht einer Richtschnur des Heils [mit] der törichten weltlichen Wissenschaft [hatte] verbinden wollen« (zitiert nach VON DER NAHMER 1994: 166).

Auch Caesarius sieht sich aus seelischer Not veranlasst, den Unterricht zu verlassen. Die Ausbildung in Rhetorik war ihm verdächtig geworden und damit die Sorge gewachsen, in Anmaßung eigener Kräfte und Fähigkeiten die Gnade unmittelbarer Offenbarung zu verspielen. Schließlich habe Caesarius gewusst, so das Fazit der Vita, dass »der Schmuck vollkommener Rede denen nicht mangeln [werde], denen geistliche Einsicht sich öffnet« (ebd.: 37).

Die Asketen des Ostens und des Westens verstehen Bildung als stets gegenwärtige Form »innerer Gefährdung« (vgl. PRINZ 1965: 462ff.). Entsprechend vorformuliertes kulturelles Wissen und angeeignete Fertigkeiten können, nach asketischem Verständnis, dem *vor aller Kultur Wahren* in keiner Weise adäquat sein; vor allem dann nicht, wenn kulturelle Fertigkeiten wie die rhetorische Rede in eins gesetzt werden müssen mit einer vordergründigen und sinnentleerten Camouflage – ein Verdacht, den z. B. Johannes Chrysostomos darin bestätigt sah, dass man in den Kirchen im griechischen Osten den ausgefeilten Predigten christlicher Rhetoren laut Beifall klatscht (vgl. ebd.: 450f.) – anstatt Buße zu tun und ein heiliges Leben zu führen!

2.2.2 *Rhetorische Kultur und asketische Opposition*

Spätestens seit Platons *Gorgias* steht Rhetorik unter dem Verdacht der bloßen Überredungskunst, der auf Wirkung zielenden strategischen Gestaltung einer Rede, die sich gegenüber dem moralischen, philosophischen oder theologischen Gehalt ihres Sujets gleichgültig verhält. Nicht die referentielle Funktion des Wortes, sondern sein geschicktes, von Interessen geleitetes Arrangement bestimme die Kunst der Beredsamkeit und unterbreite damit ihrem Nutzer das Potential, dem gesprochenen oder geschriebenen Wort in oftmals bedenklicher Weise Autorität zu verleihen – so die immer wieder formulierten Ressentiments. In dieser Hinsicht ist die asketische Rhetorikskepsis des vierten und fünften nachchristlichen Jahrhunderts nichts wesentlich Neues. Sie lässt sich tatsächlich nahtlos in die Tradition christlicher Apologetik seit dem ersten

Jahrhundert nach Christus einfügen: »Wozu macht ihr euch Worte zu eigen und haltet euch doch völlig fern von Taten?«, schreibt im zweiten Jahrhundert der Apologet Tatian an die Heiden, »aufgeblasen in eitlem Ruhm, kleinmütig im Unglück, gebraucht ihr vernunftwidrig eure rhetorischen Phrasen; in der Öffentlichkeit führt ihr wahre Festzüge damit auf, in den verborgenen Winkeln aber versteckt ihr eure Worte« (zitiert nach GUYOT/KLEIN 1994: 72). Demgegenüber steht die immer wiederholte Erinnerung an jene grundlegende Glaubenserfahrung, dass christliche Offenbarung in keinerlei Zusammenhang mit Bildung jedweder Art stehen müsse. Die Apostel seien erleuchtete und gottgefällige Männer gewesen, schreibt Eusebius von Caesarea in seiner Kirchengeschichte, sprachlich allerdings waren sie wohl eher unbewandert:

»Sie konnten und wollten die Lehren ihres Meisters nicht in den schmeichelnden, kunstvollen Worten vortragen, sondern hielten sich an den Erweis des göttlichen Geistes, der ihnen half, und an die in ihnen sich vollendende wundertätige Kraft Christi. So predigten sie auf dem ganzen Erdkreis die Erkenntnis des Himmelreiches, ohne viel Sorgfalt auf die Schriftstellerei zu wenden« (EUSEBIUS 1989: 3. Buch, 24. Kapitel, 173) – so weit die klassische Polemik. Die christliche Bildungs- und Rhetorikskepsis der spätantiken Asketen allerdings steht in einer historischen Konstellation, die sich wesentlich von ähnlichen Tendenzen vorangegangener Jahrhunderte unterscheidet. Um die ganze Brisanz asketischer Verweigerung zu erfassen, muss man sich die Rolle des römischen Bildungssystems der Spätantike vor Augen führen. Die zuvor angedeuteten Spannungen gehen tatsächlich weit über literarische Stilfragen heiliger Texte hinaus.

Rhetorik war nicht allein ein sprachliches, sondern vor allem ein allgemein kulturelles Regelsystem. Und in diesem Sinne verfochten die Asketen der Spätantike auch nicht nur eine immanente Sprach-, sondern vor allem eine radikale Kulturkritik.

Klassische Bildung übernahm im Römischen Reich schlechthin identitätsstiftende Funktion: »Aufgrund der gemeinsamen Bildung hatten [die aristokratischen Kreise] sofort eine Verständigungsmöglichkeit«, schreibt Peter Brown in seiner Monographie über Macht und Rhetorik in der Spätantike, »vor allem gaben sie durch ihre Bildung zu erkennen, dass man mit ihnen reden könne und sie die Spielregeln beherrschten« (BROWN 1995: 57). So erfuhren die gebildeten Schichten weit entfernter und heterogener Gebiete durch ihrer gemeinsame Bewunderung griechischer Rhetorik eine »bemerkenswerte kulturelle Homogenität« (ebd.: 56). Andererseits eröffnete sich durch den einheitlichen Bildungskanon die Möglichkeit, die Schichten des Reiches sozial zu differenzieren: Rhetorische Bildung war mit erheblichen Kosten verbunden, das Funktionieren der Bürokratie und des bürgerlichen Lebens wiederum verlangte für die vielen formellen Reden, die man bei öffentlichen Anlässen halten musste, einschlägige Kenntnisse (vgl. CAMERON 1994: 179). Rhetorische Kultur und Macht, in welcher Funktion auch immer, waren faktisch in eins zu setzen.

Allerdings vermittelte diese enge Verflechtung auch ein nicht zu unterschätzendes Maß an Verlässlichkeit. Von Repräsentanten und Honoratioren des Reiches konnte man ohne weiteres erwarten, dass sie durch ihr maßvolles und streng kodiertes Auftreten – den geschulten Redestil, die sorgfältige »Kontrolle des Atems«, die »Vermeidung unangemessener Haltung und unharmonischer Gesten« – ihrer Person und ihrem Amt eine »selbstverständliche Autorität« verliehen (BROWN 1995: 69); eine Autorität allerdings, die ebenso auf den unmittelbaren Eindruck wie auf konventionalisierte Erwartungen gegründet war. Die Missachtung rhetorischer Konventionen empfand man umso mehr als kulturelle Irritation.[22]

Vor diesem Hintergrund verwundert es wenig, »daß viele christliche Bischöfe ihr Ansehen in der Gesellschaft größtenteils der Tatsache verdankten, daß sie einmal als Rhetoren agiert hatten« (ebd.: 99). Es ist wohl auch nicht allzu gewagt anzunehmen, dass mit der Wahl gebildeter Bischöfe die Hoff-

22 Als der hochgebildete athenische Plutokrat Herodes Atticus sich gegen Ende des zweiten Jahrhunderts vor Marc Aurel gegen den Vorwurf der missbräuchlichen Machtausübung zu verantworten hatte, erschien der Kontrollverlust seiner leidenschaftlichen Rede wie ein erschreckend bedrohliches Exempel. Er sei anscheinend »nicht mehr bei Sinnen« gewesen, berichtet Philostratos in seinen *Leben der Sophisten* ohne jede Sympathie. »Denn als er vortrat, um zu sprechen, überschüttete er den Kaiser mit Vorwürfen ... in einem aggressiven und unbeherrschten Ton« (zitiert nach BROWN 1995: 68). Kurz zuvor waren die beiden Adoptivtöchter des Herodes Atticus während einer Reise auf dem Balkan vom Blitz erschlagen worden, doch auch der verständliche Kummer vermochte die fehlende Contenance, den Ausbruch in eine unumwundene Rede vor dem kaiserlichen Tribunal nicht zu entschuldigen, gleich welcher Schicksalsschlag ihn auch überwältigt haben mochte: »Er bediente sich nicht einmal eines elaborierten Stils seiner Rede«, warf Philostratos ihm entsprechend schockiert vor, »dabei hätte man meinen sollen, daß ein für derartige Reden bestens ausgebildeter Mann sein Temperament unter Kontrolle hätte halten können« (ebd.). Dass dieser Regelverstoß ohne Folgen blieb, war dem Gleichmut Marc Aurels zu verdanken. »In einem sozialen und politischen System, in welchem die Macht einem immer größeren Kreis von Menschen in gewalttätiger und herrischer Weise entgegentrat«, begründet Peter Brown die zunehmende Notwendigkeit herrschaftlicher Gelassenheit, »gründeten diejenigen, die eine ›naturgegebene‹ Autorität in ihrer Stadt und Region für sich beanspruchten, diese Autorität auf eine Bildung, welche auf das Gegenteil jener Formen der Machtausübung Wert legte – nämlich auf Zurückhaltung, Selbstdisziplin, beherrschtes Auftreten und harmonische Rede« (ebd.: 60).

nung verbunden werden konnte, die kulturelle Distanz zwischen heidnisch antikem Umfeld und sozial indifferentem Christentum zu überwinden.

Demgegenüber aber stand die Wahl des gallischen Asketen Martin zum Bischof von Tours, den man gerade aus diesen Gründen von Seiten des klerikalen Establishments nicht auf der Cathedra hatte sehen wollen: »Eine kleine Zahl von Leuten allerdings und etliche unter den Bischöfen, die zur Einsetzung des Bischofs herbeigerufen waren, widersprachen gewissenlos«, schreibt Sulpicius Severus in seiner *Vita Martini*. »Sie behaupteten, Martin sein [sic!] ein verachtenswerter Mensch. Ein Mann von so kümmerlichem Aussehen, mit schmutzigem Kleid und ungepflegtem Haar sei nicht würdig, Bischof zu werden« (zitiert nach FRANK 1975b: 31). Seine Gestalt widersprach diametral dem klassisch antiken Ideal einer Führungspersönlichkeit; er war in jeder Hinsicht das Gegenstück zu den gebildeten Bischöfen aus Mailand oder Hippo.

Entsprechend irritiert zeigten sich die Vertreter römischer Kultur, als sie sich ab dem vierten Jahrhundert immer mehr mit den asketischen Bewegungen konfrontiert sahen. »Es genügte, einen grauen Umhang oder eine graue Tunika zu tragen«, schreibt gegen Ende des vierten Jahrhunderts der Heide Eunapios von Sardes, »um solch ein Nichtsnutz zu sein und auch dafür angesehen zu werden« (zitiert nach BROWN 1995: 96). So wurde der Aufstieg christlich asketischer Mönche in der spätantiken Welt vor allem als kulturelles Warnsignal verstanden. »Die Aristokratie hatte ihre Autorität auf das Monopol eines hochformalisierten Redecodes gegründet« (ebd.), die Asketen aber waren darauf aus, eben dieses System zu unterlaufen.

Die spätantike Form der Askese hat verschiedene Anlässe und Widerstandsinteressen. Zum einen ist sie eine Lebensform, die als stiller Protest der heidnischen Kultur des römischen Reiches entgegentritt – vor allem aber tritt sie an gegen eine mehr und mehr verdächtig erscheinende Kirchenführung, die diese Kultur in bedenklicher Weise zu assimilieren droht. Schon im dritten Jahrhundert ist aus der verfolgten »Kirche der Heiligen« eine »heilige Kirche« geworden (vgl. FRANK 1993: 12), eine zunehmend institutionalisierte Kirche, die ihre heilsvermittelnde Funktion hierarchisch strukturiert und mit dem durch Sukzession vermittelten *Amtscharisma* ihrer Würdenträger verbindet. Im vierten Jahrhundert nähern sich die bischöflichen Honoratioren zudem mehr und mehr den Idealen der *rheto-*

rischen Kultur ihres heidnischen Umfelds, weniger auf inneren Vollzug als auf öffentliche Wirkung bedacht.[23]

Die Askese der Anachoreten hingegen manifestiert sich nicht nur in der Verweigerung öffentlicher Teilnahme, sie ist vor allem Glaubens*vollzug*: Als zwei Philosophen sich auf den Weg in die ägyptische Wüste machten, um Antonius in seiner Einsiedelei mit einem Streitgespräch auf die Probe zu stellen, stellte der seine Gäste kurzerhand vor die Wahl, ihn entweder für töricht zu halten – dann hätten sie ihn nicht aufsuchen müssen – oder für klug: »wenn ihr aber glaubt, daß ich klug sei, so werdet wie ich« (ATHANASIUS 1917: 81). Für den Asketen gibt es keine andere Wahl, kein Raum für Disputation. Sein Weg ist die Suche nach einem individuellen, unmittelbaren Zugang zu Gott. Diese Bestimmtheit allerdings verleiht ihm *persönliches Charisma* (vgl. PRINZ 1965: 449). Bei der Bischofswahl in Tours ist es allein die durch sein Leben verbürgte Glaubwürdigkeit – und nicht seine kulturelle Kompetenz –, die Martin für diese herausgehobene Stellung empfiehlt; zumindest aus der Sicht des einfachen Volkes. Sulpicius schreibt, das Volk sei »klügeren Sinnes« gewesen als die klerikalen Würdenträger. Diese »wollten den berühmten Mann verachten und verkün-

23 Dass in diesem Zusammenhang Askese als Protest verstanden wird, ist nicht unumstritten. Diese These setze fälschlich »den Aufbruch in die Wüstenaskese ins 4. Jh. [...] und nimmt als Kontrastfigur zum Mönchtum die mit dem römischen Staat verbundene christliche Reichskirche«, schreibt Karl Suso Frank in seiner *Geschichte des christlichen Mönchtums*. Dagegen »steht einfach die Tatsache, daß die Asketen schon im 3. Jh. in die Wüste zogen, also Gemeinden verließen, die noch nicht zum Typ einer triumphierenden reichskatholischen Kirche gehörten« (FRANK 1993: 15f.). Die asketische Verweigerung sei also kein Protest, sondern vor allem individuelle Heilssorge (ebd.: 16). Zwar konstatiert Frank an anderer Stelle, dass schon im dritten Jahrhundert die christlichen Gemeinden einen »deutlichen Zug zur Massenkirche« zeigten und die auf ihr eigenes Heil bedachten Asketen letztlich zum Auszug zwangen. Eine »Gegenkirche« aber habe man damit nicht schaffen wollen (ebd.: 18). Tatsächlich kann von schismatischen Tendenzen der Asketen keine Rede sein – ein Tatbestand, dem ich mit der Wendung »stiller Protest« Ausdruck zu geben versuche. Liest man allerdings Hieronymus' Streitschrift gegen den gallischen Priester Vigilantius, einen der schärfsten Kritiker asketischer Lebensform, dem Hieronymus seinerseits mit etlichen Schimpftiraden begegnet, gewinnt man den Eindruck, dass Askese und asketisches Selbstverständnis durchaus oppositionelles Potential erkennen lassen: »Du rülpse weiter mit den Weltmenschen«, schreibt Hieronymus mit tiefer Verachtung an den Kleriker, »ich will mit den Frauen und auch mit den Mönchen fasten« (HIERONYMUS 1914: 38). Trotz dieser klaren Polarisierung verzichten die spätantiken Asketen auf jede Möglichkeit, ihrem Protest anders als durch die beispielgebende Lebensführung Ausdruck zu verleihen. »Der Mönch hat nicht die Aufgabe zu lehren«, betont Hieronymus, »sondern zu trauern, betrübt zu sein über sich oder über die Welt und in Furcht die Ankunft des Herrn zu erwarten« (ebd.: 320).

deten doch dabei sein Lob. So konnten sie schließlich nichts anderes tun, als was das Volk mit Gottes Willen forderte« (zitiert nach FRANK 1975b: 31).

Das *persönliche Charisma* der Asketen steht damit in Opposition zu einem *Amtcharisma*, das ungeachtet der Person allein schon durch die kirchliche Institution Autorität verleiht. Oder anders gesagt: die Autorität der amtskirchlichen Handlung oder Weisung ist kultisch sanktioniert, ein autoritativer Akt, dessen Authentizität ausschließlich an die vollständige Ausführung der entsprechenden Rituale gebunden ist. Und eben darin unterscheidet sie sich nicht wesentlich von der rhetorischen Kultur römischer Aristokraten – wenn man bereit ist, rhetorische Formeln und rituellen Code trotz aller Unterschiede miteinander zu vergleichen.

Im Gegensatz zu den amtskirchlichen Würdenträgern aber ist der Asket darauf angewiesen, seine ›Heiligkeit‹ einsehbar und nachvollziehbar, also *transparent* zu gestalten, um sie mit Autorität oder Authentizität verbunden zu wissen. Und hat er selbst kein Interesse daran, sind seine Hagiographen umso mehr darum bemüht, in ihren Lebensbeschreibungen genau dies zu tun: seine Interesselosigkeit und Bescheidenheit als Wahrheitsmoment zu rühmen.

Asketische Transparenz bedeutet in diesem Kontext vor allem die Vermeidung jeglicher Form kulturell vorformulierter und damit entstellender Fertigkeiten, die bei Antonius oder Martin von Tours sich durch fehlende Bildung begründen ließ, bei Sulpicius Severus und Hieronymus durch entschiedenen Verzicht auf bereits erworbenes Bildungsgut. Diese von verdächtiger Kultur nicht durchtränkte ›Unschuldigkeit‹ der asketischen Anachoreten findet nun auch als formaler Ausdruck in den hagiographischen Texte ihrer Apologeten seine Entsprechung: Wie der Asket der Spätantike darauf angewiesen ist, sein Leben einsehbar und nachvollziehbar zu gestalten, war wiederum sein Hagiograph darauf angewiesen, in den Texten ein Pendant performativer Authentisierung einzusetzen: die gewollte Stillosigkeit der Beschreibung. Sie profitiert vor allem von dem Umstand, dass die *personale Authentizität* der Asketen und die *Authentizität der medialen Vermittlung* hier als idealisierter Typus in eins zu fallen hat. Ohne das Vorwissen um die entschiedene Absage der beschriebenen oder schreibenden Asketen an weltliche Bildung ist auch ein noch so stillos angelegter Text nicht in der Lage, dem Leser die Möglichkeit zu bieten, die Spuren unmittelbarer Offenbarung im Text zu entdecken. Die asketische Literatur der Spätantike partizipiert also mit ihrer Stillosigkeit an der Authentizität ihres Sujets. Der Text gehorcht – wie sein Held – keiner kulturell vorformulierten Norm – das jedenfalls ist sein kommunikatives Versprechen.

Auch wenn die Stillosigkeit der Texte in dieser Konstellation selbst stilisiert und damit strategisch erscheint, so initialisiert der stilistisch signalisierte Bildungsverzicht eine Kommunikationsform, die sich – wie die Askese selbst – als Opposition versteht und als solche auch verstanden wurde! Durch ihre Stillosigkeit bezeugen diese Texte, was sie am Heiligen rühmen: Widerstand gegenüber einer verdächtigen, gottlosen Kultur. Die Stillosigkeit asketischer Texte muss vor diesem Hintergrund als *zeichentheoretisch subversive Opposition* gegenüber herrschenden Repräsentationsformen verstanden werden. Und vor allem aus dieser oppositionellen Struktur ziehen die Texte der asketischen Bewegung der Spätantike ihre Autorität.[24]

2.2.3 *Die Martinsschriften des Sulpicius Severus*

In dem eingangs erwähnten Prolog der *Vita Martini* nutzt der aquitanische Hagiograph Sulpicius Severus gezielt die charakteristische Verbindung von Bildungslosigkeit und anspruchslosem Stil als authentisierendes Signal: sein Text verweigert die dominanten Repräsentationsformen ebenso, wie der gallische Asket jedes repräsentative Auftreten von sich weist; selbst als

24 An dieser Stelle gilt es die gewollte oder auch nur postulierte Stillosigkeit asketischer Literatur deutlich von der immer wiederholten Empfehlung antiker Rhetorik abzugrenzen, den ästhetischen Charakter gestalteter Rede hinter einem unmittelbar anmutenden Redefluss zu verbergen. Die Differenz ist offensichtlich: Während die asketische Literatur durch ihre ästhetisierte Stillosigkeit Transparenz signalisieren will, versuchen rhetorische ›Unmittelbarkeitstechniken‹ gerade diese Transparenz zu vermeiden. Es sei erforderlich, schreibt Aristoteles, »die Kunstfertigkeit anzuwenden, ohne daß man es merkt, und die Rede nicht als verfertigt, sondern als natürlich erscheinen zu lassen – dies nämlich macht sie glaubwürdig, jenes aber bewirkt das Gegenteil; denn die Zuhörer nehmen wie gegen jemanden, der etwas im Schilde führt, Anstoß daran« (ARISTOTELES 1989: 170). Gleiches liest man bei Quintilian in seinen Büchern zur Rhetorik aus dem ersten nachchristlichen Jahrhundert. Die ausgefeilte Rede eines Rhetors solle ihre Form weitgehend kaschieren, so »daß das, was er sagt, gerade zu entstehen und aus eigener Natur hervorzukommen, nicht handgearbeitet und durch seine Künstlichkeit verdächtig überall den Lehrer zu verraten scheine« (QUINTILIANUS 1972: 5. Buch, 14. Kapitel, S. 665). Dieses performative Unmittelbarkeitsideal ist – um den kühnen Vergleich mit der Malerei zu wagen – mimetischer Natur, Camouflage, allein darauf bedacht, die Regel der Gestaltung zu verschleiern, so wie ein perfektionierter malerischer Illusionismus das Medium der Darstellung vergessen lässt, wohingegen Authentisierungsstrategien in den bisher angeführten Bild- und Textbeispielen vor allem die Entstehungsbedingungen ihrer Kommunikate offen legen.

Bischof von Tours lebt Martin noch in einer Einsiedelei. Die dem Leben des Heiligen angemessen Stilaskese wird von Sulpicius zwar nicht tatsächlich vollzogen, doch reichen offensichtlich schon die in der Vorrede gesetzten Signale ›nicht rhetorischer Rede‹, um eine verlässliche Verbindung zu dem besonderen kulturellen Kontext herzustellen, zu dem die Schrift gezählt werden will, dessen Unmittelbarkeitsversprechen sie für sich beansprucht.

Die Authentisierung der *Vita Martini* geht allerdings noch einiges über die von Sulpicius behauptete Stilaskese hinaus: »Mein bester Bruder«, schreibt er in dem Prolog seinem Freund Desiderius, »ich hatte mir [...] vorgenommen, das Büchlein, das ich über den hl. Martinus geschrieben habe, in seiner ersten Fassung zu belassen und innerhalb der vier Wände meines Hauses zu behalten«. Seinem Freund habe er es nur in der festen Zuversicht ausgehändigt, »daß du es niemandem weitergibst. Das hast du ja versprochen«. Dass die Vita nicht veröffentlicht werden sollte, wird Sulpicius kaum beabsichtigt haben – immerhin sieht er sich nur wenig später dazu veranlasst, seinem Freund entsprechende Anweisungen für eine eventuelle Publikation der Schrift zu geben: »Damit nun keine lästige Verteidigung auf uns wartet, soll das Büchlein – wenn's dir so recht ist – ohne Namen erscheinen. Zu diesem Zweck entferne den Titel auf der ersten Seite. Das Blatt soll stumm sein« (FRANK 1975b: 20f.). Es ist nahe liegend, aber doch übereilt, diesen offensichtlichen Widerspruch seiner Interessen auf die irreführende, weil gezierte Bescheidenheit des Autors zurückzuführen. Allem Anschein nach beabsichtigte Sulpicius mit seinen Anweisungen einen Text zu veröffentlichen, dessen wesentliche Qualität darin bestand, nicht im Hinblick auf seine Veröffentlichung geschrieben worden zu sein. Dieses Interesse, der Öffentlichkeit ›Nicht-Öffentliches‹ zukommen zu lassen, tritt noch deutlicher in den Briefen des gallischen Hagiographen hervor – als literarische Konstruktion: »Welches Unrecht erleide ich von dir!«, schreibt Sulpicius seiner Schwiegermutter Bassula, die ein anderes Schreiben – einen Brief an den Diakon Aurelius – ohne sein Wissen und gegen seinen entschiedenen Willen weitergeleitet und damit veröffentlicht hatte:

> »Du hast mir kein Blatt Papier, keine Abhandlung, keinen Brief im Hause gelassen, so raubst du alles, so bringst du alles an die Öffentlichkeit. Schreibe ich ein vertrauliches Wort an einen Freund, diktiere ich zufällig etwas aus Zeitvertreib, was ganz unter uns bleiben sollte, alles kommt doch, beinahe noch bevor es geschrieben oder diktiert ist, in deine Hände. Natürlich! Du hast ja meine Schreiber bestochen; sie spielen dir meine wertlosen Träumereien in die Hände. [...] Mich hintergehst du, und jene

umgarnst du, daß sie dir ohne Auswahl vertrauliche oder nachlässig hingeworfene Zeilen ausliefern, bevor sie gehörig durchgearbeitet und gefeilt sind. Denn, um von anderem zu schweigen, ich frage dich, wie konnte jener Brief so rasch in deine Hände kommen, den ich kürzlich an den Diakon Aurelius schrieb?« (SULPICIUS SEVERUS 1914: 64).

Mit energischer Geste versichert Sulpicius seiner Schwiegermutter, ihr nun nichts weiter mehr schreiben zu wollen, doch offensichtlich gilt dieser Schwur nur für wenige Zeilen, denn kaum einen Abschnitt weiter entspricht er schon wieder ihrer Bitte, mehr über die Umstände von Martins Lebensende erfahren zu wollen – unter der fadenscheinigen Bedingung, dass sie ihm das Versprechen gebe, es niemandem vorzulesen (ebd.: 65). Natürlich wird auch dieser Brief veröffentlicht, ebenso wie die »vertraulichen Worte an einen Freund« zuvor.

Dem Diakon Aurelius hatte Sulpicius von einem Traum berichtet: Der heilige Martin selbst sei ihm erschienen und habe in der Erscheinung ein Buch unter seinem Arm getragen: die *Vita Martini*, seine eigene Biographie also. Bevor der Heilige dann in die Höhe entrückt und dem Blick des Träumenden entrissen wurde, habe Martin seinen Biographen noch mit einer wohlwollenden Geste bedacht. Am nächsten Morgen, so Sulpicius, habe er von seinen Dienern erfahren, dass der gallische Asket in eben dieser Nacht verstorben sei (vgl. SULPICIUS SEVERUS 1914: 59ff.). Sulpicius schreibt den Brief im Hinblick auf seine Funktion als Biograph. So sichert er sich seinen Teil an der Aura des Heiligen, wenn er behauptet, er, Sulpicius Severus, sei dieser Erscheinung für würdig befunden worden, er habe noch vor anderen von dem Tod des Heiligen erfahren dürfen. Auch trägt der verstorbene Martin die Vita unter seinem Arm, die zusammen mit dem Heiligen entrückt wurde; wie hätte dies geschehen können, wenn sie nicht dem Leben des Asketen in allen Belangen angemessen gewesen wäre? Alles spricht für den Text und die Nähe des Autors zu seinem heiligen Helden.

In dieser Konstellation aber – der Brief ist das angeblich einer privaten Korrespondenz entrissene Schriftstück – liest man keinen auf Öffentlichkeit zielenden Text, sondern das »vertrauliche Wort an einen Freund«, geschrieben als »nachlässig hingeworfene Zeilen«, die Sulpicius zuvor noch »gehörig durchgearbeitet« hätte, wären sie für eine Veröffentlichung bestimmt gewesen. Da diese ausdrücklich nicht intendiert war, kann das Schreiben auch keiner anderen Funktion verdächtigt werden, als der aufrichtigen Mitteilung an eine nahe stehende Person. Das Schreiben entsteht in einem sozialen, nicht in einem öffentlichen Kontext. Dementsprechend hat der Brief auch nicht jene rhetorisch verstellenden Formen angenommen, die eine geplante Veröffentlichung dem Schreiben zwangsläufig – bewusst oder unbewusst – abverlangt hätten.

Diese Aufrichtigkeitskonstruktion ist ein Aspekt asketischer Literatur, der über die bisher beschriebenen Formen der Authentisierung hinausweist. Stillos ist der sulpicische Brief an den Diakon Aurelius nicht aufgrund einer willentlich vollzogenen Bildungsaskese oder der vermeintlichen Bildungslosigkeit ihres Autors. *Der Text entsteht vielmehr schon in einem Kontext, der dessen Stillosigkeit offenkundig nahe legt.* Die Qualität des Schreibens ist seine Intimität – eine Eigenschaft, die sich durch den Ausschluss von Öffentlichkeit definiert und damit auch nicht den Gesetzmäßigkeiten öffentlicher Kommunikation unterliegt. Der Reiz der literarischen Konstruktion in den sulpicischen Briefen besteht vor allem darin, einerseits die Intimität eines Schreibens zu behaupten und es doch gleichzeitig der – per definitionem – ausgeschlossenen Öffentlichkeit zugänglich zu machen. Diese Konstruktion bedarf einer *medialen Konstellation*, also einer dritten, transmittierenden Figur – hier ist es die Schwiegermutter Bassula –, die, wenn auch ausführlich beschimpft, für den authentisierenden Effekt unerlässlich erscheint – sie allein bewahrt dem Autor seine Unschuld, dem Text seine Intentionslosigkeit.

2.2.4 *Nachtrag*

Die in dem Abschnitt zuvor beschriebene Konstellation von dominanten Repräsentationsmodi und ihrer subversiven Verweigerung als bewusste Form der Authentisierung lässt sich in dieser Weise nur für einen historisch eng zu fassenden Zeitabschnitt bezeugen. Asketische Opposition gegen Rhetorik setzt voraus, dass man sie selbst beherrschte, zumindest aber, dass sie weitgehend noch zur Geltung kam. Nur wenn rhetorisches Wissen allgemein zur Verfügung steht, ist auch das Signal bewusster Verweigerung als solches erkennbar. Hieronymus z. B. war ebenso wie die meisten Asketen an der Wende vom vierten zum fünften nachchristlichen Jahrhundert noch »im Vollbesitz einer Tradition, die er beenden half« (PRINZ 1965: 463). Wenn hingegen Gregor von Tours gut einhundert Jahre später in dem Epilog seiner *Zehn Bücher fränkischer Geschichte* eingesteht, seine Historie »in etwas bäuerischem Stil [stilo rusticiori] geschrieben« zu haben (GREGOR VON TOURS 1990b: 415), dann ist dies nicht der Versuch einer

Authentisierung, sondern das Dokument tatsächlichen Bildungsverfalls (vgl. BRUNHÖLZL 1975: 129ff.) – ein Umstand, den er selbst im Prolog seiner Schrift zu beklagen weiß: »Da die Pflege der schönen Wissenschaften in den Städten Galliens in Verfall geraten, ja sogar im Untergang begriffen ist, hat sich kein in der Redekunst erfahrener Grammatiker gefunden, um in Prosa oder Versen zu schildern, was sich unter uns zugetragen hat«. Er selbst vermochte die Geschichte der Franken nur »in schlichter kunstloser Rede« niederzuschreiben, doch sah er sich darin bestätigt, da er »oft verwundert von den Unseren habe vernehmen müssen: den philosophierenden Kunstredner verstehen nur wenige, die Rede des schlichten Mannes aber viele« (GREGOR VON TOURS 1990a: 3).

Tatsächlich führt die Rhetorik im Mittelalter neben den anderen Künsten wie Grammatik und Logik ein Schattendasein. Man hatte »genug damit zu tun, (im Grammatikunterricht) Latein zu lernen und dabei die Schriften der Alten nach ihrem inhaltlich-moralischen Gehalt zu studieren«, schreibt Karl-Heinz Göttert (1991: 141). Auch der augustinische Rettungsversuch rhetorischen Wissens für Verkündigung und Auslegung der Heiligen Schrift zeigt kaum Wirkung. Es gilt die Auffassung, dass Gottes Wort nicht schmuckbedürftig sei. In den wenigen Quellen, die sich vor 1200 zur Kunst der Predigt äußern, steht das ›Was‹, und nicht das ›Wie‹ zur Debatte (vgl. ebd.: 145).

Die spezifische Verknüpfung von lebenspraktischer und ästhetischer Askese formuliert sich erst wieder ab dem elften Jahrhundert, allen voran mit den monastischen Reformbewegungen und Bettelorden des Hochmittelalters: den Zisterziensern, Dominikanern und Franziskanern. »Wir Mönche, [...] die wir um Christi willen alle wertvollen und schönen Dinge der Welt aufgegeben haben«, schreibt Bernhard von Clairvaux in seiner viel zitierten *Apologia* im Hinblick auf die Prachtentfaltung der Cluniazenser, »wir, die wir alle die Dinge, die in Schönheit glänzen, die das Ohr mit der Süße der Töne liebkosen, die duften, die angenehm schmecken, die dem Tastsinn wohltun, also alle, die dem Leib schmeicheln, gleich Kot geachtet haben«, sollten uns sehr wohl davor hüten, in den Kirchen das Schöne anzustaunen, anstatt das Heilige zu verehren (zitiert nach ECO 1991: 19ff.). Damit kein solcherlei ›Schmutz‹ durch das ›Fenster der Seele‹ ins Innere des Menschen dringe, gab es in den zisterziensischen Kirchen auch keine Skulpturen, an Bildern nur das Kruzifix und anstelle eines weithin sichtbaren Kirchturms bestenfalls einen ›Dachreiter‹ (vgl. DINZELBACHER 1998: 90ff.; BADSTÜBNER 1992: 144ff.).

Franz von Assisi untersagt den Seinen sogar ganz, Kirchen oder feste Behausungen zu bauen. Doch dieser Verzicht ist in erster Linie nicht ästhetisches Signal als vielmehr Ausdruck gesuchter Armut, die gleichwohl in der franziskanischen Literatur mit der propagierten Vermeidung stilistischer Feinheiten ein ästhetisches Korrelat findet. Entsprechend bekräftigt der an der Universität in Paris unterrichtete Ordensgeneral Bonaventura in seiner Vita des heiligen Franziskus, es sei angezeigt, »bei der Schilderung der Begebenheiten [...] auf allen gewählten und prunkvollen Stil [zu] verzichten [...], weil eher schlichte als kunstvolle und gepflegte Worte den Leser erbauen« (BONAVENTURA 1962: 254). Thomas von Celano wiederum beteuert um das Jahr 1230 in seiner ersten Lebensbeschreibung des Heiligen, »das, was ich aus seinem eigenen Munde gehört, oder von glaubwürdigen und zuverlässigen Zeugen erfahren habe, [...] so gut wie möglich, wenn auch in unbewanderten Worten wiederzugeben. Möchte ich mich hierin als Schüler dessen erweisen, der stets dunkle Rede mied und Wortgepränge nicht kannte!« (CELANO 1994: 75). Im Vorwort der wenige Jahre später entstandenen zweiten Vita bittet er seine Leser »um wohlwollende Beurteilung; so mögen sie der Einfalt der Erzähler Rechnung tragen oder die Worte zurechtrichten, damit die Ehrfurcht gegen jenen, von dem die Rede ist, unverletzt gewahrt bleibe« (ebd.: 220). Franziskus selbst bezeichnet sich mit Vorliebe als einfältig und ungebildet (simplex et idiota). In Anlehnung an Hieronymus ist die ›heilige Einfalt‹ neben der Armut sogar eine der Grundtugenden seiner Bewegung: Letztendlich sei sie es, »die die griechischen Auszeichnungen nicht für die besten hält, die lieber handeln als lernen will; die in allen göttlichen Gesetzen Winkelzüge mit viel Worten, Ausschmückungen und Geprängen, Prahlereien und Spitzfindigkeiten denen überläßt, die dem Untergang geweiht sind« schreibt Thomas von Celano (ebd.: 189; vgl. FELD 1994: 197). Mit den ›griechischen Auszeichnungen‹ ist natürlich nicht allein die Kunst der Rhetorik anvisiert; Franziskus zeigt sich in der Blütezeit der Scholastik ebenso wie Bernhard von Clairvaux ausnehmend skeptisch gegenüber jeder Form rational-logischer Weltergreifung.

Es ist aufschlussreich anzumerken, dass die proklamierte Vermeidung rhetorischer Kunstmittel in den Texten des Franziskanerordens zu einem Zeitpunkt erfolgt, als die Rhetorik im Bereich der Poetik zu neuer Geltung kommt. Gegen Ende des zwölften Jahrhunderts empfiehlt z.B. Matthäus von Vendôme Farbe und Festlichkeit der Worte, um den Gedanken gebührenden Glanz zu verleihen. Galfred von Vinsauf rechtfertigt wenig später mit der Würde des sprachlichen Ausdrucks sogar ›schweren‹ Redeschmuck (vgl. GÖTTERT 1991: 143). Die Gemahlin Herzog Ottos II. von Bayern, die Welfin Agnes, die im dreizehnten Jahrhundert bei Reinbot von Durne ein dichterisches Werk in Auftrag gibt, scheint – wie dem Epilog zu entnehmen ist – darauf insistiert zu haben, auf die reichliche Verwendung rhetorischer Schmuckmittel zu verzichten und es bei einer schlichten, einfachen Darstellungsweise bewenden zu lassen (vgl. BUMKE 1982a: 390f.) – eine Bemerkung, die im Gegenzug auf den verbreiteten Gebrauch rhetorischer Mittel schließen lässt.

Erst mit dem italienischen Humanismus jedoch wird die Rhetorik wieder ihre ganze Wirkung entfalten. Petrarca sucht und findet verschollene Briefe Ciceros, wenig später stößt man auch auf seine rhetorischen Hauptwerke; und im Jahr 1416 zieht man in der Klosterbibliothek St. Gallen eine vollständige Ausgabe von Quintilians *Ausbildung des Redners* geradezu aus dem Staub (vgl. GÖTTERT 1991: 147). Wirklich verschollen waren diese Schriften sicherlich nie. Erst das neu entfachte Interesse intensiviert die Suche und treibt bisweilen Blüten, die wiederum Erasmus von Rotterdam Anfang des sechzehnten Jahrhunderts zum Anlass für zwei satirische Schriften nimmt. In *Lob der Torheit* verspottet er einen ebenso pedantischen wie ängstlichen Wortkünstler, der seine Mühen mit Triefäugigkeit und Blindheit bezahlt. In *Der Ciceronianer oder der beste Stil* lässt er einen wahrhaft neurotischen Verehrer Ciceros auftreten, der die geringste Abweichung von dessen Sprachgebrauch für eine Katastrophe hält und sich darüber rühmt, zum rhetorischen Schmuck den passenden Sinn zu finden (vgl. ebd.: 149f.) – und es ist diese, wenn auch von Erasmus überzeichnet dargestellte Wiederbelebung rhetorischen Wissens, die in der Neuzeit entsprechende Gegenbewegungen aktiviert.

2.3 Mediale Konstellationen der Aufrichtigkeit

2.3.1 *Zwei Reiseberichte der Neuzeit*

Die Reiseliteratur der frühen Neuzeit, schreibt Stephen Greenblatt, »besteht hauptsächlich aus Texten von Autoren, die angeblich die neuen Länder mit eigenen Augen gesehen haben, aber ihre Authentizität wird [...] durch einen bestimmten Stil verbürgt, einen Stil, der in aller Regel bescheiden, phantasielos, wenig erfinderisch und deswegen vermeintlich verlässlich ist« (GREENBLATT 1994: 222). Ein viel sagendes Beispiel für diese Feststellung findet man in den Reiseberichten des Bernal Diaz del Castillos, der im frühen sechzehnten Jahrhundert an der Seite des berühmteren Hernan Cortes die mittelamerikanischen Hochkulturen entdeckt und der spanischen Krone unterwirft. Zum Zeitpunkt der Niederschrift schon alt und verarmt, sieht Bernal Diaz sich wohl durch die offenkundigen Irrtümer und Unstimmigkeiten zuvor verfasster Chroniken, allen voran durch die Beschreibungen des Francisco Lopez de Gomaras, zu einer Korrektur genötigt. Hätten »sie es redlich gemeint«, schreibt er im Jahr 1568, »dann hätten sie uns Eroberer nicht mit Stillschweigen übergehen dürfen. Von den Heldentaten und dem Ruhm des Cortes gebührt mir auch ein Teil; denn ich bin in allen seinen Schlachten unter den ersten gewesen, ich habe unter seinen Obristen an vielen anderen Gefechten teilgenommen« (DIAZ DEL CASTILLO 1988: 620). Erwartungsgemäß programmatisch ist sein Bericht als *Wahrhafte Geschichte der Entdeckung und Eroberung von Mexiko* überschrieben.

Doch es sind nicht allein historiographische Ungenauigkeiten, die er zu bemängeln weiß: »Ich stelle immer wieder fest«, schreibt Bernal Diaz, »daß selbst die berühmten Geschichtsschreiber ihre Chroniken mit überschwänglich gehaltenen Vorreden einleiten, um ihnen Glanz und Ansehen zu geben«. Zu einem überschwänglichen Auftakt und stilistischen Finessen sieht Bernal Diaz sich nicht in der Lage. Er wolle vielmehr als ungelehrter Augenzeuge »mit Gottes Hilfe ganz einfach« beschreiben, was er selbst gesehen und erlebt habe (ebd.: 17). Diese selbst ernannten Chronisten würden die Ereignisse nicht aus eigener Anschauung kennen und diesen Makel mit rhetorischen Kunstgriffen zu kaschieren versuchen. Er selbst aber schreibe als Augenzeuge: zwar einfach, dafür aber verlässlich, »ohne die Tatsachen in irgendeiner Weise zu verdrehen« (ebd.).

Diese stilistische und zugleich historiographische Qualität seiner Schrift sei ihm sogar von Dritten bestätigt worden. Gegen Ende seiner ›wahrhaften Geschichte‹ vermerkt Bernal Diaz, das ins Reine geschriebene Manuskript zwei »Lizentiaten« anvertraut zu haben, die seine Version mit anderen vergleichen wollten:

> »Als die beiden meine Arbeit gelesen hatten, rühmte der eine, der von solchen Dingen viel verstand, die Zuverlässigkeit meines Gedächtnisses. Ich hätte nichts Wichtiges ausgelassen. Dann lobten beide den schlichten, altkastilischen Stil, mit dem man heute weiterkomme als mit den umständlichen und ausgeklügelten Redensarten der üblichen Geschichtsschreiber. Es sei alles einfach und ungeschminkt geschrieben, und man könne trotzdem schöne Nutzanwendung daraus ziehen« (ebd.: 619).

Wer nicht von eigenem Erleben berichtet, muss überreden. Der Augenzeuge hingegen hat einen unmittelbaren Zugriff auf die Wahrheit, die er lediglich mit den Mitteln einer klaren, schlichten und unprätentiösen Sprachen darzulegen braucht – das ist die zentrale Figur seiner Authentisierung. So wird die sprachliche Form bei Bernal Diaz zu einem performativen Versprechen dokumentarischer Treue.

Welch tiefen Eindruck die vermeintlich transparente Form der altkastilischen Sprache bei seinen Lesern tatsächlich hinterlassen hat, bezeugt der Historiker William Prescott noch im neunzehnten Jahrhundert: »Bernal Diaz, dieses unverdorbene Naturkind«, liest man hier, »ist ein äußerst getreuer und wahrhafter Kopist der Natur. Er überträgt Szenen aus dem wirklichen Leben durch eine Art daguerrotypischen Prozeß, wenn ich mich so ausdrücken darf, auf das Papier« (zitiert nach GREENBLATT 1994: 197). Sein Stil erscheint also auch dreihundert Jahre später noch so leidenschaftslos und vertrauenswürdig, dass Prescott sich veranlasst sieht, ihn mit der dokumentarischen Qualität photographischer Bilder zu vergleichen. Auch wenn von Photographie in diesem Zusammenhang später noch zu sprechen sein wird, soll der hier angeregte Vergleich zunächst einem anderen weichen. Denn mit der Analogisierung gemeint ist ja etwas viel Grundsätzlicheres: nämlich die Eigenschaft des Historiographen als transparentes Medium – eine Eigenschaft, die Bernal Diaz zumindest für William Prescott mit seiner altkastilisch-stilasketischen Sprache einzulösen wusste. Und in dieser Hinsicht ist Bernal Diaz zweifellos mit all den anderen Autoren der zuvor angeführten Beispiele stilasketischer Authentisierung vergleichbar.

Nehmen wir ein zweites Beispiel: Nicht wenig später schreibt Michel de Montaigne in seinen Essais von den Wilden der Neuen Welt; oder genauer: von einer seiner Zeit recht beliebten Figur gelehriger Spekulation, dem Kannibalen. Auch bei Bernal Diaz finden sich entsprechende Passagen, die allerdings bei Montaigne einiges distanzierter ausfallen. Nachdem Montaigne die abstoßende Eigenart der Wilden gebührend verurteilt hat, gibt er zu bedenken, »daß wir bey unseren eigenen Fehlern so blind sind, da wir die ihrigen so genau wahrnehmen« (MONTAIGNE 1992: 1. Buch, 377). Offensichtlich sei es doch einiges barbarischer, einen Menschen bei lebendigem Leib auf alle erdenkliche Art und Weise zu foltern – wie es in der alten Welt nach wie vor Sitte sei –, »als ihn, wenn er todt ist, zu braten und zu essen« (ebd.: 378).

Die Wilden, die Montaigne vor Augen hatte, waren nicht die Indios der mittelamerikanischen Hochkulturen; seine Kannibalen lebten unter paradiesischen Bedingungen in den brasilianischen Urwäldern des Amazonas. »Sie sind wilde«, schreibt Montaigne, »eben so wie wir die Früchte, welche die Natur für sich und nach ihrem ordentlichen Laufe hervor gebracht hat, wilde nennen: da wir doch vielmehr dieienigen, welche wir durch unsere Kunstgriffe verderbet, und von der gemeinen Ordnung abgebracht haben, wilde nennen sollten« (ebd.: 369). So kenne man zwar im Amazonas weder Gelehrsamkeit noch Rechenkunst, dafür aber auch keine Standesunterschiede, weder Reichtum noch Armut, keine Kleider, keinen Ackerbau und »keine andere Beschäftigung als zum Zeitvertreib«; diesem Volk seien »so gar die Worte, welche Lügen, Verrätherey, Verstellung, Geitz, Neid, Verläumdung, Verzeyhung bedeuten, unbekannt« (ebd.: 371f.). Barbaren könne man sie also nur insofern nennen, als die Wilden von allen schlechten Gewohnheiten der alten Welt unberührt, ihrer »ursprünglichen Einfalt noch sehr nahe« seien (ebd.: 371).

Man verstände Montaignes Essay falsch, sähe man darin einen um präzise Beschreibung bemühten ethnographischen Bericht. Unaufhörlich betont er, was seine Kannibalen in Hinblick auf die alte Welt *nicht* sind. Diese spezifische Charakterisierung lässt erahnen, dass die Wilden des Amazonas ebenso gut »exotisierte Europäer« sein könnten, »erfunden zu dem Zweck, mittels des Fremden das Eigene in Frage zu stellen« (PICKERODT 1987: 129) – also der eigenen Kultur den kulturlosen und insofern paradiesischen Naturzustand der Wilden pointiert gegenüberzustellen.

Stephen Greenblatt bemerkt, dass Montaigne entgegen seiner Gewohnheit an anderer Stelle seine Quellen verschweigt. Offensichtlich kannte er zahlreiche Texte über die Neue Welt aus erster Hand, doch war es für ihn anscheinend von größerer Bedeutung, jeden Hinweis auf eine kulturell vorformulierte Beschreibung vorzivilisatorischer Kannibalen durch Gelehrte der alten Welt zu vermeiden (vgl. GREENBLATT 1994: 223). Statt dessen erwähnt Montaigne eine Quelle, die auf ihre Weise dem kulturlosen Zustand der Wilden zu entsprechen scheint: ein plumper und einfältiger Knecht. »Ich habe lange Zeit einen Menschen bey mir gehabt«, schreibt Montaigne einleitend, »der sich zehen bis zwölf Jahre in der neuen Welt, welche in unserm Jahrhunderte entdeckt worden ist«, aufgehalten habe (MONTAIGNE 1992: 1. Band, 363). Er sei zwar nur ein einfältiger Mensch gewesen, doch gerade diese Art von Leuten erscheine ihm im Hinblick auf ein wahres Zeugnis besonders zuverlässig:

> »Denn, verschmitzte Leute geben zwar sorgfältig Acht, und beobachten mehr Dinge; machen aber allerhand Glossen dabey, und sehen sich daher genöthiget, um ihren Er-

klärungen einen Schein zu geben, und diesselben glaublich zu machen, die Geschichte ein wenig zu verändern. Sie stellen einem die Sache niemals unverfälscht vor, sondern drehen und verkleiden dieselben wie sie ihnen vorgekommen sind, und setzen gemeiniglich, um ihr Urteil in Ansehen zu bringen, und um einem dasselbe ein zu schwatzen, von dieser Seite der Materie etwas zu, und verlängern und erweitern dieselbe. Entweder muß man einen sehr aufrichtigen oder einen einfältigen Menschen, vor sich haben, der keine Erdichtungen aushecken, oder denselben doch keine Wahrscheinlichkeit geben kann, und der keiner Parthey zugethan ist. Von dieser Art war der meinige [...]. Also begnüge ich mich meines Theiles mit dieser Nachricht, ohne mich um das zu bekümmern was die Erdbeschreiber davon sagen« (ebd.: 367f.).

Mit der Wahl seiner Quelle scheint Montaigne sich am Authentizitätsideal der Reiseliteratur seiner Epoche zu orientieren – immerhin garantiert der Knecht durch seine Unfähigkeit zu einer stilisierenden und damit verstellenden Darstellung Klarheit und Transparenz. Aber eben dies ist schon der entscheidende Unterschied zum vorherigen Beispiel: anders als bei Bernal Diaz lastet das Authentizitätsversprechen nicht auf dem Autor – Montaigne schreibt keinen schlichten, unprätentiösen Stil –, glaubwürdig ist allein der Vermittler, eben sein plumper und einfältiger Gefährte, der als Knecht den authentisierenden Stil ersetzt. Montaigne konstruiert eine Konstellation, die ihn als Autor zwar zu seinem Gegenstand distanziert, gleichzeitig aber auch die Möglichkeit eröffnet, ein grundlegendes kommunikatives Problem zu lösen:

Wenn er in seinem Essay betont, dass den Wilden des Amazonas Worte für ›Lügen, Verrätherey, Verstellung, Geitz, Neid und Verläumdung‹ (vgl. ebd.: 372) gänzlich unbekannt seien, wird der Leser mit diesem Ideal aufrichtiger Kommunikation vor allem die angedeutete Negation assoziiert haben: das eigene sprachliche Repräsentationssystem der alten Welt. Den Makel der eigenen, inauthentischen Zivilisation kann auch Montaigne als gelehrter Schriftsteller nicht von sich weisen – gerade kulturelle Kompetenz steht ja im Verdacht, die eigenen Fähigkeiten interessegeleitet gegen die ›Wahrheit‹ einzusetzen. »Verschmitzte Leute«, schreibt Montaigne, den Argwohn seiner Leser antizipierend, »stellen einem die Sache niemals unverfälscht vor, sondern drehen und verkleiden dieselben« (ebd.: 367f.). Das grundlegende Problem besteht darin, Kulturlosigkeit als zivilisationskritische Idee kulturell zu vermitteln, also kommunizierbar zu machen, ohne die eigentliche Qualität – die Aufrichtigkeit der Wilden – durch die Vermittlung in verdächtigen Repräsentationsformeln zu verlieren. Soll das kulturkritische Potential der Wilden des Amazonas uneingeschränkt zu

Wirkung gebracht werden, kann dies nicht in Formen eines kulturell hoch kodifizierten Repräsentationssystems wie der gelehrten Schriftsprache der Renaissance geschehen – zumindest nicht unmittelbar.

Montaignes Knecht ist zwar nicht von unverdorbener Aufrichtigkeit, seine Einfallslosigkeit aber bezeichnet gegenüber der *undurchsichtigen* Gelehrsamkeit anderer einen wesentlichen Unterschied. Immerhin ist er nicht so verdorben, dass er seinen Erdichtungen Wahrscheinlichkeit geben könnte. Diese Differenz ist zwar nur eine graduelle – der Knecht beherrscht die verdächtigen Formeln sprachlicher Verstellung nur mangelhaft –, doch Montaigne nimmt diesen Mangel, pars pro toto, als Ganzes: sein plumper Gefährte ist *durchschaubar*. Er wird in Montaignes Essay zu einer rhetorischen Figur der Transparenz (vgl. GREENBLATT 1994: 224) und damit geradezu idealtypisch zu einem vertrauenswürdigen Vermittler. Diese Funktion übernimmt er jedoch nicht unmittelbar; der Knecht erscheint als Medium in einer literarischen Konstruktion, die es Montaigne ermöglicht, seinem Bericht von den Kannibalen eine subtile Kulturkritik beizufügen, ohne diese selbst diskursiv, also kulturimmanent und damit inauthentisch formulieren zu müssen. Formuliert wird sie mittelbar durch seinen Gefährten und innerhalb seines Berichts von den Wilden des Amazonas; für sie spricht ihre kulturlose Ursprünglichkeit, die nicht von Montaignes kritischem Interesse – das wäre verdächtig –, auch nicht von dem Knecht – das wäre undenkbar –, sondern von der Natur selbst hervorgebracht wird als ›wilde Frucht‹, gefunden von einer einfallslosen und in jeder Hinsicht durchschaubaren Figur, die, hätte es sie nicht gegeben, Montaigne hätte erfinden müssen.

Diese Konstruktion gleicht in gewisser Hinsicht der *medialen Konstellation*, mit der Sulpicius Severus im vierten Jahrhundert seine Briefe als intime, unmittelbare, ausdrücklich nicht für die Öffentlichkeit bestimmte Äußerungen der Öffentlichkeit zuleitet. Der anachoretische Zufluchtsort asketischer Mönche übernimmt in seinem Kontext eine Funktion, die Montaigne den Wilden des Amazonas zuweist; beides wird gedacht als eine von verdächtiger Kultur unberührte Sphäre unverstellter Ursprünglichkeit, die, kulturell ergriffen, ihre wesentliche Eigenschaft verlieren würde. Folgt der Leser dieser Konstruktion, dann evoziert die *mediale Konstellation* der Beschreibung eine Rezeptionshaltung, die ihn eine kommunikative Äußerung annehmen lässt, die nicht im Bewusstsein auf ihre Darstellung hin zustande gekommen wäre und insofern auch nicht durch Formen ihrer kulturellen Repräsentation hätte verstellt werden können.

2.3.2 *Aufrichtigkeits- und Authentizitätssehnsucht im achtzehnten Jahrhundert*

Die Überlegungen zu den asketischen Schriften der Spätantike haben gezeigt, dass die stilisierte Stillosigkeit dieser Texte eine Reaktion aus Not in einer allgemein kulturellen Repräsentationskrise war. Die gezielte Vermeidung konventioneller Gestaltungsstrategien, oder auch nur die den Texten vorangestellte Beteuerung kultureller Entsagung und die lancierte Stillosigkeit der Schriftstücke, die man einer intimen Sphäre entrissen haben wollte – all diese Beispiele ließen sich beschreiben als Form subversiver Authentisierung, die ihre Glaubwürdigkeit vorrangig aus der Opposition gegenüber dominanten und zweifelhaft erscheinenden Kommunikationsmustern ableiten sollte. Auch Montaignes Essay *Von den Cannibalen* wendet sich gegen verstellende Sprachkonventionen, doch steht seine Sprachskepsis erst am Anfang einer Entwicklung, die ihre ganze Brisanz noch entfalten sollte.

Ab dem siebzehnten Jahrhundert sind es vor allem die formelhaft erstarrten Repräsentationsformen spätfeudaler Führungsschichten, die bürgerlichen Widerspruch provozieren. Offensichtlich außerstande, eine sozial und ökonomisch sich verändernde Gesellschaft adäquat zu repräsentieren, bleiben sie einem von den tatsächlichen Verhältnissen längst in Frage gestellten Gesellschaftsmodell verhaftet. Das Subjekt nach bürgerlichem Verständnis jedenfalls kann seinen identitätsstiftenden Ort in den spätfeudalistischen Repräsentationsformen weder suchen noch finden. Es findet dafür in der höfisch-aristokratischen Konversationskultur ein exemplarisches Modell *unaufrichtiger* Kommunikation, dem man die eigene, alternative Konzeption als *Kultur der Aufrichtigkeit* entgegenstellt.

Der ganze Hof gleiche einem »Gebäude aus Marmor«, schreibt z. B. der bürgerliche Erzieher aristokratischer Sprösslinge La Bruyère im Jahr 1688, gebaut aus »harten, aber glattgeschliffenen Menschen«, die ihrem »schlimmen Tun einen angenehmen Schein zu geben« wissen und die ihre »ausgeklügelte Kunst des Verhaltens« nur einem einzigen Laster verdanken, »der Falschheit« (zitiert nach ENGLER 1989: 19). Halte man sich am Hofe auf, so begegne man dort Gesprächspartnern, die mit größter Aufmerksamkeit auf jedes Wort achten, »das jemandem entschlüpft, um es aufzugreifen, damit herumzuspielen, eine geheime Bedeutung darin zu entdecken, die die andern nicht bemerken, und Feinheiten dahinter zu suchen, bloß um mit seinem eigenem Scharfsinn zu prunken« (ebd.). Selten aber treffe man auf Personen, »die im Gespräch verständig und angenehm erscheinen«, schreibt entsprechend der französische Moralist und Herzog von La Rochefoucauld im Jahr 1665 gleichsam aus einer Teilnehmerperspektive; offenbar gebe es »fast niemanden [...], der nicht mehr an das dächte, was er sagen will, als daran, auf das, was man ihm sagt, treffend zu antworten« (ebd.).

In dieser Konstellation ist Sprache vor allem kommunikatives Spiel, nicht um Erkenntnis, auch nicht um transparente Formen sozialen Austausches bemüht. Am Hof, das ist die einhellige Meinung der Sprachkritik, habe man jede Form kommunikativer Äußerungen instrumentalisiert, dem eigenen selbstbezogenen Interesse und der Intrige unterworfen.

»Wer kommuniziert, hat Motive«, fasst Wolfgang Engler die Sprachskepsis dieser Epoche in seiner Monographie zur *Konstruktion von Aufrichtigkeit* zusammen, »und wer Motive hat, kommuniziert nicht um der Kommunikation willen« (ENGLER 1989: 20). In dieser Situation bedarf es einer subversiven Wendung gegen die verkehrten und verkehrenden Repräsentationssysteme, einer Kommunikationsform unterhalb der verdächtigen Kultur, »und es war nötig«, schreibt Engler weiter, »seine Bekundungen hier wahrzunehmen und nicht innerhalb der entstellten Formen, die es nur annahm, wenn man es zu öffentlichen Erklärungen zwang« (ebd.: 44f.). Aufrichtig kann in diesem Kontext eine Äußerung nur sein, wenn sie die Gesetzmäßigkeiten spätfeudalistischer Repräsentationsformen unterläuft, wenn sie nichtöffentlich und damit in einer Konstellation erfolgt, die mit der Abwesenheit des potentiellen Adressaten der Äußerung auch jedes Motiv ihrer strategischen Verstellung erübrigt.

Im achtzehnten Jahrhundert ist die Skepsis gegenüber öffentlichen Kommunikationsformen derart ausgeprägt, dass man aufrichtige Äußerungen nur auf der Ebene des Privaten und Intimen – gleichsam als letztes kulturelles Residuum der Authentizität – vermuten will (vgl. GOULEMOT 1991: 391). Wie die nächsten Beispiele zeigen werden, gibt sich auch hier die Aufrichtigkeit einer Äußerung in erster Linie mit ihrer gezielten Stilverweigerung zu erkennen.

»In der Welt nur lernt man kraftvoll reden«, schreibt Jean-Jacques Rousseau, denn man sei gezwungen, »jeden Augenblick zu bekräftigen, was man nicht glaubt, Empfindungen auszudrücken, die man nicht hat«, und letztlich seiner Rede »einen überzeugenden Schwung zu geben, welcher die innere Überzeugung ersetzt« (ROUSSEAU 1978: 11). Dieses Zitat findet sich in der Vorrede zu dem Briefroman *Julie oder Die Neue Héloïse* aus dem Jahr 1761, einem fiktiven Dialog, den Rousseau mit einem Buchhändler einleitend zu der sich anschließenden Textsammlung führt. Diese Texte sind auch Thema der Vorrede: intime Briefwechsel zweier Liebender aus der Provinz, deren Stil dem Buchhändler derart schwülstig und stillos erscheint, dass er befürchtet, mit dem vorliegenden Buch das ausgeprägte Formbewusstsein seiner Zeitgenossen zu beleidigen. Vor dem einleitenden Dialog schon hat Rousseau selbst in einer Vorrede die mangelnde Qualität der veröffentlichten Briefe deutlich herausgestellt:

> »Wer sich zur Lektüre der Briefe entschließen will, muß sich gegen die Sprachfehler, den schwülstigen und platten Stil, die gemeinen, durch hochtrabende Worte ausgedrückten Gedanken mit Geduld waffnen; er muß sich im voraus sagen, daß die Schreibenden keine Franzosen, keine Schöngeister, keine Mitglieder von Akademien, keine Philosophen, sondern Leute vom Lande, Ausländer, einsiedlerische Personen, jung, ja beinahe Kinder sind, die in ihren romanhaften Vorstellungen den ehrlichen Rausch ihres Gehirns für Philosophie ansehen« (ROUSSEAU 1978: 5f.).

Die unangemessene Form der Briefe betont Rousseau jedoch nur, um in einem zweiten Schritt – dem einleitenden Dialog – diesen Mangel mit der Bedeutung moralischer und kommunikativer Aufrichtigkeit zu füllen: Ein Brief, entgegnet er seinem Gesprächspartner, »den die Liebe wirklich in die Feder diktiert hat, [...] wird nachlässig, weitschweifig, voller Unordnung und Wiederholung sein«, den Leser aber wird er dennoch bewegen können. Die Briefe seien zwar stilistisch unvollkommen, doch in dieser Stillosigkeit sehe er das unmissverständliche Indiz ihrer Aufrichtigkeit, denn wenn auch die »Schwäche der Sprache« nicht unbedingt »die Stärke der Empfindung« bezeuge, so zeige sie doch »zuweilen wenigstens [...] deren Wahrheit« (ebd.: 12).

Mit ihrem besonderen Interesse an privaten und intimen Äußerungen ist die Literatur des achtzehnten Jahrhunderts vor ein grundlegendes Problem gestellt; allerdings ein Problem, mit dem sich in den Beispielen zuvor schon Sulpicius Severus und Michel de Montaigne konfrontiert sahen. Wie kann ein Text, der alle charakteristischen Merkmale einer öffentlichen Äußerung negieren soll, seine sprachkritische Funktion in einer literarischen Öffentlichkeit erfüllen, für die er – um seiner Aufrichtigkeit willen – ausdrücklich nicht bestimmt sein darf? (vgl. ENGLER 1989: 30). Auch Rousseau bemüht zur Lösung dieses kommunikativen Paradoxons eine *mediale Konstellation*, nur dass er jetzt als Autor selbst in vermittelnder Funktion auftritt: Die Briefe seien Fundstücke, schreibt er, und Rousseau nur ihr Herausgeber (vgl. ROUSSEAU 1978: 5). Die Briefe bewahren mit dieser ›Legende‹ ihre Eigenschaft als intime Äußerungen, denn veröffentlicht werden sie als Texte, deren unanfechtbare Authentizität gerade darin besteht, dass eine Veröffentlichung nicht in ihrer Bestimmung lag.

Im nächsten Beispiel tritt die mediale Funktion des Autors noch deutlicher hervor. Wiederum ist der Text einer Vorrede entnommen – es ist Diderots Einleitung zu seinem Schauspiel *Der natürliche Sohn oder die Proben der Tugend. Nebst der wahren Geschichte des Stücks* aus dem Jahre 1757. Von der ›wahren Geschichte‹ erfährt das lesende Publikum durch eine Unterredung zwischen ihm, dem Autor, und einem gewissen Dorval. Dieser habe ein Theaterstück geschrieben, das vollständig aus wahren Begebenheiten bestehe, die sich in seiner Familie zugetragen hätten. Die Aufzeichnung sei erfolgt, damit die Ereignisse – dem Wunsch seines Vaters entsprechend – Jahr für Jahr im Kreise der Betroffenen, und nur dort, zur mahnenden Erinnerung aufgeführt werden könnten. Als Diderot von ungenierter Neugier getrieben fragt, ob es denn möglich sei, der Premiere dieses außerordentlichen Schauspiels beizuwohnen, muss er sich zunächst mit einer eher zurückhaltenden Antwort zufrieden geben:

> »Ich verstehe Sie«, war seine [Dorvals] Antwort. »Aber glauben Sie, daß man Theresien, Clairvillen, Rosalien so einen Antrag tun dürfe? Der Inhalt des Stückes ist ihnen bekannt; und Sie können sich leicht einbilden, daß verschiedene Auftritte darin vorkommen, bei welchen die Gegenwart eines Fremden [sie] in Verlegenheit setzen könnte. Unterdessen, da man die Anstalten im Saale mir überlassen hat – ich verspreche Ihnen nichts; ich schlage es Ihnen auch nicht ab; ich will sehen.« Hierauf gingen wir voneinander. Es war Montag. Er ließ mir die ganze Woche nichts sagen. Aber des Sonntags früh schrieb er mir: ›Heut, mit dem Schlage drei, an der Gartentüre.‹ – Ich fand mich ein. Ich stieg durch das Fenster in den Saal, und Dorval, der jedermann auf die Seite geschafft hatte, stellte mich in den Winkel, wo ich, ohne gesehen zu werden, das, was nun folget, sehen und hören konnte« (DIDEROT 1986: 13).

Das Problemfeld aufrichtiger Kommunikation erstreckt sich nicht (oder nicht allein) auf den Inhalt, es ist vielmehr schon Bestandteil der spezifischen Organisationsweise des Textes: Diderot konstruiert mit der Einleitung eine Konstellation, die ihm als Autor – stellvertretend für den Zuschauer – die unverdächtige Perspektive des voyeuristischen Beobachters zuweist. Die Akteure haben keine Kenntnis von seiner Anwesenheit, auch sind sie sich der Öffentlichkeit, die erst durch die Präsenz des Autors hergestellt wird und der nun ihr Schauspiel ausgesetzt ist, nicht bewusst. Damit fehlt ihnen jedes Bewusstsein darüber, einem Dritten, distanzierten Beobachter etwas anderes bedeuten zu können, als es der familiäre, sozial verpflichtende Kontext ihrer Bekenntnisse und Handlungen nahe legt – so zumindest das kommunikative Versprechen der Vorrede. Das Schauspiel sei immerhin, wie Dorval bemerkt, so intim, dass ein Beobachter, trete er in das Bewusstsein der Spielenden, diese in Verlegenheit führen könne – eine Bemerkung, die das Prekäre der Situation unterstreicht, wenn nicht sogar erst konstituiert.

Natürlich ist Diderots Stück als Schauspiel durchschaubar. Kaum einer der historischen Zuschauer wird mit letzter Konsequenz der medialen Konstruktion gefolgt sein und auf der Bühne eine Dokumentation sozialer Ereignisse erwartet haben. Repräsentiert wird vielmehr bürgerliches Bewusstsein: Wenn authentische Kommunikation darstellbar sei, dann nur in dieser Konstellation. Mit der legendisierenden Vorrede aber vermittelt Diderot auch die vage Möglichkeit, vielleicht doch tatsächlichen Begebenheiten zu folgen – ein ambivalentes Spiel, dessen Reiz gerade darin besteht, dass der Realitätsstatus der Darstellung für den Zuschauer unentscheidbar bleibt.

2.4 Zusammenfassung: Das kommunikative Versprechen stilloser Darstellung

Betrachtet man die beiden zuletzt genannten Texte aus dem achtzehnten Jahrhundert vor dem Hintergrund der bisher versammelten Beispiele kommunikativer Authentisierungsstrategien, dann lassen sich drei Aspekte festhalten, die eine literarisch konstruierte mediale Konstellation einzulösen verspricht:

1. *Die Autorlosigkeit des Textes* – Der Text ist zumindest insofern autorlos, als sich trotz aller Organisiertheit kein Autor ausmachen lässt, der diesen Text im Hinblick auf seine öffentliche Rezeption geschrieben hätte. Diderot überlässt seinem Publikum lediglich die Niederschrift seiner voyeuristischen Beobachtungen, geschrieben aber wurde das Schauspiel – wenn man so will – vom Leben selbst; was jedoch nur heißen kann, dass die Äußerungen in einem sozialen, nicht in einem öffentlichen oder sogar ästhetischen Kontext zustande kamen. »Solange ein Leser glauben kann«, schreibt Jan Berg, »ein Textdokument vor Augen zu haben, in das sich lebenspraktische Kommunikation direkt eingeschrieben hat, das nicht von materiellen Interessen, sozialen und emotionalen Beziehungen und Abhängigkeiten geprägt ist, kann er sicher sein, dass nichts in Hinsicht auf

ihn als Leser ausgedacht oder hingedreht wurde: was er liest, ist sowohl von seiner Position als auch vom Buchmarkt völlig abgetrennt« (BERG 1990: 108f.). Die Äußerungen autorloser Texte sind damit aber nicht zugleich auch aufrichtig. Textimmanent kann man den Protagonisten der verschiedenen Konstellationen durchaus kommunikativ verstellende Motive zur Last legen. Hintergangen aber wird nicht der Leser: »Selbst wenn der Briefeschreiber lügt, um den Empfänger zu täuschen«, schreibt Jean Marie Goulemont über den Briefroman des achtzehnten Jahrhunderts, »weiß der Leser, woran er ist. Er ist nicht der Getäuschte, allenfalls ein Komplize« (GOULEMONT 1991: 395).

In dieser Hinsicht unterscheiden sich die Texte ›einfacher Stillosigkeit‹, die ich eingangs mit den Beispielen asketischer Literatur oder mit dem Reisebericht des Bernal Diaz beschrieben habe, von den Texten, die zu ihrer Authentisierung eine mediale Figur bemühen. In der *Vita Martini* ist Sulpicius sehr wohl hagiographischer Autor seines Textes, wohingegen die Beschimpfungen Bassulas – seiner Schwiegermutter und Herausgeberin – darauf abzielen, für den entsprechenden Brief eine Autorlosigkeit in dem oben genannten Sinn zu behaupten.

2. *Die Unmittelbarkeit der Äußerung* – Sie setzt die Autorlosigkeit des Textes als Bedingung voraus und verdankt sich dem Umstand, dass der Äußernde kein Bewusstsein darüber hat, mittelbar einem anderen etwas bedeuten zu können. Was immer auch geäußert wird, es erfolgt nicht im Hinblick auf einen potentiellen Rezipienten. Dessen Abwesenheit garantiert vielmehr die Möglichkeit, mittelbar auch Zeuge solcher Äußerungen zu werden, die unter Ausschluss der Öffentlichkeit nicht den Gesetzmäßigkeiten öffentlicher Kommunikation unterliegen. Unmittelbare Äußerungen sind dem Leben ›abgelauscht‹ oder – wie die Briefe des Sulpicius Severus – der Intimsphäre privater Korrespondenz entrissen.

Nicht ohne Phantasie entfaltet die Literatur des achtzehnten Jahrhunderts die verschiedensten Konstellationen unmittelbarer Äußerungen; der Bedarf an transmittierenden Figuren ist entsprechend groß. In Diderots *Gespräche mit d'Alembert* wacht z. B. eine junge Frau an dem Bett eines Kranken, um alle Worte zu bewahren, die er unwillkürlich im Fieberschlaf von sich gibt (vgl. ENGLER 1989: 26). In anderen Konstellationen findet man das Manuskript in einem Verschlag oder in einer Truhe, so wie Daniel Defoe in seinem *Robinson Crusoe*, oder beteuert – wie Rousseau in *Julie oder Die Neue Héloïse* und Choderlos de Laclos in den *Gefährlichen Liebschaften* – die

Authentizität der Briefe, die man lediglich verwahrt und später herausgegeben habe (vgl. GOULEMONT 1991: 394).[25]

3. *Die Stillosigkeit der Sprache* – Sie ist ästhetischer und damit für den Rezipienten einsehbarer Ausdruck unmittelbarer Aussagen, da sie die fehlende stilistische Selbstkontrolle ihres Urhebers zu erkennen gibt. Alle Motive zu einer Stilisierung der Äußerung sind ja durch die Bedingungen ihrer Unmittelbarkeit schon ausgeschaltet. Stillos ist aber nicht nur die einsame, unwillkürliche Aussage. Rousseaus Liebende aus der Provinz zeichnen sich durch eine Art sprachlicher Überproduktion aus: Ihre Briefe sind schwülstig und hochtrabend. Montaignes plumpen Knecht hingegen fehlt es einfach an der intellektuellen Möglichkeit zu einer elegant stilisierten Textproduktion. Das Ergebnis jedoch ist dasselbe. In beiden Fällen beherrschen die Protagonisten die verdächtigen Formen der Sprache nur insoweit, als die verwendete Form einer Äußerung ihre Motivierung nicht

25 Eine geradezu exemplarische Herausgeberlegende findet man im neunzehnten Jahrhundert einleitend zu Sören Kierkegaards philosophischem Hauptwerk *Entweder – Oder*; hier allerdings schon mit einer ironisierenden Wendung. Gefunden habe Kierkegaard die herausgegebenen Papiere in einem Sekretär, den er in einer umständlichen Einleitung selbst zu einem Fundstück erklärt: »Es mag jetzt etwa sieben Jahre her sein, daß ich bei einem Trödler hier in der Stadt einen Sekretär bemerkte, welcher gleich beim ersten Sehen meine Aufmerksamkeit auf sich zog. Er war von altmodischer Arbeit, ziemlich verschlissen, und doch fesselte er mich. Den Grund für diesen Eindruck klarzumachen, ist mir eine Unmöglichkeit [...]. Mein täglicher Weg führte mich bei dem Trödler und seinem Sekretär vorüber, und ich unterließ es keinen einzigen Tag, im Vorübergehen meinen Blick auf diesen zu richten. Nach und nach bekam der Sekretär in mir eine Geschichte; es wurde mir eine Notwendigkeit, ihn zu sehen (KIERKEGAARD 1964: 4). Endlich entscheidet er sich, das Möbelstück zu kaufen, und stellt es in sein Haus. Wenig später versucht er auf der Suche nach Geld für den wartenden Postillion verzweifelt und in Eile die verschlossenen Schublade seines Sekretärs mit einer Axt zu öffnen, wobei eine geheime, bis dahin unbemerkte Tür aufspringt: »Hier fand ich zu meiner großen Überraschung eine Menge von Papieren, diejenigen Papiere, welche den Inhalt vorliegender Schrift ausmachen« (ebd.: 6). Unter den gefundenen Papieren allerdings findet sich mit dem *Tagebuch eines Verführers* auch eine Textsammlung, die ihrerseits mit einer Herausgeberlegende eingeleitet wird: »Dies ist ein alter novellistischer Kniff«, gibt Kierkegaard zu bedenken, »gegen den ich weiter nichts einzuwenden hätte, wenn er nur nicht dazu beitrüge, meine eigene Stellung überaus verwickelt zu machen: der eine Verfasser kommt nun dazu, in dem andern drinzustecken wie Kästchen in einem chinesischen Kästchenspiel« (ebd.: 9). Die zweite Herausgeberlegende ist kurz erzählt. Ein Freund hatte entgegen seiner Gewohnheit den Sekretär nicht abgeschlossen. In einem günstigen, unbeobachteten Moment fand der Herausgeber eine Sammlung loser Papiere, die sich – nach einem flüchtigen Blick – als erotische Aufzeichnungen zu erkennen gaben. »Ich erinnere mich sehr wohl«, beteuert der Verfasser seinen heiklen Einbruch in die Intimsphäre des Freundes gleichsam als Versprechen an die Leser, »daß ich bleich ward, daß ich beinahe umgesunken wäre und wie bange mir davor war. Gesetzt, er wäre nach Hause gekommen, hätte mich ohnmächtig gefunden, die Schublade in der Hand – ein böses Gewissen vermag es doch, das Leben interessant zu machen« (ebd.: 326).

zu verdecken vermag. Montaignes Knecht ist nicht in der Lage, seinen Erfindungen Wahrscheinlichkeit zu geben, sie bleiben als Erfindungen weithin erkennbar. Insofern deutet auch in diesem Fall der stillose Gebrauch sprachlicher Formen auf ihre Transparenz.[26]

In jedem dieser Aspekte manifestiert sich *die Sehnsucht nach einer Kommunikation jenseits ihrer symbolischen Kodifizierung*, verbunden mit dem Versprechen, dort – und nur dort – etwas für *wahr* nehmen zu können. Dieser gesuchte Schritt zurück hinter die Zeichen ist als Ausdruck einer spezifischen *Authentizitätssehnsucht* beschreibbar; ihre kommunikativen Ausformulierungen bleiben allerdings notgedrungen hinter dem postulierten Authentizitätsversprechen zurück. Alle Variationen literarischer Authentisierung sind ihrer Intention zum Trotz immer noch Text und Zeichen. Was immer man negiert, man entrinnt der Form nicht. Selbst die konsequent durchgeführte Auflösung eines Codes als Mechanismus der Sinngebung bedeutet immer noch die Differenz zu diesem (vgl. ENGLER 1989: 30). Gleichzeitig gilt aber auch, dass die Frage nach dem *Wahren* und dem *Authentischen* nur in der Ordnung der Signifikanten gestellt werden kann, denn ›jenseits‹ der Sprache ist die Frage nicht nur nicht vermittelbar, sie tritt überhaupt erst gar nicht auf. So bleibt letztlich nur der Blick auf jene Frage nach den kommunikativen Funktionen, die Authentizitätsbehauptungen in ihrem jeweiligen historischen Kontext übernehmen können:

Das Interesse an den benannten Formen der Stillosigkeit wird jeweils ausgelöst durch eine grundlegende Defiziterfahrung: den offensichtlichen

26 Die oben genannte Einteilung orientiert sich in ihrer Trias, nicht aber in der Benennung der einzelnen Teile, an der Differenzierung Wolfgang Englers. Dieser entwickelt sein Modell vor allem an dem Beispiel Diderots und beschreibt die Elemente aufrichtiger Kommunikation unter texttheoretischen Gesichtspunkten. Nach seiner Einteilung sei 1.) der Text kein Text, da es an Autor und Adressat fehle; 2.) die Aussage keine Aussage, insofern versucht werde, pragmatische Kommunikationsmotive auszuschließen, und 3.) würden die ersten beiden Punkte eingelöst durch das kommunikative Versprechen der einsamen und unwillkürlichen Aussage, da es ihr an Adressat und pragmatischer Motiviertheit fehle (vgl. ENGLER 1989: 25f.). Ohne seinen Ansatz in irgendeiner Weise schmälern zu wollen – ohnedies verdanke ich der Monographie Wolfgang Englers vieles –, habe ich mich dennoch entschieden, den Aspekt der Stillosigkeit als Korrelat aufrichtiger Kommunikation in ästhetischer Form stärker zu gewichten. Darüber hinaus erweitere ich seine Überlegungen vor allem in historischer Hinsicht. Engler beschreibt die »diskursive Formation der Aufrichtigkeit« allein als Erscheinung des achtzehnten Jahrhunderts. Die Formen kommunikativer Authentizitätsbehauptung, die er dabei analysiert, können allerdings keine historische Exklusivität für sich beanspruchen. Sie erscheinen vielmehr – wie ich schon gezeigt habe und im Weiteren noch zeigen werde – in historisch unterschiedlichen Konstellationen als Reflex auf Darstellungsformen, die vorrangig die Zeichenhaftigkeit von Kommunikation repräsentieren.

Vertrauensverlust in die referentielle Funktion der Sprache – eine Erfahrung, die in letzter Konsequenz dem kommunikativen Bedürfnis nach einem sozial verbindlichen Austausch widerstrebt. Die Unmittelbarkeits- und Authentizitätsbehauptungen signalisieren dagegen mit ihrer Form eine zeichentheoretisch subversive Opposition gegenüber den etablierten und z. T. repressiven Diskursformen, denen man Falschheit, Verstellung und Referenzlosigkeit unterstellt. Diese Opposition wird selten auch als solche verstanden; sie verspricht ja gerade weitaus mehr: keinen immanent sprachlichen, sondern einen wesentlichen Unterschied ihrer Kommunikate gegenüber anderen. Tatsächlich aber überwinden auch diese nicht das Faktum ihrer Zeichenhaftigkeit, sondern lediglich die zeichenhaft erstarrten Formen der dominierenden Diskursformen; und es ist gut möglich – die Geschichte hat es oft genug gezeigt –, dass Authentizitätsdiskurse selbst dominierende und repressive Erscheinungsformen annehmen können. *Gleichwohl aber ist die subversive Verweigerung tradierter Repräsentationsmodi ein strukturelles Muster kommunikativer Authentisierung, die in dieser Konstellation als Reflex einer Sprachskepsis – wenn man so will – das Vertrauen wiederherzustellen und den referentiellen Charakter ihrer Kommunikate zu unterstreichen versucht.*

Wolfgang Engler beschreibt die Aufrichtigkeits- und Authentizitätssehnsucht des achtzehnten Jahrhunderts, in Anlehnung an Foucault, als eine *diskursive Formation*, die alle Bereiche des gesellschaftlichen Lebens zu bestimmen scheint: »Das Prinzip Aufrichtigkeit ragt tief in die Organisation der unterschiedlichsten Diskurse hinein«, schreibt Engler (1989: 32f.), wobei er im Folgenden näher auf die Diskurse der Pädagogik und Ökonomie eingeht. Dabei versäumt er, Beispiele visueller Medien anzuführen, die sich tatsächlich unschwer auffinden lassen. Eines habe ich bereits in dem einleitenden Abschnitt zu diesem Kapitel erwähnt: Der italienische Altertumsforscher Filippo Buonarroti kommt im Jahr 1716 zu der signifikanten Neubewertung zuvor bestenfalls als plump und unbeholfen klassifizierter Malereien der römischen Katakomben. In seinen Augen waren diese Darstellungen stillos – jedoch in dem besten Sinne des Wortes: Gerade ihre darstellerische Schwäche war ein »klares Argument und ein sicherer Beweis für die große Frömmigkeit der frühen Christen«, schreibt Buonarroti (zitiert nach HASKELL 1995: 141; vgl. Kap. 2.1). Diesem Urteil kam sicherlich zugute, dass die Malereien der römischen Katakomben Fundstücke waren und mit dem unmittelbaren kommunikativen Kontext ihrer Entstehung ein doppeldeutiges Motiv ihrer Urheber bestimmt auszuschließen war. Auch hier hat sich – wie in den Textbeispielen zuvor – mit der Stillosigkeit der Darstellung die Aufrichtigkeit ihrer Maler als ästhetische Qualität in die Bilder eingeschrieben. Buonarroti vollzieht damit eine Umbewertung stilloser Kunst, die ohne die charakteristische Affirmation der absichtslosen kommunikativen Äußerung durch das achtzehnte Jahrhundert sicherlich nicht denkbar gewesen wäre.

Das Versprechen stilloser Darstellung ist allerdings von der Malerei als Medium nur bedingt einlösbar. Der affektive Duktus als malerisches Gestaltungsprinzip ist im achtzehnten Jahrhundert noch nicht Gegenstand ästhetischer Spekulationen und so findet man in der Kunst eine entsprechende Auseinandersetzung mit dem Postulat der Aufrichtigkeit bestenfalls in Form einer stilreduktionistischen Entgegnung auf eine Darstellungspraxis, die man mit ihrem verspielt dekorativen Gestus der höfischen Kultur zuordnet.

Tatsächlich wird die Authentizitätssehnsucht des achtzehnten Jahrhunderts auf andere Weise, nämlich durch ein Instrument beantwortet, mit dem die mediale Konstellation bisheriger Aufrichtigkeitskonstruktionen geradezu mustergültig vor Augen geführt werden konnte – was wörtlich zu nehmen ist. Dieses Instrument ist die *Camera obscura* – ein erstes Modell technisch-mechanischer Medialität, das den epochetypischen Authentizitätsdiskurs im achtzehnten Jahrhundert übernimmt und ihn auch dann noch weiterführt, als er in anderen Bereichen längst an seine historischen Grenzen gestoßen ist.

3. DIE BEHARRLICHE LEIDENSCHAFTSLOSIGKEIT DER MECHANIK

3.1 Das authentische Bild – eine dritte Annäherung: Die ›Camera obscura‹ und das Authentizitätsversprechen technisch-asketischer Bildentstehung

Das optische Prinzip der *Camera obscura* ist kurz erklärt: Lässt man durch eine kleine Öffnung Licht in einen abgedunkelten Raum fallen, so zeichnet dieses auf der dem Loch gegenüberliegenden Wand ein auf dem Kopfstehendes und seitenverkehrtes Abbild dessen, was sich außerhalb des Raumes vor dem Loch befindet. Dieses Prinzip wurde von Aristoteles in seinen *problemata physika* erstmals beschrieben und war durch die spätere Aristoteles-Rezeption im Mittelalter schon weithin bekannt. Allerdings gilt es deutlich zu unterscheiden zwischen dem seit langem bekannten optischen Phänomen und der *Camera obscura* als einem historisch konkreten Artefakt. Im sechzehnten Jahrhundert, als man sich erstmals systematisch den aus dem Mittelalter und der Antike überlieferten Berichten zuwendet, ist die *Camera obscura* in den Augen der Gelehrten vor allem ein Kuriosum[27]

27 Giovanni Battista della Porta z.B. erwähnt die *Camera obscura* in seiner 1558 veröffentlichten Schrift *magia naturalis* noch unterschiedslos neben einer Vielzahl anderer Wunderlichkeiten des sechzehnten Jahrhunderts: »trick mirrors, secret speaking tubes, and automata of all kinds along with recipes for removing spots from clothes, curing diseases, removing pimples, making seeds grow, and other such ›secrets‹« (HANKINS/SILVERMAN 1995: 4). In seinem Kuriositäten-Kabinett finden sich sogar Vorformen neuzeitlicher Instrumente – u.a. eine erste Skizze des Teleskops (vgl. ebd.) –, und doch ist das naturwissenschaftliche Interesse della Portas weitaus weniger ausgeprägt als sein sicheres Gespür für die magische Attraktivität der Automaten und

und eben noch nicht das technische Medium, dem man eine authentische Abbildung der Außenwelt zutraut, das schließlich sogar als Modell des »*Wahr*-nehmens« fungieren wird – und diese Formulierung ist wörtlich zu nehmen, da in den darauf folgenden Jahrhunderten »das optische Instrument als Vermittler zwischen Mensch und Wirklichkeit sozusagen den ›wahren‹ Blick garantieren sollte« (HICK 1994: 84f.).

Bevor aber die ›dunkle Kammer‹ aus dem Umfeld schaustellerischer Attraktionen hervortritt, braucht es eine einschneidende Veränderung in der Disposition ihrer Benutzer – eine Veränderung, die sich letztlich der Evidenz instrumenteller Beobachtungen des siebzehnten Jahrhunderts verdankt. Und diese tritt in dem Maße in das Bewusstsein der Epoche, wie die neuzeitliche Wissenschaft ihre erkenntnistheoretische Skepsis gegenüber der sinnlichen *Wahr*nehmungsfähigkeit des Menschen formuliert.

Apparate. »The natural magican«, heißt es bei Hankins und Silverman, »reveled in his ability to trick the senses of his audience and to conceal the causes of the effects he produced, and he did it with instruments« (ebd.). Ähnlich Hieronymus Cardanus, der im Jahr 1550 in seiner in Nürnberg veröffentlichten Schrift *de subtilitate* eine *Camera obscura* beschreibt, bei der er einen Konkavspiegel in die Öffnung eingesetzt hatte, um entsprechend effektvolle Projektionen zu erzielen: »Hältst du ein sehr weißes Blatt Papier an die Stelle, an der du die Bilder erkennst, so wirst du das Gewünschte in wundervoller Weise erhalten, doppelte Gesichter und vierfache und dreifache Augen, und dich selbst einäugig und mit abgewendetem Gesicht und zahllose andere Wunder« (zitiert nach BAIER 1980: 9f.). Nur wenig später installiert der venezianische Edelmann Danielle Barbaro anstelle des Spiegels eine geschliffene Linse in die Öffnung und erreicht damit eine sichtlich verbesserte, realitätsäquivalente Projektion, die nun mehr ist als nur Attraktion und Kuriosität: »Wenn ihr sehen wollt, wie die Natur die Gegenstände abbildet«, schreibt er in seiner 1568 veröffentlichten Schrift *La practica della prospettiva*, nehmt ein Brillenglas, »wie es ein alter Mann« gebrauche, also ein bikonvexes Glas für Kurzsichtige. Auf dem in entsprechendem Abstand vor die Linse gehaltenen »Blatt werdet ihr dann die Formen sehen, wie sie sind, die Abstufungen der Schatten und Farben, die Bewegungen, die Wolken und die Wellen des Wassers, die fliegenden Vögel und alles das, wenn die Sonne hell und schön scheint, weil im Sonnenlicht die Bilder am deutlichsten werden« (ebd.: 10). Allerdings muss auch diese Beschreibung noch im Kontext vorneuzeitlicher Wissenschaft verstanden werden, schließlich bedeutet bis ins sechzehnte Jahrhundert hinein die Verwendung technischer Hilfsmittel immer noch eine Überlistung, ein Handeln gegen die Natur. Dass die Natur sich selbst mit einem technischen Trick, quasi ›authentisch‹ offenbaren könne, war undenkbar. »Der Mensch bedurfte keiner technischen Hilfen, keiner neuen Organe beim Erkenntnisprozeß, weil es für ihn in seiner natürlichen Ausstattung nichts definitiv Entzogenes und Unsichtbares geben konnte«, umschreibt Engelhard Weigl das erkenntnistheoretische Postulat (1990: 9f.). In der vorneuzeitlichen Wissenschaft vertraute man Auge und Verstand und nicht dem instrumentell vermittelten Blick auf die Welt.

3.1.1 *Skeptische Anthropologie und emphatische Technik-Utopie: Der mediale Blick ins Paradies*

Um das Jahr 1610 installiert der Ingolstädter Jesuit Christopherus Scheiner in seiner *Camera obscura* ein Fernrohr quasi als Teleobjektiv, richtet diese Konstruktion auf die Sonne und entdeckt dabei auffallende Flecken. Sie kämen »nicht aus der Phantasie oder vom Auge her«, schreibt Scheiner rückblickend in seinem 1626 erschienen Hauptwerk *Rosa Ursina sive Sol*, und »daß auch nicht ein Fehler im Glase die Ursache sei, erkennt man daraus, daß jeder Fehler, der aus dem Glase stammt, sich bei einer Drehung der Linse auf dem Papier mitdreht. Die Flecken und Fackeln der Sonne aber drehen sich niemals mit« (zitiert nach BAIER 1980: 13). Flecken auf der Sonne erwähnt auch Galileo Galilei in seinem 1612 erschienen *Diskurs über die schwimmenden Körper*. Jedoch beschäftigt er sich mit diesem Phänomen erst, nachdem Christopherus Scheiner unter dem Pseudonym ›Apelles latens post tabulam‹ eine entsprechende Schrift in den Druck gegeben hat. Als Galilei 1613 dann die Behauptung aufstellt, die Sonnenflecken vor anderen entdeckt zu haben, zieht er sich in dem daraus erwachsenden Streit die bittere Feindschaft des ganzen Jesuitenordens zu. Beiden Rivalen war allerdings schon im Herbst 1611 der Ostfriese Johann Fabricius zuvorgekommen, nur dass seine in Wittenberg veröffentlichte Schrift kaum Beachtung fand (vgl. MUDRY 1987: 415f.). Dabei hatten alle drei mit ihrer Entdeckung der Sonnenflecken einmütig eine Voraussetzung hingenommen, die wenige Jahre zuvor noch indiskutabel gewesen wäre: Sie verstanden die Technik ihres Instruments nicht mehr als »listiges Mittel«, sondern als privilegierte Form der Beobachtung, der offensichtlich mehr zu vertrauen war als dem traditionellen Verständnis der Welt. Immerhin betrachtete man mit der Sonne ein bis dahin makelloses Gestirn am Firmament, auf das nun mit den entdeckten Flecken im wahrsten Sinne des Wortes ein Schatten gefallen war.

Schon in seinem *sidereus nuncius* aus dem Jahr 1610 beteuert Galileo, dass ihm seine instrumentellen Beobachtungen Großes offenbart hätten: »Großes, so sage ich, zum einen wegen der Erhabenheit des Gegenstandes selbst, zum anderen wegen der bislang unerhörten Neuheit und schließlich wegen des Instrumentes, durch dessen Hilfe es sich unseren Sinnen offenbart hat« (GALILEI 1987a: 100). Galilei hat bekanntlich das Teleskop nicht erfunden. Eine erste Skizze findet sich schon in der *magia naturalis* della Portas aus dem sechzehnten Jahrhundert und das Instrument, das

Galilei wiederum zu einem Nachbau angeregt hatte, stammt wohl aus den Händen von holländischen Brillenschleifern. Galileis originäre Leistung bestand eigentlich nur darin, aus einer Jahrmarkts-Kuriosität ein Instrument neuzeitlicher Wissenschaft gemacht zu haben – dies aber mit verblüffenden Folgen: In seinem *sidereus nuncius* berichtet er von gleich drei epochalen Entdeckungen: die vier Monde des Jupiters, die Beschaffenheit der Mondoberfläche und zuletzt das Wesen der Milchstraße, »die man mit Hilfe des Fernrohrs mit den Sinnen so klar wahrnehmen kann, daß aller Streit, der die Philosophie seit so vielen Jahren gequält hat, von der mit dem Auge gewonnenen Gewißheit abgelöst wird und uns wortreiche Erörterungen erspart bleiben« (GALILEI 1987a: 122).

Mit der Evidenz sinnlicher Wahrnehmung polemisiert Galilei in allen seinen Schriften gegen philosophische Tradition und aristotelische Orthodoxie. »Ehe sie am Himmel des Aristoteles etwas ändern lassen, leugnen sie dreist, was sie am Himmel der Natur erblicken«, schreibt er 1632 in seinem *Dialog über die beiden hauptsächlichen Weltsysteme* (GALILEI 1987b: 210). Allerdings ist sich Galilei auch der Kehrseite seiner Forschung bewusst: Nicht seine Beobachtungen mit bloßem Auge, sondern der Blick durch das Teleskop erbrachte den entscheidenden Nachweis für die Zuverlässigkeit des kopernikanischen Systems. Seinen Kritikern, die das optische Instrument der Täuschung verdächtigen, entgegnet er entsprechend mit einer nicht weniger scharfen Kritik des Auges und der unmittelbaren Anschauung. In seinem *Brief über das kopernikanische System* schreibt er:

> »Man glaube nicht, dass es, um die tiefen Begriffe zu fassen, die in jenen Karten des Himmels geschrieben stehen, genügt, den Glanz der Sonne und der Sterne in sich aufzunehmen und ihren Auf- und Niedergang zu betrachten: denn dies alles liegt auch vor den Augen der Tiere und vor denen des ungebildeten Haufens offen zutage. Hinter dem allen aber verbergen sich so tiefe Geheimnisse und so erhabene Gedanken, dass die Mühen und Nachtwachen von Hunderten und Hunderten der schärfsten Geister in tausendjähriger Forschungsarbeit sie noch nicht völlig zu durchdringen vermochten. So ist das, was der bloße Sinn des Sehens uns gibt, so gut wie nichts im Vergleich zu den Wundern, die der Verstand der Verständigen am Himmel entdeckt« (zitiert nach VOGL 2001: 120).

Tatsächlich hatte schon Kopernikus in seiner 1543 veröffentlichten Schrift *de revolutionibus* der sinnlichen Evidenz von der Unbeweglichkeit der Erde zugunsten einer rationalen Konstruktion widersprochen, der wiederum Galilei die Evidenz seiner instrumentell gestützten Beobachtung hinzufügt. Und erst diese verleiht der kopernikanischen Schrift jene Brisanz, die im Jahr 1616 zu ihrer Verurteilung führt.[28]

Der neuzeitlichen Wissenschaftspolemik sind sinnliche Wahrnehmung und philosophische Deutung der Welt gleichermaßen suspekt. Beide werden von der instrumentellen Beobachtung als so unvollkommen bloßgestellt, dass auch das Universum nicht länger mehr als ein aufgeschlagenes und weitgehend ausgelesenes Buch verstanden werden kann (vgl. WEIGL 1990: 10). Das Himmelsfernrohr in der Hand Galileis hat unwiderruflich aufgezeigt, dass der Mensch keinen unmittelbaren Zugang zu den Geheimnissen der Natur mehr geltend machen kann – eine fundamentale Einschränkung, die

28 Am 19. August 1610 schreibt Galilei in einem Brief an Johannes Kepler: »Was sagt Ihr über die Hauptphilosophen unseres Gymnasiums, die mit der Hartnäckigkeit einer Natter nie, wenn ich auch tausendmal mir Mühe gab und ihnen von mir aus ein Anbieten machte, die Planeten, den Mond oder das Fernrohr sehen wollten! Wahrhaftig, wie jene die Ohren, so haben diese die Augen gegenüber dem Licht der Wahrheit zugehalten. Das ist etwas Arges, aber es wundert mich nicht. Diese Gattung von Mensch glaubt natürlich, die Philosophie sei ein Buch, wie die Aeneis oder die Odyssee und man müsse die Wahrheit nicht in der Welt oder in der Natur suchen, sondern in der Konfrontation der Texte« (zitiert nach BLUMENBERG 1955: 37). Verweigert hatte sich tatsächlich der Humanist Cesare Cremonini, ein Freund Galileis, der als Anhänger aristotelischer Philosophie in Padua lehrte – und es ist aufschlussreich zu fragen, welche Vorstellung er sich mit dem ausgeschlagenen Blick durch das Teleskop weigert anzuerkennen. Im frühen siebzehnten Jahrhundert impliziert die Hinnahme des kopernikanischen und damit des heliozentrischen Systems nicht mehr die Preisgabe der exponierten Stellung des Menschen als Mittelpunkt des Kosmos. Selbst nach aristotelischer Vorstellung ist die Erde nur deshalb in der Mitte des Weltalls, weil sie aus dem niedrigsten Element bestehe, dessen natürlicher Platz der unterste sei (vgl. ebd.: 638); eine Auffassung, die wenig geeignet erscheint, sich der ausgesuchten Stellung des Menschen im Kosmos zu versichern. Auch vom theologischen Standpunkt aus war die Erde aus dem Mittelpunkt des Universums gerückt. Der Sinnbezug von Erde und Mensch als Mittelpunkt ›väterlicher Sorge‹ und damit als Mittelpunkt des Kosmos wird schon im Hochmittelalter durch den Nominalismus aufgelöst. Im Zusammenhang mit dem als unendlich und allmächtig gedachten Wesen Gottes scheint es nun vielmehr möglich, dass Welt und Mensch beziehungslose Würfe einer unergründlichen Willkür seien: »Im Grunde ist es nun ganz gleichgültig geworden, an welcher Stelle des Kosmos der Mensch haust, ja es ist unglaubwürdig geworden, dass es dessen Mitte sein könne, da er doch nicht dessen Mitte ist« (BLUMENBERG 1955: 640). So erkläre es sich auch, dass die kopernikanische Schrift bei ihrer Veröffentlichung 1543 kaum Widerspruch erfahren habe. Dagegen aber steht die entscheidende Provokation des Fernrohrs, das an die Stelle eines fest gefügten und dem Menschen zugänglichen Weltbildes eine Methode treten lässt, deren fester Grund einzig die Entsubjektivierung der Erkenntnisprozesse und die Objektivität wissenschaftlicher Aussagen sei, die ihrerseits nur noch kontingente Facetten der Wirklichkeit offenbaren. Dieses hinzunehmen bedeute ja nicht, schreibt Hans Blumenberg, »ein dem alten an Konsistenz und Bezugsfähigkeit irgend vergleichbares neues ›Weltbild‹ zu übernehmen oder nur einen kosmischen Platz gegen einen anderen einzutauschen, sondern es eröffnete einen ganz ungewissen, schon als unendlich angekündigten Raum, in dem die Aufgabe der Orientierung schier unlösbar sein mußte, mit einer Endlosigkeit aufbrechender Probleme« (BLUMENBERG 1955: 637).

von neuzeitlichen Wissenschaftlern als Folge der gefallenen Natur des Menschen gedeutet wird: »Denn der Mensch hat durch seinen Fall den Stand der Unschuld und die Herrschaft über die Geschöpfe verloren«, schreibt Francis Bacon in seinem 1620 erschienen *Novum Organum*. »Beides aber kann bereits in diesem Leben einigermaßen wiedergewonnen werden, die Unschuld durch die Religion und Glauben, die Herrschaft durch Künste und Wissenschaft« (BACON 1990: 611ff.; vgl. WEIGL 1990: 106). Für die Restauration menschlicher Beherrschung der Natur hat Bacon vor allem die induktive, vorurteilslose Methode neuzeitlicher Forschung im Sinn – wissenschaftliche Instrumente spielen dabei keine wesentliche Rolle (vgl. BACON 1990: 471ff.).

Allerdings wurde die Idee einer durch Wissenschaft wiederherstellbaren Natur des Menschen auch in dieser Hinsicht schon bald erweitert. In seiner 1661 erschienenen Schrift *The Vanity of Dogmatizing* akzentuiert der englische Gelehrte Joseph Glanvill die entscheidende Funktion instrumenteller Wissenschaft ausführlich anhand der Negativfolie erkenntnistheoretischer Misere vorneuzeitlicher Gelehrsamkeit: So habe der Mensch bislang in einer verhängnisvollen Abhängigkeit von einem kulturell vorformulierten und damit äußerst bedenklichen Verständnis der Welt gestanden; das zeige seine blinde Verehrung der Antike. Darüber hinaus würde diese Knechtschaft noch durch die offensichtliche Schwäche und Begrenztheit seiner Sinne verstärkt. Durch beides aber habe der Mensch jenen unmittelbaren Zugriff auf die Natur eingebüßt, den Adam vor dem Sündenfall im Paradies für sich noch beanspruchen konnte: »Adam braucht keine Brille, die Schärfe seiner Sehwerkzeuge ... zeigte ihm viel von der Großartigkeit und Pracht des Himmels ohne Galileis Fernrohr: und es ist sehr wahrscheinlich, daß er mit dem bloßen Auge fast genauso viel von der Welt über uns wahrnehmen konnte wie wir mit all unseren künstlichen Vorteilen. Und es ist nicht unwahrscheinlich, daß er von der Bewegung der Erde eine ebenso klare Wahrnehmung hatte, wie wir glauben, sie von der Reglosigkeit zu haben« (GLANVILL 1970: 4f.; vgl. WEIGL 1990: 109f.).

Der angeführte Vergleich kann nun leicht zu einer Utopie dessen gewendet werden, was ›all die künstlichen Vorteile‹ zu zeigen versprechen: Mit Galileis Fernrohr erblickt man das nächtliche Firmament wie mit den Augen Adams vor seiner Vertreibung aus dem Paradies (vgl. ebd.: 110). Für Glanvill ist die instrumentelle Beobachtung resistent gegenüber fragwürdigen Dogmen und zweifelhafter Autorität: Das Instrument sei in jeder Hinsicht unbefleckt von menschlicher Schwäche und daher bestens geeignet, die Restauration paradiesischer Unmittelbarkeit in Angriff zu nehmen.

Wenige Jahre später, in der 1688 in London erschienen Schrift *plus ultra*, schreibt Glanvill: »I say therefore, they (our Senses) must be assisted with Instruments that may strengthen and rectifie their Operations. And in these we have mighty advantages over Aristotle and the Ancients; so that much greater things may well be expected from our Philosophy, than could ever have been performed be theirs, though we should grant them all the superiority of Wit and Understanding their fondest Admirers would ascribe to those Sages« (GLANVILL 1979: 53; vgl. WEIGL 1990: 236).

Diese idealisierte Ausstattung mangelhafter Organe mit mechanischen und optischen Prothesen ist aus historischer Perspektive vor allem eine Entsubjektivierung des Erkenntnisprozesses, geprägt von skeptischer Anthropologie und emphatischer Utopie der Technik. Der Mensch wird verantwortlich gemacht für all die Irrtümer, die sich nun als solche offenbaren, Leidenschaft und Eitelkeit sind seine vorrangige Fehlerquelle, denen man nun die Leidenschaftslosigkeit mechanischer und optischer Gesetze entgegenstellt. In dieser Hinsicht haben die Instrumente der bisher angeführten Beispiele – die *Camera obscura* Christopherus Scheiners oder das Teleskop Galileis – nicht nur die Unzulänglichkeit sinnlicher Wahrnehmung offenbart, sie haben sich zugleich auch als das Medium empfohlen, das – zwischen Mensch und Natur geschaltet – den unübersehbar klaffenden erkenntnistheoretischen Abgrund zwischen gefallener Natur des Menschen und den verborgenen Geheimnissen der Welt zu überbrücken verspricht – es verspricht ein Abbild der Welt in paradiesischer Authentizität.[29]

29 In erkenntnistheoretischer Hinsicht galt es nun, genuin anthropomorphe Fehlerquellen durch wissenschaftliche Methode und instrumentelle Beobachtung weitgehend auszuschalten – eine Forderung, die sich ebenso auf den sprachlichen Stil wissenschaftlicher Beschreibungen erstreckte und eine entsprechend scharfe Polemik gegen die ›Verhexung des Geistes‹ durch traditionelle Rhetorik nach sich zog: »All the art of rhetoric«, schreibt John Locke, »all the artificial and figurative application of words eloquence hath invented, are for nothing else but to insinuate wrong ideas, move the passions, and thereby mislead the judgment; and so indeed are perfect cheats« (zitiert nach HANKINS/SILVERMAN 1995: 9). In gleicher Weise versuchte die neuzeitliche Wissenschaft eine Sprache auszubilden, die mit ihrer Vermeidung rhetorischer Formeln und Floskeln Klarheit und Präzision hervorbringen sollte. In seiner 1667 erschienenen *History of Royal Society* schreibt Thomas Sprat: »Es gibt [...] etwas [...], worauf die Society die größte Mühe verwandt hat, und das ist ihre Ausdrucksweise: Hätte sie nicht sorgfältig darüber gewacht, diese im rechten Maß zu halten, so wäre der Geist und die Kraft ihrer Ziele durch den überflüssigen Luxus der Rhetorik schnell ausgehöhlt worden ... Sie (die Royal Society) beschloß nämlich, alle Umschreibungen, Abschweifungen und Schwülstigkeiten des Stils zu verbannen und zu jener ursprünglichen Reinheit und Kürze (der Sprache) zurückzukehren, mit der die Menschen so viele Dinge mit einer fast gleichen Anzahl von Worten ausdrücken konnten« (zitiert nach WEIGL 1990: 103). Für die neuzeitliche Wissenschaft ist es die Wirklichkeit selbst, die gegen beredsam

Als wissenschaftliches Instrument spielte die *Camera obscura* keine entscheidende Rolle. Von ihrer Verwendung durch Christopherus Scheiner abgesehen, enthüllte sie einem Betrachter in der Regel auch nichts, was dem bloßen Auge verborgen oder unzugänglich geblieben wäre. Allerdings erschließt sich das besondere Abbildversprechen ihrer Projektionen erst, wenn man die *Camera obscura* vor dem Hintergrund der durch die instrumentelle Beobachtung hervorgerufenen allgemeinen kulturellen *Wahrnehmungskrise* des siebzehnten und achtzehnten Jahrhunderts als ein technisches Instrument versteht.

Als Zacharias Conrad von Uffenbach auf seinen Reisen Anfang des achtzehnten Jahrhunderts auch das Royal Observatory in Greenwich besucht, führt man ihn, wie er in seinem 1754 erschienen Reisebericht beschreibt, in eine *Camera obscura*. Gleiches widerfährt ihm bei der Besichtigung des Tower of London. Was er von seinen Erfahrungen niederschreibt, ist kaum aufsehenerregend: »We had an excellent view because it was fair, clear weather so that there was no coal–smoke or fog in the air« (zitiert nach HECHT 1993: 40). Gleichwohl bemerkenswert aber ist die Tatsache, dass er mit bloßem Auge vom gleichen Standpunkt aus nichts anderes hätte sehen können und doch die Projektion der *Camera obscura* seinem eigenen Blick auf die Welt vorzieht.

Was die Projektion gegenüber seiner eigenen Anschauung auszeichnet, ist ihre *mediale Konstellation*, deren Anschauungsmodus nicht mehr auf einem unmittelbar sinnlichen Eindruck, sondern – und das ist entscheidend – auf einer theoretisch rationalen Konstruktion basiert (vgl. HICK 1994: 90). Und diese Konstellation ermöglicht eine Darstellung, bei der die Außenwelt gleichsam unberührt reflektiert wird, allein gebündelt von der leidenschaftslosen Optik ihrer Konstruktion, deren rationalisierbare Kriterien den Menschen als wirklichkeitsverstellende Komponente der Wahrnehmung aus dem Darstellungsprozess ausschließen. Die *Camera obscura* begegnet dem hinsichtlich seiner Sinne verunsicherten Subjekt mit einer Darstellung, die weitgehend autonom auf die Projektionsfläche der dunklen Kammer geworfen wird. Sie ist weder von ihm noch für ihn geschaffen:

vorgetragene Weltbilder aufbegehrt. Ihr muss eine Stimme verliehen werden, eine Sprache, in deren Darstellungskonzept der Mensch, die Beschreibung als Mittler zum Verschwinden gebracht werden soll, denn ihm – Mensch wie Text – gilt das Misstrauen. Damit aber ist eine Konstellation von oppositioneller Sprachskepsis und dem Authentizitätsversprechen stilloser Darstellung beschrieben, die in jeder Hinsicht den vorangegangenen Beispielen (asketische Literatur, Reisebericht, Aufrichtigkeitsdiskurs) entspricht.

»Im Unterschied zu einer perspektivischen Konstruktion, die auch für sich in Anspruch nimmt, eine objektiv geordnete Repräsentation darzustellen, gibt es bei der Camera obscura keinen fest vorgeschriebenen, beschränkten Standort und kein festgelegtes Gebiet, von dem her sich erst das Bild in seiner vollständigen Stimmigkeit und Harmonie erschließt«, schreibt Jonathan Crary. »Einerseits ist der Betrachter von der reinen Funktionsweise des Gerätes getrennt und wird zum entkörperlichten Zeugen einer mechanischen und transzendentalen Repräsentation der Objektivität der Welt. Andererseits impliziert jedoch seine bzw. ihre Anwesenheit in der Camera eine räumliche und zeitliche Simultaneität der Subjektivität des Menschen und der Objektivität der Apparatur. Der Betrachter ist daher ein eher unabhängiger Bewohner der Dunkelheit, eine marginale, ergänzende Präsenz, unabhängig von der Apparatur der Repräsentation« (CRARY 1996: 51).

In dieser Hinsicht übernimmt das Bild der *Camera obscura* eine kommunikative Funktion, die sich ohne weiteres in Analogie zu jener der stillos stilisierten Literatur setzen lässt: Alle Kriterien aufrichtiger Kommunikation sind durch den optisch mechanischen Apparat mustergültig erfüllt. Die *Autorlosigkeit* der Darstellung gibt sich *acheiropoietisch* zu erkennen, wobei sich nun die einzufordernde mediale Transparenz mit den Naturgesetzen der optischen Physik begründen lässt. *Unmittelbar* ist die Darstellung durch die das Bild generierende *mediale Konstellation*, denn die *Camera* schaltete sich ja zwischen Mensch und Welt, macht also den Betrachter zu einem unabhängigen Beobachter einer Projektion, die jederzeit auch ohne ihn zustande gekommen wäre. Der Apparat projiziert tatsächlich ein in jeder Hinsicht *stilloses* Abbild der Welt, dessen Absichtslosigkeit und Kontingenz ihm Authentizität verleiht. Tatsächlich zeigen sich die Beobachter oftmals davon beeindruckt, dass die flimmernden Bilder im Innern der Camera – seien es Fußgänger oder sich im Wind bewegende Zweige – lebensechter wirken als die Objekte selbst (vgl. ebd.: 45).

3.1.2 *Von der ›Camera obscura‹ zur Photographie: Die ›Wieder‹-Entdeckung des authentischen Bildes in der Moderne*

Seit dem sechzehnten Jahrhundert durchläuft die *Camera obscura* eine kontinuierliche technische Entwicklung. Zunächst ist sie nur eine begehbare Kammer, später baut man transportable Zelte, dann wiederum große Kastenkameras, bei denen das Bild auf eine Mattscheibe geworfen wird und von hinten betrachtet werden kann. Gegen Ende des siebzehnten Jahrhunderts hat man die *Camera obscura* durch Linsensysteme und Spiegelkonstruktionen derart verbessert, dass man mit ihr als quasi mechanischen Appendix vor dem eigenen Auge ein aufrecht stehendes und nicht mehr spiegelverkehrt projiziertes Bild der Welt zu sehen bekommt (vgl. VON ROHR 1925: 8ff.).

Zu dieser Zeit ist die *Camera obscura* vornehmlich eine Zeichenhilfe, wobei sie wiederum von dem Abbildversprechen neuzeitlicher Instrumente profitiert: »Painters should make the same use of the *Camera obscura*, which Naturalist and Astronomers make of the Microscope and Telescope«, schreibt Francesco Algarotti in seinen *Aufsätzen über die Malerei* aus dem Jahr 1764, »for all these instruments equally contribute to make known, and represent Nature« (zitiert nach HECHT 1993: 44). Schon Leonardo da Vinci hatte Ende des fünfzehnten Jahrhunderts mit der *Camera obscura* experimentiert und dabei festgestellt, dass die Bilder unter den besten Umständen »wie gemalt« aussähen (zitiert nach BAIER 1980: 9). In den Texten des achtzehnten Jahrhunderts liest man nun die entsprechenden Beschreibungen mit einer neuen Gewichtung: Die Abbildungen der *Camera obscura* verdanken ihr Ansehen nun nicht mehr dem Umstand, dass sie im Vergleich mit Werken bildender Kunst bestehen könnten – also Bilder projizieren, die wie gemalt aussehen –, jetzt erscheinen sie selbst als Vorbilder, an deren realitätsäquivalenter Darstellung sich wiederum Kunst und Maler zu messen haben: »Everything is represented with such exquisite exactness as far surpasses the utmost skill of any painter to express«, schreibt John Harris in seinem *Lexicon Technicum* aus den Jahren 1704-1710, »no doubt but there are many Persons that might easily be imposed upon with such a Scene, and who would believe it to be no less than downright Conjuration« (zitiert nach HECHT 1993: 29).

Allerdings gilt es auch hier zu differenzieren, denn der Gebrauch der *Camera obscura* als Zeichenhilfe bedeutet noch lange nicht, dass man damit auch ihr spezifisches Abbildversprechen anvisiert. So ist es wohl kaum das Interesse an einer authentischen Darstellung, das den Panoramen- und Bühnenmaler Louis Jacques Mandé Daguerre Anfang des neunzehnten Jahrhunderts dazu bewegt haben mag, die Hilfestellung der *Camera obscura* in Anspruch zu nehmen. Ihn interessierte ausschließlich der mit Hilfe des Apparates zu erzielende illusionistische Effekt, den er allerdings mit äußerster Perfektion hervorzurufen wusste. In den zwanziger Jahren des neunzehnten Jahrhunderts erfindet und betreibt Daguerre zusammen mit seinem Partner Charles Marie Bouton das *Diorama*, ein aufwendiges und höchst illusionistisches Schauereignis, bei dem überdimensionierte Landschaftsprospekte – mit transparenten Farben beidseitig auf lichtdurchlässigem Stoff gemalt – durch den stufenweisen Wechsel von Auf- und Durchlicht in ihrer Stimmung variiert und animiert werden konnten. In Paris lässt Daguerre eigens ein Theater errichten, wobei er das Publikum auf einer drehbaren Bühne platziert, um so verschiedene seiner ›wandelbaren‹ Bilder auf drei Bühnen nacheinander präsentieren zu können. Die bis dahin unübertroffene illusionistische Wirkung scheint den immensen Aufwand gerechtfertigt zu haben.[30]

In dieser Illusionsmaschinerie kam die *Camera obscura* – wie gesagt – nur mittelbar zum Zuge. Daguerre und Bouton verwandten sie als Zeichenhilfe bei der Anfertigung von Vorentwürfen ihrer transparenten Prospekte in freier Natur. Offensichtlich aber ist es auch seine Vertrautheit mit dem Instrument, die Daguerre der Frage nachgehen lässt, wie man die flüchtigen Bilder des Apparates – ohne sie selbst abzeichnen zu müssen – durch einen chemischen Vorgang ›selbstmalend‹ festhalten könne. Schon bald erfährt er von entsprechenden Versuchen Joseph Nicéphore Niepces, mit dem er sich umgehend in Verbindung setzt. Daguerres eigene Experimente waren offensichtlich wenig erfolgreich; in einer Korrespondenz Niepces mit Augustin François Lemaître liest man, dass Daguerre phosphoreszierende Chemikalien verwendet und so lediglich zarte Zeichnungen von nur kurzer Dauer erhalten habe, die man zudem nur bei Dunkelheit betrachten konnte (vgl. BAIER 1980: 60). Niepce selbst experimentiert schon seit den

30 Zur Eröffnung schreibt ein Korrespondent der *Times* am 4. Oktober 1823: »The most striking effect is the change of light. From a calm, soft, delicious, serene day in summer, the horizon gradually changes, becoming more and more overcast, until a darkness, not the effect of night, but evidently of approaching storm – a murky, tempestuous blackness – discolours every object, making us listen almost for the thunder which is to growl in the distance, or fancy we feel the large drops, the *avant-couriers* of the shower. [...] The whole thing is nature itself – and there is another very curious sensation which this landscape scene produces on the mind. The decided effect of the thing is, that you look over an area of twenty miles: the distant objects not included. The whole field is peopled: a house, at which you really expect to see persons look out from the window every moment – a rill, actually moving – trees that seem to wave. You have, as far as the senses can be acted upon, all these things (realities) before you« (zitiert nach GERNSHEIM 1968: 17). Auch Joseph Nicéphore Niepce, von Daguerre nach Paris eingeladen und in sein Diorama geführt, zeigte sich sichtlich beeindruckt: »Ich habe hier nichts gesehen, was mich mehr beeindruckt und mehr entzückt hätte, als das Diorama«, schreibt er im September 1827 an seinen Sohn Isodore. »Bis in die winzigsten Einzelheiten sind diese Darstellungen so wirklich, daß man tatsächlich die ländliche, wilde Natur zu sehen glaubt. [...] So groß ist die Illusion, daß man versucht ist, seinen Platz zu verlassen, und hinaus ins Freie zu wandern« (zitiert nach NEWHALL 1989: 17).

Zehnerjahren des neunzehnten Jahrhunderts erfolgreich mit lichtempfindlichem Silberchlorid und Asphaltplatten. Im Jahr 1826 gelingt ihm mit diesem Verfahren eine erste Photographie – Niepce selbst nennt seine Bilder *Heliographien*. Da er das Problem der unzumutbar langen Belichtungszeit von bis zu acht Stunden allein nicht zu lösen vermag, entschließt er sich im Jahr 1829 das heliographische Verfahren gemeinsam mit Daguerre weiterzuentwickeln. Der entscheidende Fortschritt gelingt Daguerre allerdings erst in den Jahren nach Niepces Tod, als er die Möglichkeit entdeckt, ein nach kurzer Belichtungszeit latent vorhandenes Bild mit Quecksilberdampf sichtbar zu machen und dieses mit einer Kochsalzlösung zu fixieren (vgl. GERNSHEIM 1971: 22). Seine charakteristische Weiterentwicklung nennt er *Daguerreotypie* und wendet sich – nach einem vergeblichen Versuch, seine Erfindung durch Subskription kommerziell nutzbar zu machen – an den Physiker und Astronom François Arago, Mitglied der Akademie der Wissenschaft und der französischen Deputiertenkammer. Sichtlich begeistert tritt dieser im Januar 1839 vor die Akademie der Wissenschaft: »Alle Welt kennt den Camera obscura genannten optischen Apparat, dessen Erfindung auf J.B. Porta zurückgeht. Alle Welt hat gesehen, mit welcher Genauigkeit und Wahrheit in Form, Farbe und Tönung die Objekte der Außenwelt auf der Mattscheibe im Brennpunkt der großen Linse abgebildet werden, die den wesentlichen Teil des Instruments bildet. Alle Welt hat dieses Abbild bewundert und nur bedauert, daß sie sich nicht festhalten lassen. Dieses Bedauern wird jetzt gegenstandslos sein: Herr Daguerre hat eine besondere Art von Platten erfunden, auf denen das optische Bild einen dauernden Eindruck hinterläßt, Platten, auf denen alles, was das Bild umfaßt, abgebildet wird bis zur kleinsten Einzelheit mit einer Exaktheit, mit einer Feinheit, die unglaublich ist. Es wäre tatsächlich keine Übertreibung, wenn man sagt, daß der Erfinder die Mittel entdeckt hätte, die Bilder festzuhalten, wenn seine Methode die Farbe bewahren würde« (zitiert nach BAIER 1980: 76).

Daguerres experimentelle Betriebsamkeit hatte sich anfänglich noch von dem ausgeprägten Interesse an der Perfektionierung seiner illusionistischen Kunst leiten lassen; er mag vielleicht sogar gehofft haben, die Daguerreotypien auf Glas als Projektionen in seinem Diorama verwenden zu können. Mit der fehlenden Farbgebung allerdings waren die daguerreotypischen Abbilder gegenüber anderen illusionistischen Darstellungsformen des frühen neunzehnten Jahrhunderts entscheidend benachteiligt. Denn die Bilder, die Daguerres Verfahren hervorrief, waren keine Simulakren, deren illusionistischer Effekt auf einer lustvollen Täuschung der

Sinne hätte bestehen können. Das von Daguerre entwickelte Bildverfahren zeichnete sich vielmehr dadurch aus, dass der Mensch als kreatives Subjekt keinen unmittelbaren Einfluss mehr auf die Darstellung nehmen konnte, die Bilder sich also quasi ›selbstmalend‹ auf den Bildträger einschrieben – und es ist vor allem diese Feststellung, die schon zu Beginn das rezipierende Bewusstsein der Betrachtenden weitgehend bestimmte: »Gegenstände, die sich selbst mit unnachahmlicher Treue malen; Licht gezwungen durch chemische Kunst, in wenigen Minuten bleibende Spuren zu hinterlassen« (zitiert nach BAIER 1980: 116), schreibt Alexander von Humboldt, der in seiner Eigenschaft als Mitglied der französischen Akademie der Wissenschaft zusammen mit François Arago zu den Ersten zählt, die ein nach Daguerres photographischem Verfahren hervorgebrachtes Bild zu Gesicht bekommen. In seinem im Februar 1839 geschriebenen Brief an die Herzogin Friederike von Anhalt-Dessau rühmt er – wie viele andere Quellen auch – die bestechende Qualität der Abbilder, doch vor allem beschreibt er diese als Resultat ihrer acheiropoietischen Entstehung: »Die Bilder haben ganz den unnachahmlichen Naturcharakter, den die Natur nur selbst hat aufdrücken können« (ebd.). »Diese Entdeckung grenzt ans Wunderbare«, liest man wiederum am 6. Januar in der Ausgabe der *Gazette de France*. »Sie bringt alle wissenschaftliche Theorien über das Licht und die Optik ins Wanken und wird die Zeichenkunst revolutionieren. [...] Ihr werdet erkennen, wie weit Zeichenstift und Pinsel von der Wahrheit des Daguerreotyps entfernt sind« (zitiert nach NEWHALL 1989: 19f.). Alles, was menschliche Kunst bislang hervorzubringen in der Lage war, werde von diesen Darstellungen bei weitem übertroffen – so der allgemeine Tenor, den im gleichen Jahr auch der Kunstkritiker Jules Janin aufgreift:

> »Es ist die Sonne selbst, als allmächtiges Werkzeug einer neuen Kunst, die diese unglaubliche Arbeit vollbringt. Diesmal ist es nicht mehr der unsichere Blick des Menschen, der aus der Ferne Schatten und Licht wahrnimmt, es ist nicht mehr seine zitternde Hand, die auf vergängliches Papier die wechselhafte Gestalt der Welt bannt, die sofort wieder vergeht. [...] Denn keine Hand könnte zeichnen, wie die Sonne zeichnet; kein menschlicher Blick könnte so tief in die Massen von Schatten und Licht eindringen. [...] Zwischen der Kunst und ihrem neuen Rivalen gibt es nichts mehr zu verhandeln. Es handelt sich hier wohlgemerkt nicht um eine grobe mechanische Erfindung, die die Massen ganz ohne Tiefe, ohne Detail und nur so vollkommen zeigt, wie es mehrere Stunden Handarbeit zustande brächten. Nein, es handelt sich um zarteste, feinste und vollkommenste Reproduktion, die göttliches und menschliches Vermögen nur erreichen können« (zitiert nach KEMP 1980: 47f.).

Janin beschreibt wie beinahe alle seine Zeitgenossen die Erfindung Daguerres als systematische Fortentwicklung der *Camera obscura*. Die technische Herleitung liegt auf der Hand. Und nicht weniger plausibel erscheint die Verlängerung des spezifischen Authentizitätsversprechens der flüchtigen Projektionen auf die photographischen Bilder. In der *Camera obscura* schon würden sich die Gegenstände der Außenwelt »mit einer Wahrheit ohne Vergleich« abbilden, liest man bei Janin, aber »die Camera obscura tut nichts selbst, sie ist kein Bild, sie ist ein Spiegel, in dem nichts stehen bleibt. Stellen sie sich jetzt vor, daß der Spiegel die Eindrücke der Objekte bewahrt hat, die sich in ihm spiegeln, und sie haben eine beinahe komplette Vorstellung des Daguerreotyp« (ebd.: 49).[31]

3.2 Die Adaption tradierter Authentisierungsmuster in technischen Termini

In dem gleichen Jahr, in dem Daguerre in Paris sein photographisches Verfahren der Öffentlichkeit vorstellt, begibt sich der französische Gelehrte und Kunsthistoriker Adolphe Napoléon Didron nach Griechenland, um die Frage

31 Nicht anders verhält es sich bei dem konkurrierenden Verfahren des englischen Naturwissenschaftlers William Fox Talbot, der schon Mitte der dreißiger Jahre ein Negativverfahren entwickelt hatte, darin aber nur ein vorläufiges Ergebnis sehen wollte und noch kein ausgereiftes, zur Veröffentlichung anstehendes Verfahren. Veröffentlicht wurde seine Forschung mit der Schrift *Some Account of the Art of Photogenic Drawing* 1839 als Reaktion auf die Daguerreotypie: »Jedermann kennt die schönen Wirkungen, die die Camera obscura hervorbringt, und hat die lebendigen Bilder der äußeren Natur bewundert, die sie entwirft«, schreibt Talbot, »oft ist mir der Gedanke gekommen, das liebliche Bild [...] auf dem Papier festzuhalten.« Im Jahr 1835 sei ihm dann ein Bild seines Landsitzes gelungen: »Dieses Haus ist, wie ich annehme, das erste, von dem man sagen kann, dass es sein eigenes Bild gezeichnet habe« (zitiert nach BAIER 1980: 84f.). Im Gegensatz zu Daguerre arbeitet Talbot allerdings konsequent und erfolgreich an einer Weiterentwicklung seines Verfahrens. 1844/46 kann er mit *The Pencil of Nature* den ersten Bildband mit photographischen Papierabzügen herausgeben (Talbot nannte die nach seinem Verfahren entstandenen Abbildungen *Kalotypien* – der sich letztlich durchsetzende Begriff *Photographie* geht zurück auf den britischen Naturforscher John F.W. Herschel, der Talbot zudem vorschlägt, anstelle *umgekehrte Kopie* und *wiederumgekehrte Kopie* die Begriffe *Negativ* und *Positiv* zu verwenden). Auch wenn sich das kalotypische Verfahren in Einzelheiten von dem Daguerres unterscheidet, so steht doch auch für Talbot außer Frage, daß die wesentliche Qualität seiner Kalotypien aus dem acheiropoietischen Abbildungsprozess ihrer Darstellungen resultiert: »Die Hand der Natur hat sie abgedrückt« (TALBOT 1981: 45), schreibt er einleitend über die in seinem Bildband präsentierten Papierabzüge; und später: »Die Tafeln des vorliegenden Werks sind allein durch die Einwirkung des Lichtes hervorgerufen worden, ohne irgendeine Mithilfe von Künstlerhand« (ebd.: 89).

nach der ahistorisch anmutenden Ikonographie byzantinischer Ikonen zu klären: Wie kann es sein, dass über die Jahrhunderte hinweg diese Bilder immer wieder gleich auszufallen scheinen und jede Spur eines sich durch Stilwillen profilierenden Malers beharrlich verweigern? Auf seiner Reise trifft Didron in Esphigmenou einen Ikonenmaler, den er bei seiner Arbeit an einem Fresko beobachtet: »Ich bewunderte wirklich diesen Mann«, schreibt Didron rückblickend, »der sich durch nichts in Blick, Sprache oder Haltung empfahl und der eher mittelmäßig als ausgezeichnet war, wenn ich ihn solche Werke ausführen sah« (zitiert nach SCHÄFER 1855: 14). Der unscheinbare Ikonenmaler entsprach offensichtlich weder den Erwartungen des Gelehrten noch den darstellerischen Anforderungen einer auszumalenden Kirche, und doch war er in der Lage, ein Fresko ohne Vorlage frei auf die Wand zu skizzieren und dabei mit einer Präzision vorzugehen, die nicht auf das mittlere Maß seiner Begabung zurückzuführen war. Das Geheimnis klärt sich bald, als der Maler Didron ein Manuskript überreicht, »worin man uns alles lehrt, was wir zu thun haben« (ebd.: 13). Das Manuskript wurde später berühmt als das *Malerbuch vom Berge Athos*. Es enthält Anleitungen zur Technik, zu Kopierverfahren, zu den Bildthemen und Zyklen und deren angemessenem Platz in einer auszugestaltenden Kirche. Es enthält aber auch einleitend eine Art initialisierende ›Malerweihe‹, der sich ein Mönch nach seiner Ausbildung zu unterziehen hat und mit der er auf die archetypischen Urbilder der ostkirchlichen Kunst verpflichtet wird. Das Gebet der ›Malerweihe‹ nennt als Darstellungsmuster ausdrücklich die acheiropoietische Christusikone von Edessa und die Madonna des malenden Evangelisten Lukas, dessen Darstellungsmodell der asketischen Transparenz wiederum idealtypisch von jedem Ikonenmaler eingefordert wird – ein Umstand, den Didron in Kenntnis des Malerbuchs als programmatische Nivellierung des Malers im Darstellungsprozess deutet. Ebenso fasziniert wie irritiert schreibt er in dem Vorwort zu der französischen Ausgabe des *Malerbuchs vom Berge Athos* im Jahr 1845: »In Griechenland ist der Künstler der Sklave der Theologen; sein Werk, das seine Nachfolger wiederholen werden, bildet das der Maler ab, welche vor ihm gewesen sind. Der griechische Maler ist den Traditionen unterworfen, wie das Tier seinem Instinkt; er macht eine Figur, wie die Schwalbe ihr Nest, wie die Biene ihren Stock. Der griechische Maler ist Meister über seine Ausführung; das Technische ist sein, aber nur das Technische« (ebd.: 5).

Regeln und regelhaft sich wiederholende Darstellungen der griechischen Ikonen kollidieren in Didrons Beschreibung nur allzu deutlich mit einem anderen Ideal: der seit der Renaissance sich manifestierenden Vorstellung des schöpferischen Individuums, das mit der Idee des ›Genies‹ und seiner Verausgabung unerwarteter und nicht generalisierbarer Fertigkeiten im neunzehnten Jahrhundert kulminiert. Der versklavte und lediglich mit einer technischen Ausführung bedachte Maler erscheint geradezu als programmatischer Gegenentwurf zu jenem Kunstideal, das sich der Individualität, Atechnizität und dem Abweis regelhafter Verfahren verpflichtet sieht.

Zwar vermochte Didrons Fundstück letztlich nicht halten, was die romantische Spekulation in ihm gefunden zu haben glaubte – es ist kein originäres Zeugnis byzantinischer Kunst, sondern eine späte Kompilation des achtzehnten Jahrhunderts und damit als kunsthistorische Quelle nur von bedingter Aussagekraft (vgl. BELTING 1991: 29f.). Dessen ungeachtet aber zeugt die Auffassung, die Didron und andere mit dem Malerbuch verbunden hatten, von einer Authentizitätskonzeption, die schon in den spätantiken Entstehungslegenden und Malerberichten präfiguriert war.

Es ist sicherlich nicht mehr als eine Kuriosität der Bildgeschichte, dass Didron im gleichen Jahr, in dem Daguerre in Paris sein photographisches Verfahren der Öffentlichkeit vorstellt, mit dem Malerbuch vom Berge Athos einen programmatischen Entwurf byzantinischer Ikonenmalerei auffindet. Auf den ersten Blick scheint es über diese historische Koinzidenz hinaus auch keinen weiteren Anhaltspunkt zu geben, der einen Vergleich beider Bildtypen rechtfertigen könnte. Das photographische Bild und die byzantinische Malerei, sie sind gewiss grundverschieden, und ein Vergleich wäre unangemessen und falsch. Und doch erscheinen mir beide Bildtypen im Hinblick auf die *Legenden ihrer Bildentstehung* sehr wohl vergleichbar und damit vergleichbar auch das durch die Bildlegenden konstituierte Abbildversprechen der jeweiligen Darstellungsform.

Bei den spätantiken und mittelalterlichen Acheiropoieten ließ sich die Authentizität einer Darstellung auf das vermittelten Wissen um ihre Entstehung zurückführen. Die Authentizität eines Bildes konnte als Effekt der kontextgeleiteten Bildbetrachtung verstanden werden, bei der das kommunikative Versprechen der Legenden durch den Betrachter eingelöst und auf ein konkretes Bildexemplar projiziert wurde. Erst durch diesen Sinngebungsprozess wurde eine weitgehend beliebige Darstellung zu *dem* unverfälschten, nicht aspektierten, authentischen Abbild sublimiert.

Im Fall der Photographie ist die entsprechende Bildlegende schon hinreichend mit den naturwissenschaftlich beschreibbaren Voraussetzungen ihrer Entstehung formuliert. Auch wenn dieser Gedanke zunächst irritiert, dieser Teil der Legende der Photographie ist längst stillschweigender Bestandteil unseres alltäglichen Umgangs mit photographischen Bildern, der erst dann ins Bewusstsein tritt, wenn man bedenkt, dass das silberbeschichtete Papier immer auch den Hinweis auf seine Entstehung mit sich trägt.

Natürlich hat sich die *Legende der Photographie* auch in anderen Formen artikuliert, in Bildbeschreibungen, programmatischen Texten und theoretischen Reflexionen – wobei wiederum auch nicht jede diskursive Auseinandersetzung mit Photographie auf eine Begründung oder Kritik ihres Authentizitätsanspruchs abzielt. Der komplexen und bisweilen widersprüchlichen Beschäftigung mit dem Medium werde ich kaum in allen Teilen gerecht werden können. Ich werde mich deshalb darauf konzentrieren, im Weiteren eine Diskursspur unter vielen zu verfolgen: Es ist die Spur jenes apologetischen Versprechens, das in der Photographie wesentlich mehr (oder: wesentlich anderes) als nur ein Artefakt menschlicher Kunst zu erkennen vorgibt.

3.2.1 *Photographie als kunstloses Medium*

Betrachtet man die Entwicklungsgeschichte des Mediums Photographie und isoliert deren konstitutive Elemente, dann stößt man auf das erstaunliche Faktum, dass die Photographie als Medium authentischer Darstellung bis zum Ende des neunzehnten Jahrhunderts im ästhetischen Diskurs so gut wie keine Rolle spielt. Die kunst- und künstlerlose Bildentstehung, 1839, zu Beginn der Photographiegeschichte von Arago, Humboldt und Janin noch als wesentliche Darstellungsqualität photographischer Bilder emphatisch herausgestellt, wird nur wenig später aus Perspektive der Kunstkritik zu ihrem entscheidenden Makel. Für sie ist die Photographie eine *mechanische Kunst* und, dem chancenlosen Vergleich mit den *schönen Künsten* ausgesetzt, als Darstellungsform bedeutungslos.

In der ästhetischen Reflexion des neunzehnten Jahrhunderts ist das künstlerische Werk von Rang nicht mehr als *Repräsentation* von Wirklichkeit gedacht, sondern als ihre *Transformation*. Ohne den kreativen Akt künstlerischer Aneignung, so glaubt man, könne eine von jeder subjektiven Intention freie Darstellung nur die Belanglosigkeit bloßer Faktizität hervorbringen (vgl. PLUMPE 1990: 22ff.). Die ›einfache Reproduktion‹ der ›äußeren‹ Erscheinungswelt, schreibt Maurus Hoffmann Ende des neunzehnten Jahrhunderts, die »jeden Gegenstand der gewöhnlichen Wirklichkeit mit all seinen wesentlichen und unwesentlichen Bestandteilen, gleichsam mit dem Erdgeruch ungewaschen und ungesäubert in das Reich des Schönen stellen will«, sie könne nicht wirklich als Kunst angesehen werden (zitiert nach ebd.: 31). Im Gegensatz zu der künstlerischen Aneignung von Wirklichkeit sei das photographische Verfahren eben nicht dazu in der Lage, zwischen Bedeutungsvollem und Unwesentlichem zu unterscheiden, denn es zeige »die feinen Härchen, die kleinen Flecken, die zufälligen Verletzungen der Haut, wie sie das Original im Moment der Aufnahme hat, obgleich sie ein Seelenloses und Zufälliges sind«, bekräftigt Julius Herrmann von Kirchmann im Jahr 1868 die charakteristischen Topoi ästhetischer Argumentation. »Dies tut der Maler nicht, er reinigt sein Bild von diesen zufälligen, störenden oder nichtssagenden Elementen« (zitiert nach ebd.: 47). Im neunzehnten Jahrhundert sieht man das Kunstwerk maßgeblich gebunden an das ›Genie‹ seines Urhebers. Der Künstler aber als notwendiges Kriterium ästhetischer Transformation des Willkürlichen in eine bedeutungsvoll zu lesende Darstellung ist in einem mechanischen Abbildverfahren weitgehend ausgeschlossen – und folgerichtig die Photographie auf die gleiche Seite kunstprogrammatischer Differenzierung geschlagen, wie die byzantinischen Ikonen der Tradition.

So bestätigt also schon der ästhetische Diskurs des neunzehnten Jahrhunderts die zuvor behauptete Analogie von Photographie und byzantinischem Bildprogramm. Wenn der Kunsthistoriker Didron die asketischen Ikonenmaler als der Tradition archetypischer Bilderfindung unterworfene ›Sklaven‹ beschrieb, so entspricht dies in systematischer Analogie der programmatischen Positionierung des Photographen, der ja mit der optischen Mechanik seines Apparates und der chemischen Reaktion des Bildträgers einem nach naturwissenschaftlichen Regeln geleiteten Darstellungsprozess unterworfen ist. Im Vordergrund beider Verfahren, genauer gesagt: ihrer medienprogrammatischen Darstellung, steht die Entindividualisierung der Bildentstehung, so dass der ästhetische Diskurs des neunzehnten Jahrhunderts in beiden auch nur eine durch mechanische Verfahren diskreditierte Nicht-Kunst erkennen kann oder will. Dem neuen Medium Photographie ist gewissermaßen sein Platz unter den Künsten schon zugewiesen, bevor man es erfunden hat.[32]

32 Besonders prägnant erscheint diese Differenzierung in Baudelaires bekanntem Pamphlet gegen die Photographie aus dem Jahr 1859: »[...] es kann niemandem entgehen, daß die Industrie,

Die Ressentiments der ästhetischen Argumentation fordern natürlich die Photographen des neunzehnten Jahrhunderts zu einhelligem Widerspruch heraus, wobei sie aber nicht – wie man hätte erwarten können – auf die Photographie als Medium authentischer Darstellung setzten, sondern gerade diese Qualität eher zu bagatellisieren versuchen: »Bisher hat sich die Photographie im allgemeinen damit zufrieden gegeben, die Wahrheit darzustellen«, schreibt 1861 Cornelius Jabez Hughes, »aber läßt sich ihre Sphäre nicht erweitern? Und darf sie nicht danach trachten, auch die Schönheit nachzuzeichnen?« (zitiert nach NEWHALL 1989: 75). Die ›Schönheit nachzeichnen‹ und damit selbst in die Sphäre der *schönen Künste* vordringen, dieser Anspruch kann in der Diskurslogik der Zeit nur geltend gemacht werden, wenn es überzeugend gelingt, den ›mechanischen‹ Charakter einer Photographie durch die gestalterischen Möglichkeiten des Photographen zum Verschwinden zu bringen – ein Dilemma, das H. P. Robinson 1893 in seinem Artikel *Individualität in der Photographie* der *Photographischen Rundschau* pointiert:

> »Von allen Versuchen, die gemacht worden sind, um zu beweisen, daß Photographie keine Kunst sei, wäre derjenige am beweiskräftigsten, wenn er überhaupt bewiesen werden könnte, daß sie keine Spur des Vorhandenseins einer Individualität aufweist; aber auf der anderen Seite wäre es eines der stärksten Beweismittel für die Zulassung der Photographie zur Kunstgenossenschaft, wenn das Besitztum dieser Eigenschaft nachgewiesen werden kann, denn Individualität in ihren Erzeugnissen bedingt not-

wenn sie in die Kunst einbricht, die schlimmste Todfeindin wird, und daß die Verquickung der Funktionen die gehörige Durchführung jeder einzelnen verhindert. [...] Erlaubt man der Photographie als Stellvertreterin der Kunst in einigen ihrer Funktionen aufzutreten, so wird sie diese bald verdrängt oder gänzlich verdorben haben, dank der natürlichen Verbündeten, die sie in der Torheit der Menge finden wird. Sie muß demnach zu ihrer wahren Bestimmung zurückgeführt werden, der, eine Dienerin der Wissenschaft und der Künste zu sein, eine sehr bescheidene Dienerin jedoch, wie die Druckkunst und die Stenographie, welche die Literatur weder geschaffen noch ersetzt haben. Sie bereichere unverzüglich das Album des Reisenden und liefere seinen Augen jene Deutlichkeit, deren sein Gedächtnis sich nicht entsinnt; sie ziere die Bibliothek der Naturforscher, vergrößere die mikroskopisch kleinen Tiere, unterstütze gar mit einigen Auskünften die Hypothesen des Astronomen; sie sei schließlich Sekretär und Notar jedes Menschen, dessen Beruf eine unbedingte materielle Genauigkeit fordert [,] – bis dahin steht alles zum besten. Sie rette vor dem Untergang die von Einsturz bedrohten Ruinen, die Bücher, die Stiche und Manuskripte, an denen der Zahn der Zeit nagt, die kostbaren Dinge, deren Gestalt zu schwinden droht und die es danach verlangt, einen Platz in den Archiven unseres Gedächtnisses zu erhalten [,] – sie wird bedankt sein und Beifall finden. Erlaubt man ihr aber solche Übergriffe in den Bereich des Ungreifbaren und des Imaginären, in alles, was nur deshalb einen Wert besitzt, weil der Mensch etwas von seiner Seele hinzutut [,] – dann wehe uns!« (zitiert nach DUBOIS 1998: 32ff.).

wendigerweise einen lenkenden Sinn hinter der ›seelenlosen‹ Maschine« (zitiert nach PLUMPE 1990: 128).

Für die Apologeten der Kunstphotographie ist diese Frage allerdings schon entschieden. Sie gehen bald schon dazu über, vor allem die individualisierenden Aspekte ihres Abbildverfahrens deutlich herauszustellen und lassen verlauten, dass der Photograph als gestaltendes Subjekt bei der Bildentstehung unverzichtbar sei: Immerhin habe er mit Feinfühligkeit den idealen Ausschnitt zu wählen und das Modell in einer photographischen Portraitsitzung nach ›allen Regeln der Kunst‹ richtig zu positionieren. Zudem empfehlen sie als künstlerischen Duktus die gewollte Unschärfe der Aufnahme. So bemerkt der Miniaturmaler und Kupferstecher William John Newton 1853 im Rahmen einer Diskussion der *Photographic Society of London*, dass er es nicht für notwendig oder wünschenswert halte, »daß der Künstler die Wiedergabe winzigster Details anstrebt. Vielmehr soll er es auf eine breite und generelle Wirkung anlegen, wobei ihn das suggestive Bild der Natur, wie es die Kamera festhalten kann, in seinen Studien sehr unterstützen kann. Und zu diesem Zweck braucht der Gegenstand nicht scharf zu erscheinen, im Gegenteil, ich fand, daß in vielen Fällen der Gegenstand besser erfaßt wird, wenn er leicht unscharf eingestellt wird« (zitiert nach KEMP 1980: 89). Tatsächlich hat die Diskussion um den Kunstcharakter der Photographie bis zur Jahrhundertwende erfolg- und folgenreich den Blick auf eine Eigenschaft des Mediums verstellt, die den Betrachtern der ersten Daguerreotypien wie Arago, Humboldt und Janin noch als ihr eigentliches Faszinosum galt.

Erst mit der Auflösung dieser Kunstkonzeption verblassen auch die Einwände gegen die Photographie, die nun immer mehr als medienontologisch eigenständige Darstellungsform in das Bewusstsein rückt. Der traditionell gegen die Photographie gerichtete Vorwurf, sie sei lediglich das Ergebnis eines mechanischen, unkünstlerischen Bildverfahrens, erfährt eine radikale Umwertung; oder wird einfach in entgegengesetzter Richtung gelesen: Mechanisch sei die akademische Malerei, nicht das unmittelbar entstehende Bild der Kamera! – so der Schriftsteller George Bernard Shaw in seinem 1902 veröffentlichten Artikel über *Das Unmechanische der Fotografie*: »Die Hand des Malers ist unheilbar mechanisch: seine Technik ist unheilbar künstlich. [...] Weil aber die Kamera nicht an diesen persönlichen Duktus gebunden ist, deswegen ist eine Fotografie so viel weniger durch mechanische Bedingungen behindert und gehorcht viel eher dem Gefühl des Künstlers, als dies eine Zeichnung vermag. Sie gibt ein direktes

Bild, während der Stift zunächst einmal eine Zeichnung gibt. Sie entgeht der plumpen Tyrannei der Hand und ist frei von jenem merkwürdigen und ungeheuerlichen Tatbestand, den wir Stil oder die Manier des Malers nennen, ungeheuerlich deswegen, weil er in besonderen Fällen einer abstoßenden Entstellung gleichkommt« (zitiert nach KEMP 1980: 225f.).

Für die Kunstphotographie so charakteristische Stilisierungstechniken wie der Gummidruck, das Glyzerinverfahren, die Verwendung von Photopapier mit Leinwandstruktur oder das manuelle Retuschieren von Negativen erscheinen ab 1900 zunehmend verdächtig. Die Photographie würde ihr eigentliches Wesen darin finden, unverfälschte Fakten und nicht individuelle Diktionen einer künstlerischen Persönlichkeit wiederzugeben, erklärt zur allgemeinen Überraschung seiner Zuhörer in einer Rede vor dem *Harvard Camera Club* der Philosoph George Santayana, von dem man zu dieser Zeit noch ganz selbstverständlich eine Stellungnahme zum Kunstcharakter der Photographie erwartet hatte (vgl. KEMP 1980: 254). »Hinter die spontane Begeisterung für die Realität tritt das vermittelte Interesse an der Kunst zurück«, lässt er stattdessen verlauten, »und ich danke der Fotografie dafür, daß sie ein so *transparentes Medium* ist und die unglaubwürdige und unsachliche Übertragung eines menschlichen Berichterstatters überflüssig macht« (zitiert nach ebd.: 254f.; Hervorh. v. Verf.).

Aus der Perspektive des zwanzigsten Jahrhunderts sind die kunstphotographischen Bemühungen der vorangegangenen Jahrzehnte nur noch verzweifelt sich anbiedernde Versuche, dem Kunstanspruch der Zeit zu entsprechen. Edward Weston schreibt in seinem Essay *Seeing Photographically* aus dem Jahr 1943: »Die Überzeugung wuchs, Photographie sei lediglich eine neue Art von Malerei, und ihre Anhänger versuchten auf jede nur denkbare Weise, mit der Kamera gemäldeartige Ergebnisse zu erzielen. Diese falsche Auffassung war dafür verantwortlich, daß – von allegorischer Kostümierung bis hin zum verwirrenden Kult der Unschärfe – so viele Scheußlichkeiten im Namen der Kunst begangen wurden. [...] Die Auffassung der Photo-Maler beruhte auf der fixen Idee, ein klares Photo sei nur das Produkt einer Maschine und könne deshalb keine Kunst sein. Er entwickelte deshalb spezielle Verfahren, um gegen die mechanische Entstehung des photographischen Bildes anzukämpfen. Innerhalb seines Systems war das Negativ nur der Ausgangspunkt, ein erster grober Abdruck, der so lange von Hand ›verbessert‹ werden mußte, bis auch die letzten Spuren der unkünstlerischen Herkunft verschwunden waren« (WESTON 1981: 247ff.).

Aus dieser polemischen Wendung gegen jede Form künstlerischer Verstellung entsteht mit der *Reinen Photographie* eine eigene Bewegung, zu der sich auch Edward Weston zählt. Von ihren Gegnern zu Beginn des Jahrhunderts noch als »Bastard der Wissenschaft und der Kunst« (KEMP 1980: 219) beschimpft, sehen sich diese Photographen selbst in der Tradition der Daguerreotypie: Diese sei noch so empfindlich gewesen, dass man unmöglich eine Retusche hat vornehmen oder diese sogar unkenntlich machen können. Was für die Daguerreotypie hingegen allein das Resultat ihrer technischen Bedingungen war – die ›Unberührtheit‹ der Darstellung –, für die *Reine Photographie* ist sie eine ästhetische Entscheidung. Nach ihrer Auffassung soll nun das Medium von jedem manipulativen, gestalterischen Eingriff gereinigt werden, und dazu zählt man auch die nach ästhetischen Regeln vorformulierte Bildauffassung des Photographen: »Sobald der Gegenstand in ein vorgedachtes Muster gezwängt wird, gibt es keine unbefangene Wahrnehmung mehr«, schreibt Weston, »denn Kompositionsregeln zu folgen kann lediglich zu einer ermüdenden Wiederholung bildnerischer Klischees führen« (WESTON 1981: 255f.). Die Kamera soll man hingegen dazu verwenden, »das Leben aufzunehmen, um das eigentliche Wesen und die Quintessenz des Dinges selbst wiederzugeben«, so Weston schon in den zwanziger Jahren. Er sei »fest davon überzeugt, daß man nur über den Realismus zur eigentlichen Photographie gelangt« (zitiert nach NEWHALL 1989: 190).[33]

33 Zu dem Ideal der ›Reinheit‹ seiner Photographien gelangt Edward Weston durch die Wahl abstrakter Bildsujets, doch ist dies wohl eher eine persönliche Vorliebe, kein charakteristisches Kennzeichen der Bewegung. Zwar widmen sich auch andere exponierte Vertreter der *Reinen Photographie* abstrakten Darstellungen, doch hat z.B. Alfred Stieglitz nur an seiner umfassenden Reihe von Wolken- und Himmelsdarstellungen gearbeitet, um damit den Beweis anzutreten, dass die außerordentliche Wirkung der von ihm erstellten Portraitphotographien nicht auf die Kraft seiner künstlerischen Persönlichkeit, sondern auf eine wesensmäßige Qualität des Mediums zurückzuführen sei (vgl. NEWHALL 1989: 177; DUBOIS 1998: 200). Stieglitz zeigt seine Portrait-Serie 1921 in einer Ausstellung der New Yorker *Anderson Galleries*, zu deren Eröffnung in einer Kritik der *Photo-Miniature* der Herausgeber John A. Tennet schreibt: »Bei den Aufnahmen, die man gewöhnlich ausgestellt sieht, sind Schönheit, Zeichnung und Tonskala willkürlich gestaltet, und der Gegenstand liefert nur das Motiv oder das Material – der Gegenstand erscheint, wie ihn der Photograph gesehen oder empfunden hat, als Deutung, als Aspekt; bei den Aufnahmen von Stieglitz hingegen hat man den Gegenstand in seinem eigenen Wesen oder seiner eigenen Persönlichkeit, so wie ihn das natürliche Spiel von Licht und Schatten offenbart, unmaskiert und ohne den Versuch einer Deutung vor sich, einfach dargestellt mit einer perfekten Technik. [...] [Die Portraits] weckten den Eindruck, als befinde man sich in der Gegenwart der Portraitierten. Sie enthielten keinen Hinweis auf den Photographen oder auf Manierismen, kein Bemühen um Deutung oder künstlich hervorgerufene Wirkung; keine

Die Kunstphotographie ist mit der emphatischen Apologetik der reinen, kunstlosen Abbilder nie gegenstandslos geworden. Selbst die Vertreter der *Reinen Photographie* verstehen ihre Arbeit ja als Kunst. Nur haben sie im Gegensatz zu den entsprechenden Bemühungen des neunzehnten Jahrhunderts den Kunstbegriff zu erweitern und nicht ihre Arbeit einer präfigurierten Ästhetik anzupassen versucht. Sie haben damit der, wie sie meinten, ›eigentlichen‹ Qualität der Photographie ein erstes Forum geschaffen, also eine Eigenschaft photographischer Darstellung ›in Szene‹ gesetzt, die in den ersten siebzig Jahren der Photographiegeschichte weithin verkannt worden war bzw. als lästige Voraussetzung der Bildentstehung nur marginale Beachtung gefunden hatte.

Die Vertreter der *Reinen Photographie* sehen ihr Bildprogramm in der Tradition des Bildmediums. Sie berufen sich auf die Daguerreotypien der dreißiger und vierziger Jahre des neunzehnten Jahrhunderts und versuchen mit dieser historischen Anbindung die reine, von künstlerische Ambitionen unberührte Abbildung als eigentliche Qualität der Photographie aus dem Schutt ihrer missbräuchlichen, künstlerischen Verwendung zu bergen. Soweit ich es überblicken kann, ist es ihnen selbst nie in den Sinn gekommen, ihre darstellerische Arbeit bzw. deren abbildtheoretische Programmatik in Analogie zu den byzantinischen und mittelalterlichen Acheiropoieten zu sehen. Diese Herleitung wäre aus der historisch immanenten Perspektive der Jahrhundertwende auch undenkbar gewesen; zu sehr ist das mechanische Bild mit dem szientifistischen Versprechen seiner Technizität verbunden.

Genauso abwegig aber, wie ein solcher Vergleich zunächst erscheinen mag, schon gegen Ende des neunzehnten Jahrhunderts drängt er sich geradezu auf – selbst angeregt durch eine Acheiropoiete, das so genannte *Turiner Grabtuch*.

3.2.2 *Photographie und acheiropoietisches Abbildversprechen*

Das ›Turiner Grabtuch‹ ist eine bildtragende Berührungsreliquie. Sie zeigt den Abdruck eines menschlichen Körpers vom Haupt bis zu den Füßen,

Manipulation mit Objektiv oder Beleuchtung. Ich kann sie nicht besser und vollständiger beschreiben denn als reine, direkte Photographien« (zitiert nach NEWHALL 1989: 176f.).

der allerdings mit bloßem Auge nur undeutlich, als schemenhafte Zeichnung zu erkennen ist. Als man sich erstmals im Jahr 1898 dazu entscheidet, das Grabtuch photographieren zu lassen, stellt man verblüfft fest, dass die nur andeutungsweise wahrzunehmende Gestalt auf dem photographischen Negativ deutlicher hervortritt als auf dem Tuch selbst. Auf dem schwarz gezeichneten Hintergrund des weißen Leinentuchs war eine klar konturierte Darstellung zu erkennen. Der Abdruck des Grabtuchs erschien also auf dem Negativ selbst positiv, was für die zeitgenössischen, gläubigen Betrachter nur bedeuten konnte, dass schon der Abdruck ein ›quasi photographisches‹ Negativ gewesen sei. Entsprechend euphorisch lesen sich die Reaktionen der Presse. In der Ausgabe vom 14. Juni 1898 der *Corriere Nazionale* begeistert sich der Journalist: »Der Erlöser, der auf dem Grablinnen die Zeichen seiner Leiden und ein Abbild seines Leibes auf unerklärliche Weise hinterließ, erscheint wie durch ein Wunder auf der Glasplatte wieder, erkennbar bis in die kleinsten Einzelheiten. Man erblickt die edle Gestalt voll göttlicher Schönheit mit einem Antlitz, das die unaussprechlichen Qualen widerspiegelt. Sichtbar sind auch die Einzelheiten des Bartes, des Haars, der Wunden und der Abdruck des Seils, mit dem der geheiligte Leib an die Geißelsäule gebunden wurde. Um es zusammenzufassen: nach neunzehnhundert Jahren, in denen sich die Welt nur mit Hilfe der traditionellen Schilderungen die Gestalt des Nazareners geistig vorstellen konnte, hat die Fotografie des Grabtuches uns nunmehr das wirkliche Bild vermittelt« (zitiert nach WALSH 1965: 32f.).

Als bildtragendes Tuch wurde die Reliquie erstmals in einer mittelalterlichen Quelle des vierzehnten Jahrhunderts erwähnt und in diesem Zusammenhang gleich diffamiert: Es sei mit »Schlauheit gemalt«, schreibt der Bischof von Troyes an Papst Clemens vii. in Avignon, und damit »ein Werk menschlicher Geschicklichkeit und nicht wunderbar bewirkt« (D'ARCIS 1980: 295f.). Mit der Grabtuch-Photographie allerdings schien die über Jahrhunderte hinweg beharrlich formulierte Echtheitsskepsis mit wissenschaftlicher Evidenz widerlegt: Wie sollte ein Maler des vierzehnten Jahrhunderts die charakteristische Zeichnung eines photographischen Negativs imitieren können, ohne eine konkrete Vorstellung davon zu haben, was ein photographisches Negativ eigentlich sei.

Auch Ernst von Dobschütz, der zu dieser Zeit an seiner ausführlichen und bislang unübertroffenen Darstellung der Legenden christlicher Acheiropoieten arbeitet, zeigte sich von der Nachricht der Grabtuchphotographie sichtlich irritiert, widersprach doch die Entdeckung seiner gerade erst formulierten These, dass die Authentizität acheiropoietischer Christusikonen im Wesentlichen ein Effekt ihrer Legendisierung sei, und eben nicht einer der ikonographischen Gestalt. Mit dem Turiner Grabtuch aber hatte man nun eine Acheiropoiete vor Augen, deren außergewöhnliche Qualität allein auf die Bildgestalt zurückzuführen war – eine Gestalt, die sich wiederum nur durch die außergewöhnlichen Umstände der Bildentstehung erklären ließ: »Nach einer Mitteilung des Osservatore Romano wäre freilich mit Hilfe der Photographie ein bis dahin unsichtbares exaktes Bild des Erlösers auf dem h. Tuche zum Vorschein gekommen«, schreibt von Dobschütz, »welches Gesicht und Körper Christi so genau zeige, als wäre der Leichnam des Herrn gleich nach der Passion ›photographiert‹ worden« (DOBSCHÜTZ 1899: 76).

Die Darstellung auf dem Grabtuch, so wollte man glauben, sei nach einem der Photographie analogen Verfahren entstanden, nur dass man mit der Passionsreliquie bislang lediglich einen Negativabdruck besessen hatte, der auf dem Negativ der Photographie nun selbst positiv erschien – eine Deutung, die sich auch in entgegengesetzter Richtung lesen ließ: dann nämlich wäre die Photographie nach einem Verfahren entstanden, das wiederum in Analogie zur Bildentstehung der photographierten Acheiropoiete gesetzt werden müsste. Die Entdeckung des acheiropoietischen Negativs auf dem Tuch jedenfalls war zum einen Rehabilitierung der Berührungsreliquie und Anlass für eine ›Echtheitsdiskussion‹, die weit bis in das 20. Jahrhundert reicht. Sie war aber auch andererseits eine Nobilitierung der Photographie, die sich nun durch die offensichtliche Analogie der Bildverfahren in das Umfeld kultisch-auratischer Objekte gerückt sah.[34] Und

34 »Was im Zeitalter der technischen Reproduzierbarkeit des Kunstwerks verkümmert, das ist seine Aura« (BENJAMIN 1977a: 13), schreibt Walter Benjamin in seinem berühmten *Kunstwerk*-Aufsatz und scheint dabei übersehen zu haben, dass schon die spätantiken und mittelalterlichen Kultbilder – wollte man sie als authentische Darstellungen verstanden wissen – notwendig auf Reproduzierbarkeit angelegt waren. Benjamins Verlustthese irritiert umso mehr, als seine Definition der *Aura* aus einer Beschreibung kultischer Bildpraxis abgeleitet wird: »Die ältesten Kunstwerke sind, wie wir wissen, im Dienst eines Rituals entstanden, zuerst eines magischen, dann eines religiösen. Es ist nun von entscheidender Bedeutung, daß diese auratische Daseinsweise des Kunstwerks niemals durchaus von seiner Ritualfunktion sich löst. Mit anderen Worten: *Der einzigartige Wert des ›echten‹ Kunstwerks hat seine Fundierung im Ritual, in dem es seinen originären und ersten Gebrauchswert hatte*« (ebd.: 16; Hervorh. i. Org.). Als *Aura* bezeichnet Benjamin den Kultwert »des Kunstwerks in Kategorien raum-zeitlicher Wahrnehmung« (ebd.). Diese kultisch-auratische Einmaligkeit aber werde durch die Reproduzierbarkeit des Kunstwerks aufgelöst, ein Prozess, der ihm darin zu kulminieren scheint, dass das reproduzierte Kunstwerk »in immer steigendem Maße die Reproduktion eines auf

diese Auffassung fand nicht nur bei den Echtheits-Apologeten des Turiner Grabtuchs Anklang.

In dem 1945 erstmals erschienen Aufsatz zur *Ontologie de l'image photographique* des französischen Filmtheoretikers und späteren Herausgebers der *Cahiers du Cinéma* André Bazin wird die Analogie von photographischem und acheiropoietischem Bildverfahren zwar nicht expressis verbis thematisiert – man findet hier mit der kurz kommentierten Abbildung des Grabtuch-Negativs lediglich einen assoziativ angelegten Vergleich. Die medienontologische Argumentation allerdings ist dem acheiropoietischen Authentisierungsmodell byzantinischer Legenden in jeder Hinsicht verpflichtet: »So talentiert der Maler auch sein mag«, schreibt Bazin, »sein Werk wird immer mit der Hypothek einer unvermeidlichen Subjektivität belastet sein. Die Präsenz des Schöpfers hinterläßt stets den Schatten des Zweifels auf dem Bild« (BAZIN 1975: 23). Aus dieser Hypothek anthropomorpher Kunst resultiere die wesentliche Differenz zwischen dem eigentlichen Realismus, der notwendig sei »für die signifikante Darstellung alles Konkreten und zugleich Essentiellen der Welt, und einem Pseudo-Realismus der Augentäuschung [...] (oder besser Geistestäuschung), der sich mit der Illusion der äußeren Form zufrieden gibt« (ebd.). Das authentische Bild – bei Bazin umschrieben als Darstellung des Konkreten und zugleich Essentiellen – sei demzufolge nicht denkbar als das Ergebnis einer bis zur Ununterscheidbarkeit reichenden Perfektionierung nachahmender Darstellungskünste: »Die Lösung lag nicht im Ergebnis sondern in der Entstehung« (ebd.), schreibt Bazin, und weist mit »der Beharrlichkeit der leidenschaftslosen Mechanik« (ebd.: 25) photographischer Bildentstehung dem ontologischen Mangel anthropomorpher Kunst sein medientheoreti-

Reproduzierbarkeit angelegten Kunstwerks sei« (ebd.: 17). Tatsächlich aber beschrieben schon die byzantinischen Bildlegenden der Acheiropoieten die automatisch sich fortführende Reproduktion acheiropoietisch entstandener Darstellungen als Abdruck auf einem Tuch oder Stein (vgl. Kap. 1.2.2) – oder die Reproduktion der schematisch festgelegten Darstellung in der Ikonentradition durch einen als transparentes Medium begriffenen stilasketischen Maler (vgl. Kap. 1.3.2). Die Authentizität einer acheiropoietischen Darstellung verbürgt sich ja gerade dadurch, dass sie sich reproduzieren lässt, und dies als logische Konsequenz eines Darstellungsverfahrens, das nicht auf Einmaligkeit angelegt ist. In dieser Hinsicht löst sich die Photographie als ein auf Reproduzierbarkeit angelegtes Bildverfahren tatsächlich von der Tradition des ›auratisch‹ verstandenen Kunstwerks bürgerlicher Provenienz; gleichzeitig aber partizipiert sie durch diese Ablösung an dem Darstellungsversprechen byzantinischer und mittelalterlicher Kultbilder, jenem Versprechen, das wiederum von dem auratisch-einmaligen Kunstwerk nicht mehr eingelöst werden wollte.

sches Licht: »Zum ersten Mal – einem rigorosen Determinismus entsprechend – entsteht ein Bild der Außenwelt automatisch, ohne das kreative Eingreifen des Menschen. [...] Alle Künste beruhen auf der Gegenwart des Menschen, nur die Fotografie zieht Nutzen aus seiner Abwesenheit. [...] [Sie] verleiht ihr eine Stärke und Glaubhaftigkeit, die jedem anderen Werk der bildenden Künste fehlt. Welche kritischen Einwände wir auch immer haben mögen, wir sind gezwungen, an die Existenz des repräsentierten Objektes zu glauben, des tatsächlich re-präsentierten, das heißt, des in Zeit und Raum präsent gewordenen« (BAZIN 1975: 24).

Es mag dahingestellt sein, ob der katholische Filmtheoretiker sich der historisierbaren Dimensionen seiner Argumentation im Klaren war, doch ungeachtet der nicht zu klärenden Intentionalität muss man feststellen, dass Bazin mit seiner Theoretisierung der Photographie auf eine ikonologische Argumentation zurückgreift, die schon das zweite Konzil von Nizäa zugunsten der von ihr propagierten Verehrung christlicher Kultbilder angeführt hatte. Auch die acheiropoietische Entstehung einer Christusikone, die den wesentlichen Unterschied zwischen theologisch sanktioniertem Kultgegenstand und heidnisch antikem Götzenbild bedeuten konnte, galt als Nachweis der Inkarnation, des »in Zeit und Raum präsent gewordenen« Gottessohns. Das jeweilige Bild entstand ja der Legende nach durch physischen Kontakt und konnte so für die historische und geographische Verortbarkeit der Menschwerdung stehen; mit der bildlichen Darstellung Christi wurde sie zu einem sinnlich erfahrbaren Faktum. Man wagte sogar den Umkehrschluss, dass nämlich bei mangelndem Respekt vor dem Bild auch der Glauben an die Inkarnation selbst angetastet war (vgl. DUMEIGE 1985: 293ff.; THON 1979: 210ff.). So wurde die Menschwerdung letztlich mit einer Relation von Darstellung und Darstellungsgegenstand begründet, die von Bazin wiederum als wesentliche Qualität der Photographie herausgestellt wird. Denn sie, die Photographie, profitiere ja von der Übertragung der Realität des Objektes auf seine Reproduktion, schreibt er – und versteht damit die Repräsentation des Gegenstands durch seine photographische Darstellung ebenso wie die Kirchenväter zu Nizäa als eine Form unmittelbaren Selbstausdrucks.

Ähnlich Roland Barthes, der Ende der siebziger Jahre in seinem Essay *Die helle Kammer* in Bezug auf die Photographie von einer *Emanation der Wirklichkeit* spricht (vgl. BARTHES 1986: 99). Die Photographie sei ein anthropologisch grundsätzlich neuartiger Gegenstand, schreibt er, der sich den gängigen Diskussionen über das Bild entziehe (vgl. ebd.: 97), ein »Bild ohne Code«, dessen Verfahren als » Magie und nicht als Kunst« zu verstehen sei (ebd.: 99) – so seine Authentizitäts-Apologetik, die im Wesentlichen jedoch die Argumentation Bazins fortführt:

»›Photographischen Referenten‹ nenne ich nicht die *möglicherweise* reale Sache, auf die ein Bild oder ein Zeichen verweist, sondern die *notwendig* reale Sache, die vor dem Objektiv platziert war und ohne die es keine Photographie gäbe. Die Malerei kann wohl eine Realität fingieren, ohne sie gesehen zu haben. Der Diskurs fügt Zeichen aneinander, die gewiß Referenten haben, aber diese Referenten können ›Chimären‹ sein, und meist sind sie es auch. Anders als bei diesen Imitationen läßt sich in der *Photographie* nicht leugnen, daß *die Sache dagewesen ist*. Hier gibt es eine Verbindung aus zweierlei: aus Realität und Vergangenheit. Und da diese Einschränkung nur hier existiert, muß man sie als das Wesen, den Sinngehalt (NOEMA) der *Photographie* ansehen. Worauf ich mich in einer Photographie intentional richte [...], ist weder die Kunst noch die *Kommunikation*, sondern die *Referenz*, die das Grundprinzip der Photographie darstellt. Der Name des Noemas der *Photographie* sei also: ›*Es-ist-so-gewesen*‹« (BARTHES 1986: 86f.; Hervorh. i. Org.).

Dieses charakteristische Verhältnis von Darstellung und Darstellungsgegenstand in der Photographie, die, weder Kunst noch Kommunikation, jeder zeichentheoretischen Relativierung gegenüber resistent erscheine, führt Barthes im Weiteren zu einem (historisch nicht ganz korrekt formulierten) Vergleich mit dem christlichen Kultbild: »Wie man es auch dreht und wendet: die *Photographie* hat etwas mit Auferstehung zu tun: kann man von ihr nicht dasselbe sagen, was die Byzantiner vom Antlitz Christi sagten, das sich auf dem Schweißtuch der Veronika abgedrückt hat, nämlich daß sie nicht von Menschenhand geschaffen sei« (ebd.: 92).

Tatsächlich ist in diesem Zitat – seinem Autor möglicherweise sogar verborgen – jene Ebene angedeutet, auf der ein Vergleich der heterogenen Bildtypen nur sinnvoll erscheinen kann. Allein was sich in der jeweiligen Epoche von einem Bild ›sagen lässt‹, also das jeweils mit Beschreibung und Legende assoziierte Abbildversprechen, ist vergleichbar. Führt man diesen Gedanken weiter, lässt sich selbst die medienontologische Argumentation Roland Barthes' und André Bazins als Legende lesen, also als ein das Verständnis der Photographie modellierender Beitrag von allgemein kultureller Relevanz – entsprechend der authentisierenden Funktion spätantiker Bildlegenden.

Ob dieser Vergleich bis ins Einzelne tragfähig ist, kann ich nicht sagen. Sicher scheint mir aber, dass mit dem immer wieder beschworenen acheiropoietischen Verfahren der photographischen Bildentstehung eine Authentisierungsstrategie aufgegriffen wird, die schon den byzantinischen und mittelalterlichen Bildlegenden als Nachweis eines indexikalischen und damit privilegierten Verhältnisses von Darstellung und Darstellungsgegenstand galt. Dabei sind die verwendeten Authentisierungstechniken ebenso verschieden wie ähnlich: an Stelle des körperlichen Abdrucks z. B. tritt ab dem neunzehnten Jahrhundert die photochemische Reaktion des Bildträgers, wobei die Leidenschaftslosigkeit der dem Auge vorgeschalteten Mechanik die Askese des Malers ersetzt. Beide Bildtypen aber verbinden mit der Abwesenheit des Menschen im Darstellungsprozess – oder zumindest der Abwesenheit eines interessegeleiteten, die Darstellung verstellenden Subjekts – *ein* gemeinsames Interesse: Ob durch das technische oder quasi-technische Verfahren oder durch den ahnungslosen, der Darstellung altruistisch unterworfenen Vermittler, jedes Mal wird mit der kunstvollen Legende der acheiropoietischen Kunstlosigkeit eine ästhetische Überlegenheit der Darstellung gegenüber anderen abgewonnen.

3.2.3 *Der unwillkürliche Ausdruck als authentisierender Aspekt photographischer Darstellung*

Natürlich ist auch jede acheiropoietische Beschreibung der Photographie nicht blind gegenüber dem Faktum, dass mit der photochemischen Bildentstehung der einzige Teil des Abbildverfahrens genannt ist, der nicht der menschlichen Wahl unterliegt und folglich auch nicht einem subjektiven Standpunkt des Photographen zugerechnet werden muss. Alles andere aber – Auswahl und Anordnung des Bildsujets, Lichtführung und Kadrierung, Blendenwahl, Tiefenschärfe oder die punktuelle Verlagerung der Schärfe auf ausgesuchte Bildteile (von einer manuellen oder digitalen Bearbeitung der Photographie einmal ganz abgesehen) – sind Aspekte photographischer Bildentstehung, deren gestalterische Auswirkungen das Abbildversprechen der Legenden überlagern oder sogar in Frage stellen. Folgerichtig werden gerade die personifizierbaren Darstellungsanteile der Photographie immer wieder skeptisch gegen die Authentizitätsproklamationen ins Feld geführt und der Photograph als Urheber einer äußerst artifiziellen, durchweg codierten Bildform charakterisiert.

Die apologetische Argumentation der legendisierenden Beschreibung sieht ihr Abbildversprechen selbst von diesem Vorbehalt nicht eingeschränkt: »Wenn auch auf dem fertigen Werk Spuren der Persönlichkeit des Fotografen erkennbar sind«, schreibt André Bazin, so müsse man doch davon ausgehen, dass diese ›Spuren‹ sich nicht zwischen Gegenstand und Abbildung stellen und damit den authentisierenden Abbildungsprozess beeinträchtigen könnten. Denn alle individualisierbaren Aspekte photographischer Bildentstehung ließen den zugrunde liegenden Modus indexikalischer Referenzialität weitgehend unberührt. Wolle man die Bildmedien in dieser Hinsicht hierarchisch differenzieren, dann gelte es festzuhalten, dass die erkennbaren Spuren künstlerischer Persönlichkeit der Photographien »nicht vom gleichen Rang wie die der Malerei« seien (BAZIN 1975: 24).

Zur Bekräftigung dieser apologetischen These findet man schon in den frühesten Texten, die sich mit dem neuen Medium auseinander setzten, den Hinweis auf offenbar unkontrollierte Darstellungsanteile, die der Photograph weder beabsichtigt noch inszeniert habe und die sich erst im Nachhinein auf dem Bildträger zu erkennen geben. Es sei ein besonderer Reiz der Photographie, so schon William Fox Talbot in seinem 1844/46 herausgegebenen Bildband *The Pencil of Nature*, »daß der Photograph selbst, und unter Umständen erst nach langer Zeit, bei der Nachprüfung entdeckt, daß er viele Dinge mit aufgenommen hat, die ihm seinerzeit gar nicht aufgefallen waren« (TALBOT 1981: 74). Talbot kommentiert mit dieser Bemerkung eine Photographie des Queen's College in Oxford, zu deren Betrachtung er die Lupe empfiehlt, denn sie enthülle »oft eine Vielzahl kleiner Details, die niemand erwartet oder zuvor bemerkt hat« (ebd.). Die dem eigenen Auge verborgenen, unbemerkten und unerwarteten Darstellungsanteile einer Photographie sind offensichtlich über jeden Vorbehalt erhaben, erscheinen sie doch aufgrund ihrer unwillkürlichen, mehr oder weniger subversiven Aufzeichnung auf dem Bildträger als resistent gegenüber jeder gestalterischen bzw. verfälschenden Arbeit des Photographen.

Ein treffliches, wiewohl rührselig anekdotisches Beispiel dafür, wie unwillkürliche Darstellungsanteile unter dem Aspekt authentisierender Bildentstehung herausgearbeitet werden, findet man in der 1850 veröffentlichten Erzählung *Das Daguerreotyp* des österreichischen Schriftstellers Fernand Stamm (vgl. PLUMPE 1990: 186ff.). Gleich zu Beginn steht hier die Behauptung, die Daguerreotypie sei dafür bekannt, die Personen auf den Ablichtungen des Apparats älter aussehen zu lassen – eine Eigenschaft, die den als »Äußerlichkeitsmensch« charakterisierten Protagonisten Alfred dazu veranlasst, den Alterungsprozess seiner Heiratskandidatinnen mittels der daguerreotypischen Kamera zu antizipieren, um so »die unverwüstliche Schönheit von der schnell welkenden« unterscheiden zu können (STAMM 1850: 178). Zu den Auserwählten zählt auch die Malerin Raphaele, die sich allerdings entschieden gegen die entwürdigende Prozedur wehrt und Alfred in einen Disput über die Bedeutung der Photographie verwickelt, der an den charakteristischen Topoi zeitgenössischer Diskussion orientiert ist: »Die Maler sind Lügner«, rechtfertigt Alfred sein ›photographisches‹ Ansinnen, »und unsere Augen sind Lügner: wir sehen aus Eigenliebe das Fehlerhafte an uns nicht, aber die Sonne deckt mit unerbitterlicher Wahrheitsliebe die weggeschmeichelte Häßlichkeit auf. Im Lichtbilde erscheint der Mensch wie er ist, nicht wie wir ihn wünschen« (ebd.: 181). Die umworbene Raphaele entgegnet erwartungsgemäß, der Bilderkasten Daguerres könne nur eine »verzerrte Fratze« abbilden, denn erleuchtet werde von der Sonne nicht mehr als die äußere Schale des Menschen, nicht aber sein Herz: »Ich male gerne und mich tröstet der Gedanke, daß ich die Schönheit schaffen und fühlen kann, mehr, als wenn ich die Schönheit selbst wäre. Hier wäre ich Topf, dort bin ich Töpfer« (ebd.). Gleichwohl hält Alfred an seinem Ablichtungsvorhaben fest und führt Raphaele unter einem fadenscheinigen Grund in einen eigens dafür präparierten Raum:

> »Zu diesem Zwecke stand rechts und links [...] eine viereckige Säule, welche eine Büste trug. Diese Säulen waren aber hohl und enthielten die Vorrichtung zu Sonnenbildern. Je nachdem die abzubildende Person für die eine oder andere Säule eine günstige Stellung nahm, – ein Sessel vor der Marmorgruppe war die berechnete Stelle – erschloß ein Druck auf den Boden die Öffnung der Säule, um das von der Person zurückgeworfene Licht durch die Glaslinse aufzufangen und auf die Metallplatte zu tragen, und nach wenigen Secunden schloß sich die Öffnung von selbst. Auf diese Art hatte Alfred schon manches Bild gestohlen« (STAMM 1850: 191f.).

Allerdings gewinnt Raphaele das Herz des Bilderdiebes noch bevor Alfred den Mechanismus auszulösen vermag. Von Scham zerknirscht sieht der sich gezwungen, seinen dubiosen Plan zu offenbaren, und muss befürchten, dass mit seinem Bekenntnis die gerade erst entfachten Flammen der Liebe zu ersticken drohen. Die Erzählung, weitsichtiger als die Verliebten, kommt zu einer Schlusspointe, die dem Offenbarungsereignis ähnelt: Am nächsten Morgen findet sich in Alfreds Geheimkammer eine belichtet Platte, die zufällig im Moment höchster Erregung zustande gekommen war: »In diesem Augenblick mag mein Fuß die Feder am Boden bewegt haben, die den Deckel von Daguerre's Vorrichtung weghob, und die Sonne ätzte den Auftritt ins Metall« (ebd.: 196), erklärt Alfred die Entstehung der unverhofften Photographie. Das Bild zeigt ihn vor Raphaele kniend und offenbart an verschiedenen Stellen die unwillkürlichen Zeichen ihrer Zuneigung. Seinem Onkel erklärt er:

»Betrachte diese Daguerreotypie. [...] Siehst Du denn nicht die verwischte Zeichnung ihrer Hand, womit sie mich aufzuheben strebt, das ist mir ein Beweis, daß ihre Hand zitterte, und das ist wieder ein Beweis der Rührung. Achte hier auf die Stelle, wo das Herz schlägt, auch hier ist die Stelle undeutlich, weil es härter schlug. [...] [Und] im Augenwinkel liegt die Quelle meiner Hoffnung. Siehst Du den lichten Punkt, die winzige Perle, auf der ein Lichtstrahl schwimmt? – Das ist eine Thräne. Die läßt sich nicht wegläugnen! Die kann ich vor jedem Liebesgericht als Zeugnis vorlegen« (STAMM 1850: 194f.).

Natürlich ist die Erzählung nicht von phototheoretischen Erwägungen bestimmt, eher schon von dem Gegensatzpaar innerlicher Wahrhaftigkeit und äußerlich belangloser Erscheinung; Letzteres repräsentiert durch die kalkulierende Ratio Alfreds und seine Vorliebe für das mechanische Abbildverfahren, Ersteres durch die warmherzig empfindsame Raphaele und ihrer Verteidigung transformierender Ästhetik. Dem photographischen Bild wird in dieser Konfrontation keine eindeutige Position zugewiesen. Zwar ist es in der Diskussion zuvor durch den Hinweis auf die bestenfalls zu erreichende Oberflächendarstellung zunächst diskreditiert. Doch wenn dann auf der zufällig entstandenen Photographie die ›äußere Schale‹ nicht mehr äußerlich erscheint, vielmehr durchsichtig wird, die verborgene innere Gemütsbewegung zeigt, dann ist eine Position oberhalb der Dichotomie von Außen und Innen gewonnen. Es ist nur allzu offensichtlich, dass Fernand Stamm in seiner Erzählung eine Konstellation stilloser Kommunikation schafft: Das Arrangement der intimen Liebeserklärung – potenziert durch die eruptive Läuterung des Protagonisten – etabliert eine Sphäre, in der jede Regung, jede affektive Reaktion des Körpers Unmittelbarkeit verspricht. Diese wiederum wird von einer Kamera aufgenommen, deren Anwesenheit kaschiert ist, deren Mechanik obendrein ohne jede Intention, rein zufällig zur Auslösung kommt und damit das antagonistische Gegensatzpaar von innerlich wahrhaftigem Gefühl und äußerlich verstellender Contenance auf dem photographischen Abbild zum Verschwinden bringt.

Was Fernand Stamm in seiner anekdotischen Erzählung noch als Folge einer komplexen sozialen und medialen Konstellation beschreibt, wird in späteren Texten zu einer stetig gegenwärtigen Diktion des ontologischen Potentials der Photographie: der unmittelbare Ausdruck, der, wie Walter Benjamin angesichts einer Daguerreotypie des deutschen Photographen Dauthendeys in seiner *Kleinen Geschichte der Photographie* exemplarisch nachzuweisen versucht, auch bei einer noch so gewollten Inszenierung sich als »magischer Wert« photographischer Aufnahmen unabwendbar in die Darstellung einschleiche:

> »Hat man sich lang genug in solch ein Bild vertieft, erkennt man, wie sehr sich die Gegensätze berühren: die exakteste Technik kann ihren Hervorbringungen einen magischen Wert geben, wie für uns ihn ein gemaltes Bild nie mehr besitzen kann. Aller Kunstfertigkeit des Photographen und aller Planmäßigkeit in der Haltung seines Modells zum Trotz fühlt der Beschauer unwiderstehlich den Zwang, in solchem Bild das winzige Fünkchen Zufall, Hier und Jetzt, zu suchen, mit dem die Wirklichkeit den Bildcharakter gleichsam durchsengt hat [...]. Es ist ja eine andere Natur, welche zur Kamera als welche zum Auge spricht; anders vor allem so, daß an die Stelle eines vom Menschen mit Bewußtsein durchwirkten Raums ein unbewußt durchwirkter tritt« (BENJAMIN 1977b: 50).

Die unbewusste Geste, das winzige Fünkchen Zufall, das jeder künstlerischen Kontrolle und posierenden Selbstkontrolle des Dargestellten zu widerstehen vermag und sich als Ausdruck einer unbewussten, von jeder Intentionalität freien Sphäre auf einem photographischen Abbild wiederfinden lässt – diese über jede Ästhetisierung erhabenen Spuren authentischer Darstellung beschreibt Benjamin als weitgehend autonome Bedeutungszuschreibung des Rezipienten. Es sei der Beschauer, der den Zwang verspüre, in den Bildern nach entsprechenden Zeichen (oder besser: Nicht-Zeichen) zu suchen. Und dieser ›Zuschreibungszwang‹ scheint auch dann noch die konstitutiven Faktoren der Sinngebung zu dominieren, wenn das Wissen um die Entstehungsbedingungen und um den Gestaltcharakter das Authentizitätsversprechen einer Photographie weitgehend in Abrede stellt.

Die Problemfigur unmittelbarer Darstellung als Authentizitätsspur der Photographie, die schon mit der Daguerreotypie ausgebildet war und in dem Textbeispiel Benjamins seine Aktualisierung erfährt, sie entwickelte sich zu einem anhaltenden Problemkontinuum der theoretischen Auseinandersetzung mit photographischen Bildern. Mitte der siebziger Jahre z. B. dekonstruiert Alain Bergala in einer Ausgabe der *Cahiers du Cinéma* den Realitätseffekt photographischer Darstellung am Beispiel weithin bekannter historischer Photographien: Sie seien vollkommen beherrschte und kontrollierte Darstellungen, Simulakren eines kollektiven Gedächtnisses. In dieser Weise beschreibt er u. a. auch die Photographie eines weinenden Vietnamesen, der unter seinem Regenschirm den Sack mit der Leiche seines toten Kindes hält, wobei Bergala auf die gezielte Verwendung des Weitwinkelobjektivs als kalkulierten Effekt verweist: »Das Weitwinkelobjektiv arbeitet intensiv zum Nutzen des weinerlichen Humanismus: Es isoliert die

Person in ihrer Einsamkeit und in ihrem Schmerz als Opfer« (zitiert nach DUBOIS 1998: 45). Allerdings schon in der nächsten Ausgabe der *Cahiers* findet sich mit *La surimage* von Pascal Bonitzers eine Entgegnung, deren Argumentation sich wiederum auf die intuitive, unmittelbare Reaktion bei der Bildbetrachtung stützt:

> »Da ist also dieses Foto des weinenden Vietnamesen unter einem Regenschirm [...] Es stimmt, daß ›das Weitwinkelobjektiv hier zugunsten des weinerlichen Humanismus arbeitet: es isoliert die Person, das Opfer, in ihrer Einsamkeit und in ihrem Schmerz‹ [Bergala]. Dennoch bleibt in diesem Foto ein Rest, der sich unweigerlich der Analyse widersetzt. Denn neben oder über diesen Wörtern ›weinerlicher Humanismus‹ ist dennoch nicht zu übersehen, daß dieser Vietnamese weint: trotz der Inszenierung, trotz des Bildrahmens, trotz der fotografischen und journalistischen Äußerung (der Journalist, dieser Dreckskerl!) ist da noch die Aussage der Tränen [...]. Unweigerlich kehrt die stumme Aussage des Fotos rätselhaft wieder, das dunkle Ereignis dieses von einem merkantilen Objektiv gefangenen Schmerzes, und die *Singularität* der lautlos wiederkehrenden Tränen macht einen nachdenklich. Nun beginnt ein anderer Text aus demselben Foto herauszusickern [...] Darin hat das Foto, mag es auch den gleichen Abbildungscodes (Camera obscura usw.) entspringen, nichts mit der Malerei zu tun: Das Objekt wird auf ganz andere Weise festgehalten: Auf einem gemalten Bild *schreit* das Objekt nicht so wie auf einem Foto« (zitiert nach DUBOIS 1998: 51).

Roland Barthes differenziert in dieser Hinsicht zwei grundlegende Rezeptionshaltungen, die den Umgang mit photographischen Bildern reglementieren. Die erste umschreibt er als *studium*, eine von kulturellem Vorwissen geprägte Haltung, bei der konventionalisierte Erwartungen des Betrachters und photographische Darstellungen mehr oder weniger zur Deckung kommen: »Das *studium* anerkennen«, schreibt Barthes in seinem schon erwähnten Essay zur Photographie, »heißt unausweichlich den Intentionen des Photographen begegnen, in Harmonie mit ihnen eintreten, sie billigen oder sie mißbilligen, doch stets sie verstehen, [sich mit ihnen zu] beschäftigen, denn Kultur (der das *studium* entstammt) ist ein zwischen Urhebern und Verbrauchern geschlossener Vertrag« (BARTHES 1986: 37). Das *studium* sei demzufolge ein durchschnittlicher Affekt, fast könne man sagen eine Art kulturelle Dressur, die es ermögliche, Photographien zu lesen, »den *operator* wiederzufinden, die Absichten nachzuvollziehen, die seine Vorgehensweise begründen und befruchten« (ebd.).

Dagegen stehe jene Sphäre, die durch das *studium* nicht mehr erfasst werden könne, die das *studium*, die souveräne Haltung des Betrachters und seinen kulturell sanktionierten Sinngebungsprozess durchbreche: »Diesmal bin nicht ich es, der es aufsucht [...], sondern das Element selbst schießt wie ein Pfeil aus seinem Zusammenhang hervor, um mich zu durchbohren« (ebd.: 35). Roland Barthes nennt es *punctum*, womit vor allem die Verletzung rezeptiver Gewissheit zum Ausdruck kommen soll: »Das *punctum* einer Photographie, das ist jene Zufälligkeit an ihr, die *mich besticht* (mich aber auch verwundet, trifft)« (ebd.: 36; Hervorh. i.O.). Gemeint sind Darstellungsanteile, die sich nicht oder zumindest nicht eindeutig in einen kommunikativen Zusammenhang einordnen und keinen sichtbaren Absender erkennen lassen: »Wenn bestimmte Details, die mich ›bestechen‹ könnten, dies nicht tun, dann zweifellos deshalb, weil der Photograph sie mit Absicht platziert hat. [...] Folglich ist das Detail, das mich interessiert, nicht oder wenigstens nicht unbedingt beabsichtigt, und wahrscheinlich darf es das auch gar nicht sein; es befindet sich im Umfeld des photographierten Gegenstands als zugleich unvermeidliche und reizvolle Zutat; es bezeugt nicht unbedingt die Kunst des Photographen; es besagt bloß, daß er sich dort befand, oder, noch dürftiger, daß er gar nicht anders konnte, als das Teilobjekt gleichzeitig mit dem Gesamtobjekt zu photographieren« (BARTHES 1986: 57).

Das *studium* sei letztendlich immer codiert, das *punctum* hingegen niemals. Was immer man benennen könne, vermag nicht eigentlich zu bestechen, wohingegen die Unfähigkeit etwas zu benennen ein sicheres Indiz für die innere Unruhe des Betrachters sei, und damit auch für die subversive, ›unfassbare‹ Qualität der ›unbenennbaren‹ Darstellungsanteile (vgl. ebd.: 60).

Roland Barthes und Walter Benjamin beschreiben den Effekt der ›unfassbaren‹ Qualität von Photographien als zwangsläufige Folge der entanthropomorphisierten Bildentstehung, während Barthes' Beschreibung des *studium* als Negativfolie zumindest noch die kulturellen Voraussetzungen dieser Zuschreibungspraxis durchscheinen lässt: Immerhin versteht er das *punctum* vor allem als subversive Verweigerung des Zeichens, als eine Verweigerung also, die keine Gesetzmäßigkeit aufweist und allein von der konkreten, historisch einmaligen Disposition des jeweiligen Betrachters abhängt: »ob es nun deutliche Konturen aufweist oder nicht, es ist immer eine Zutat, es ist das, was ich dem Photo hinzufüge und *was dennoch schon da ist*« (ebd.: 65; Hervorh. i.O.).[35]

35 Ein sinnfälliges Beispiel für die Korrelation von *studium* und *punctum* findet man in der Gegenüberstellung verschiedener Photographien aus dem spanischen Bürgerkrieg. Die über-

Allerdings geht er in seinem Essay nicht näher auf die historischen und ideologischen Implikationen technisch medialer Bildentstehung ein, übersieht vielleicht sogar, dass diese ihn als Betrachter erst in die Lage versetzen, entsprechende Zuschreibungen zu vollziehen. Denn die Möglichkeit, photographische Bildanteile als unwillkürlichen, authentischen Ausdruck zu deuten, besteht nur, wenn der Bildbetrachter von dieser Möglichkeit weiß, wenn ihn also die Legende der Photographie auf die Authentizitätsspur gebracht hat, also dazu, in den Bildern das zu suchen, was ihre acheiropoietische Entstehung nahe legt: dass sich der unbestechlichen, leidenschaftslosen und ebenso ›scharfsinnigen‹ Mechanik des optischen Apparats jenseits aller kulturellen Determination Wirklichkeit offenbare, die dem Beobachter oder

wiegende Zahl dieser Bilder vermeidet peinlichst jegliche Form drastischer Darstellung, zeigt Verwundungen bestenfalls in euphemistischer oder pathetisch sublimierter Form. Die Körper sind zumeist unversehrt und nur selten sieht man Menschen in Angst um ihr Leben: »Human beings in Spain were only ever allegorically wounded«, schreibt Caroline Brothers (1997: 162), »the representation of injury and death was rarely transparent, but was controlled, disguised or interpreted according to a brace of cultural assumptions, and muted so as not to offend« (ebd.: 175). Der Gestaltcharakter dieser Photographien verweist also weniger auf tatsächliche Kriegs- und Leidenserfahrungen als vielmehr auf die stillschweigende Hinnahme kultureller Grenzen, in denen die Repräsentation von Gewalt einem öffentlichen Publikum zumutbar oder für dieses überhaupt erst lesbar wird. Eben diese Grenzen werden von einigen Photographien bewusst durchbrochen: »one category of photographs actively defied this practise, their rawness, their lack of palliative metaphors and visual discretion, their apparent *unmediatedness* itself ironically opening them to suspicions of falsity. These were images of atrocities, the pornography of war, photographs so grim that they frequently required captions professing authenticity to pass as true« (ebd.). Zu diesen Bildern zählt auch Robert Capas berühmt gewordene Photographie aus dem spanischen Bürgerkrieg. Nach propagierter Lesart präsentiert das Bild einen republikanischen Soldaten »in dem Augenblick, da sich der Schock des Einschlags einer feindlichen Kugel auf seinen Körper überträgt und er im Begriff ist, in den Tod zu sinken« (WHELAN 1989: 136f.). Erstmals veröffentlicht wird es zusammen mit einer zweiten, vergleichbaren Darstellung am 23. Dezember 1936 in einer Ausgabe der französischen Illustrierten *Vu* – untertitelt mit einer Textzeile, deren Pathos noch die Anerkennung der kulturellen Rahmung ihrer Rezeption durchscheinen lässt: »Legs tense, chest to the wind, rifle in hand, they tear down the stubble-covered slope ... Suddenly their flight is broken, a bullet whistles – a fratricidal bullet – and their blood is drunk by their native soil« (zitiert nach BROTHERS 1997: 181). Bei einer weiteren Veröffentlichung im folgenden Jahr durch das *Life-Magazine* potenziert die nun kurz gefasste Bildlegende – »Moment of death« – den ›stechenden‹ Charakter der Darstellung, versucht ihn nicht mehr durch Pathos oder Euphemismen abzufangen. In diesem Bedeutungszusammenhang ist der willenlos fallende Körper des republikanischen Soldaten ein *punctum* im Sinne Roland Barthes, und er ist dies vor allem vor dem Hintergrund des konventionalisierten Formats vergleichbarer Darstellungen. Für den historischen Betrachter wird die Authentizität der Darstellung also vornehmlich durch eine Negation gestützt – durch die Abwesenheit gängiger Repräsentationsmodi, zumindest aber durch die fehlenden Möglichkeiten, eine Codierung, ein direktes kommunikatives Interesse zu erkennen – und so ist es eine Ironie der Bildgeschichte, dass offenbar gerade dieses Photo das Ergebnis einer Inszenierung für die Kamera ist (vgl. ebd.: 179ff.).

Teilnehmer der konkreten Aufnahmesituation selbst zumeist entgehe. Und es ist dieses spezifische Abbildversprechen, das die ›gleichgültige‹ Oberfläche des Bildträgers gewissermaßen empfindlich macht für die Authentizitätszuschreibung des Betrachters (vgl. BERG 1990: 100).

3.3 Zusammenfassung: Das photographische Abbild und seine medienontologische Authentizitätsapologetik

Authentizität als wesentliche Qualität photographischer Abbilder ist vor allem kulturelle Zuschreibungspraxis und nur mittelbar die Folge technischer Bildentstehung. Die Verknüpfung von authentischem Bild und Technik erscheint uns heute allerdings so vertraut, dass wir meinen, sie nur medienontologisch fassen zu können. Dabei ist diese Verknüpfung weitgehend arbiträr (also willkürlich, nicht zufällig entstanden) und damit historisch zu beschreiben als Folge kultureller Erfahrungen, ohne die eine entsprechende Zuschreibung nicht denkbar gewesen wäre. Denn immerhin mussten technische Verfahren erst aufgewertet und als wahrheitsfähig herausgestellt werden. Und dies wiederum geschah vor dem Hintergrund einer erkenntnistheoretischen Misere, die zum einen von den instrumentellen Beobachtungen des siebzehnten Jahrhunderts selbst provoziert war, in der sich das instrumentelle Bild zum anderen aber auch als ideales Medium empfehlen konnte, den erkenntnistheoretisch klaffenden Abgrund zwischen Mensch und Welt überbrücken zu helfen.

Die Arbitrarität dieser Verknüpfung tritt erst ins Bewusstsein, wenn man bedenkt, dass ein gemaltes Bild in anderen Kontexten die gleiche Funktion übernehmen konnte, wie es die Photographie für uns heute tut. *Als konstante Bedingungen authentischer Darstellung erscheinen lediglich die acheiropoietische Bildentstehung und die mediale Konstellation der Bildvermittlung – beides Faktoren, die keine exklusiven Eigenschaften technischer Darstellungsformen sind, die mit der Camera obscura und der Photographie lediglich eine neuzeitlich idealische Ausformulierung in technischen Termini erfahren.* Tatsächlich ist das Authentizitätsversprechen, das Benjamin, Bonitzer und Barthes in der Photographie als Produzent der neuesten Bildmedien zu finden glaubten, längst präsent in den Bildlegenden und den literarisch konstruierten medialen Konstellationen seit der Spätantike: der unmittelbare Ausdruck, der jeder zeichentheoretischen Klassifizierung widerstrebt.

Als kulturelle Zuschreibungspraxis aber ist das Authentische des Bildes fragil, ebenso überzeugend wie anfechtbar, allein abhängig von der Bereitschaft eines Bildbetrachters, die Bedingungen authentischer Darstellung als gegeben anzunehmen – oder nicht. Vor diesem Hintergrund liest sich Roland Barthes' medienontologische Argumentation vor allem als apologetischer Einspruch, als beharrender Reflex auf jene hybride Skepsis, die ab den späten sechziger Jahren des zwanzigsten Jahrhunderts die Unmöglichkeit authentischer, nicht codierter, kulturell unberührter (Null-)Zeichen behauptet – dies als Folge der abstrakten Entscheidung, die semiologische Theoretisierung visueller Kommunikate für absolut zu nehmen. Roland Barthes' Argumentation folgt jedoch nicht den ›naiven‹ Mustern früherer Reflexionen. Seine Apologetik ist äußerst elaboriert, denn er weiß sehr wohl um die semiologischen und ideologiekritischen Einwände. Schließlich hat er selbst seine ganze theoretische Arbeit fortwährend der Beschreibung von Klischees, Stereotypen und kulturellen Modellen gewidmet; er weiß um die Codes, mit denen die Lektüre einer Photographie gesteuert wird. Aber gerade dieses Wissen autorisiert seine Argumentation, legt sich stillschweigend als nachhaltige Bedeutsamkeit über den Text, macht sein Eintreten für die Photographie als Medium authentischer Darstellung scheinbar unangreifbar.

Apologetische Hilfestellung erhält Barthes neuerdings von dem Phototheoretiker Philippe Dubois. Dieser beschreibt die dekonstruktive Arbeit vergangener Jahre zwar als notwendig, entdeckt gleichzeitig aber auch einen unbefriedigten Rest, einen Widerspruch der Photographie gegenüber ihrer semiologischen Ergreifung: »Dem fotografischen Bild haftet *trotz allem* etwas Singuläres an, das es von anderen Repräsentationsweisen unterscheidet: Ein unhintergehbares Gefühl der Wirklichkeit, das man nicht los wird, obwohl man um alle Codes weiß« (DUBOIS 1998: 30). Einen Ausweg aus diesem Widerspruch meint Dubois mit Hilfe der klassischen Dialektik gefunden zu haben: »Zuerst mußte die *negative* Phase der Dekonstruktion des Realitätseffekts und der Mimesis durchlaufen werden, um dann *positiv, aber anders,* die Frage nach dem Beharren des Wirklichen in der Fotografie stellen zu können. So gesehen haben gerade diese von der semio-strukturalistischen oder von der ideologiekritischen Welle getragenen Diskurse, die die Illusion des Fotos als Spiegel anprangerten, ihre Rolle in ihrer Zeit gespielt und dadurch die Möglichkeit geschaffen, zur Frage des referentiellen Realismus zurückzukehren, nun aber befreit von der Angst vor dem Illusionismus und von der Obsession, noch einmal in die Falle des mimetischen Analogismus zu tappen« (ebd.: 49). Tatsächlich liest sich Dubois' Schrift als beharrlicher Versuch, das Numinose der Photographie vor seiner semiologischen Egalisierung und ideologiekritischen Denunzierung zu retten.

Medienontologische Apologetik (die immer auf die Referenzspuren photographischer Bilder verweist) und dekonstruktive Skepsis (die dieses Realitätsprinzip als reinen Eindruck, als Effekt demaskiert), beide befinden sich allerdings zumeist auf der gleichen argumentativen Ebene, sind blind gegenüber dem Faktum, dass ein Betrachter allem gegenteiligem Wissen zum Trotz authentische Darstellungsanteile in einem Bild sehen will. Und vor allem von dieser konstitutiven, treibenden Kraft legen die letzten Texte ein ebenso beredtes wie trotziges Zeugnis ab.

In dem Kapitel zur Vorgeschichte der medialen Authentisierung habe ich mehrfach zeigen können, dass Authentizitätsskepsis und entsprechende Apologetik sich einander nicht ausschließen, dass beide vielmehr strukturell aufeinander bezogen sind und jeder skeptische Einwand seine entsprechend elaborierte Entgegnung provoziert. Authentizitätszuschreibungen formulieren sich immer wieder neu und sind letztlich das Ergebnis einer sukzessiven – nicht unbedingt linearen – Entwicklung. Zugespitzt könnte man sagen, dass sich die Authentizitätssehnsucht als grundlegendes kulturelles Interesse mediale Formen sucht und dabei die verschiedensten apologetischen Strategien entwirft, die dem skeptisch geschärften Rahmen abbildtheoretischer Debatten geeignet erscheinen. Die Authentizität einer Darstellung, die *per definitionem* über jeden Diskurs erhaben sein sollte, sie ist selbst diskursiv, von jeder historischen Epoche neu erarbeitet.

Diese Arbeit, bislang anhand der Bildlegenden verschiedener Medien modellhaft aufgezeigt, wird neben den bisherigen Beispielen im zwanzigsten Jahrhundert vor allem in einem Medium abgeleistet, das in seiner Genese unmittelbar auf die Photographie bezogen werden kann. Gemeint ist die Kinematographie und hier vornehmlich die dokumentarischen Genres des Mediums.

4. DIE LEGENDISIERUNG DES KINEMATOGRAPHISCHEN BILDES

4.1 Kinematographie und die sukzessive Ausformulierung authentisierender Strategien

Als man Ende des neunzehnten Jahrhunderts die ersten ›bewegten Photographien‹ zu sehen bekam, war mit diesem Terminus noch nicht impliziert, dass man die in der Photographie vorformulierte Authentizitätserwartung in gleicher Weise auch auf die Kinematographie übertragen wollte. Maxim Gorkij z. B. beschreibt im Sommer 1896 die Präsentation von Filmen der Gebrüder Lumière als beklemmend unwirkliche, geisterhafte Bilderwelt, und eben nicht in Kategorien authentischer Darstellung: »Gestern war ich im Reich der Schatten. Wenn Sie nur wüßten, wie merkwürdig es ist, dort zu sein« (GORKIJ 1995: 13).

Gesehen hat er im Wesentlichen nichts anderes als die Zuschauer der ersten Vorstellung des Cinématographe Lumière gut ein halbes Jahr zuvor in Paris – Gorkij beschreibt einschlägig bekannte Filme wie *La Partie d'Écartè*, *L'Arroseur arrosé* oder *L'Arrivée d'un Train*, wobei Letzterer bei ihm einen besonders nachhaltigen Eindruck hinterlässt:

> »Aus der Ferne fährt ein Eilzug auf Sie zu – Vorsicht! Er schießt auf Sie zu, als wäre er aus einer gigantischen Kanone abgefeuert. Er rast direkt auf Sie zu, droht, Sie zu zermalmen. Der Stationsvorsteher läuft eilends neben ihm her. Die stumme geräuschlose Lokomotive ist ganz am Rand des Bildes angelangt ... Das Publikum rückt nervös mit den Stühlen – diese Maschine aus Stahl und Eisen wird in der nächsten Sekunde in die Dunkelheit des Saales stürzen und alles zermalmen« (ebd.: 17f.).

Natürlich geschieht dergleichen nicht, folgt anstelle der drohenden Katastrophe ein neuer Film, ein neuer Thrill. Allerdings wird die von Gorkij als angstvolle beschriebene Filmerfahrung des Publikums von L'Arrivée d'un Train in der Filmhistoriographie bald zu einem festen Markstein der medienontologischen Argumentation. Mitte der vierziger Jahre schreibt Georges Sadoul, dass die Zuschauer »vor Schreck aufsprangen, weil sie fürchteten, überfahren zu werden. So sehr identifizierten sie ihr eigenes Sehen mit dem des Apparates« (SADOUL 1982: 27) – eine Bemerkung, die selbst bei Hinnahme seiner Unterstellung, das Publikum habe den Blick der Kamera mit seinem eigenen identifiziert, noch irritiert. Immerhin war die Kamera nicht auf den Gleisen, sondern auf dem Bahnsteig platziert – an einem Ort, an dem Stationsvorsteher und Reisende sichtlich gelassen die Ankunft des Zuges erwarten konnten. Tatsächlich gibt es keine Quelle, mit der Sadouls überzeichnende Darstellung der Rezeption von *L'Arrivée d'un Train* zu belegen wäre (vgl. GUNNING 1994: 114, 129f.).

Wenn die frühe Filmhistoriographie *L'Arrivée d'un Train* und sein panisches Publikum als Indiz für den überwältigenden Realismus kinematographischer Aufnahmen nahm, dann war sie vor allem daran interessiert, einen Ursprungsmythos zu etablieren, der es erlaubte, die erst nachträglich sich konstituierende Dichotomie von fiktionalem und dokumentarischen, künstlerischem und authentischen Filmbild in die Anfänge der Kinematographie zu verlegen. Die vermeintlich realistische Tendenz des neuen Mediums wurde dabei als quasi ontologischer Keim schon in den Filmen der Gebrüder Lumière ausgemacht. Sie zeigten das Leben selbst, »in seinen unkontrollierbarsten und unbewußtesten Augenblicken«, schreibt Siegfried Kracauer in seiner Theorie des Films aus den sechziger Jahren, »ein Durcheinander kurzlebiger, sich ständig auflösender Formen, wie es nur der Kamera zugänglich ist« (KRACAUER 1964: 58). Alles jedoch, was man in dieser Hinsicht den Filmen der Gebrüder Lumière abzuverlangen versucht, geben sie bei näherer, kritischer Betrachtung nicht her. Zwar zeigen sie unspektakuläre Alltagssituationen, doch sind dies keineswegs Zufälligkeiten, Einstellungen ohne ›Plot-Interesse‹ oder ohne diegetische Struktur (vgl. DEUTELBAUM 1983: 301f.). Die Filme der Gebrüder Lumière erscheinen tatsächlich gegenüber jeder Differenzierung hinsichtlich ihrer Dokumentarizität oder Fiktionalität weitgehend resistent – diese Opposition ist erst einem späteren filmhistoriographischen Interesse entsprungen. Wenn in den ersten Jahren der Kinematographie Themen und Sujets bevorzugt wurden, die man heute dem Genre-Typus des dokumentarischen Films zuordnen würde, dann nicht, wie die frühe Filmgeschichtsschreibung glauben machen will, weil diese Sujets den ontologischen Gegebenheiten des Mediums am nächsten standen, sondern aus dem einfachen Grund, dass sie in der Regel kostengünstiger zu produzieren waren als ›Spielfilme‹, für die man Kulissen und professionelle Darsteller benötigte (vgl. MUSSER 1998a: 81).

In der Beschreibung Maxim Gorkijs jedenfalls ist die eigentliche Attraktion des Kinematographen nicht sein überwältigender Realismus: »Der Kinematograph – das ist bewegte Fotografie«, schreibt er (1995: 16); wobei die Betonung unmissverständlich auf der ›Bewegung‹ als einem vordergründigen Schauwert liegt. Sie ist die eigentliche Attraktion, die man als Jahrmarkts- und Varieté-Nummer effektvoll einzusetzen weiß: Bevor das Publikum den Film zu sehen bekommt, betrachtet es das erste Bild des Filmstreifens als bewegungslos projiziertes ›Still‹ – erst dann beginnt der Film als bewegtes Bild. So wird die mediale Innovation des Cinématographe Lumière mit jeder Vorstellung neu in die Rezeptionserfahrung des Publikums eingeschrieben:

> »Man sieht Kutschen, Kinder, Fußgänger, alle in den Posen des Lebens erstarrt, und Bäume, die mit Laub bedeckt sind. Alles ist bewegungslos. [...] Und plötzlich ertönt irgendwo ein lautes Klicken, das Bild erzittert – man glaubt seinen Augen nicht. Die Kutschen fahren von der Leinwand direkt auf Sie zu, die Fußgänger laufen, die Kinder spielen mit einem Hündchen, es zittern die Blätter an den Bäumen, Radfahrer fahren vorüber ... und alles kommt irgendwoher aus dem Hintergrund des Bildes, bewegt sich schnell auf die Bildränder zu, verschwindet hinter ihnen, erscheint von dorther, geht in die Tiefe, wird kleiner, verschwindet hinter den Hausecken, hinter den Kutschen, eins nach dem anderen« (GORKIJ 1995: 16f.).

In dieser Hinsicht also ist der Cinématographe Lumière vorrangig eine Attraktion, eine wirkungsstarke schaustellerische Unterhaltungskunst, und es verwundert wenig, dass Gorkij die entsprechende Vorstellung auf dem Jahrmarkt von Niznij-Novogrod, in dem Théâtre Concert Parisien des Schaustellers Charles Aumont zu sehen bekommt. Auch das Muster der Rezeptionseffekte, die Filme wie *L'Arrivée d'un Train* bei ihrem Publikum hervorrufen konnten, ist wohl eher dem Umfeld ihrer Präsentation zuzuordnen: »The on-rushing train did not simply produce the negative experience of fear«, schreibt Tom Gunning, »but the particularly modern entertainment form of the thrill, embodied elsewhere in the recently appearing attractions of the amusement parks [...], which combined sensations of acceleration and falling with a security guaranteed by modern industrial technology« (GUNNING 1994: 122).

Dokumentarische Authentizität im Film ist genauso wenig medienontologischer Effekt wie in den Beispielen medialer Authentisierung zuvor – auch wenn die klassische Film- und Dokumentarfilmtheorie bis in die sechziger Jahre des zwanzigsten Jahrhunderts anderes zu behaupten versucht. Authentizität im Film, sie ist keine ›gegebene‹ Qualität des Mediums, sie ist ein kulturelles Produkt mit Geschichte – und Geschichte meint nicht allein die chronologische Abfolge kanonisierter Filmbeispiele, sondern vor allem die sukzessive Ergreifung des Mediums durch die Authentizitätsdiskurse seiner Zeit; ebenso die sukzessiv sich ausbildende Authentizitätserwartung des Publikum gegenüber den projizierten Filmbildern. Dokumentarische Authentizität hat aber auch insofern Geschichte, als in der Ausbildung filmischer Authentisierungsstrategien Modelle aufgegriffen werden, die in älteren medialen Formen kulturell längst vorformuliert waren – und es sind wiederum Modelle, die weit über die Geschichte der technischen Medien hinausweisen.

4.1.1 *Dokumentarfilm und dokumentarische Authentizität – eine historische Differenzierung*

Die Geschichte dokumentarischer Authentizität im Film (b) und die Geschichte des Dokumentarfilms (a) – beides sind zwar eng verwobene Aspekte ein und derselben Entwicklung, doch gilt es zunächst, sie getrennt voneinander zu betrachten.

a) Die Anfänge des Dokumentarfilms setzt man gemeinhin in die zwanziger Jahre des zwanzigsten Jahrhunderts, sieht sie verbunden mit Filmen wie Robert Flahertys *Nanook of the North*, Dziga Vertovs *Celovek's kinoapparatom*, Walter Ruttmanns *Berlin – Die Sinfonie der Großstadt* oder John Griersons *Drifters*. Die Vorgeschichte des Dokumentarfilms reicht allerdings weit über diese kanonisierten Frühwerke hinaus. Folgt man der Argumentation Charles Mussers, dann beginnt sie tatsächlich schon Mitte des neunzehnten Jahrhunderts mit den seinerzeit äußerst beliebten Lichtbild-Vorträgen, bei denen photographisches Bildmaterial thematisch geordnet und in einer populär-wissenschaftlichen Rahmung präsentiert wurde. Es gab Programmangebote zum amerikanischen Bürgerkrieg, zu Polarexpeditionen, zu ethnographischen, archäologischen und sozialen Themen und abenteuerlichen Reisen (vgl. MUSSER 1998a: 80f.), womit die elementaren Genres des Dokumentarfilms im wesentlichen schon vor Einführung der Kinematographie formuliert waren. Dabei wurde die Authentizität der Bilder ebenso wenig problematisiert wie die vermittelnde Funktion des

Dokumentaristen. Die präsentierten Lichtbilder übernahmen illustrative Funktion, wurden überlagert von einem Text, der seiner eigenen semantischen und syntaktischen Logik zu folgen hatte.

Als sich Ende des neunzehnten Jahrhunderts mit den Aktualitäten eine Gruppe früher Filme an den Vorgaben der Lichtbild-Vorträge und den entsprechenden Genreerwartungen des Publikums orientiert, erscheint auch hier die visuelle Darstellung gegenüber jedem Authentizitätsanspruch weitgehend gleichgültig, wobei das Bild lediglich einen Vortragstext illustriert, der im Film durch Texttafeln ersetzt wird. Äußerst populär sind zu dieser Zeit Filme über den spanisch-amerikanischen Krieg, ausgelöst am 15. Februar 1898 durch die Explosion des us-Kriegsschiffes Maine im Hafen von Havanna. Die amerikanische Produktionsgesellschaft Biograph beordert zu diesem Anlass eine Reihe von Kameramännern nach Kuba, die Filme wie *The Wreck of the ›Maine‹* in die Heimat schicken (vgl. MUSSER 1990: 244ff.). Andere Filme wie *Landing under Fire* oder *The Battle of San Juan Hill* dreht man gleich in New Jersey (vgl. MOULD 1983: 10); eine Praxis, die mit weitaus weniger Aufwand verbunden war und vom Publikum widerspruchslos akzeptiert wurde. Im Verlauf des Krieges präsentieren Stuart J. Blackton und Albert E. Smith, Inhaber der Ende 1897 gegründeten Vitagraph, mit ihrem Film *The Battle of Santiago Bay* exklusiv Bilder der Schlacht, die sie allerdings unter abenteuerlichen Bedingungen in ihrem New Yorker Büro selbst inszenieren: »At this time vendors in New York were selling large sturdy photographs of ships of the American and Spanish fleets. We bought a set of each and cut out the battleships« (zitiert nach MOULD 1983: 12) – erinnert Blackton die Dreharbeiten in seiner unveröffentlichten Autobiographie. Ein schnell drapiertes Aquarium steht für die offene See, der Hintergrund ist gemalt und die dramatische Wirkung das Ergebnis von Zigarrenrauch und in Alkohol getränkter Watte – ein Arrangement, das wider Erwarten keinen Protest auslöst: »The film and lenses of that day were imperfect enough to conceal the crudities of our miniature, and as the picture ran only two minutes there was not time for anyone to study it critically« (ebd.: 13). Der Film war ein voller Erfolg und lief mehrere Wochen zeitgleich in verschiedenen New Yorker Theatern – »Jim and I felt less and less remorse of conscience when we saw how much excitement and enthusiasm were aroused by *The Battle of Santiago Bay*« (ebd.).

Tatsächlich sind nachgestellte Aktualitäten unzugänglicher Ereignisse für einige Jahre verbreitete Praxis der Filmindustrie, wobei unterschiedliche Auffassungen die jeweilige Rekonstruktion leiten. Zum Teil versucht man mit dem Arrangement von Bauten und Kostümen lediglich die Vorstellungen des Publikums, also tradierte Gemeinplätze von Land, Leuten und Geschehen zu bestätigen. So z. B. der 1900 von James Williamson über den Boxeraufstand gedrehte Film *Attack on a China Mission*, für den er 29 Darsteller engagiert und an seinem Drehort in Südengland nicht mehr als die grobe Illusion einer sich in China abspielenden Szene zu vermitteln versucht (vgl. GRAY 1997: 30ff.). Andere Filme wiederum sind um detailgenaue Rekonstruktion bemüht, zumindest werden sie mit diesem Attribut offiziell beworben. 1902 inszeniert Georges Méliès für *Le couronnement du roi Edouard vii* die ›authentische‹ Rekonstruktion der Krönung Edwards VII.: »every detail as to Costumes, Robes, Regalia, Coronation Chairs, Chairs of States, Abbey Arrangements &c., being as faithfully reproduced as possible in order to convey the scene to the millions who are not privileged to witness the actual proceedings«, notiert stolz die Warwick Trading Co. in ihrer Anzeige von Méliès' Krönungsfilm (zitiert nach LENK 1997: 53). Auch der im November 1901 von Edwin S. Porter und George S. Fleming gedrehte Film *Execution of Czolgosz* wird im Katalog der Produktionsgesellschaft mit vergleichbarem Versprechen angekündigt: »A detailed reproduction of the execution of the assassin of President McKinley faithfully carried out from the description of an eye witness« (zitiert nach PUNT 1997: 89). Neben diesen Rekonstruktionen findet man aber auch solche, die tatsächlich vor Ort, ohne wesentlichen Eingriff in das Geschehen gedreht werden: Schiffstaufen, Militärparaden, sportliche Ereignisse und Ähnliches. Ein eher ausgefallenes Beispiel ist *La séparation des soeurs siamoises xiphopages*, die Trennung siamesischer Zwillinge, gefilmt in einem Operationssaal im Jahr 1902 von Clément Maurice, einem ehemaligen Mitarbeiter der Gebrüder Lumière. »Kein Zusammenzucken der beiden, kein Verkrampfen, keine anrührende Geste der zwei chloroformierten Wesen durfte verloren gehen« (zitiert nach LEFEBVRE 1997: 98), liest man nur wenige Tage später als bissigen Kommentar in einer Pariser Zeitung. Obwohl der Film als medizinische Dokumentation zur Illustration fachspezifischer Vorträge gedacht war, gelangt schon bald eine Kopie an die Produktions- und Vertriebsfirma Pathé, die den Film unter der Hand an die Betreiber der Kinematographen weiterverkauft (vgl. ebd.: 100).

Trotz unterschiedlichster Konzeption findet man keinen Hinweis darauf, dass die Aktualitäten auch entsprechend unterschiedlich von dem Publikum rezipiert, also ›authentische‹, rekonstruierte oder weitgehend fiktive Darstellungen entsprechend differenziert wahrgenommen wurden. Es mag sein, dass für die damaligen Zuschauer dieser Unterschied von keinerlei Bedeutung war, solange »sie sich eben einfach nur ein Bild vom Ereignis machen wollten« – schreibt Sabine Lenk (1997: 54). Und tatsächlich scheinen die Aktualitäten der ersten kinematographischen Jahre nicht mehr zu versprechen, als Ereignisse von allgemeinem Interesse mit zumeist sensationellem Charakter in Form bewegter Bilder zu illustrieren. Dass allerdings – wie vielfach behauptet – den Bildern des Kinematographen ihre Authentizität stillschweigend unterstellt wurde, scheint mir zweifelhaft. Denn Authentizitätsbehauptungen setzen ein differenziertes Problembewusstsein voraus – sie unterstellen ja gerade den ›ästhetischen Mehrwert‹ der privilegierten Darstellungsform gegenüber anderen, und gerade dieses Bewusstsein fehlt nur allzu offensichtlich in den ersten Jahren.

b) Die Geschichte dokumentarischer Authentizität im Film entfaltet sich mit ihrer Problematisierung, also erst ab dem Zeitpunkt, von dem an entsprechende Ansprüche erhoben werden oder die Anfechtung authentischer Darstellung apologetische Strategien provoziert. Eine frühe Spur dieses Diskurses findet man 1898 mit der in Paris veröffentlichten Schrift Une nouvelle source de l'histoire des polnischen Kameramanns Boleslaw Matuszewski. Er beschreibt dokumentarische Authentizität allerdings lediglich programmatisch als Potenzial kinematographischer Aufnahmen, das Matuszewski selbst in der Produktionspraxis seiner Zeit noch nicht verwirklicht sieht. Erst wenn es gelänge, das allgemeine Interesse, das sich zu dieser Zeit noch mit einfachen Rekonstruktionen und phantastischen Darstellungen zufrieden gibt, auf die Dokumentation ungewöhnlicher Persönlichkeiten und herausragender Ereignisse des öffentlichen Lebens zu lenken, könne die Kinematographie ihren eigentlichen Auftrag erfüllen und damit ein für die Wissenschaft unverzichtbares Archiv dokumentarischer Aufnahmen angelegt werden:

> »Perhaps the cinematograph does not give the whole story, but at least what it gives is unquestionable and of an absolute truth. Ordinary photography allows retouching which can go as far as transformation, but try retouching in an identical way each shape of thousands of almost microscopic plates! One can say that animated photography has an authentic character and a unique exactness and precision. It is the true eyewitness and is infallible. It can control oral tradition and if people contradict each other it can prove who is right and silence the liar. [...] In summary, one would wish that other historical documents could have the same degree of accuracy of evidence and certainty« (zitiert nach MACDONALDS/COUSINS 1996: 13f.).

Schon in dieser Quelle zeigt sich mit der Abgrenzung des neuen Mediums gegenüber anderen, älteren medialen Darstellungsformen ein erstes und einfaches Muster der Authentisierung. Bemerkenswert allerdings, dass Matuszewski die Authentizität kinematographischer Aufnahmen nicht aus der Photographie ableitet, sondern gerade an ihr als Negativbeispiel das Kinematographische konturiert. Offensichtlich hat er vor allem die bis Ende des neunzehnten Jahrhunderts in der Kunstphotographie weit verbreitete Praxis vor Augen, den Bildträger so lange zu bearbeiten, bis seine Technizität hinter der Kreativität des Photographen zum Verschwinden gebracht ist.

Im Januar des Jahres 1900 wiederum schreibt ein amerikanisches Wochenmagazin zu verschiedenen Kriegsfilmen der Produktionsgesellschaft Biograph: »Biographs camera does not lie.« Dabei bezieht sich diese Proklamation von Glaubwürdigkeit (noch) nicht auf weniger glaubwürdige Filme anderer Gesellschaften, auch nicht auf andere visuelle Darstellungsformen wie bei Matuszewski, sondern auf die Berichterstattung von Presse und Publizistik: »We are promised some vivid, soul-stirring pictures of actual, gruesome war. A written description is always the point of view of the correspondent« (zitiert nach MOULD 1983: 15). Es ist aufschlussreich anzumerken, dass man diesen Anspruch zu einem Zeitpunkt erhebt, zu dem auch das Vorgängermedium unter einem neuen Gesichtspunkt betrachtet wird, wie z. B. von George Santayana, der die Photographie 1900 vor dem Harvard Camera Club als »transparentes Medium« propagiert, das »die unglaubwürdige und unsachliche Übertragung eines menschlichen Berichterstatters überflüssig« gemacht habe (zitiert nach KEMP 1980: 254f.). Die Gegenüberstellung von anthropomorpher Unzulänglichkeit journalistischer Beschreibung und der glaubwürdigen Darstellung mechanischer Abbildung wird in der Folge auch für den Film zu einem Topos früher Authentizitätsargumentation.

Eine generelle Diskussion über die Authentizität kinematographischer Bilder entsteht allerdings erst, als mit schwindender Glaubwürdigkeit der Filme auch ökonomische Interessen berührt sind. In den Jahren 1907/08 wecken verschiedene Aufklärungsartikel und Bücher über Filmtechnik und Tricks die Skepsis des Publikums (vgl. LENK 1997: 53). Wenn daraufhin, im Juli 1911, die Moving Picture World schreibt: »Cinematography cannot be made to lie, it is a machine that merely records what is happening« (zitiert nach MOULD 1983: 27), dann formuliert sich hier erstmals apologetisches Interesse. Die früheren Filmemacher hätten die Naivität der Zuschauer, ihr Verlangen nach Kuriositäten missbraucht, so Pitois d'Amilliy, Produktionsleiter bei Pathé, in einem Artikel der Film-Revue aus dem Jahr 1913, um durch Tricks und Fälschungen Erstaunen hervorzurufen. Nun müsse alles getan werden, die geweckte Skepsis wieder zu besänftigen (vgl. LENK 1989: 191). Die Zweifel reichen allerdings so tief in das Bewusstsein des Publikums, dass selbst vor Ort gedrehtes Material dem Verdacht der Fälschung ausgesetzt ist. Albert E. Smith, zuvor maßgeblich an dem erfolgreichen ›Fake‹ *The Battle of Santiago Bay* beteiligt, dreht für Vitagraph während des Burenkrieges tatsächlich ›vor Ort‹ – u. a. umgebaute Lokomotiven, die von den Briten als Zugmaschinen verwendet wurden. »That they were moving on land and taking part in a war in the very heart of Africa was almost unbelievable«, schreibt Smith in seiner Autobiographie. »When the film was shown in New York, Vitagraph was accused of having faked the freight engine scenes. Our critics claimed it was not possible for engines to move without rails, much less on anything as rough as the African terrain as the Tugela« (zitiert nach MOULD 1983: 17f.).

Das argwöhnende Publikum verfügte also mittlerweile über eine Medienkompetenz, die den Produktionsgesellschaften einschneidende Veränderungen ihrer Produktionspraxis abnötigt. Bereits seit 1906 bemüht sich die Firma Pathé tatsächlich, ihre Reporter an Originalschauplätze zu senden. 1908 richtet sie das Pathé-Journal ein, das ›reine Dokumentaraufnahmen‹ zeigt (vgl. LENK 1989: 318). Anstelle nachgestellter Ereignisse präsentiert man ›echte Bilder‹, die Themen aber bleiben gleich: Schiffs- und Eisenbahnunglücke, Naturkatastrophen, Minenunglücke, Brände und politische Krisen (vgl. LENK 1997: 55). Die Beerdigung König Edwards VII. soll 1910 schon von mehr als 120 Kameramännern gefilmt worden sein (vgl. URICCHIO 1997: 48), und als Roald Amundsen im gleichen Jahr zu seiner Südpolexpedition aufbricht, ist auch hier ein Kameramann vor Ort – in der Eiswüste.[36]

36 Neben der strategischen Authentizitäts-Apologetik Anfang des Jahrhunderts finden sich bisweilen auch in den frühesten Filmen der Kinogeschichte schon latente Formen ästhetischer Authentisierung, die z. T. aber auch auf ganz praktische Überlegungen zurückgeführt werden müssen. So z. B. bei *Débarquement d'une mouche*, einem Film der Gebrüder Lumière, der eine Gruppe Vergnügungsreisender auf einem Landesteg nach der Rückkehr von einer Dampferfahrt zeigt. Diese Darstellung hat mit *Arrivée des congressistes à Neuville-sur-Saône* einen prominenten Vorgänger, doch im Gegensatz zu diesem ist der Kamerastandpunkt in *Débarquement d'une mouche* besonders ausgewählt und filmästhetisch kalkuliert. Die Kamera steht nahe am Steg und konzentriert das Geschehen. Da der Steg leicht geneigt ist, die Passagiere ihn nur

4.1.2 *Das authentische Bild im Kontext propagandistischer Argumentation*

Gleichwohl muss man davon ausgehen, dass ein Großteil der Programme des frühen Kinos von dem Problemfeld authentischer Darstellung gar nicht berührt wurde – Sport- und Schauereignisse, Travelogues und Reisebilder konnte man rezipieren, ohne die Frage nach dokumentarischer Authentizität auch nur ansatzweise stellen zu müssen. Die Frage stellt sich allerdings umso dringlicher in den Fällen, in denen das Filmbild in eine dramaturgische oder argumentative Struktur eingebettet ist und nun selbst als Teil der Argumentation zu erscheinen hat. Und eben diese Konstellation wurde erstmalig sichtbar in den Propagandafilmen des Ersten Weltkriegs, als sich die propagandistische Polarisierung von ›wahr‹ und ›falsch‹ auch über die Bilder des Kinematographen legt – ein Umstand, der sich an einem ebenso anschaulichen wie einfachen Beispiel illustrieren lässt:

einer nach dem anderen überqueren können und dabei die Vorhergehenden den Nachstehenden die Sicht versperren, ist die Kamera für die Gefilmten nicht gleich, sondern erst auf halber Strecke einsehbar. Entsprechend zeigen sich die Reaktionen: Einige passieren die Kamera ohne innezuhalten, andere verraten mit unmissverständlich kleinen Gesten, dass sie sich der Tatsache, gefilmt zu werden, plötzlich bewusst werden, drehen sich kurz um, wenden den Blick ab oder verbergen ihr Gesicht. Der praktische Nutzen dieser medialen Anordnung ist unschwer zu benennen: Livio Belloi kontrastiert seine Beschreibung von *Débarquement d'une mouche* mit einem anderen Film Lumières – *Course en Sacs* –, dessen Aufnahme gegen Ende, nachdem einer der Teilnehmer sich vor der Kamera posiert hat und andere seinem gaffenden Beispiel folgen, offensichtlich abgebrochen wird. »Sobald der Gaffer seinen Blick auf den von Kameramann und Apparat gebildeten Attraktionspunkt richtet«, schreibt Belloi, »wird seine Haltung (schauen, sich nähern, sich vor der Attraktion gruppieren) zur möglichen Ursache dafür, daß die Aufnahme nicht durchgeführt werden kann« (BELLOI 1995: 32) – ein Problem, dem man mit einem Kamerastandpunkt wie in *Débarquement d'une mouche* und einer schmalen, Bewegung und Reaktion eingrenzenden ›Bühne‹ wie dem Landesteg entgehen wollte. Doch folgt der Film in dieser Konstellation auch einem Darstellungsmuster, das an anderer Stelle schon ausgeprägte Formen angenommen hatte. Jan Berg beschreibt in seiner *Theorie des spektatorischen Ereignisses* Jahrmarktsattraktionen, die allein darin bestanden, Neugierige in eine Bude zu locken, sie einem schwankenden Boden oder einem starken Luftstrom auszusetzen, wobei sie – ohne darauf vorbereitet zu sein – Dritten zum Schauereignis werden. Ihr fehlendes Bewusstsein für die mediale Situation, in die sie als »Zwangsdarsteller« bugsiert sind, korrespondiert offenbar mit einem grundlegenden Rezeptionsinteresse: Unvorhersehbar dem Blick des anderen ausgesetzt, erschreckt man für einen Augenblick und entblößt sich, weil man zu instinktiver, die Persönlichkeit entblößender Reaktion gezwungen wird – und dies zu erleben ist die Lust der Zuschauer (vgl. BERG 1985: 50). Solch authentisierendes Interesse bestimmt auch das Arrangement von Kamera und Darstellungsebene in *Débarquement d'une mouche* – es ist ein Arrangement, das in der Dokumentarfilmästhetik späterer Jahre subtilste Formen annehmen wird.

Die britische Propaganda versuchte mit Hilfe des Films die Unglaubwürdigkeit deutscher Erfolgsmeldungen zu demonstrieren. Der Kriegsgegner hatte behauptet, dass bei einem Luftangriff wichtige Teile Londons zerstört worden seien, woraufhin die Briten die entsprechenden Orte filmten, um zu zeigen, dass sie tatsächlich unversehrt geblieben waren. Die einfache kinematographische Aufnahme hatte jedoch in diesem Kontext wenig Aussagekraft, denn dargestellt wurden allein die in Frage kommenden Örtlichkeiten, nicht aber das widerlegende Argument ihrer Unversehrtheit; zumindest so lange nicht, wie man nicht gleichzeitig auch den Zeitpunkt ihrer Aufnahme (nämlich nach dem Luftangriff) in die Darstellung mit einbezog. Dieses Problem war aus der Pressephotographie weithin bekannt. Hier gestaltete man gelegentlich ein Bild in der Weise, dass ein sichtbares Indiz vor Ort den Zeitpunkt der Aufnahme belegen konnte. Die Produzenten von *Wartime London* zogen es vor, einen uniformierten Mann mit der deutlich erkennbaren Texttafel »September 16 1917« vor die Kamera zu stellen (vgl. URICCHIO 1997: 43). Sie verwendeten also eine bildimmanente Legende, mittels derer die Darstellung erst ihre Funktion als authentische Widerlegung antreten konnte – ohne entsprechende Kontextualisierung erschien es im Hinblick auf die propagandistische Argumentation ja vollkommen indifferent.

Es ist ein schlichtes Beispiel – zugegeben –, und doch weist es auf einen grundlegenden Wandel im Umgang mit kinematographischen Bildern. Es geht jetzt nicht mehr allein um die Darstellung von Ereignissen, Menschen und Orten. Das Filmbild steht vielmehr in dem weiter gefassten Kontext einer vorstrukturierten Argumentation und wird mit der Evidenz seiner visuellen Darstellung zum festen Bestandteil der rhetorischen Kalkulation. Natürlich zeigen im Verlauf des Krieges die authentisierenden Legenden weitaus subtilere Formen als in dem oben angeführten Beispiel – vor allem dann, wenn man die Intentionalität propagandistischer Filme mit der behaupteten Unmittelbarkeit der Darstellung zu kaschieren versucht. Die Authentisierungslegenden kinematographischer Darstellungen richten in diesem Zusammenhang ihr Interesse nun vor allem auf den Kameramann, den es als Individuum mit zweifelhaften Darstellungsabsichten auf die eine oder andere Weise zu nivellieren gilt – paradoxerweise muss er dazu erst aus der Anonymität des namens- und bedeutungslosen Operateurs herausgelöst werden, um sich dann wiederum mit nicht geringem Aufwand aus dem Darstellungsprozess verabschieden zu können.

Die Propagandaabteilungen der alliierten Kriegsteilnehmer gehen zunächst nur sehr zaghaft auf das Drängen verschiedener Produktionsfirmen ein, Kameramänner tatsächlich an die Front zu lassen. Man ist sich nicht sicher, wie ›authentische‹ Aufnahmen des Kriegsgeschehens vom Publikum aufgenommen würden – eine allzu realistische Darstellung könnte auch demoralisierende Wirkung zeigen. Als Folge dieser Restriktion bekommt das Publikum zumeist nur Bilder von Aufmärschen, Paraden und Manövern zu sehen. Tatsächliche Aufnahmen des Kriegsgeschehens sind andererseits aber auch nicht so spektakulär, dass ihre ›Authentizität‹ kommentarlos wahrnehmbar gewesen wäre, was wiederum mehrere Produktionsfirmen dazu veranlasst, ihre Filme mit entsprechenden Kommentaren und Entstehungsberichten zu versorgen – wie z. B. in dem Begleitheft Reel Life der amerikanischen Wochenschau Mutual Weekly, wo sich ein am 8. Mai 1915 publizierter Bericht zu Aufnahmen des französischen Kameramanns Léon Crabier findet:

> »Of a sudden the air is alive with bursting shells. Men are falling, dead and dying, many of them within but a few rods of the lens, the undaunted photographer having brought his machine right into the heat of the battle. Then comes the charge through the snow, where the men are mowed down by hundreds. Rescue of the dying and injured and recovery of as many of the dead as possible are clearly depicted in all their horror, together with scores of other thrilling scenes and incidents of battle, making this set of pictures by far the most wonderful of their kind ever obtained« (zitiert nach MOULD 1983: 92).

Der Film ist nicht erhalten, es lässt sich nicht mehr ausmachen, inwieweit er das Versprechen der begleitenden Entstehungslegende visuell einzulösen vermochte. Wahrscheinlich werden einige wiedererkennbare Details gereicht haben, um diese mit der Bedeutung ›unmittelbare Darstellung‹ zu füllen – für ihre Authentizität aber bürgt allein der unerschrockene Crabier mit seinem Leben, denn er hat seine Kamera mitten ins Gefecht getragen. Tatsächlich wird die lebensbedrohliche Konstellation der Bildentstehung zu einem elementaren Authentizitätskriterium kinematographischer Berichterstattung und zu einem geschickt lancierten Attribut der Werbestrategen.

Für den britischen Kriegsfilm *The Battle of the Somme* wirbt man in New York mit der Information, vierzehn Kameramänner hätten bei den Dreharbeiten ihr Leben gelassen – eine Behauptung, die auf energischen Widerspruch des Produzenten Charles Urban stößt, der sich um seine Glaubwürdigkeit in der ›Filmszene‹ sorgen musste (vgl. BROWNLOW 1978: 54).

The Battle of the Somme entstand im Sommer 1916 in den ersten Tagen der alliierten Somme-Offensive als Auftragsproduktion des British Topical Committee for War Films, und die beiden mit den Dreharbeiten betrauten Kameramänner Geoffrey Malins und J.B. McDowell hatten ihre Arbeit tatsächlich ohne Schaden überstanden. Malins veröffentlicht nach dem Krieg sogar seine Erinnerungen unter dem Titel *How I filmed the War*. Allerdings wird auch er nicht müde zu betonen, unter welch heiklen Umständen die Aufnahmen entstanden waren:

> »Shells were exploding quite close to me. At least I was told so afterwards by an officer. But I was so occupied with my work that I was quiet unconscious of their proximity. I began filming once more [...] The noise was terrific. It was as if the earth were lifting bodily, and crashing against some immovable object. The very heavens seemed to be falling. Thousands of things were happening at the same moment. The mind could not begin to grasp the barest margin of it. [...] I loaded again, and had just started exposing. Something attracted my attention on the extreme left. What it was I don't know. I ceased turning, but still holding the handle, I veered round the front of my camera. The next moment, with a shriek and a flash, a shell fell and exploded before I had time to take shelter. It was only a few feet away. What happened after I hardly know. There was the grinding crash of a bursting shell; something struck my tripod, the whole thing, camera and all, was flung against me. I clutched it and staggered back, holding it in my arms. I dragged it into a shrapnel-proof shelter, sat down and looked for the damage. A piece of the shell had struck the tripod and cut the legs clean half on one side, carrying about six inches of it away. The camera, thank heaven, was untouched« (MALINS 1993: 164ff.).

Zwar steht am Ende die Bemerkung, dass die Kamera den Angriff unbeschadet überstanden habe, doch ist es nicht die Unverletzbarkeit der Mechanik, die er mit seinem Bericht ins Bewusstsein der Leser zu rücken versucht, sondern die Verletzbarkeit des Operateurs, seine unerschrockene Bereitschaft, das eigene Leben für die Authentizität der Aufnahmen einzusetzen. Diese heroisierende Geste wird von Malins beinahe stereotyp bemüht – offensichtlich in Ermangelung jeden Gespürs dafür, dass die stetige Selbstglorifizierung seinen Text als historische Quelle weitgehend diskreditiert. Die eher zweifelhafte Form seiner Darstellung mag Malins in Kauf genommen haben, wenn er nur darlegen konnte, dass er bei der pflichtgemäßen Ausführung seiner dokumentarischen Arbeit jedes Bewusstsein für die Situation verloren habe, dass erst ein beistehender Offizier ihn auf die gefährliche Nähe der einschlagenden Granaten aufmerksam machen musste, dass also sein ganzes Augenmerk allein den technischen Abläufen der Bildentstehung galt, oder – in größter Not – seiner nackten Existenz. In dieser Konstellation nämlich wird die Persönlichkeit des Kameramanns auf seine einfachsten Funktionen, auf Reflexe seiner vitalen Existenz reduziert – vielleicht keine schmeichelhafte Umschreibung, aber in Hinblick auf das dokumentarische Material durchaus ein authentisierender Aspekt. Denn die kontextgeleitete Reduktion gilt auch für den Operateur als gestaltendes Subjekt. Sie macht es ihm unmöglich, die filmische Einstellung ästhetischen Regeln zu unterwerfen. Den extremen Umständen der Bildentstehung ausgeliefert, die geradezu zwangsläufig eine Nivellierung seiner Persönlichkeit heraufbeschwören, bezeichnet diese Situation des Kameramanns seinen metaphorischen Tod. Der Operateur – so will er uns glauben machen – wird im wahrsten Sinn des Wortes von der darzustellenden Realität überwältigt, übernimmt lediglich die verbleibende Funktion des mechanisch operierenden, fast subjektlosen Subjekts.

Zwar kann Geoffrey Malins' Legende um die Entstehung des britischen Somme-Films nicht unmittelbar als bedeutungsgenerierende Kontextinformation gelesen werden – How I filmed the War erscheint erst 1920, vier Jahre nach der Uraufführung des Films –, doch formuliert er wie kein anderer das Idealbild des kinematographischen Berichterstatters, der selbstlos, ja selbstaufopfernd seine Bereitschaft zeigt, sich und seine Kamera einer Realität auszusetzen, die unkontrollierbar und schlimmstenfalls überwältigend – keinesfalls aber übersichtlich und kalkulierbar (damit auch nicht manipulierbar) – in Erscheinung tritt. Der Kameramann ist dabei allein Medium, transparentes Medium, und seine idealisierte Opferbereitschaft notwendige Vorbedingung zur Erzeugung der Authentizität des Bildmaterials.

Eine beinahe makabre Zuspitzung dieser authentisierenden Leitidee findet sich in dem 1918 veröffentlichten populären Handbuch How Motion Pictures are made von Homer Croy, das nicht nur einschlägige Kapitel zur Darlegung der illusionistischen Produktionsmaschinerie Hollywoods beinhaltet, sondern überraschenderweise auch einen eigenen Paragraphen zur kinematographischen Berichterstattung aus dem Ersten Weltkrieg. Eingeleitet mit einer Aufzählung verschiedener Produktionsanekdoten aus dem spanisch-amerikanischen Krieg, versucht Croy die Vorzüge der zeitgenössischen Berichterstattung – dass mittlerweile nämlich an der Front und in größter Gefahr gedreht werde – an einem recht drastischen Beispiel zu verdeutlichen:

> »In the siege of Verdun an incident happened illustrative not only of the danger of trench photography, but also of the fine adjustment to be found in a well-equipped

camera. A de Proszynski camera was in the hands of J. A. Dupré, a French operator, who had advanced with the troops and was stopping to find shelter for himself when he was killed without any injury being done to the camera. The camera was supported on his knees and with the slouching back of his figure the camera righted itself and, operated by compressed air, it continued exposing the film, using all the negatives before it came to stop, thus finishing its task although the operator had been killed« (CROY 1978: 261).

Es mag befremden, dass Croy den Tod des Operateurs zur Nebensache werden lässt, ihn allein zum Anlass seiner faszinierten Beschreibung technischer Zuverlässigkeit nimmt. Denn die Kamera hat ja den Angriff nicht nur unversehrt überstanden, sondern ihre Bestimmung, die Bildaufnahme, auch dann noch erfüllen können, als der Kameramann dazu selbst nicht mehr in der Lage ist. Tatsächlich aber ist der emotionslos angemerkte Tod des Operateurs die krönende Pointe der ausführlichen Beschreibung technischer Entwicklungen, die den Kameramann an der Front durch die Automatisierung des Filmtransports in der Kamera zu einer eigentlich entbehrlichen Komponente der Filmaufnahme werden lässt. Die Authentizität der Bilder ist nun das Ergebnis eines rein technischen Verfahrens, wobei die acheiropoietische Bildentstehung in der Darstellung Croys mit der Nivellierung des Vermittlers ebenso faktisch wie symbolisch eingelöst wird.

4.1.3 *The Battle of the Somme – der ›Schrecken des Krieges‹ als ästhetische Differenzerfahrung*

Die zuvor erwähnten, von Geoffrey Malins und J.B. McDowell während der britischen Somme-Offensive 1916 in Frankreich gedrehten Aufnahmen führten tatsächlich zu einem äußerst bemerkenswerten Film – bemerkenswert vor allem im Hinblick auf die Resonanz, die er bei seinem Publikum erzielte. Man rechnet mit einer Millionen Besucher allein in London während der ersten Wochen. Gegen Ende des Jahres 1917 meldet Charles Urban, der Produzent von *The Battle of the Somme*, der Film sei bis zu diesem Zeitpunkt in 16.000 Filmtheatern gezeigt worden; weltweit hätten ihn annähernd 65 Millionen Kinobesucher gesehen – eine kaum vorstellbare Zahl, und doch scheint der Film das Interesse des Publikums geradezu magisch auf sich gezogen zu haben.

The Battle of the Somme ist in fünf Akte unterteilt. Die ersten beiden behandeln umfassend die Vorbereitungen zur Schlacht, der dritte die eigentliche Attacke, während die letzten beiden vor allem die Folgen zeigen: Verwundete, Gefangene und verwüstete Landschaften. Darüber hinaus sind die einzelnen Einstellungen nur lose strukturiert, ohne konsequente Dramaturgie oder kontinuierliche Einstellungsfolgen. Man sieht unaufhörlich Uniformierte beim Laden und Abfeuern ihrer Geschütze und Detonationen, die nicht unbedingt im Zusammenhang mit vorhergehenden Einstellungen stehen; man sieht Soldaten, die sich auf die Schlacht vorbereiten, und solche, die von ihr zurückkommen – Sequenzen, die von deskriptiven Texttafeln gegliedert werden wie »Blowing Up Enemy Trenches by a Huge Mine«, »The Royal Warwickshires were Having a Meal in Camp on the Evening of the Great Advance« oder »Officer Giving Drink, and Tommies Offering Cigarettes to German Prisoners«. Zu Beginn des dritten Akts kommt es dann mit der berühmten Over-the-top-Sequenz zu einem dramaturgischen und visuellen Höhepunkt. Dies ist zumindest der Abschnitt, der bei seinem Publikum den nachhaltigsten Eindruck hinterlässt. Man liest: »The attack. At a signal, along the entire 16 mile front, the British troops leaped over the trench parapets and advanced towards the German trenches, under heavy fire of the enemy«, und sieht dann – die Kamera steht offenbar im Schützengraben – ein Dutzend englischer Soldaten, die nacheinander aus dem Graben stürmen, während am rechten und linken Bildrand zwei Uniformierte unmittelbar nach Erreichen der Brüstung zurückfallen und regungslos liegen bleiben. Die nächste Einstellung schließt an die vorhergehende an. Nun steht die Kamera am Rand des Grabens und zeigt ungefähr in Knöchelhöhe die über Stacheldraht und Sperrvorrichtungen vorwärts laufenden Soldaten, wobei wiederum zwei Uniformierte – offensichtlich getroffen – zu Boden fallen. Auch die Entstehung dieser Sequenz beschreibt Geoffrey Malins in seinem Buch:

> »Shrapnel began falling in the midst of our advancing men. I continued to turn the handle of my camera, viewing the whole attack through my view-finder, first swinging one way and then the other. Then another signal rang out, and from the trenches immediately in front of me, our wonderful troops went over the top. What a picture it was! They went over as one man. I could see while I was exposing, that numbers were shot down before they reached the top of the parapet« (MALINS 1993: 163).

In seiner ausführlichen Analyse des Films findet Roger Smither allerdings eine Reihe von Hinweisen, die entgegen Malins eigenem Entstehungsbericht der Over-the-top-Sequenz den Verdacht auf eine Inszenierung nahe legen. Vergleiche man z.B. die Darstellung des Films mit Augenzeugenberichten, schreibt Smither, so müsse man feststellen, dass der allzu flache Graben und üppige Grasbewuchs eher einem Manövergebiet als dem tatsächlichen Gefechtsfeld gleiche. Die Truppen seien zudem nicht entsprechend der britischen Offensive vom 1. Juli 1916 ausgerüstet. Auch sei die Kamera in der zweiten Einstellung derart exponiert, dass sie während eines tatsächlichen Gefechts ein ebenso gutes Ziel abgegeben hätte wie die vor ihr fallenden Soldaten – die zudem ein wenig zu plötzlich, beinahe choreographiert zu fallen scheinen. In der zweiten Einstellung sieht man einen Soldaten, der, nachdem er bereits getroffen zu Boden gefallen war, noch die Beine verschränkt und schließlich sogar in die Kamera schaut – offensichtlich in der Annahme, die Einstellung sei bereits abgedreht. Zu guter Letzt weise der Entstehungsbericht Geoffrey Malins so viele Widersprüche auf, dass es ihm allein zeitlich unmöglich gewesen wäre, die Over-the-top-Sequenz als Beginn der Offensive zu filmen (vgl. SMITHER 1993: 149f.). Die tatsächlichen Umstände der Bildentstehung sind nicht endgültig zu ermitteln – jedes Argument für die Inszenierung findet ebenso viele apologetische, die für die These unmittelbarer Echtheit stehen –, doch erhärten andere Passagen des Films den Verdacht, legen zumindest nahe, dass man bei der Auswahl des Materials eher unbekümmert zu Werke ging. So wurden Bildsequenzen nachweislich zu einer anderen Zeit oder an anderem Ort aufgenommen, als in den Texttafeln angegeben. Vor allem aber verwandelt der Film propagandistisch geschickt das militärische Desaster der Somme-Schlacht in eine erfolgreiche Offensive der Alliierten (vgl. ROTHER 1995: 125).

Doch von allen diesen diskreditierenden Aspekten der Analyse bleibt der Authentizitätseindruck des zeitgenössischen Publikums weitgehend unberührt. Hinsichtlich der Over-the-top-Sequenz entfaltet sich sogar eine ausführliche Debatte darüber, inwiefern dem Publikum eine solch realistische und schockierende Darstellung zuzumuten sei. Nicholas Reeves hat in seinem Aufsatz Cinema, Spectatorship and Propaganda (1997) die unmittelbaren Reaktionen von Zuschauern und britischer Presse auf den Film nach dessen Uraufführung am 10. August 1916 zusammengetragen. So schreibt ein aufgebrachter Leser drei Wochen nach der Filmpremiere in einem Brief an die Londoner *Times*: »...crowds of Londoners feel no scruple at feasting their eyes on pictures which present the passion and death of British soldiers in the Battle of the Somme. ... a ›film‹ of war's hideous tragedy is welcomed. I beg leave respectfully to enter a protest against an entertainment which wounds the heart and violates the very sanctities of bereavement« (zitiert nach REEVES 1997: 17).

Aufgebracht war der Briefschreiber also nicht im Hinblick auf die vermeintliche Inszenierung des Materials, sondern vielmehr irritiert von der Tatsache, ›authentische‹ Aufnahmen sterbender Soldaten präsentiert zu bekommen. Auch andere Kommentatoren betonen einhellig die ungeschönten, grausamen und außerordentlich realistischen Bilder des Films, doch nicht alle sehen sich von ihnen abgeschreckt. So versucht z. B. James Douglas im Star unter der Überschrift *The Somme pictures. Are they too painful for public exhibition?* die Darstellung des Films – wenn auch noch ein wenig zaghaft – gegen ihre moralische Denunzierung zu verteidigen: »There is no doubt that the Somme pictures have stirred London more passionately than anything has stirred it since the war. Everybody is talking about them. Everybody is discussing them. Everybody is discussing the question whether they are too painful for public exhibition. It is evident that they have brought the war closer to us than it has ever been brought by the written word or by the photograph« (ebd.).

In anderen Quellen wird wiederum ganz ohne Scheu der offensichtlich schwer zu ertragende Realismus als hervorragende Qualität der filmischen Darstellung hervorgehoben: »a visualisation of the hell that is war. It is a true picture, and is therefore stark and realistic«, schreibt der *Daily Mirror* (ebd.: 16) – und im Manchester Guardian liest man: »The film casts no glamour over war. It leaves out many terrors that we know to exist; but on the whole, it reveals war in its true aspect – as a grimly destructive and infernal thing« (ebd.). Schließlich bezieht sich ein Korrespondent des *Spectator* explizit auf die Darstellung der sterbenden Soldaten in der Over-the-top-Sequenz, durch die der Film zu einem unanfechtbaren Dokument des Krieges werde:

> »It would indeed be a cold heart that could resist the thrill of the battle that rushes upon from the shivering screen. In the right-hand corner of the picture, one of the brown clad, helmeted men, just as he tops the parapet, instead of going over, slides back flattened out with arms extended against the wall of the trench – the first life sacrificed in the assault. It is a wonderful example of how reality – remember this is no arranged piece of play acting but a record taken in the agony of battle – transcends fiction« (ebd.).

Bezeichnenderweise wird in keinem der Textbeispiele die Authentizität der Darstellung auch nur annähernd in Zweifel gezogen – tatsächlich war die vermutete Glaubwürdigkeit des Films notwendige Bedingung für die nachfolgende Dezenz-Debatte. Wenn aber ein Film, der in historiographischer Hinsicht keinerlei Authentizitätskriterien gerecht wird, von seinem zeitgenössischen Publikum als das unmittelbare und erschütternde Dokument der Somme-Schlacht rezipiert wird, so ist dieses Faktum kein unerklärliches Paradoxon und sicherlich falsch verstanden, wenn man den Authentizitätseindruck des Films allein der Naivität seiner Betrachter zurechnet.

The Battle of the Somme ist der erste längere Film über das Geschehen an der Front, man arbeitet mit Texttafeln, mit detaillierten Informationen und vermeintlich präzisen Zeit- und Ortsangaben, um den Eindruck ausführlicher, faktengetreuer Darstellung zu erzeugen. Einige Sequenzen zeigen wohl tatsächlich vor Ort gedrehtes Material – doch dies wie das Gegenteil vermag die spezifische Rezeption nicht zu erklären. Der evozierte Authentizitätseindruck folgt offenbar dem Zusammenspiel verschiedener Faktoren, zu denen auch die Legendisierung durch den Produzenten Charles Urban gehört, der gezielt Kontextinformationen durch die Presse lanciert, die dann – wie z. B. in der *Motion Picture News* vom 14. Oktober 1916 – unter einer Überschrift wie Urban Tells How ›Battle of the Somme‹ Was Obtained veröffentlicht werden. Urban organisiert zudem eine ›sneak-preview‹ für den Premierminister Herbert Asquith und einige Mitglieder seines Kabinetts, deren goutierende Reaktion die Unangreifbarkeit des Filmes unterstreichen sollte (vgl. MOULD 1983: 169f.). Vor allem aber wird der Film in Differenz zu seinen Vorgängern wahrgenommen, denn die Darstellung von *The Battle of the Somme* verdeutlicht nach Ansicht der Zuschauer vorrangig das, was man zuvor nicht zu sehen bekam. »Whereas the battle pictures of the past have incited to war and tried to show the ›glory‹ of war, these Somme pictures teach what war really means«, schreibt ein Korrespondent der Zeitschrift *Bioscope* (zitiert nach REEVES 1997: 16). Für die Kine Weekly ist es sogar der beste Film aller Zeiten: »Speaking for ourselves, we never remember in all our long experience, to have seen any picture which, for power of appeal and intense gripping interest comes within measurable distance of this wonderful kinematograph record« (ebd.: 15) – und in der *Yorkshire Evening Press* liest man: »never before has such a production been screened ... it is all so real« (ebd.).

The Battle of the Somme – grausamer, schockierender und realistischer als andere Filme –, sein authentisierender Effekt entfaltet sich in erster Linie kontrastiv vor diesem Hintergrund und begründet damit seine überwältigende Wirkung. Auch wenn die Authentizitätskriterien hierbei relative sind, so ist doch der Authentizitätseindruck, den der Film bei seinem zeitgenössischem Publikum hinterlässt, absolut und der Film selbst beispielgebend.[37]

»Der Unterschied zwischen non-fiction und fiction ist in der Wahrnehmung des Publikums vermutlich erst während des Krieges deutlich geworden«, schreibt Rainer Rother (ROTHER 1995: 125) – und tatsächlich wird in der Debatte um den britischen Somme-Film erstmals umfassend die Authentizität der Darstellung als besondere Qualität kinematographischer Bilder thematisiert. Der technische Apparat hatte sich seit seiner Einführung Ende des neunzehnten Jahrhunderts nicht wesentlich verändert – im Unterschied zu den Rezeptionserwartungen des Kinopublikums, im Unterschied zur Be-

37 Der englische Somme-Film zeigt auch auf deutscher Seite Wirkung. Möglicherweise hat sein weltweiter Erfolg sogar die deutschen Bemühungen zur Gründung einer eigenen propagandistischen Filmabteilung beschleunigt. Der erste Film zumindest, der von der neuen Institution – dem Bild- und Film-Amt (Bufa) – am 19. Januar 1917 (wenige Tage vor seiner offiziellen Gründung) unter dem Titel *Bei unseren Helden an der Somme* vorgestellt wird, ist eindeutig als Antwort auf den englischen Film konzipiert. Von englischer Seite übernimmt man auch die Möglichkeit, mit einer gezielten Vorberichtserstattung die gewünschte Rezeptionshaltung des Publikums zu lancieren. So liest man wenige Tage vor der Premiere in deutschen Zeitungen ausführliche Entstehungsberichte, wie z. B. am 17. Januar in der *bz am Mittag*: »Aus der Hölle an der Somme, vom flammenschwangeren Boden des Saint-Pierre-Vaast-Waldes, holten heldische Operateure deutscher Filmtrupps auf Befehl der obersten Heeresleitung die größte kinematographische Urkunde dieses grausigen Krieges. Den Stahlhelm auf dem Kopf und die Kamera in der Hand sausten sie auf langen Fahrzeugen der Sturmtruppen auf der Feuerstraße mit hinaus, schwärmten mit vor in die ersten Gräben, sahen die Gasangriffe sich wölken, trotzen dem Trommelfeuer, schwangen sich mit dem Sturmtrupp über den Grabenrand, arbeiteten sich von Trichter zu Trichter, [...] zwischen den rasenden Einschlägen schwerer Geschosse und berstender Minen, heran an die feurige Mauer unseres Sperrfeuers« (zitiert nach ROTHER 1995: 126f.). Ob die deutsche Antwort auf den englischen Somme-Film jedoch auch nur annähernd so überzeugend gewirkt hat wie sein Vorbild, bleibt zu bezweifeln. »Die deutsche Antwort auf den britischen Somme-Film steckte von vornherein in einem unlösbaren Dilemma«, schreibt Rainer Rother. »Es waren gerade die Szenen der Schlacht, mit denen das Vorbild überzeugte, und diese Szenen waren durchaus nicht alle gestellt. Vergleichbares Ausgangsmaterial stand anscheinend für den deutschen Film nicht zur Verfügung; noch waren keine ›Filmtrupps‹ eingerichtet worden, die an der Front filmen durften. Daher antwortete der deutsche Film im wesentlichen mit inszeniertem Material« (ROTHER 1995: 134). Die Inszenierungen sind dabei so durchsichtig angelegt, dass sie auch dem zeitgenössischen Publikum nicht entgangen sein dürften. Anders als in der berühmten *Over-the-top*-Sequenz des englischen Somme-Films schaut die Kamera in der deutschen Variante von oben in den Schützengraben hinein. In einer anderen Einstellung, die einen Sturmangriff zeigen soll, laufen die Soldaten auf die Kamera zu. Und bei dem visuellen Höhepunkt des Films – der Detonation einiger im Feindesland einschlagender Granaten – steht die Kamera so nah an dem Ort der Explosion, dass die herausgeschleuderten Steine sie fast treffen – sie hätte mitten im feindlichen Gebiet stehen müssen (vgl. ebd.: 132f.). Dem englischen Vorbild wird man von deutscher Seite allein in der systematischen Legendisierung der Bildentstehung gerecht – und übersieht dabei, dass der kontextgesteuerte Unmittelbarkeits- und Authentizitätseindruck von einer korrelierenden ästhetischen Form des Films hätte gestützt werden müssen, um seine Wirkung zu entfalten.

deutung des Mediums. Die Kinematographie war aus dem Umfeld populärer Jahrmarktsattraktionen herausgetreten und zu dem Medium authentischer Darstellung avanciert. Dabei verband das Publikum nun Vorstellungen mit dem technischen Apparat, die schon zuvor in anderen Kontexten vorformuliert waren: Der Kinematograph hatte kulturell determinierte Bedingungen authentischer Darstellungen zu erfüllen und diese wiederum scheinen mittelbar in Analogie mit den vermeintlich ontologischen Qualitäten des Mediums zu stehen – mittelbar, weil diese Analogie erst diskursiv herzustellen war, und genau dies gelang in den propagandistischen Bemühungen des Ersten Weltkriegs mit nachhaltigem Erfolg.

4.1.4 *›Non-preconception‹: Die Dokumentarfilmlegende Robert Flahertys*

In gewisser Hinsicht trifft man auf die propagierte Selbstverleugnung der Kameramänner des Ersten Weltkriegs auch in den Filmen Robert Flahertys – der patriarchalen Figur des Dokumentarfilms –, wobei man gleich einschränkend anmerken muss, dass es sich auch hierbei nicht tatsächlich um ein produktionsästhetisches Ideal handelt als vielmehr um ein rezeptionsorientiertes Versprechen der systematisch betriebenen Legendisierung seiner Filme.[38] Anfang der sechziger Jahre bringt Flahertys Frau

38 Robert Flaherty lässt keine Gelegenheit aus, die entsprechenden Entstehungsberichte begleitend zu seinen Filmen einem breiten Publikum zugänglich zu machen. So findet man zur Premiere des ersten Flaherty-Films *Nanook of the North* (1922) mit *Life among the Eskimos* und *How I filmed Nanook of the North* gleich zwei Berichte in Fachzeitschriften, die Flaherty ein wenig später unter dem Titel *My Eskimo Friends* (1924) in populärer Form auch für den Buchmarkt aufbereitet. 1935 berichtet er im BBC-Radio, 1937 sogar im BBC-Fernsehen, während die Regie – parallel zu seinem Bericht – Filmausschnitte einspielt (vgl. BERG 1994: 197), womit Flaherty eine ebenso moderne wie fernsehgerechte Form der Legendisierung vorwegnimmt. Während der Entstehung seines zweiten Films *Moana* liest man im *Film Daily Year Book of Motion Pictures* noch vor der Uraufführung von den widrigen Umständen der Filmarbeit (vgl. KLAUE/LEYDA 1964: 94f.), die mit dem 1932 in Berlin veröffentlichten Buch *Samoa* noch einmal ausführlichst zur Darstellung kommen. Zu diesem Zeitpunkt hat schon Flahertys Frau Frances die Rolle der hagiographischen Begleiterin übernommen, was sich allerdings noch nicht auf dem Buchdeckel niederschlägt: *Samoa* erscheint unter dem Namen ihres Mannes. Über *Man of Aran* (1934) wiederum schreiben nicht die Flahertys allein, sondern auch ein vor Ort als Regieassistent angeheuerter Mitarbeiter, der seinen Bericht der Dreharbeiten gleichsam aus der neutralen Perspektive des Teilnehmers abliefert. 1935 geht Robert Flaherty nach Indien, wo er für den britischen Produzenten Alexander Kordan Rudyard Kiplings Kindergeschichte *Toomai of the Elephants* in Szene setzen soll. Der Film wird letzten Endes nicht von Flaherty,

Frances das authentisierende Leitideal all seiner Filme (respektive das der Entstehungsberichte) auf den Begriff des non-preconception – im Sinne einer umfassenden Vorurteilslosigkeit und Offenheit des Filmemachers gegenüber seinem Darstellungssujet:

> »What you have to do is to let go, let go every thought of your own, wipe your mind clean, fresh, innocent, newborn, sensitive as unexposed film to take up the impressions around you, and let what will come in. This is the pregnant void, the fertile state of no-mind. This is non-preconception, the beginning of discovery« (FLAHERTY 1972: 20).

Aller vorgefassten Meinungen entleert, unschuldig wie ein neugeborenes Kind und empfänglich wie unbelichtetes Filmmaterial – mit dieser asketischen Haltung habe Robert Flaherty in all seinen Filmen der latent vorhandenen Wahrheit des Sujets zu einer unerwarteten Manifestation, einem nicht plan- und vorhersagbaren Selbstausdruck verholfen – so die Legende. Es ist kein Zufall, dass man sich hierbei unweigerlich an das positivistische Ideal des naturwissenschaftlichen Empirismus erinnert fühlt. Robert Flaherty beginnt seine Karriere als Geologe, der in den zehner Jahren im nördlichen Kanada Minerallagerstätten zu erforschen und kartographieren hat. Später überträgt er das Modell dieser naturwissenschaftlich-technischen Arbeit als Erkenntnis- und Gestaltungsmodell auch auf seine Filmarbeit (vgl. BERG 1994: 194):

> »Patient as a scientist, he let the camera see everything exhaustively«, schreibt Frances, »to give the camera a chance to find that »Moment of truth, that flash of perception, that penetration into the heart of the matter, which he knew camera, left to itself, could find« (FLAHERTY 1972: 40; Hervorh. i. Org.). Die asketische Haltung zielt auf die Kamera, denn ihre leidenschaftslose Mechanik als technische Inkarnation der

sondern zu großen Teilen in einem Londoner Studio unter der Regie von Kordans Bruder Zoltan gedreht. Erfolgreicher erweist sich Flahertys *Casting*, denn die Hauptrolle wird mit Sabu besetzt, einem schauspielerischen Naturtalent aus dem Dschungel Indiens, dessen Entdeckung die Flahertys wiederum in ähnlicher Weise zu stilisieren wissen, wie das Aufspüren unverfälscht natürlicher Darstellungssujets in den Entstehungsberichte ihrer Filme – diesmal nachzulesen in dem von Frances im Jahr der Uraufführung veröffentlichten Buch *Sabu – The Elephant Boy*, das noch im gleichen Jahr durch das Buch *Elephant Dance* ergänzt wird. Die zweite Publikation enthält Briefe, die Frances während der Dreharbeiten an ihre Töchter nach England – und offenbar auch gleich an den Verleger – gerichtet hat (vgl. BERG 1994: 197). Die Liste ist keineswegs vollständig; abgeschlossen wird sie erst Anfang der sechziger Jahre mit der retrospektiven Hommage *The Odyssey of a Film-Maker – Robert Flaherty's Story*, geschrieben von Frances Flaherty. Die Bedeutung dieser Publikationen erklärt sich nicht (nicht allein) mit der gesuchten Möglichkeit, die Filmarbeit in Buchform auf einem zweiten Markt auszuwerten – der publizistische Nebenschauplatz ist für die Dokumentarfilme Flahertys tatsächlich eine unverzichtbare Komponente kontextueller Authentisierung.

idealisierten Voraussetzungslosigkeit ist der eigentliche Garant authentischer Darstellung – und so dient das Konzept des non-preconception, der Entsagung an jede vorgefasste Idee, an jedes sozialkritische, propagandistische oder ökonomische Interesse gleich zwei ›Naturen‹: der Natur des Darstellungssujets ebenso wie der Natur und Bestimmung seines Mediums:

»[there are two ways of filmmaking:] the way of making and creating, with its discipline of doing, and on the other hand the way of discovering, or releasing, with its discipline of letting be. The great main stream of filmmaking goes the making, the creating, the fiction way, for that is our habit of mind. But Robert Flaherty's whole life was a passionate and stubborn fight for the exploratory way – for a natural poetry, for a greater awareness of the essential truth of things as they are, a deeper communion with all being. His only care was that his films should show these values which the new medium had brought into the world. With every film he hoped that the next one might be great enough so that people would see – see that the approach to the medium which could bring them these values was the natural approach, true to the nature of the medium, true to its function and its destiny« (FLAHERTY 1972: 42; Hervorh. v. Verf.).

Die Rhetorik der Hommage ist eindeutig: Robert Flaherty sollte zu einer medialen Figur der Transparenz stilisiert werden, deren vornehmliche Aufgabe darin bestand, die ontologische Qualität der mechanisch acheiropoietischen Kamera vollends zu entfalten. Diese Beschreibung ist exemplarisch zu nehmen – alle Entstehungsberichte sind von dem gleichen Interesse geprägt, versuchen mit der beinahe mystisch überhöhten Stilisierung den Filmemacher als Medium zwischen Darstellungsgegenstand und Betrachter zum Verschwinden zu bringen.

Vor dem Hintergrund der Bildgeschichte weist diese Charakterisierung allerdings über die szientistischen Vorbilder weit hinaus. Sie erinnert vielmehr an die asketische Selbstabtötung und religiös motivierte Reinigung des byzantinischen Authentisierungsmodells der Ikonentradition. Vor allem die Legende des Dokumentarfilmemachers Robert Flaherty – nicht seine Filmarbeit – steht ganz in dieser Tradition. Auch unterscheidet sich hierin das Ideal der non-preconception von der propagandistischen Authentisierung der Kriegsberichterstattung aus dem Ersten Weltkrieg: Der Kameramann an der Front wurde durch die heiklen Umstände der Bildentstehung regelrecht zu einer Persönlichkeitsaskese genötigt, die Askese Robert Flahertys ist selbst auferlegt, wie das frei gewählte monastische Leben des Ikonenmalers quasi ein mediales Versprechen, das wiederum – wie die Umstände der Bildentstehung an der Front – notwendig auf Vermittlung angewiesen ist. Denn die Haltung des Filmemachers offenbart sich nicht, oder nur sehr bedingt, in der Gestalt filmischer Darstellung. Erst wenn der Filmbetrachter das zugrunde liegende Ideal zur Kenntnis nimmt, kann es seine authentisierende Wirkung entfalten.

Robert Flaherty selbst hatte das Konzept der non-preconception Mitte der fünfziger Jahre in einer programmatischen Definition folgendermaßen formuliert: Der Dokumentarfilm solle an dem Ort handeln, den man wiedergeben wolle, zusammen mit den Lebewesen, die sich an dieser Stelle befänden, zudem müsse der Auswahl des Materials »der Sinn aus der Natur hervortreten und nicht aus dem Hirn eines mehr oder weniger einfallsreichen Romantikers« (zitiert nach KLAUE/LEYDA 1964: 86). Tatsächlich dreht Flaherty ausnahmslos vor Ort und rekrutiert dort auch seine Darsteller. Für seinen ersten Film *Nanook of the North* bereist er sogar gleich mehrmals die Hudson Bay, und doch lässt sich – wie viele Male schon geschehen – dem Filmemacher unschwer eine offensichtliche Diskrepanz von idealisierter und tatsächlicher Produktionspraxis nachweisen.

Auf seinen ersten Expeditionen in den Jahren 1914 und 1915 nutzt Flaherty die Gelegenheit, ausreichend Material für einen Film über die Inuits im Norden Kanadas zu drehen. Wieder zurückgekehrt unternimmt er Vortragsreisen, führt sein Material Anthropologen und Ethnographen vor, während seine Frau Frances sich darum bemüht, einen Filmverleih zu finden – doch schon in diese Zeit fällt die Entscheidung für eine neue Expedition und einen zweiten Film. Der erste orientierte sich offensichtlich an dem konventionellen Muster der Travelogues, war also nicht mehr als eine lose Reihung unzusammenhängender Szenen, ohne innere Struktur oder erzählerischen Strang. Als das Negativ 1916 in Flammen aufgeht und damit für die weitere Arbeit verloren ist, scheint der Filmemacher den Verlust nicht besonders zu bedauern. »Flaherty knew about travelogues. He even tried to make one«, schreibt Jay Ruby. »He rejected these forms the same way he rejected then ›photoplay‹, not because he was an innocent who intuitively stumbled upon a narrative form that just happened work – the genius of nonpreconception – but because he was sufficiently knowledgeable the cinematic forms of his day to realize their inadequacies for his purposes« (RUBY 1980: 436). An die Stelle der Travelogue-Ästhetik tritt nun ein vorgefasstes Konzept, dessen narrative Ausrichtung eher an die romantisierende Ästhetik Hollywoods erinnert als an die Vorbilder des frühen Non-fiction-Films:

»Könnten wir nicht – so fragten wir uns – einen typischen Eskimo mit seiner Familie nehmen und ihr Leben im Ablauf des Jahres beschreiben? Welche Biographie könnte interessanter sein? Hier ist ein Mensch, der weniger Hilfsmittel hat als irgendein anderer auf der Welt. Er lebt in der Öde, in der kein anderer Menschenschlag existieren könnte. Sein Leben ist ein ständiger Kampf gegen das Verhungern. Es gibt keine Vegetation, er ist angewiesen auf das, was er jagen kann – und das in ständigem Kampf mit dem grausamsten aller Tyrannen, dem harten Klima der Arktis, dem härtesten Klima der Welt. Bestimmt könnte eine solche Story interessant werden« (zitiert nach KLAUE/LEYDA 1964: 73).

Diese narrative Idee lässt sich auf die einfache Formel des drama of survival bringen. In *Nanook of the North* wird sie vornehmlich durch Jagdsequenzen repräsentiert – eingeleitet von Texttafeln wie: »The sea is once more free of ice and the salmon gone. For days there is no food«, oder: »Nanook and his family, ever on the quest for food, prepare to start for the sealing grounds at sea«. Flaherty sucht die dazugehörigen Bilder, er findet sie nicht. Die endlose Jagd nach einem Eisbär, die im Film selbst nicht vorkommt, dafür aber im Entstehungsbericht um so ausführlicher beschrieben wird (vgl. FLAHERTY 1924: 147-165), gerät dabei fast zum Desaster. Der zu jagender Bär ist auch nach wochenlanger Suche nicht aufzutreiben, bis schließlich die Lebensmittel ausgehen und das mitgeführte Filmmaterial in Ermangelung anderer Brennstoffe verheizt werden muss. Mehr Glück hat Flaherty bei seinen Dreharbeiten zu der Walrossjagd, und auch hier lässt er seine Darsteller unmissverständlich wissen, was er sucht: »Do you know that you and your men may have to give up making a kill, if it interferes with my film? Will you remember that it is the picture of you hunting the iviuk that I want, and not their meat?« »Yes, yes, the aggie [film] will come first«, earnestly he assured me. »Not a man will stir, not a harpoon will be thrown until you give the sign. Its my word« (FLAHERTY 1924: 134).

Flaherty erhebt diese Form der Strukturierung seines Materials zum Prinzip. Ziel sei es, die Attribute der Umwelt mit einzubeziehen und die Wirklichkeit mit dem Dramatischen zu verbinden, schreibt er an anderer Stelle (vgl. KLAUE/LEYDA 1964: 86) – und erkennt darin offensichtlich keinen Widerspruch zu seinem Konzept der non-preconception. Seine Kritiker taten dies sehr wohl, wobei man anmerken muss, dass diese Kritik erst Ende der siebziger Jahre mit der systematischen und ideologiekritischen Filmwissenschaft einsetzt. Für Flahertys Zeitgenossen, allen voran für seinen enthusiastischen Apologeten John Grierson, erweist sich die Dramatisierung des Materials als essentielles Qualitätsmerkmal. Denn ein Dokumentarfilm solle die Wirklichkeit nicht nur beschreiben, er solle seine Bilder organisieren und interpretieren:

> »it is important to make the primary distinction between a method which only describes the surface value of a subject, and the method which more explosively reveals the reality of it«, schreibt Grierson. »With Flaherty it became an absolute principle that the story must be taken from the location, and that it should be (what he considers) the essential story of the location« (GRIERSON 1932b: 70f.).

Allerdings findet Robert Flaherty sein dramatisierendes Prinzip nicht ›on location‹, in der Eiswüste Nordkanadas, sondern als ›Vorbild‹ in New York, auf einer Kinoleinwand. Laut seinen Tagebuchaufzeichnungen trifft er 1915 während der Vorbereitungen zu seiner zweiten Filmexpedition den Photographen und Schriftsteller Edward S. Curtis, der ihm nebenbei seinen ein Jahr zuvor bei den Kwaikiutl-Indianern an der nordamerikanischen Pazifikküste gedrehten Film vorführt (vgl. WINSTON 1988a: 279; ruby 1980: 434). Curtis hatte beinahe 35 Jahre unter den nordamerikanischen Ureinwohnern gelebt und bis 1930 zwanzig Bände erscheinen lassen, in denen sämtliche nordamerikanischen Indianerstämme dokumentiert waren. Mit Studiokulissen reiste er zu den Original-Darstellern, zahlte Extrahonorare für besondere Posen und Gesten, die diesen Menschen bereits fremd waren (vgl. BERG 1987: 356). In gleicher Weise verlegt er für seinen Film das Exterieur des Sujets gleich zwei Generationen zurück, rekonstruiert verschollene Rituale und Zeremonien und inszeniert damit das Idealbild einer Kultur, die es gar nicht mehr gab – nach den Prinzipien ihrer Photogenität: »Native American could not readily be found outlined against sky astride their ponies in full cermonial dress, so Curtis helped the along«, schreibt Brian Winston (1988a: 278).[39]

39 Edward S. Curtis plante in Analogie zu seiner photographischen Arbeit gleich eine ganze Filmserie, mit der Kultur und Bräuche aller nordamerikanischen Indianerstämme dokumentiert werden sollten. Allerdings gelang ihm nach *In the Land of the Head Hunters* kein zweiter Film. Darüber hinaus erhalten ist allein ein Prospekt seiner Produktionsfirma *Continental Film Company* aus dem Jahr 1913, in dem Curtis – offensichtlich zur Akquisition potentieller Geldgeber – sein umfassendes Projekt entwirft. Gut ein Jahrzehnt vor Griersons berühmter Rezension von Flahertys zweitem Film *Moana* findet man hier schon die Verwendung des Begriffs ›dokumentarisch‹, verbunden mit der Idee der gefundenen Geschichte, der im ›wirklichen Leben‹ latent vorhandenen dramaturgischen Struktur, an der sich später auch Robert Flaherty orientieren wird: »The question might be raised as to whether the documentary material would not lack the thrilling interest of the fake picture. It is the opinion of Mr. Curtis that the real life of the Indian contains the parallel emotions to furnish all necessary plots and give pictures all the heart interest needed« (zitiert nach MACDONALD/COUSINS 1996: 21f.).

Die Parallelen zu *Nanook of the North* sind unübersehbar: Auch Flaherty verwendet Elemente romantisierender Darstellung, bedient sich einer quasi musealen Rekonstruktion bzw. Re-Inszenierung der ursprünglichen Inuitkultur, verschweigt jedes Anzeichen westlicher Zivilisation, die den Norden Kanadas in den zehner Jahren schon längst durchdrungen hat. Er tauscht die Gewehre gegen Harpunen aus, Metallwerkzeuge gegen Knochenmesser und die Petroleumlampe gegen das archaische Tranlicht. »Ich mache keinen Film darüber, was der Weiße mit seinen Lumpen und seinen hässlichen Hütten aus diesen Menschen gemacht hat«, rechtfertigt Flaherty Mitte der vierziger Jahre sein Vorgehen. »Was ich zeigen will, ist die einzige Majestät und der Charakter dieser Menschen, solange dies noch möglich ist – ehe der Weiße nicht nur ihren Charakter, sondern auch die Menschen vernichtet hat« (zitiert nach KLAUE/LEYDA 1964: 105). In beinahe denunzierender Form verdeutlicht sich diese romantisierende Intention der Darstellung in einer Szene, die tatsächlich eher an die koloniale Bildtradition früher Reisefilme erinnert: Der Nanook-Darsteller wird neben ein Grammophon platziert, ein Gerät, dessen Funktionsweise er offensichtlich nicht versteht. Er gibt sein Unverständnis durch ein kurzes Lächeln in die Kamera zu erkennen, dann beißt er in die Schallplatte und befühlt sie mehrmals mit seinen Lippen, in dem verzweifelt ›naiven‹ Versuch, ihr kulturtechnisches Geheimnis herauszuschmecken. Es ist der gleiche Nanook, der laut Entstehungsbericht das Filmlaboratorium installiert, technische Defekte behebt und die Filmausrüstung im Notfall auseinander und wieder zusammenbaut (vgl. FLAHERTY 1924: 140). Diese Einstellung wirkt um so kurioser, als von ihr behauptet wird, dass sie auf einen Einfall des Darstellers selbst zurückzuführen sei – wie andere Szenen des Films auch.

Schon zu Beginn der Dreharbeiten hat Flaherty vor Ort das belichtete Material seinen Darstellern präsentiert, die sich dadurch zur Mitwirkung aufgefordert sahen, als ›medienerfahrene‹ Protagonisten ihre Selbstinszenierung ohne Scham voranzutreiben. »Eigentümlicherweise deckt sich nun aber der interne verstehende Blick, die aus dem Selbstverständnis der Eskimos entwickelte Filmperspektive ganz mit der Perspektive eines Bildes, das inmitten der Hochzivilisation seit langem ausgebildet ist: der gute Wilde, edle Primitive«, schreibt Jan Berg und fährt fort, die Ursprungs- und Echtheitsfrage als Frage der Authentizität relativierend: »Und ob Flaherty ihn nun tatsächlich an Ort und Stelle, im hintersten Bezirk der Erde vorfand oder ob er ihn idealisierend erfand, dieser gute Wilde [...] trifft in Amerika und Europa auf eine Zuschauerdisposition, die nichts Naives hat, sondern auf Naivität nur aus ist; aufs Bild des nichtvergesellschafteten, ursprünglichen Lebens als Gegenbild zum eigenen« (BERG 1987: 355f.).[40]

Was sich in der bisherigen Beschreibung vielleicht wie ein stetiger Vorwurf liest – die Dramatisierung des Materials, die Re-Inszenierung verschwundener Kulturen, die Auswahl der Darsteller nach dem Kriterium ihrer Photogenität –, diese diskreditierenden Aspekte ästhetischer Gestaltung müssen tatsächlich als entscheidender Beitrag im Hinblick auf die Etablierung des Dokumentarfilmgenres angesehen werden. Dabei sind die sinnstiftenden Strukturen der Filme Flahertys, die aus dem Rohmaterial der Kameraarbeit ein bedeutungsvoll zu lesendes Dokument werden lassen, weniger ›Emanation‹ einer vorgefundenen Wirklichkeit als vielmehr pragmatisches Anerkennen der Medienerfahrung und Darstel-

40 Entsprechend dem *drama of survival* dreht Flaherty in gleicher Weise seinen zweiten Film *Moana* und findet auch hierfür ein vorformuliertes Muster – *Nanook of the North*: »Unsere große Idee war natürlich, einen Film nach dem Vorbild von Nanuk zu machen«, schreibt Frances Flaherty. »Wir mußten einen Eingeborenen, wie damals den Eskimo Nanuk, finden [...] [und] die Gefahren des Meeres hier im südlichen Pazifik an Stelle von Schnee und Eis im Norden setzen. Wir wollten das Drama des samoanischen Lebens, wie keiner vor uns, darstellen, soweit wie möglich unberührt von den Kaufleuten, Missionen und der Regierung« (FLAHERTY 1932: 28) – ein gewagtes Unterfangen, denn das Drama der Südsee ist weder in Form von Katastrophen und Unwettern noch in Gestalt von Riesenkraken, menschenfressenden Haien oder Räuberkrebsen auffindbar. »I remember the miserable weeks and weeks he [Robert Flaherty] sat on our veranda with every thought falling away from him, learning the first hard lesson of what it take to make a *true* film of a subject you do not know: that you cannot preconceive« (FLAHERTY 1972: 20). Allerdings führt das sich abzeichnende Scheitern gerade nicht zu einer Revision der konzeptionellen Dramaturgie, es wird vielmehr geschickt in die Selbstinszenierung eingefügt, in der Entstehungsgeschichte nur erwähnt, um als prozessualer Bestandteil der *non-preconception* die Ideale des Filmemachers zu bekräftigen. Denn schließlich findet der von allen Vor-Meinungen befreite Filmemacher sein gesuchtes Drama: »Ihr Problem [...] ist die Zeremonie der Tätowierung. Diese Zeremonie ist äußerst schmerzhaft« (zitiert nach KLAUE/LEYDA 1964: 78), schreibt Robert Flaherty, der das ›Natur-Drama‹ hätte erfinden müssen, wenn er es nicht gefunden hätte. Die Geschichte von *Man of Aran*, Flahertys drittem Film, war schon 1904 von J. M. Synges mit dem Einakter *Riders to the sea* und ein wenig später in seinen Reiseaufzeichnungen *The Aran Islands* erzählt: eine »halbarchaische Gesellschaft von Fischern, die im gnadenlosen harten Kampf mit dem Meer sonderbare Bräuche und mancherlei Lokalmythen ausgebildet hatten, voller Mißtrauen waren gegen alles Fremde und verbohrt in allerlei Aberglauben« (BERG 1994: 195). Doch will der Filmemacher nichts von einer Vorlage wissen, beharrt vielmehr auf dem Ideal der gefundenen Geschichte und bringt auch diese in seine dramaturgische, mediengerechte Form: Das »Auffinden der geeigneten Typen stellt immer einen langen und schwierigen Prozeß dar, denn es ist überraschend, wie wenige Gesichter vor der Kamera bestehen können« (zitiert nach KLAUE/LEYDA 1964: 98), schreibt Robert Flaherty. So wird der heldische Fischer letztlich von einem Schmied gespielt, der vor der Kamera zwar besteht, dafür aber nicht gut schwimmen kann und deshalb die seit langem nicht mehr ausgeübte – für den Film reinszenierte – Haifischjagd zu einem gewagten Unternehmen geraten lässt.

lungserwartung seines Publikums. Das drama of survival, das Überleben der Kleinfamilie in einer unheildrohenden Wildnis, ist amerikanischer Mythos und zugleich Genrebild im Hollywood-Western (vgl. RUBY 1980: 434). Gleiches gilt für seine romantisierende Ethnographie: »Flaherty sucht mit größter Selbstverständlichkeit nach identifikationsfähigen Bildern«, schreibt Jan Berg, »objektiviert die Natur, Altruismus hin oder her, unter dem Gesichtspunkt attraktiver Naturbildproduktion, und in diesem Punkt unterscheidet er sich keineswegs von den Beute-Dokumentaristen oder von ›Hollywood‹ (BERG 1994: 192).

Paradoxerweise stellt sich für den zeitgenössischen Betrachter ein gänzlich anderer Eindruck ein: »*Nanook* was the simple story of an Eskimo family and its fight for food«, schreibt John Grierson, »but in its approach to the whole question of film making was something entirely novel at the time it was made. It was a record of everyday life so selective in its detail and sequence, so intimate in its ›shots‹, and so appreciative of the nuance of common feeling, that it was a drama in many ways more telling than anything that had come out of the manufactured sets of Hollywood« (GRIERSON 1932a: 13f.). Natürlich unterscheidet sich Flahertys Arbeit von der zeitgenössischen Produktionsweise der großen Filmstudios. Er dreht nicht im Atelier, verwendet keine professionellen Schauspieler, beteiligt seine Darsteller an der Konzeption und lässt sogar den Blick in die Kamera zu – und doch sind diese Unterschiede nur graduelle. Der aus dieser Differenzwahrnehmung resultierende Authentizitätseindruck versperrt tatsächlich für Jahre den Blick darauf, dass Flaherty seine Filme vornehmlich anhand jener Darstellungsform strukturiert, von der sich seine Filme doch eigentlich unterscheiden sollten: der filmischen Narration, die zwar nicht unweigerlich mit fiktionaler (inauthentischer) Darstellung gleichzusetzen ist, die aber beinahe ausschließlich im fiktionalen Genrekino Hollywoods ausgebildet wurde.

Tatsächlich wurde die entscheidende Differenzierung auch nicht (nicht allein) anhand seiner Filme vorgenommen, sondern vorrangig – lange bevor Regisseur und Drehbuchautor im Spielfilm zu einer werbewirksamen Größe werden – über die mediale, nicht weniger inszenierte Figur des Dokumentarfilmemachers. Im Gegensatz zu Hollywood stehen die Integrität des altruistisch transparenten Vermittlers und die nicht weniger arglosen ökonomischen Produktionsbedingungen seiner Filme. Mit Ausnahme seines zweiten Films *Moana* produziert Robert Flaherty außerhalb des Studiosystems, findet private und staatliche Geldgeber und kann dabei seine Filmarbeit als sozial verantwortliche Praxis gegenüber einem allein kommerziell ausgerichteten und weitgehend dominanten Repräsentationsmodus Hollywoods profilieren.

4.2 Dokumentarische Authentizität als Subversion: Formen programmatischer Differenzierung

4.2.1 *Programmatische Anti-Ästhetik und authentisches Bild: Dziga Vertov, John Grierson und Richard Leacock*

Was sich in den Beispielen bis jetzt nur andeutungsweise beschreiben ließ, nämlich die Authentisierung dokumentarischer Ästhetik unter dem Gesichtspunkt der Verweigerung von dominanten Repräsentationsmodi, ästhetischen Konventionen etc., findet zeitgleich zu den ersten Filmarbeiten Flahertys in der Programmatik und Arbeit der russischen Avantgarde eine prägnante und erstmals auch systematische Ausformulierung. Vereint in ihrem Versuch, die Ideale der politischen und sozial-ökonomischen Revolution auch auf die Bereiche der künstlerischen Produktion zu übertragen, finden selbst die unterschiedlichsten Erscheinungen der avantgardistischen Bewegung (Konstruktivismus, Suprematismus, Biomechanik) zu einer einheitlich radikalen Polemik gegen jede Form traditioneller Darstellung: »War on Art«, schreibt Alexei Gan in seinem 1922 veröffentlichten Manifest Konstruktivizm (GAN 1974: 33) und attackiert damit vor allem die ideologisch diskreditierte, weil vorrevolutionäre Ästhetik der ›Bourgeoisie‹. Bürgerliche Darstellungsformen wie Literaturtheater und Sujetmalerei repräsentieren aus Sicht der Avantgarde lediglich falsche Ideologie und fehlendes Klassenbewusstsein. Dabei gilt es nicht nur wirklichkeitsverzerrende Inhalte zu überwinden, für die Utopie revolutionäre Ästhetik sucht man auch entsprechend progressive Kommunikationsträger, die man – im Einklang mit der emphatischen Verehrung industriell-maschineller Produktionsweisen – vorrangig in den technischen Medien des neunzehnten Jahrhunderts, in Photographie und Kinematographie, zu finden glaubt – eine Haltung, die Kasimir Malewitsch exemplarisch in seinen Schriften zum Film bezeugt:

> »Die Bourgeoisie ließ – wie alle herrschenden Klassen vor ihr – ihre Ebenbilder von Künstlern auf recht primitive Weise ausmalen, und in derselben Manier erfolgte auch das Festhalten aller Lebensformen. Das Proletariat verwirklicht seine Herr-

schaft, gebunden an den Moment der großen Vervollkommnung der menschlichen Organe – Ohren, Augen, Beine, Hände – durch die Technik. Der Film ist eine solche Vervollkommnung auf dem Gebiet der Kunst« (MALEWITSCH 1997a: 35).

»Für euch ist das Kino ein Spektakel. Für mich ist es fast eine Weltanschauung«, verkündet entsprechend Vladimir Mayakovsky (zitiert nach BEILENHOFF 1973: 141) – wobei er sich, ebenso wie Malewitsch, allein auf das darstellerische Potential des Mediums bezieht. In den Augen der Avantgarde ist die russische Kinematographie längst erkrankt (vgl. ebd.) und durch bürgerlichen Missbrauch verunglimpft. »Das Kino-Auge hat in der Natur nichts Neues entdeckt, es betrachtet die Natur durch das Kunst-Auge eines Malers«, schreibt Malewitsch und präzisiert seinen Vorwurf am Beispiel zeitgenössischer Filmproduktion: »In *Dorothy Vernon* ist die Hälfte der Einstellungen so gebaut, daß man nicht weiß, ob es Bilder aus dem Louvre aus der Zeit von Gainsborough sind oder ob hier lebendige Menschen in unserer Zeit gefilmt wurden« (MALEWITSCH 1997b: 46f.). In gleicher Weise liest sich die von Dziga Vertov 1923 in seinem Manifest Kinoki-Umsturz formulierte Kritik, nur dass er auf der Kinoleinwand keine Vorbilder bildender Kunst ausmacht, sondern die ideologisch und ästhetisch an bourgeoise Traditionen gebundenen Muster von Literatur und Theater:

> »Egal ob ein psychologischer, satirischer, detektivischer oder Landschaftsfilm: wenn man alle Sujets aus ihm herausschneidet und nur die Zwischentitel beläßt, erhält man das literarische Skelett des Films. [...] literarisches Skelett plus Filmillustration. So sind fast alle unsere Filme und die ausländischen beschaffen« (VERTOV 1973b: 12).

Vertov zählt seit 1918 zum Film Komitee des Volkskommissariats für ›Aufklärung‹, arbeitet 1919 im Bürgerkrieg als Berichterstatter und entwickelt Anfang der zwanziger Jahre mit seiner *Kinopravda* ein experimentelles und in 23 Ausgaben unregelmäßig erscheinendes Filmmagazin, das sich deutlich von traditionellen Wochenschauen absetzt. Er lässt mit Handkamera drehen, erprobt Mehrfachbelichtung, Zeitraffer, Zeitlupe und andere Trickaufnahmen, experimentiert mit der Montage und erarbeitet für die 14. Ausgabe seiner Kinopravda mit Alexander Rodtschenko eine konstruktivistische Gestaltung der Zwischentitel (vgl. HOHENBERGER 1998a: 10). Vertov ist einer der avanciertesten Filmemacher des russischen Konstruktivismus, ebenso produktiv in seiner Filmarbeit wie in der programmatischen Legendisierung seiner Werke. Zusammen mit seiner späteren Frau Elizaveta Svilova und Mikhail Kaufmann, Vertovs Bruder und bevorzugter Kameramann, gründet er die Gruppe der Drei, einen familiär-revolutionären Zirkel, unter dessen Namen in den folgenden Jahren die Grundlagen der gemeinsamen Filmarbeit proklamiert wird (vgl. MICHELSON 1984: xxiii-xxiv). »Wir säubern die Filmsache von allem was sich einschleicht, von der Musik, der Literatur und dem Theater« (VERTOV 1973a: 7), so die programmatische Leitlinie der Pamphlete, die sich stetig und unbeirrt an der elementaren Polarisierung der Avantgarde orientieren: »Nieder mit den bourgeoisien Märchenszenarien! Es lebe das Leben, wie es ist! [...] Nieder mit der Inszenierung des Alltags: filmt uns unversehens und so, wie wir sind« (VERTOV 1973e: 44).

Revolutionäre Filmkunst bedeutet für Vertov vor allem die Rückführung des Films auf sein eigentliches, sein maschinelles Wesen, dessen Technizität das Potential einer von jedem subjektiven Missbrauch gereinigten, objektiven und universellen Sprache neuer Ordnung verheißt. Dabei hat sich die Subjektivität des Kameramanns ganz seiner Funktion als Medium unterzuordnen. Er muss mit der Maschine verschmelzen, um selbst ›kinematographisches Auge‹ oder nach Vertovs Terminologie: Kinoglaz zu werden (vgl. VERTOV 1973b: 15). Diese asketische Hingabe an die Mechanik ist notwendige Bedingung all seiner filmischen Arbeit, denn das »›Psychologische‹«, der krankhafte Keim bürgerlicher Ideologie, störe den Menschen, »so genau wie eine Stoppuhr zu sein«. Mithin sei die »Unfähigkeit des Menschen, sich zu beherrschen, [...] vor den Maschinen beschämend« (VERTOV 1973a: 8). Die Kamera ist für Vertov das einzige Prisma, das zwischen Zuschauer und Wirklichkeit treten darf (vgl. BEILENHOFF 1973: 146). Sie allein kann für ihn die anthropomorphe Unzulänglichkeit des menschlichen Auges überwinden und den Kinoki, den Ingenieuren des Films, eine Darstellung frei von jeder ideologischen (ideologisch falschen) Implikation ermöglichen, eine unverfälschte Darstellung des Lebens in Form von Fakten – der zentrale Begriff seiner Programmatik. Vertov umschreibt ihn selbst folgendermaßen: Das Filmfaktum sei jeder »ohne Inszenierung aufgenommene Lebensaugenblick, jede einzelne Einstellung, die im Leben so aufgenommen ist, wie sie ist, mit versteckter Kamera, mit unverhoffter Aufnahme« (VERTOV 1973d: 30) – oder, in den Worten seines Apologeten Malewitsch, der von allen Ideen und vorformulierten Deutungen entkleidete Gegenstand:

> »Wertow befreit in seiner ›Demonstration des Gegenstandes‹ die Zuschauer fast von den mit Ideen eingesalbten Dingen, Phänomenen, Gegenständen, und indem er den Gegenstand an sich zeigt, zwingt er die Gesellschaft dazu, die Dinge nicht eingesalbt, sondern real, echt, unabhängig von der Idee zu sehen, und die Dinge stellen ein viel stärkeres und spannenderes Bild dar als alle Gesichter und ihr ›Inhalt‹« (MALEWITSCH 1997a: 41f.).

Allerdings, das gilt es anzumerken, stehen die Filmfakten nur am Anfang eines umfangreichen Arbeitsprozesses, denn Aufgabe des Films sei nicht bloße Repräsentation, Darlegung von Filmfakten, sondern »Dechiffrierung des Lebens« (VERTOV 1973c: 28). So könne erst die Filmmontage den eigentlichen Sinn, die wahren Lebenserscheinungen der Umwelt freilegen und auf das Bewusstsein der Werktätigen einwirken. Gemeint ist die rationale Anordnung des ›unverhofft aufgenommenen‹ Materials nach marxistisch-leninistischer Leitlinie. Die Fakten würden »nach Anweisung der Partei organisiert« (ebd.), schreibt Vertov und gibt damit nicht vorauseilende Selbstzensur, sondern tiefste Überzeugung zu erkennen. Vertovs Intention sei antirealistisch und »seine konstruktive Stoßrichtung nicht auf Wiedererkennen, sondern auf Erkenntnis aus« – so der Kommentar Eva Hohenbergers (1998a: 15). Tatsächlich muss schon sein spezifisches Verständnis der Filmmontage – Vertov unterteilt sie in sechs Stufen, von denen nur die letzte den eigentlichen Filmschnitt bedeutet – als Restriktion verstanden werden. Als organisierendes Moment soll sie bereits bei der Filmaufnahme greifen, ist schon vor Ort Orientierung und Auswahl, vermeintlich objektive Unterscheidung von Wesentlichem und Belanglosem, die letztlich die Kameraarbeit zu einer ideologisch vorstrukturierten »Jagd auf Montageteilstücke« (VERTOV 1973c: 28) geraten lässt. Für Vertov steht diese interessegeleitete Organisation der Fakten allerdings in keinerlei Widerspruch zu dem acheiropoietischen Authentisierungsmodell ihrer Entstehung. Marxismus-Leninismus ist für ihn wissenschaftliche Methode sozial-ökonomischer Analyse, und damit basiert sie letztlich auf jenen rationalen Prinzipien, die auch zur Konstruktion seiner leidenschaftslosen Kamera geführt haben.

Alle ideologischen Implikationen der eigenen Filmarbeit verschwinden zudem hinter der oppositionellen Struktur von psychologisch verstellender und technisch objektiver Darstellung. Vertovs generelle Absage an Filmdrama und Literatur, seine programmatische Vermeidung konventioneller Gestaltungsstrategien zielt auf die vermeintlich ausgehöhlten Formen einer im Zuge der Oktoberrevolution referenzlos gewordenen bürgerlichen Repräsentationspraxis. Vor dieser Negativfolie muss sein eigenes Programm zwangsläufig als Reinigung von allen verkehrten und verkehrenden Kommunikationsmustern erscheinen. Mit der subversiven Wendung der eigenen Filmarbeit behauptet Vertov nicht nur einen graduellen, immanent filmsprachlichen Unterschied gegenüber den diskreditierten Formen, sondern eine wesentliche Differenz, die sein eigenes Darstellungsprogramm gegenüber jedem Verdacht der Manipulation immunisierte. Denn die maschinell-acheiropoietische Bildentstehung soll das Leben dort ›überrumpeln‹ und aufzuzeichnen versuchen, wo es als Faktum, als reines, unberührtes Zeichen oder besser: als Vor-Zeichen in Erscheinung tritt. Das ist sein grundlegendes Interesse: der Schritt zurück hinter die Zeichenhaftigkeit der Gegenstände, das Ding und Phänomen als ›nackte‹ Erscheinung oder, wie Malewitsch schreibt, der Gegenstand unabhängig von der Idee – garantiert durch eine verabsolutierte Bildmaschine.

Dieses Modell der Authentisierung ist nicht neu – genau genommen verwendet Vertov dieselben oppositionellen Strukturen stilloser Kommunikation, das gleiche kommunikative Versprechen autorloser, unmittelbarer und stilloser Darstellung, mit dem der ›Klassenfeind‹ keine zweihundert Jahre zuvor seine Kommunikate gegenüber erstarrten Repräsentationsformen zu authentisieren versuchte. Tatsächlich ist Vertov derjenige, der als erster diese Form der Authentisierung systematisch auf das neue Medium überträgt – zweifelsfrei ohne jedes Bewusstsein darüber, dass die proklamierte ästhetische Revolution in seinen Strukturen einem vorformulierten Muster folgt.

Sein Modell filmisch-authentischer Darstellung findet allerdings in der Sowjetunion kaum Nachahmer. Er selbst bleibt in den zwanziger Jahren neben weitaus bekannteren Namen wie Pudovkin und Eisenstein eher eine Randfigur der sowjetischen Filmszene. Nachdem der anfängliche Enthusiasmus der Avantgarde mit der Konsolidierung der Sowjetunion ausgeklungen ist, verlässt Vertov, frustriert von eingeschränkten Produktionsbedingungen und einer vernachlässigten Distribution seiner Arbeiten, im Jahr 1927 Moskau und dreht seine wichtigsten Filme (*Das elfte Jahr* [1928], *Der Mann mit der Kamera* [1929], *Die Donbaß-Sinfonie/Enthusiasmus* [1930]) fernab der Metropole in der Ukraine.

Ohne einen unmittelbaren Bezug herstellen zu können, lässt die programmatische Dokumentarfilmtheorie Dziga Vertovs strukturelle Analogien zu den konzeptionellen Überlegungen eines Zeitgenossen, dem britischen Dokumentarfilmer John Grierson, erkennen. Beide orientieren ihre Begriffsbestimmung des Genres erstmals an einen spezifischen Wirklichkeitsbezug und ziehen damit eine scharfe Grenze zu den begrifflich unbestimmten Darstellungsformen der ›Ansichten‹, ›Travelogues‹ und Wochenschauen (vgl. HOHENBERGER 1998a: 9f.). Beide etablieren den Wirklichkeitsbezug ihrer Darstellungsform zudem als Gegenentwurf zu einer Ästhetik, der sie eben dieses Potential kategorisch absprechen. Und zuletzt sehen beide im dokumentarischen Material lediglich den Ausgangspunkt ihrer analytischen Arbeit, unterstellen also die Organisation ihrer Filme einem vorgefaßten Erkenntnisinteresse: »when we come to documentary we come to the actual world, to the world of the streets, of the tenements and the factories, the living people and observation of living people, but I charge to remember that the task of reality before you is not one of reproduction but of interpretation«, schreibt John Grierson (1998a: 76f.) – doch hier schon enden die Analogien in den programmatischen Theorien Vertovs und Griersons. Sie unterscheiden sich vor allem in ihrer Radikalität: Griersons soziales Engagement ist zweifellos genauso wenig revolutionär wie seine Ästhetik – dafür aber ist seine Filmarbeit weitaus erfolg- und folgenreicher als die seines Zeitgenossen.

Als vergleichbarer Gestus bleibt die Verweigerungs- und Abgrenzungspolemik beider in ihren programmatischen Schriften. So kontrastiert Grierson seine Vorstellung der interpretativen Darstellung von Wirklichkeit im Dokumentarfilm vorrangig an dem Negativbeispiel der seinerzeit äußerst populären ›Stadtsymphonien‹, wie z.B. Walter Ruttmanns Film *Berlin – Die Symphonie einer Großstadt*, dem er leeren Formalismus und fehlendes soziales Engagement vorhält: »For all its ado of workmen and factories and swirl and swing of a great city, Berlin created nothing«, schreibt er in seinen *First Principles of Documentary*. »The little daily doings, however finely symphonised, are not enough. One must pile up beyond doing or process to creation itself, before one hits higher reaches of art« (GRIERSON 1998b: 87). Ruttmanns Film sei zwar gefällig, aber mit der sozialen Gleichgültigkeit seiner reinen Ästhetik genau das falsche Vorbild für angehende Dokumentarfilmer; oder, wie er selbst nachdrücklich formuliert: »the most dangerous of all film models to follow« (ebd.: 88). Weder das unverfälschte Abbild der Wirklichkeit, noch unkritischer Formalismus lässt er als genrespezifischen Auftrag gelten, sondern allein die sozial-didaktische Funktion, »die sich ebenso gegen die affektive Kraft des Spielfilms richtet wie gegen die vermeintliche Verführ- und Ablenkbarkeit der Zuschauer, gegen den Eskapismus der Scheinwelt wie gegen das politische Desinteresse des Volkssouveräns« (DECKER 1995: 13).

Grierson dreht 1929 mit Drifters seinen ersten, 58-minütigen Stummfilm, gründet im darauf folgenden Jahr die Empire Marketing Board Film Unit (EMB) – eine quasi staatliche Einrichtung – und kann hier neben Basil Wright und Paul Rotha eine ganze Generation britischer Filmemacher für seine Dokumentarfilmideen begeistern. Bis 1939 entstehen in England nahezu dreihundert Filme, die ihre Gestalt mehr oder weniger dem Einfluss Griersons verdanken, darunter solche Dokumentarfilmklassiker wie *Song of Ceylon* und *Night Mail* (vgl. BARSAM 1992: 77). In den USA wiederum hat der britische Dokumentarfilmer mit Pare Lorentz einen kongenialen Gegenpart, der – wie Grierson selbst – seine Karriere als Filmkritiker in New York beginnt und dort sein dokumentarisches Interesse als Gegenentwurf zu den ästhetisch dominanten Hollywood-Produktionen entwickelt (vgl. MUSSER 1998b: 293). In seinen (Lorentz') Filmen *The River* oder *The Plow That Broke the Plains* verzichtet er, trotz entsprechender Möglichkeiten, auf die Verwendung von Synchronton und organisiert die Montage rhythmisch nach der Musik des modernen Komponisten Virgil Thomson. Dies ist durchaus verbreitete Praxis: In England z. B. kann Basil Wright für seinen von Grierson produzierten Film Night Mail Benjamin Britten gewinnen. Die semantische Organisation des Materials wird dabei fast ausnahmslos von dem mit rhetorischem Pathos vorgetragenen Off-Kommentar geleistet, der in seiner Argumentation nicht selten einer einfachen Problem-Lösungs-Struktur folgt. Trotz dieser signifikanten Gestaltungsmerkmale verstehen sich die Dokumentarfilmer um Grierson und Lorentz vorrangig als anti-ästhetische Bewegung. »Documentary was from the beginning [...] an ›anti-aesthetic‹ movement«, schreibt Grierson im Jahr 1942. »The penalty of realism is that it is about reality and has to bother for ever not about being ›beautiful‹ but about being right« (GRIERSON 1998c: 105).

Es ist sicherlich nicht nur Ironie der Geschichte, dass gut zwanzig Jahre später eine neue Generation von Dokumentarfilmern in den Filmen, die Grierson, Lorentz und ihre Epigonen in den dreißiger Jahren selbst als Gegenmodell zu dem Hollywoodsystem entwickelt hatten, nur noch die ästhetische Negativfolie ihrer eigenen Programmatik erkennen will: »In den Dokumentarfilmen der 30er-Jahre, wie etwa *The Plow That Broke The Plain* oder *The River*, bestehen die Sequenzen aus einer Anzahl von Aufnahmen, die so zusammengefügt sind, dass sie den Kommentar unterstreichen, der dann wiederum von der Musik verstärkt wurde«, so Richard Leacock, einer der profiliertesten Protagonisten der neuen Bewegung. »Wenn man nach dieser Technik arbeitet, war es verblüffend einfach, dem Film beinahe jede gewünschte Aussage zu geben« (LEACOCK 1991b: 5). Leacock sieht seine eigene Arbeit in der Dokumentarfilmtradition Robert Flahertys, für dessen letzten Film *Louisiana Story* er 1948 die Kamera führt. Hierbei zeigt er sich sichtlich begeistert von Flahertys visueller Auffassungsgabe und seinen beharrlichen und zum Teil entnervenden Versuchen, dem Darstellungsgegenstand ohne vorgefasste Meinung zu begegnen – ein Ideal, das zwangsläufig mit den auf Erkenntnisinteresse hin vorstrukturierten Filmen der Grierson-Schule kollidieren muss. Dabei ist Leacocks apodiktisches Urteil keineswegs nur private Meinung. Tatsächlich entspricht es der negativen Medienerfahrung einer ganzen Generation:

»Most documentary films were in fact lectures. They were then, and most remain today, lectures with picture illustrations«, so die rückblickende Beschreibung Robert Drews, der Ende der fünfziger Jahre im Auftrag des Time-Life-Konzerns zusammen mit Dokumentarfilmern wie Leacock, Don Alan Pennebaker und den Brüdern Albert und David Maysels eine neue dokumentarische Fernsehform zu entwickeln versucht: »In television documentaries the logic was in the words, the narration, the lecture. I tuned in to watch Murrow's ›See It Now‹. As the program progressed, I turned off the sound and watched the picture. The progression disintegrated. What power had been there turned to confusion. The logic left. When I turned the picture off and listened to the sound, the program tracked perfectly« (DREW 1988: 391).

Die Polemik richtet sich gegen eine Abbildpraxis, die vornehmlich der Wortlogik folgt und das Bildmaterial lediglich zur Illustrierung der Off-Texte gebraucht. Da die logische Argumentation dabei Vorrang gegenüber der wahrnehmbaren Wirklichkeit erhalten habe, droht diese zwangsläufig von der semantisch vorformulierten Interpretation verdeckt, mithin verstellt zu werden. Entsprechend liest sich die programmatische Entgegnung, die ihre initiale Ausformulierung in dem 1961 von Richard Leacock veröffentlichten Manifest For an uncontrolled cinema findet. Leacock entwickelt seine Argumente entlang der griffigen These, dass sich die Ästhetik des Dokumentarfilms seit Einführung des Tonfilms vornehmlich an der des Theaters orientiert habe – wobei er ›Theater‹ als Metapher für jede Form inszenatorischer Kontrolle nimmt. Aus Gründen produktionsökonomischer Effizienz würde schon die kleinste Regung eines sich der Kamera darbietenden Lebens im Keim erstickt – so sein Credo, wobei er das Programm des uncontrolled cinema als visionäres Ideal an die Anfänge des Kinos verlegt, also an einen Zeitpunkt, als der Film noch nicht von Darstellungsmustern anderer Medien überlagert seiner medienontologischen Bestimmung noch am nächsten gestanden habe. Apologetischen Beistand sucht und findet er bei Leo Tolstoi und seiner 1906 proklamierten Berufung des Kinos zu dem ultimativen Medium authentischer Darstellung:

»If we go back to the earliest days of cinema we find a recurrent notion that has never really been realized, a desire to utilize that aspect of film which is uniquely different from theatre: to record aspects of what did actually happen in a real situation. Not what someone thought should or could have happened but what did happen in its most absolute sense. [...] As far back as 1906 Leo Tolstoy noted: › [...] It is necessary that the cinema should represent Russian reality in its most varied manifestations. For this purpose Russian life ought to be reproduced as it is by cinema; it is not necessary to go running after invented subjects [...]‹. Here is a proposal that has nothing to do with theatre. Tolstoy envisioned the film-maker as an observer and perhaps as a participant capturing the essence of what takes place around him, selecting, arranging but never controlling the event. Here it would be possible for the significance of what is taking place to transcend the conceptions of the film-maker because essentially he is observing that ultimate mystery, the reality. Today, fifty years after Tolstoy's death, we have reached a point in the development of cinema where the proposal is beginning to be realized« (LEACOCK 1961: 25).

Die Gegenüberstellung von Inszenierung und Leben, Theatralität und Authentizität ist mehr als nur epochetypische Kritik an einer ästhetischen Vorstufe. Sie ist vor allem – wie schon mehrfach gezeigt – grundlegendes Muster der Authentisierung, das durch die oppositionelle Wendung gegen verstellende Formen der Darstellung das eigene Modell als absolute Transparenz profilieren kann. Dieses Muster findet man schon angelegt in den programmatischen Überlegungen Robert Flahertys und John Griersons, vor allem aber – geradezu mustergültig formuliert – in der avantgardistischen Polemik Dziga Vertovs. Topos der Argumentation ist die wiederkehrend beschworene ›Reinigung‹, die in der Dokumentarfilmprogrammatik als Argumentations- und Authentisierungsmuster in beinahe zyklischen Abständen erscheint. Das Neuerungspathos nimmt dabei den graduellen Unterschied zwischen alter und überwindender Form – pars pro toto – als wesentlichen. Denn die neue Form definiert sich allein ex negativo: als Nicht-Ästhetik, Nicht-Gestaltung!

Anders aber als bei den Gegenentwürfen zu den Repräsentationsmodellen fiktionaler Darstellung (bürgerliche Ästhetik und Hollywoodfilm) gilt es jetzt, das Authentizitätsversprechen des Dokumentarfilms in einer kritischen Phase zu erneuern. Damit wird dem konventionalisierten Gebrauch zuvor selbst authentisierender Gestaltungsmerkmale eine unkonventionelle Ästhetik gegenübergestellt, die als Form (noch) nicht wahrnehmbar ist. Die Argumentationsmuster bleiben von dieser Verschiebung weitgehend unberührt. Auch das uncontrolled oder direct cinema stützt sich auf die Verabsolutierung der reinen mechanischen Aufnahme der Kamera, die in ihren Händen zu einer Bild-Ton-Maschine wird, zu einem Enunziator reiner audiovisueller Zeichen.

4.2.2 *Technikemphase und Darstellungsaskese: Authentisierende Stilverweigerung im ›direct cinema‹*

Bis in die sechziger Jahre des zwanzigsten Jahrhunderts hinein ist man aus Gründen produktionsökonomischer Effizienz dazu gezwungen, Dokumentarfilme entweder stumm zu drehen und sie später zu synchronisieren, oder gleich im Studio zu bleiben. Die gängige 16-mm-Synchrontontechnik dieser Zeit ist schwer zu handhaben, sperrig und immobil. Bei dokumentarisch ambitionierten Filmprojekten führt diese technische Restriktion zwangsläufig auch zu ästhetischen Einschränkungen. Die Spontaneität der Photo-Essays des Life-Magazine z. B., die Robert Drew in seinen konzeptionellen Überlegungen als Vorbild dienen, ließ sich jedenfalls mit konventioneller Technik nicht auf den Film übertragen. Das ästhetische Programm des direct cinema ist schon aus diesen Gründen unweigerlich mit einer systematischen Weiterentwicklung der Aufnahmeapparatur verbunden. Die Entwicklung der Filmtechnik Ende der fünfziger, Anfang der sechziger Jahre ist dabei also nicht – wie vielfach missverstanden – initiale Motivation zur Ausformulierung neuer Dokumentarfilmformen, sie ist selbst schon Ausdruck einer in den fünfziger Jahren formulierten Programmatik, deren Vorkämpfer mit der Entwicklung eigener Kameras und Tonbandgeräte die produktionstechnischen Voraussetzungen ihrer Realisierung schaffen.[41]

41 Als technisches Ziel formuliert man die Entwicklung leichter und geräuschloser Filmkameras, ebenso leichter Tonbandgeräte, die man wiederum ohne Verbindungskabel mit der Kamera zu synchronisieren versucht. Das ideale Filmteam soll uneingeschränkte Bewegungsfreiheit erhalten und durch die Minimierung des technischen und personalen Aufwands ›vor Ort‹ so wenig Aufmerksamkeit wie möglich auf sich lenken – ein Ideal, dessen technische Realisierung durch die parallel stattfindende Entwicklung lichtstarker Objektive und hoch empfindlichen Filmmaterials begünstigt wird. 1957 gründet Robert Drew zusammen mit Richard Leacock die *Drew Associates*, einen losen Zusammenschluss von Filmemachern, dem sich wenig später auch Gregory Shuker, Hope Ryden, James Lipscomb, Albert Maysels und Don Alan Pennebaker anschließen – Pennebaker übernimmt im Wesentlichen die Entwicklung der technischen Ausrüstung. Finanzielle Unterstützung erfahren die *Drew Associates* durch den *Time-Life*-Konzern, der ein eigenes Interesse an der Ausformulierung neuer dokumentarischer Fernsehformen bekundet. Nach mehreren vergeblichen Anläufen gelingt dem Team 1960 mit *Primary* ein erster Dokumentarfilm nach neuer Technik: »For the first time we were able to walk in and out of buildings, up and down stairs, film in taxi cabs, all over the place and get synchronous sound«, schreibt Richard Leacock (LEACOCK 1963: 16). *Primary* dokumentiert den Vorwahlkampf der um die Präsidentschaftskandidatur der demokratischen Partei konkurrierenden Senatoren Humphrey und Kennedy in Wisconsin. Jeder der Protagonisten wurde von einem eigenen Filmteam begleitet – insgesamt waren vier Kameramänner an dem Projekt beteiligt. Drew engagierte sich als Produzent, begleitete seine Kameramänner als Tonassistent und überwachte den Filmschnitt. In einem späteren Interview erinnert er sich an

Die abbildprogrammatischen Ideale des direct cinema orientieren sich allerdings weniger an technischen als vielmehr an ethisch-moralischen Kategorien. Im historischen Kontext heißt das vor allem Verweigerung traditioneller Dokumentarfilmpraxis: Verzicht auf vorstrukturierte Muster, auf Inszenierung und Intervention, auf Kommentar und Musik – und gleichzeitig selbstverleugnende Konzentration auf den unmittelbaren Aufnahmeprozess. Das direct cinema ist produktionsethischer Verhaltenskodex, und als solcher werden die Äußerungen der Filmemacher zumeist auch verstanden – wie z. B. von dem amerikanischen Filmjournalisten James Blue, der, wie andere zeitgenössische Autoren auch, den Namen der sich parallel formierenden französischen Bewegung cinéma vérité als Synonym für das direct cinema nimmt:

> »Something close to a modern religion was born. [...] At no time in the history of film art have mystical and moral considerations been so important in the formation of a film aesthetic. In the mystique of his quest – to continue the parallel – the film maker subjugates himself to the world around him. He says to Nature: ›Not my will but thine be done.‹ What then is revealed to him has all more value in that it comes from without rather than from within. It is an art of ›selflessness‹. In some cases the act of shooting is, for the film maker, an end in itself. It is communion. A way of relating to the world without. If ›Truth‹ is the God of this religion, ›Authenticity‹ is its Prophet. [...] Every effort of the film maker, then, both in the shooting and in the editing, is directed toward assuring the spectator that what he is seeing is not the result of an imposed point of view. [...] In the lexicon of Cinéma Vérité, Creation as the artist's duty has been replaced by Revelation, Believability by Authenticity, Beauty by Honesty, and Preconception, in the making of the film, by Attentive Submission to the subject« (BLUE 1965a: 22f.).

Die Authentisierung des Materials lastet im direct cinema – paradoxerweise gerade aufgrund der technischen Entwicklung – primär auf dem Filmemacher oder Kameramann. Seine Aufnahmeapparatur ist nicht mehr

den ersten Einsatz der innovativen Technik, die er gleich schon mit der für das *direct cinema* typischen Implikation von authentischer Darstellung belegt: »We were getting real stuff. People were not noticing us, things were happening in front of the camera, we were recording and getting it. And the first time it worked, Kennedy bounded out of the car, walked into a photographer's studio, had his picture taken. [...] So [Ricky and I] shot them getting out of the car, going through the door, into the studio, everything that took place, Kennedy walks back out, gets in the car, drives off – it's *all on film and tape, continuously!* When we got back in the car, Leacock and I looked at each other, and this was it! This was our dream – the first time ever!!« (zitiert nach O'CONNELL 1992: 65; Hervh. i.O.).

vergleichbar mit jener monströsen Technik, die ihm wenige Jahre zuvor noch eine realitätsinadäquate Produktionspraxis abgenötigt hätte. Ausgerüstet mit einem Equipment, das im Aufnahmeprozess uneingeschränkte Handlungsfreiheit verspricht, ist jetzt nur noch der Dokumentarfilmer selbst einer sperrigen und realitätsverstellenden Disposition verdächtig. Richard Leacock spricht in diesem Zusammenhang von unterschwellig vorhandenen, teils unbewussten Darstellungsmustern, die sich eindeutig nicht aus einer unmittelbaren sozialen oder historischen Erfahrung ableiten lassen, die es aber gleichwohl zu überwinden gilt:

> »I have a deep feeling, for example, that I know what happens in a law court. Now this is absurd because I've never been in a law court. And my so-called deep feeling about what happens in a law court actually comes from movies that I've seen that in turn were very likely made by people who had never been in a law court either. And what we are getting is the formation of self-perpetuated cultural myths, which can get more and more inaccurate« (LEACOCK 1965: 18; Hervh. i. O.).

Sein entsprechendes Authentisierungsmodell des direct cinema entwickelt Leacock, wie bereits erwähnt, entlang der programmatischen Leitidee der non-preconception Robert Flahertys, wobei Leacock sein Ideal – unter Vermeidung der von Flaherty in seiner Arbeit produzierten Widersprüchlichkeit – einiges differenzierter vorträgt. Der entstehende Film habe sich allein durch Beobachtung zu entfalten: »by watching how things really happen as opposed to the social image that people hold about the way things are supposed to happen. And by seeing discrepancies, by revealing the things that are different from what is expected« (ebd.; Hervh. i. O.). Diese Form enthüllender Beobachtung setzt entsprechende Kompetenzen voraus, die sich vor allem durch die Tugenden der Selbstverleugnung zu erkennen geben, also durch Beharrlichkeit, Distanz und wiederkehrende Reinigung in Form stetiger Selbsthinterfragung – letztlich durch die mediale Tugend der asketischen Transparenz. Erst dem so präparierten Filmemacher werde die Realität ihr ›wirkliches‹ Gesicht enthüllen und die an ein Sujet herangetragenen Erwartungen durch ›Offenbarung‹ bezwingen können.

Die propagierte asketische Transparenz des medialen Vermittlers ist freilich keine genuine Forderung des direct cinema – schon in anderen Kontexten der Dokumentarfilmgeschichte konnten vergleichbare Authentisierungsmuster nachgewiesen werden. Das direct cinema findet jedoch auch hier eine spezifische Radikalisierung: Asketischer Verzicht erstreckt sich über den Aufnahmeprozess hinaus auch auf den der Nachbearbeitung. Die Filmmontage hat die natürliche Chronologie der Ereignisse weitgehend aufrechtzuerhalten. Sie solle auf schnelle, assoziative Einstellungsfolgen verzichten und mit längeren, ununterbrochenen Passagen zumindest vorübergehend den Eindruck vermitteln, dass der Betrachter unmittelbar an den gefilmten Ereignissen teilhaben könne. Jede Form der Strukturierung, die sich nicht selbst aus dem Filmmaterial herausarbeiten lässt, ist dabei kategorisch auszuschließen. It »is possible to go to a situation and simply film what you see there, what happens there, what goes on, and let everybody decide whether it tells them about any of these things«, schreibt Don Alan Pennebaker. »But you don't have to label them, you don't have to have the narration to instruct you« (PENNEBAKER 1971a: 234f.). An die Stelle autoritativer Welterklärung, paternalistischer und erzieherischer Intention tritt eine enthierarchisierte Vermittlungsform, die in dem Filmemacher keine sinngebende Instanz mehr erkennen will. Dieser Auffassung entsprechend sehen die Protagonisten des direct cinema in ihren Arbeiten auch nicht mehr als eine mediale Verdoppelung ihrer unmittelbaren, ungefilterten Erfahrung vor Ort, letztlich die authentische Verdoppelung der Realität selbst, garantiert durch den programmatisch eingeforderten Kontrollverlust, der alle sinngebenden Mechanismen des Films – wie Regie, Montage oder Kommentartext – der Produktionsseite zu entziehen und in die ›Köpfe‹ der Rezipienten zu verlagern versucht:

> »The closest I can come to an accurate definition is that the finished film - photographed and edited by the same film maker – is an aspect of the film maker's perception of what happened. This is assuming that he does no directing. No interference. In a funny sort of way, our films are the audience. A recorded audience. The films are a means of sharing my audience experience. Which is very different from being a playwright. We say we are film makers, but in a funny sort of way we are the audience. We do not have the burden of a director« (LEACOCK 1965: 16; Hervh. i.O.).

Die von Leacock propagierte Selbstverleugnung ist ethisch-moralische Verpflichtung und zugleich konstitutives Element der Authentisierung – als solches aber auch notwendig auf Vermittlung angewiesen. Der programmatische Verzicht auf jede Form der Gestaltung, der Intervention oder Interpretation kann seine authentisierende Wirkung nur dann entfalten, wenn einem Betrachter mit der Präsentation des dokumentarischen Materials auch die Möglichkeit geboten wird, die asketische Haltung des Filmemachers zur Kenntnis zu nehmen und sie idealer weise als Vermittlungsqualität dem Film zuzuschreiben. Im direct cinema erfolgt diese Kontextualisierung der Filme zumeist in Interviews, also in einer Textform, die spätestens seit den Regisseurinterviews der Cahiers du Cinéma in den 50er-Jahren ein prominentes

Mittel der Kommunikation über Filme darstellt (vgl. NITSCHE 1999: 5) – das Interview übernimmt die Funktion einer Bildlegende, denn hier wird dem Leser der unverzichtbare Einblick in die Ideale der Filmemacher und in die Entstehungsgeschichten ihrer Filme vermittelt.[42]

42 In Analogie zu der generellen Absage an jede Form traditionell verschulter Darstellungsmuster und konventionalisierte Gestaltungsstrategien versichern die Filmemacher des *direct cinema* den Lesern ihrer Interviews eindringlich, mit der Filmarbeit mehr oder weniger naiv, ohne einschlägige Ausbildung oder entsprechende Erfahrung, begonnen zu haben: »Nobody taught me anything about movie making«, schreibt Albert Maysels (MAYSELS 1971: 78), der eigentlich Psychologie studiert hatte und dieses Fach auch zunächst an der Universität lehrt. Seinen ersten Film dreht er 1955 mit einer geliehen 16-mm-Kamera: »Ich hatte nur eine Kamera und sie nie zuvor erprobt. Schon damals entdeckte ich das Prinzip meiner späteren Filme: mit der Kamera widerzuspiegeln, was meine Augen im Augenblick erfaßten« (MAYSELS 1982: 337) – eine Bemerkung, mit der Maysels die genuine Ästhetik seiner Filme mit einem nahe liegenden, beinahe ›natürlichen‹ Gebrauch der Kamera gleichzusetzen versucht, der offensichtlich nur denjenigen zugänglich sei, die unbekümmert und ästhetisch unverbildet zu Werke gingen. In ähnlicher Weise liest sich die Karriere Don Allan Pennebakers, der seinerseits Maschinenbau studierte und später einige Zeit für die Navy arbeitete; oder die Frederick Wisemans – eines Filmemachers des *direct cinema* der zweiten Generation –, der als Universitätslehrer für Strafrecht und forensische Medizin seinen ersten Dokumentarfilm *Titicut Folies* in einer Strafanstalt dreht, ohne sich vorher ernsthaft mit den Gesetzmäßigkeiten des Mediums auseinander gesetzt zu haben: »film is not a science and it doesn't require three years of monastic preparation« (WISEMAN 1971: 68). Richard Leacock wiederum dreht seinen ersten Film als Kind. Aufgewachsen auf den Kanarischen Inseln filmte der Dreizehnjährige die Bananenplantage seines Vaters und zeigte den Film in einem englischen Internat seinen Mitschülern, zu denen u.a. eine der Töchter Robert Flahertys zählte. Wenig später bekam auch dieser den Film zu sehen. »Ihm gefiel nicht gerade der Film, sondern die Idee, daß jemand in kurzen Hosen einen Film zustande brachte«, erinnert Leacock seine erste Begegnung mit der patriarchalen Figur des Dokumentarfilms (LEACOCK 1966: 264ff.). Vierzehn Jahre später erinnert sich auch Flaherty an den mittlerweile in Amerika lebenden Leacock und engagiert ihn als Kameramann für seinen letzten Film *Louisiana Story* – unweigerlich fühlt man sich hier an das klassische Format der Berufungslegende erinnert, die sogar im Detail der Berufung des Florentiner Malers Giotto durch seinen Meister Cimabue ähnelt (vgl. Kap. 1.4.2). Jean Rouch, der bedeutendste Protagonist des französischen *cinéma vérité*, bereiste zunächst als Bauingenieur den afrikanischen Kontinent. In seinen Erzählungen beteuert er, die erste und letzte Unterweisung in die Kameratechnik – seine 16-mm-Bell-&-Howell hatte er auf einem Flohmarkt erstanden – nach einer Notlandung in der nordafrikanischen Wüste von einem zufällig mitreisenden Kameramann erhalten zu haben. Besonders eindringlich in Erinnerung bleibt Rouch der grundsätzliche Rat seines Lehrers, nie ohne Stativ zu drehen. Sein Stativ allerdings verliert er schon bald auf einer Flussfahrt. Von diesem Zeitpunkt an dreht er ausschließlich mit der Handkamera (vgl. ROUCH 1978: 7f.). Natürlich ist es anmaßend, die Integrität der beispielhaft angeführten Berichte auch nur annähernd in Zweifel zu ziehen, und doch gilt es anzumerken, dass sie neben der reinen biographischen Information noch eine zweite, legitimatorische Funktion erfüllen. Denn durch diese Berichte wird die innovative Ästhetik selbst zu einem Fundstück, zu einer ›Natur gewollten‹ Ausformulierung realitätsadäquater Darstellung, die zudem den unprofessionellen und insofern unschuldigen Filmemacher von dem Verdacht entlastet, mit seinen Filmen lediglich ein strategisch sublimes Täuschungsmanöver zu inszenieren – gerade von dem Fehlen dieser Fähigkeit geben die Legenden ja ein beredtes Zeugnis: »Andere Dokumentaristen benötigen eine lange Vorarbeit, sie gehen mit geradezu wissenschaftlicher Akribie zu

Gleichzeitig aber erfährt die propagierte Selbstlosigkeit des Filmemachers im direct cinema auch eine ästhetische Entsprechung, womit mediale Transparenz und ikonographische Gestalt in ein analogisches Verhältnis treten: Orientiert sich der Kameragestus eines Filmemachers an den Prinzipien vorurteilsloser Beobachtung, dann repräsentiert die ästhetische Bildgestalt zugleich auch die den Prinzipien zugrunde liegenden Darstellungsideale: z.B. in Form kontemplativer Wahrnehmung, durch behutsames Abtasten des Raumes, der Person oder Situation nach signifikanten Details oder solchen, die sich im Nachhinein erst als signifikant zu erkennen geben könnten; oder – dem entgegengesetzt – durch plötzliche, teils unmotiviert wirkende Bewegungen, die einem sprunghaften Orientierungswechsel des Filmemachers folgen. Dabei wird das Bild beständig neu austariert und durch kontinuierliche Bewegungen der Hand- oder Schulterkamera destabilisiert. Ein Detail, das gerade noch im Bildzentrum stand, kann jederzeit an den Rand gedrängt werden oder ganz verschwinden, wohingegen ein anderes jederzeit aus dem ›Off‹ unvermittelt ins Zentrum zu rücken vermag. Im Idealfall verschmilzt die Kamera mit den Bewegungen ihres Kameramanns – nur, dass sich Letzterer, anders als noch in der Programmatik Vertovs, nicht der Leidenschaftslosigkeit seiner mechanischen Apparatur zu unterwerfen hat, sondern diese nun zum anthropomorphisierten Appendix seines selbstlos beobachtenden Auges wird. Durch diese identifikatorische Verbindung von Kamera und Kameramann lässt sich vor allem der Prozess der Realitätserforschung vor Ort dokumentieren, ein Prozess, in den sich dann auch der spätere Betrachter involviert sieht. Ähnlich wie der unschuldig präparierte Kameramann sieht auch er sich – als Folge der ›unkontrollierten‹ Bildgestaltung – einem strukturellen Überangebot an Bildzeichen ausgesetzt, die gleichermaßen bedeutungslose Staffage wie beiläufig präsentierte Bedeutungsträger sein können. Ihre Funktion jedenfalls ist weitgehend offen, scheint durch die Bildgestalt nicht vorwegbestimmt. »Hier gilt: je komplexer, vieldeutiger und ambivalenter sich der Sinngehalt einer Szene darstellt, desto stärker wird unsere Entdeckerfreude geweckt, desto mehr Reiz hat sie für uns als Betrachter. Wir verspüren vor allem das Bedürfnis, das Bild auf scheinbar Nebensächliches, Unerwartetes und Halbverborgenes hin zu erforschen. Dieses erscheint um so signifikanter, da wir es nicht als für

Werke, was natürlich nicht nur für die Persönlichkeitsbestimmung eines Dokumentaristen von Belang ist. Ihre Filme sehen auch anders aus, es sind oft Geschichten über das Leben, aber es ist seltener das Leben selbst« (MAYSELS 1982: 337).

uns angelegt begreifen«, schreibt Monika Beyerle in ihrer Studie zum direct cinema (BEYERLE 1997: 112) und beschreibt damit eine spezifische Wirkung der genuinen ›direct cinema‹-Ästhetik, deren authentisierendes Potential den Filmemachern nicht entgangen war: »So real und so wahrhaft wie das Leben in dem Augenblick ist, wo ich es frisch aufnehme und verfolge, ihm auf der Spur bleibe, auch dann noch, wenn sich vielleicht kein Höhepunkt zeigt, kann es konzeptionell nie erdacht sein. Es findet sich eben plötzlich wieder eines der typischen Details, die für die Charakteristik des Vorgangs unentbehrlich sind und die nie im Plan vorher festgelegt sein können. Und wenn etwas in einem Plan nicht vorgesehen werden kann, würde ich auch in der Praxis dazu neigen, es auszuschließen, sobald es mir begegnet« (MAYSELS 1982: 338).

Anders formuliert lässt sich sagen, dass das direct cinema eine Kameraästhetik verwendet, die alle Indizien kalkulierender Komposition, jeden Anschein ästhetischer Bildkonvention gezielt auslässt, dafür aber die Kamera teils unmotiviert, teils impulsiv bewegt und nicht selten technische Mängel als Darstellungsbestandteil im Film belässt. Mit diesen Mitteln entsteht gezielt der Eindruck einer naivisierten, stillosen Darstellung: »In fact, the nicest compliment I ever got on the Dylan film was from a kid in Texas who said, ›I didn't even realize it was a movie; I just thought kids went along and shot home movies.‹ That was exactly right« – schreibt Pennebaker im Hinblick auf seinen Dokumentarfilm *Don't look back* (PENNEBAKER 1971b: 198) die Dokumentation einer Tournee Bob Dylans durch England aus dem Jahr 1967. Tatsächlich findet das direct cinema mit der Stillosigkeit der Bildgestalt sein ästhetisches Äquivalent zu den propagierten Idealen und lässt diese damit im Film selbst transparent erscheinen. Die stillos geführte Kamera versucht letztlich den Entstehungsprozess eines Filmes in seine formale Struktur mit einzuschreiben – und das ist der eigentliche innovative Aspekt des direct cinema: hier wird die stillose Darstellung erstmals in der Dokumentarfilmgeschichte zu einer authentisierenden, filmimmanenten Bildlegende.

4.2.3 *Krisenstruktur und Enthüllungslogik: Authentisierende Sujetinteressen im ›direct cinema‹*

In den Jahren 1960 bis 63 produziert Robert Drew zusammen mit Filmemachern wie Richard Leacock, Albert Maysels, Don Alan Pennebaker, Gregory Shuker und James Lipscomb für Time-Life-Broadcast insgesamt neunzehn längere Dokumentarfilme. Zuweilen engagiert sich ABC, eines der drei großen, landesweit ausstrahlenden ›Networks‹ Amerikas, als Co-Produzent und präsentiert diese Filme auf festen Sendeplätzen wie Close up und Living camera. *Primary*, der erste und initiale Film des direct cinema, zählt nicht dazu. Er findet sein Publikum nur in einer gekürzten, 26-minütigen Version über kleine, unbedeutende Lokalsender.

Die Sujets der Filme folgen alle dem fundamentalen Diktum der gefundenen Geschichte: We »had power and drama going on in real life wherever people lived or died or worked hard or fell in love or whatever«, schreibt Robert Drew, »and all we needed to do was to supply the journalist, as I thought of it, who could capture these real people, real stories, in real life, edit them in such a way that the stories would tell themselves without the aid of a lot narration« (zitiert nach O'CONNELL 1992: 35; vgl. BEYERLE 1997: 68). In der filmischen Ausformulierung der ›wirklichen‹ Geschichten des ›wirklichen‹ Lebens stößt man allerdings auf strukturelle Analogien, die offensichtlich weniger den vorgefundenen Gegebenheiten als dem zielbewussten Interesse der Filmemacher zuzurechnen sind. Mit Vorliebe wählt man Ereignisse, die sich in der Öffentlichkeit abspielen, zusammen mit Protagonisten, die ein professionelles Geschick entwickelt haben, sich in derselben zu bewegen – wie z. B. in *Primary* die beiden Senatoren Humphrey und Kennedy während des Vorwahlkampfes in Wisconsin; oder den Rennfahrer Eddie Sachs in den Dokumentarfilmen *On the Pole und Eddie* (*On The Pole 2*); die Schauspielerin Jane Fonda in *Jane*, der Dokumentation einer Broadwayshow von den Proben bis zu der erfolglosen Premiere; oder wiederum 1963 den nun amtierenden Präsidenten John F. Kennedy zusammen mit seinem Bruder, dem Justizminister Robert Kennedy, in *Crisis: Behind a Presidential Commitment*. Einige Filme lassen darüber hinaus latent narrative Muster erkennen: In *Primary* ist es der stringent auf seinen Höhepunkt zulaufende Wahlkampf der demokratischen Senatoren Humphrey und Kennedy um die Präsidentschaftskandidatur: »It was a dynamic, exciting story, so it did have a certain natural structure of its own that came through«, schreibt Richard Leacock (LEACOCK 1963: 16). Die gleiche finale Dramaturgie findet man in dem 1963 produzierten Film *The Chair*, der vor dem Hintergrund der drohenden Hinrichtung des zum Tode Verurteilten Paul Crump das verzweifelte Ringen um seine Begnadigung dokumentiert. In *Crisis: Behind a Presidential Commitment* ist es die rassistisch konnotierte Weigerung des Gouverneurs George Wallace, afro-amerikanische Studenten an der Universität von Alabama zuzulassen, die wiederum Präsident Kennedy zu einer ultimativen

Kraftprobe herausfordert. In jedem der Filme wird die vermeintlich ›natürliche‹ Dramaturgie der Ereignisse – in bester Hollywoodmanier – durch die Parallelisierung der Handlungsstränge verstärkt. Die Sujetwahl des direct cinema lässt schließlich Präferenzen erkennen, die man ohne weiteres auf elementare Erzählmuster des fiktionalen Genrekinos zurückführen kann: im Mittelpunkt ein positiver Held, ein zentraler Konflikt und am Ende die zumeist gute Lösung (vgl. HOHENBERGER 1998a: 22).

Für die Filmemacher des direct cinema scheint sich die Sujetvorliebe allerdings widerspruchslos in das dokumentarische Programm eingegliedert zu haben. Nicht Narrativisierung, sondern enthüllende Beobachtung sei ihr Interesse, und dazu sucht man nach entsprechend günstigen Konstellationen des sozialen Umfelds, dessen wiederkehrendes Muster die Filmemacher selbst als Krisenstruktur umschreiben. Darunter verstand man die auf Entscheidung drängende Brisanz eines politischen oder sozialen Konflikts, dessen vorstrukturierte Handlungslogik die beobachtete Person dazu verleiten sollte, seine Aufmerksamkeit ganz dem unmittelbaren Handlungsbedarf zu widmen – und nicht dem Filmteam. Durch die behutsame, sozial einfühlende Vorgehensweise des Filmemachers nahezu narkotisiert, sollte die dargestellte Person schließlich Kamera und Filmteam ignorieren, den medialen Kontext als sozialen missverstehen und damit auch das Bewusstsein dafür verlieren, dass jedes Wort, jede Geste von einem Dritten, vom distanzierten Zuschauer rezipiert werden könnte: »There are only two people present: one a human being – not a technican – a human being who is also a photographer, with a camera that's silent, no tripods, no lights, no cables; the other, a human being who records the sound. These people work in a very, very intimate way, in a delicate relationship with the person whom they are filming, who is involved in doing something, that is more important to him than the fact that we are filming him« (LEACOCK 1963: 17).

Die strategische Enthüllungslogik des direct cinema folgt einem einfachen psychologischen Modell. Es gilt die Persönlichkeitsstruktur der unfreiwilligen Selbstdarsteller durch Beobachtung perzeptiv auszudifferenzieren, wobei man vor allem die für die Öffentlichkeit bestimmte Selbstinszenierung von jener intimen Sphäre des Privatlebens zu trennen versucht, der man a priori persönlichkeitsverstellende Motivation abspricht. Aus diesem Grund auch die ausgeprägte Sujetvorliebe für Persönlichkeiten des öffentlichen Lebens: Allein hier erscheint die Charakterstruktur durch eine kontinuierliche Dokumentation in Situationen mit unterschiedlich gestuften Handlungs- und Darstellungsanforderungen in ihrer Vielschichtigkeit transparent. John

F. Kennedy z. B. präsentiert sich den Filmzuschauern in *Primary* als begeisternder Rhetoriker in Wahlkampfveranstaltungen, als geschickter Stratege in Besprechungen mit seinem Beraterstab, aber auch als fragile Persönlichkeit in den Momenten, die ihm keine öffentlichkeitswirksame Selbstdarstellung abnötigen. In anderen Filmen entsteht ein vergleichbarer Effekt als Folge sozialer Überforderung, wenn z. B. dem Protagonisten jede Möglichkeit verloren scheint, das entworfene Selbstbild kontrolliert zur Darstellung zu bringen. Diese Differenzierung ist eindeutig hierarchisch angelegt, wobei die Enthüllung der niedrigsten Darstellungsstufe, die zumindest in Ansätzen unmittelbare Aufrichtigkeit verspricht, vor allem Geduld und Beharrlichkeit des Filmemachers fordert: »Within the long run or long take of the camera, if it is continued, it works to the film maker's advantage in that the person has to break down and reveal himself within that long run. Whereas, in a short take, the person can put on his mask«, schreibt Albert Maysels (zitiert nach BLUE 1965b: 28). Die ganze Organisation des Filmmaterials läuft darauf hinaus, mit dem plötzlich durchscheinenden Kontrollverlust das ›wahre‹, bis dahin verstellte ›Selbst‹ der beobachteten Person für einen Moment der medialen Aufzeichnung Preis zu geben. Dieser Effekt erscheint um so deutlicher, wenn die gleiche Person sich in anderen Konstellationen als durchaus selbstbewusster, oder richtiger: als sich der kommunikativen Anforderung einer konkreten Situation überaus bewusster ›Darsteller seines Selbst‹ zu erkennen gibt. Die grundlegende Differenz von Darstellung und Nicht-Darstellung, die eine Authentizitätszuschreibung notwendig voraussetzt, wird in den Filmen des direct cinema also selbst vorgeführt. »Truth no longer lies in seeming to give a ›good performance‹ [...], but in seizing the individual unawares, rather as you may discover the real face of a woman in the early morning on the pillow beside you« – schreibt der Filmkritiker Louis Marcolles nach der Sichtung einiger ›direct cinema‹-Filme (zitiert nach O'CONNELL 1992: 154).

In letzter Konsequenz erscheint auf der Sujetebene das gleiche authentisierende Muster, das auch von dem Filmemacher programmatisch eingefordert wird: Von beiden – Darsteller und Filmemacher – wird mit der Auflösung von jedwedem Darstellungsanspruch Transparenz erwartet; bei dem einen im Hinblick auf seinen Darstellungsgegenstand, bei dem anderen im Hinblick auf sein ›innerstes Selbst‹ – nur, dass der Filmemacher sich den Kontrollverlust als ethisch-moralische Pflicht selbst auferlegt, dem Darsteller derselbe aber strategisch abgefordert wird. Beide Aspekte der Darstellung gehen ein symbiotisches Verhältnis ein, insofern die Enthüllung des einen ohne die Selbstverleugnung des anderen nicht denkbar gewesen wäre. Die Preisgabe intimer Wahrhaftigkeit setzt die Interesselosigkeit des Vermittlers voraus, also seine uneigennützige Hingabe an ›Wirklichkeit‹ und ›Wahrheit‹. Andernfalls hätte sich der Filmemacher des Voyeurismus verdächtig gemacht – ein Verdacht, der letztlich auch auf den Zuschauer zurückfallen kann, der sich des Voyeurismus verdächtigt sähe, würde der Film keine ethisch-moralische Rahmung anbieten, der er sich anschließen kann. »Here we come to the keystone of the ethical-Aesthetic«, schreibt der Filmjournalist James Blue in seiner Einleitung zu einem Interview mit den Brüdern Maysels, wobei er die entsprechende Rahmung des Materials als Rechtfertigung ebenso von intimen wie sozial unangemessenen Äußerungen nimmt:

> »in the traditional film, immersed as it is in artifice, things cannot be shown that do not grow out of the internal dramatic logic of the structure. Events must have a ›probability‹ about them or else they may be ›too much‹ for a spectator to take. If we see a defense lawyer cry for joy upon hearing news that might save his client from the electric chair, we conceivably would react badly, as an audience of a fiction film, to this overdose of sentiment and lack of restraint on the part of the director. If, however, this happens within the framework of ›Authenticity‹ – as it does in Greg Shuker's *The Chair*, about the rehabilitation hearing of Paul Crump – we are forced to accept the act as having really happend, and we must revise our own feeling about what is probable in life. ›Authenticity‹ permits life to reveal its own truth, its own poetry, free from the tyranny of dramatic probability« (BLUE 1965b: 22f.)

Die Krisenstruktur des Sujets etabliert zusammen mit der Selbstlosigkeit des Filmemachers jenen ethischen und dramaturgischen Rahmen, der einerseits das Gegensatzpaar von äußerer, auf Wirksamkeit angelegter Contenance und innerer, verhüllter Wahrhaftigkeit aufzulösen verspricht und gleichzeitig die Enthüllungen ›unverstellter Wahrhaftigkeit‹ mit jenen moralischen Implikationen authentischer Darstellung unterlegt, die ihre mediale Präsentation unverdächtig erscheinen lassen.

In dieser Hinsicht führt das direct cinema konsequent das aus, was schon in den literarisch konstruierten medialen Konstellationen der spätantiken, asketischen Literatur oder der des achtzehnten Jahrhunderts als authentisierendes Modell angelegt war (und was Dziga Vertov in seiner Programmatik allein für die technische Seite der Aufnahme veranschlagen wollte): der autorlos präsentierte Filmtext, dessen Filmemacher durch die selbstauferlegter Askese dem Aufnahmeprozess entzogen ist, und der seine Gegenwart durch Teilnahme und Einfühlung vor den Augen der beobachteten Personen vergessen macht. Alles was er zeigt, ist dem Leben abgelauscht, der intimen Sphäre der Protagonisten entrissen. So gelingt es ihm zuweilen, unmittelbare Äußerungen einzufangen, deren Kontext unmissverständlich darlegt, dass sie nicht im Hinblick auf einen potentiellen Rezipienten erfolgt sind und damit auch jener verstellenden Formen entbehren, die ein möglicher Adressat ihnen abgenötigt hätte. Die Stillosigkeit der Aufnahmen ist dabei der ästhetische, also für den Rezipienten einsehbare Ausdruck von Selbstlosigkeit (des Filmemachers) und Unmittelbarkeit (der Darstellung).

Mit ihrer Stillosigkeit geben sich die Filme allerdings auch als zeichentheoretisch subversive Opposition gegenüber herrschenden Repräsentationsmodi zu erkennen. Denn die spezifische Kameraführung des direct cinema ist natürlich auch Verweigerungspose, performative Differenzbehauptung gegenüber konventioneller Dokumentarfilmästhetik, mit der letztlich die Ästhetisierung des eigenen Materials im historischen Kontext der unmittelbaren Wahrnehmbarkeit entzogen wird: »If you'd seen Primary at the time that film was made, there was a kind of truth that came on the cinema screen that no one had ever seen before«, schreibt Albert Maysels rückblickend, sich des authentisierenden Effekts unkonventioneller Ästhetik durchaus bewusst; »And I think the newsness of it is that it's more truthful« (MAYSELS/MAYSELS 1971: 286).

4.3 Die inszenierte Transparenz der Dokumentarfilmautoren

4.3.1 *Authentizitätsskepsis und die Ausformulierung reflexiver Darstellungsformen*

Die Ideale und Filme des direct cinema provozieren indes schon bald eine vehemente und nicht selten polemisch vorgetragene Auseinandersetzung um den Authentizitätsanspruch der spezifischen Dokumentarfilmästhetik: »Cinéma vérité is first of all a lie and secondly a childish assumption about the natur of film«, verkündet der Filmemacher Emile de Antonio (BEYERLE 1997: 40). Sein apodiktisches Urteil teilen im Wesentlichen alle Kritiker, nur aus unterschiedlichen Beweggründen. Entsprechend verschiedenartig lesen sich die elementaren Vorbehalte:

Die einen zeigen sich nicht bereit, in dem Ideal der selbstlosen Beobachtung eine adäquate Methode der Realitätsdarstellung zu erkennen. Die bloße Reproduktion der äußeren Erscheinungswelt führe lediglich zur oberflächlichen Abbildgenauigkeit und damit unweigerlich zu einer Darstellung belangloser Wirklichkeitsaspekte. »Es nützt nichts, ein scharfes Bild zu haben, wenn die Intentionen unscharf sind«, schreibt Anfang der sechziger Jahre Jean-Luc Godard in seiner berühmten Abrechnung mit dem direct cinema. Für ihn scheinen konventionelle Spielfilme mithin gehaltvoller zu sein als solche Dokumentarfilme, die jedes analytische Interesse vermissen lassen: »Nachdem man *The Chair* gesehen hat, weiß man weniger über den Rechtsanwalt als nach *Anatomy of a Murder* und weniger über den elektrischen Stuhl, als nach irgendeinem anderen Film, indem Susan Hayword alle Register des Melodramas zieht« (GODARD 1971: 160). In ähnlicher Weise polemisiert der Journalist Uwe Nettelbeck in der deutschen Filmkritik. Er halte es für ausgemacht, »daß der Dokumentarfilm gerade von der Oberflächenbeschreibung weg zur Interpretation der Realität gehen muß, weil an der Oberfläche meist nur noch wenig zu erkennen ist« (NETTELBECK 1964: 128). Leacock aber sei geradezu zwanghaft seinem Gegenstand unterworfen und damit bleibe auch die Ästhetik seiner Filme weit hinter den Möglichkeiten zurück, die ein avantgardistischer Gebrauch der neuen Technik hätte entwickeln können: »Was zu einem neuen Stil des Dokumentarfilms hätte werden können, ist zur beliebigen Reportage verkümmert, von Kunst ist dabei schon gar nicht zu reden, von beherrschtem Handwerk allenfalls« (ebd.). Ironischerweise ist mit dieser Kritik aber gerade jenes Ideal anvisiert, das seinerseits selbst als Kritik an traditionellen Dokumentarfilmformen ausgebildet war: Der Verzicht auf jede Form produktionsästhetischer Sinngebung, der für Leacock und andere Filmemacher zum elementaren Modus authentischer Darstellung avancierte, erscheint in seiner kritischen Wendung als ihr größter Mangel.

Während allerdings die eine Seite der Kritik die gestalterische Einflussnahme auf das Material einfordert, sehen wiederum andere das Ideal des direct cinema schon an seinem eigenen Anspruch gescheitert. Schließlich bleibe ein Filmemacher aller propagierter Transparenz und Selbstverleugnung zum Trotz an seine bedeutungsverengende und sinngebende Funktion gebunden. Allein schon die notwendigen Selektionsprozesse einer Filmproduktion wie Sujetwahl, Kameraführung und Montage seien Gestaltung: »What you film and record may be the ›true‹ situation. But by the montage of the ›true‹ raw material, you can do any number of things: two differently edited sequences of the ›true‹ material may produce utterly different results, and both results may appear to be true«, so die Filmjournalisten Ian Cameron und Mark Shivas im Jahr 1963 (zitiert nach O'CONNELL 1992: 155f.). Ihr zunächst noch zaghaft vorgetragener Einwand erfährt in unzähligen Rezensionen und Aufsätzen der folgenden Jahre eine umso prägnantere Resonanz: »Die grundlegende Irreführung des cinema direct besteht nämlich darin, daß man wahrhaft die Wahrheit des Lebens wiederzugeben behauptet«, schreibt Jean-Louis Comolli in seinem 1969 in den Cahiers du Cinéma veröffentlichten Artikel Le détour par le direct: »Sobald die Kamera eingreift, beginnt die Manipulation; und jedes Verfahren stellt wohl oder übel eine Manipulation des Dokuments dar – selbst wenn man es auf die reine Technik begrenzt [...]. So sehr man auch das Dokument bewahren will, kann man doch nicht vermeiden, es herzustellen« (COMOLLI 1998: 244). Aus dieser Perspektive war das Authentizitätsversprechen des direct cinema allein schon deshalb diskreditiert, da es auf Filmpraxis abziele und jede mediale Transkription von Wirklichkeit unvermeidlich Ästhetisierung zur Folge habe. »Objectivity, in film, remains as big a myth as it ever was« – so das Fazit des Filmjournalisten Henry Breitrose aus dem Jahr 1964 –, direct cinema »is well on its way to becoming a mystique of technological existentialism with appropriate overtones of Zen nonpreconception« (zitiert nach O'CONNELL 1992: 161).

So verschiedenartig die Kritikpunkte auch waren, beide setzen das direct cinema dem Ideologieverdacht aus: Folge man dem Ideal der bloßen, subjektfreien Beobachtung, dann resultiere aus dem Mangel an ›kritischem Bewusstsein‹ zwangsläufig eine Affirmation bestehender Verhältnisse und damit die stillschweigende Anerkennung vorherrschender Ideologie. Folge man aber den propagierten Idealen nicht – was zwangsläufig geschehen müsse, da sie ja nicht einlösbar seien –, dann wäre die behauptete Autorlosigkeit der Darstellung selbst Ideologie, strategisches Täuschungsmanöver des Publikums.

Die ideologiekritische skeptische Wendung gegen das propagierte Ideal verlustfreier Wirklichkeitsabbildung wurde seit Mitte der sechziger Jahre von der systematischen Filmwissenschaft begleitet und forciert. Sie behandelte aus semiologischer Perspektive Dokumentarfilme wie andere Filme auch als ›Text‹, rückte die ›Realität Film‹ in den Blickpunkt und disqualifizierte damit jedes Interesse an den produktionsästhetischen Voraussetzungen einer Darstellung. Die traditionelle Dichotomisierung von dokumentarischen und fiktionalen Darstellungsformen erschien vor diesem Hintergrund weitgehend obsolet. »Die nicht-narrativen Filme unterscheiden sich von den ›richtigen‹ im Grunde mehr durch ihre soziale Bestimmung und ihren substantiellen Inhalt als durch ihre ›sprachlichen Verfahren‹«, schreibt Christian Metz in seiner Schrift zur Semiologie des Films (METZ 1972: 132). Allerdings behauptet er mit seiner Bemerkung keinesfalls – wie oft missverstanden – die Ununterscheidbarkeit beider Filmformen. Seine Egalisierung ist vielmehr methodische Wahl, legt vor allem dar, dass die Differenz von fiktionalen und dokumentarischen Filmen nicht im Interesse einer Theorie liegt, die sämtlichen nichttextuellen Merkmale zugunsten der Analyse ›sprachliche Verfahren‹ auszuschließen versucht (vgl. HOHENBERGER 1998a: 19). Später ging man allerdings dazu über, diese methodologische Differenzierung zu übersehen und die entsprechende Gleichung in Form eines wissenschaftlichen Bekenntnisses zu zementieren. Die Ununterscheidbarkeit von fiktionalen und dokumentarischen Filmen wird spätestens Mitte der achtziger Jahre als gegeben vorausgesetzt: »In der Tat haben viele der filmtheoretisch durchaus fundierten Dementis einer ontologischen Differenz zwischen dokumentarischen und fiktionalen Formen jedem noch so vorsichtigen Begriff eines spezifischen hermeneutischen Potentials dokumentarischer Formen den Boden entzogen«, schreibt z. B. der Filmwissenschaftler Michael Barchet, »denn radikal formuliert verschwindet historische Wirklichkeit immer und vollständig im Universum historischer Texte. Privilegierte Referenz außerhalb medialer Zeichenketten und narrativer Register ist allein als überaus verdächtiger ideologischer Anspruch zu dekonstruieren. Dokumentarfilme können einzig und allein die Modi ihrer textuellen und ideologischen Produziertheit dokumentieren; ein wie auch immer gearteter Gehalt an historischer Wirklichkeit über die mediale Verfaßtheit hinaus ist methodisch dementiert« (BARCHET 1994: 62f.).

Für die Filmemacher bedeutet diese fortgesetzte Dekonstruktion des ontologischen Wirklichkeitsanspruchs vor allem Reflexion der subjektiven Darstellungsanteile in dokumentarischen Filmen. Es sei unerlässlich, die eigene Arbeit kritisch zu hinterfragen, schreibt z. B. Jay Ruby im Jahr 1977, der sein Ideal des selbstreflexiven Films vorrangig als ethisch-moralischen Reflex auf jene skeptische Argumentation entwickelt, die zuvor das Transparenzideal des direct cinema als ideologieverdächtiges Täuschungsmanöver zu enttarnen versucht: »To be reflexive is to reveal that films – all films, whether they are labeled fiction, documentary, or art – are created, structured articulations of the film maker and not authentic, truthful, objective records« (RUBY 1988: 74f.). Entsprechend gelte es, die gestalterische

Arbeit der Filmemacher, ihre subjektive Darstellungsperspektive und die bedeutungsgenerierende Auswahl für den Rezipienten einsehbar in den Filmtext einzuschreiben, die potentiell verstellenden Aspekte also selbst zum Darstellungsgegenstand werden zu lassen und diese nicht mehr mit den zweifelhaften ›Techniken der Unmittelbarkeit‹ zu verdecken:

> »We are beginning to recognize that human beings construct and impose meaning on the world. We create order. We don't discover it. We organize a reality that is meaningful for us. It is around these organizations of reality that film makers construct films. Some film maker, like other symbol producers in our culture, are beginning to feel the need to inform their audiences about who they are and how their identities may affect their films. They also wish to instruct their audiences about the process of articulation from the economic, political, and cultural structures and ideologies surrounding the documentary to the mechanics of production« (RUBY 1988: 67).

Ein ideales Vorbild selbstreflexiver Filmpraxis findet Ruby in den Arbeiten des französischen Filmemachers Jean Rouch, der seit Mitte der vierziger Jahre vornehmlich in Westafrika ethnographische Filme dreht – ethnographisch allerdings nur im Hinblick auf die Sujetwahl, denn seine filmprogrammatische Einstellung lässt deutliche Differenzen zu dem wissenschaftlich etablierten Ideal selbstlos-objektiver Beobachtung erkennen: »I look on the human sciences as poetic sciences in which there is no objectivity«, schreibt er, »and I see film as being not objective, and cinéma-vérité as a cinema of lies that depends on the art of telling yourself lies. If you're a good storyteller, then the lie is more true than the reality, and if you're a bad storyteller, the truth is worse than the half lie« (ROUCH 1971: 134f.). Dieser Einschätzung entsprechend findet sich in den meisten seiner Filme eine Vermischung vorgefundener Gegebenheiten mit fiktionalisierenden Elementen, wie z. B. in dem 1957 an der Elfenbeinküste entstandenen Film *Moi, un Noir*, der das Leben afrikanischer Gastarbeiter in einem afrikanischen Land exemplarisch an einer Hauptfigur zeigt: »I could have made documentary full of figures and observations. That would have been deathly boring. So I told a story with characters, their adventures and their dreams. And I didn't hesitate to introduce the dimension of imaginary, of the unreal – when a charakter dreams he's boxing, he boxes – the whole problem is to maintain a certain sincerity towards the spectator, never to mask the fact, that film is a film« (zitiert nach EATON 1979: 8).

Das Primat medienreflexiver Darstellung – ›never to mask the fact, that film is a film‹ – prägt auch seine Handhabe der neuen, tragbaren Filmtechnik. Im Gegensatz zu den Filmemachern des direct cinema schließt

Rouch die Möglichkeit der Neutralisierung der Kamera im Darstellungsprozess kategorisch aus. Anstatt ihren verstellenden Einfluss minimieren, kaschieren oder leugnen zu wollen, kehrt er die Problemachse einfach um und nutzt gerade die Störung, den Eingriff, um mit der Kamera einen genuin ›filmischen Ausdruck‹ zu evozieren. Entsprechend formuliert er sein Darstellungsziel: »not to film life as it is – but life as it is provoked« (ROUCH 1967: 86; Hervh. i.O.).[43]

Reflexive Darstellungsformen, wie sie u.a. in den Filmen Jean Rouchs auszumachen sind, zielen nicht auf die Inszenierung medialer Transparenz; diese ist als ideologisches Täuschungsmanöver ja weitgehend diskreditiert. Ihr Darstellungsinteresse ist vielmehr die Transparenz medialer Sinngebungsstrukturen. In gleicher Weise rückte auch der Darstellungsgegenstand aus dem Blickpunkt. In ihrer radikalsten Ausformulierung verzichten selbstreflexive Filme sogar ganz auf eine Evokation privilegierter Referenzialität, dekonstruieren lediglich die grundlegende Voraannahme authentischer Darstellung, dass ein dokumentarisches Filmbild einen Gegenstand bezeichnen könne, dessen Existenz auch darstellungsunabhängig, respektive ›vor-filmisch‹ nachzuweisen wäre. In diesen Fällen ist einziger Referenzpunkt der Darstellung der Filmemacher selbst und die selbstreflexive Struktur gezieltes Signal seiner skeptisch geschulten Aufrichtigkeit.

43 1960 dreht Rouch zusammen mit dem Soziologen Edgar Morin in Paris den Film *Chronique d'un Été*, der neben Chris Markers *Le joli Mai* zu den Klassikern des französischen *cinéma vérité* zählt. Grundlegende Idee war der Entwurf einer soziologischen Skizze der eigenen ›Ethnie‹. Die Protagonisten – allesamt befreundete Parteigänger einer sozialistischen Splittergruppe – waren eingeladen; es gab kein zu dokumentierendes Ereignis, kein vorgefundenes Geschehen. Hier ist die Kamera nicht nur Provokateur, sondern *raison d'être*. *Chronique d'un Été* sei ein Experiment des *cinéma vérité*, heißt es in der Eröffnungssequenz, in der Rouch zugleich auch die experimentellen Rahmenbedingungen seines Vorhabens präsentiert. Als Interviewer sitzt er zusammen mit Morin im Bild und räsoniert über die Unmöglichkeit, vor der Kamera ›normal‹ zu reden. Tatsächlich ist der Film auch gar nicht drauf aus, über die Dokumentation einer teils befangenen, teils exhibitionistischen, niemals aber unkontrollierten Selbstdarstellung der Protagonisten hinauszukommen. »This is the objectivity that one can expect, being perfectly conscious that the camera is there and that people know it. From that moment, we live in an audio-visual galaxy: a new truth emerges, *cinéma vérité*, which has nothing to do with normal reality« (ROUCH 1978b: 7f.; Hervh. i.O.). Dieser Aspekt wird in *Chronique d'un Été* noch potenziert, insofern Rouch den Protagonisten während der Dreharbeiten Einblick in das Filmmaterial gewährt, ihnen also bewusst die Gelegenheit bietet, die eigene Selbstdarstellung auf Wirkung hin zu überprüfen und gegebenenfalls zu korrigieren. »So there is a whole work of lies«, schreibt er rückblickend. »But, for me and Edgar Morin at the time we made the film this lie was more real than the truth. [...] [The film] is a sort of catalyst which allows us to reveal, with doubts, a fictional part of all of us, but which for me is the most real part of an individual« (zitiert nach EATON 1979: 51).

4.3.2 *Selbstreflexivität als authentisierendes Transparenzsignal: Wim Wenders ›Nick's Film: Lightning over Water‹*

Unter anderen Vorzeichen sind selbstreflexive Darstellungsstrukturen allerdings auch dazu geeignet, die Authentisierung des dokumentarischen Materials zu forcieren, wie z. B. mit der vordergründig ins Bild gesetzten Kamera, einem Topos der Gattung, den man aus unzähligen Fernsehdokumentationen kennt: Hier trägt ein zweites Filmteam unter Strapazen die Ausrüstung durch das Bild, um mit jedem mühseligen Schritt für das Augenzeugenversprechen des Dokumentarfilms einzustehen. Es ist die Dokumentation filmischer Arbeit ›vor Ort‹, die zwar die Darstellungsvoraussetzungen transparent zu gestalten vorgibt, gleichzeitig aber auch die zweite Kamera vergessen lässt, die dieses Szenario für den Zuschauer dokumentiert. »Das epische Konzept: den Herstellungsprozess des Dargestellten auszustellen, um das Dargestellte zu entzaubern, hier funktioniert es umgekehrt«, schreibt Uta Berg-Ganschow. »Die Einladung an den Zuschauer, den Prozeß der dokumentarischen Arbeit kritisch mitzuverfolgen, eine Art Einladung zur Ko-Autorenschaft, hat oft ähnlichen verdeckten Effekt. Der reflexive Dokumentarfilm legt die Karten nur scheinbar offen auf den Tisch. Das Spiel ist oft schon zugunsten des Autors entschieden, im Augenblick, in dem der Zuschauer zum Mitspielen eingeladen wird. Auch dieser teilnehmende Zuschauer, agnostisch präpariert, bleibt dokumentengläubig« (BERG-GANSCHOW 1990: 86).

Von diesem eher einfachen (aber klaren) Beispiel abgesehen, entstehen in den achtziger und neunziger Jahren wiederum Filme, in denen die Selbstreflexivität als diffizile Form der Authentisierung genutzt wird – ohne eine solche nur vorzutäuschen. Hier gilt es, einen dokumentarischen Subtext in Differenz zu den subjektiven und fiktionalen Darstellungsanteilen zu etablieren, die eindeutig den Filmemachern zuzuschreiben sind. Solche Strukturen kennzeichnen z. B. die Filme Ross McElwees, der in ›direct cinema‹-Manier mit der Kamera auf der Schulter jeden Aspekt seines Alltags dokumentiert und das dabei kontinuierlich entstehende Material in regelmäßigen Abständen zu abendfüllenden Filmen wie *Sherman's March, Time Indefinite* oder *Six O'Clock News* zusammenstellt. Obwohl er selbst nur selten zu sehen ist – mit geschulterter Kamera ab und zu im Spiegel, in den Videoaufnahmen seiner Schwägerin oder in dem Interview mit einem lokalen Fernsehsender –, lässt der Filmemacher mit seinen zumeist pointierten und nicht selten ironisierenden Kommentartexten keinen Zweifel daran, dass er als sinngebende Autoreninstanz das Material autobiographisch, als Selbstdarstellung inszeniert. Und doch läuft die ganze Inszenierung letztlich auf jene Wirklichkeitsaspekte hinaus, die mit ihrer offenkundigen Eigendynamik über die souveräne Selbstdarstellung des Filmemachers hinausweisen – wie der Tod seines Vaters, die Fehlgeburt des Sohnes oder der Wirbelsturm, der das Haus seiner besten Freundin verwüstet. In *Time Indefinite* sind diese Aspekte der Darstellung zumeist durch Auslassung – in Form von Schwarzbildern oder der Verwendung von Fremdmaterial – repräsentiert. Hier wird das authentische Bild im wörtlichen Sinn zu einer Nicht-Darstellung.

Geradezu mustergültig ausformuliert ist der authentisierende Aspekt selbstreflexiver Strukturen in einem Beispiel, das an dieser Stelle eingehender analysiert werden soll. Dabei handelt es sich um den Ende der siebziger Jahre von Wim Wenders gedrehten Dokumentarfilm *Lightning over Water*, im Titel mit dem Zusatz *Nick's Film* versehen. Nick, das ist Nicholas Ray, Regisseur solcher Filme wie *Johnny Guitar* und *Rebel without a Cause*, zudem mit Wenders befreundet und schon 1977 Darsteller in dessen Patricia-Highsmith-Verfilmung *Der Amerikanische Freund*.

Ausgangspunkt der Filmarbeit ist die von Ray entworfene Geschichte eines an Krebs erkrankten Malers, der seine eigenen Bilder fälscht, Fälschung und Original im Museum austauscht, um mit dem Erlös der erneut verkauften Originale eine Dschunke zu erwerben, mit der er dann nach China aufbrechen will. ›To take a slow boat to China‹ ist eine amerikanische Redewendung und bedeutet: sterben (vgl. WENDERS 1988: 125). Die Geschichte ist allegorisch: Nicholas Ray, der schon bei seinem ersten Zusammentreffen mit Wenders einen Maler und Fälscher spielt, ist selbst unheilbar an Krebs erkrankt. Als Wenders während einer Drehpause zu der Francis-Ford-Coppola-Produktion *Hammet* Zeit findet, zusammen mit Ray *Nick's Film* zu drehen, ist die Erkrankung schon so weit fortgeschritten, dass an ein aufwendiges Spielfilmprojekt nicht mehr zu denken ist. Nicholas Ray stirbt noch während der Dreharbeit und so wird der Film zu einem unfreiwilligen Protokoll seines Sterbens. »Our reality was stronger than the fiction that we wanted to turn it into« (WENDERS/SIEVERNICH 1981: 270), konstatiert Wenders in einer der letzten Sequenzen. Diese Einsicht wird zum grundlegenden Modus der Authentisierung.

In der endgültigen Fassung erfährt die ursprüngliche Geschichte nur wenig Resonanz. Man sieht vor und nach der Titeleinblendung vier Einstellungen einer chinesischen Dschunke und das gleiche Boot noch einmal in der abschließenden Sequenz, wenn das Filmteam die Urne des verstorbenen Regisseurs auf seiner letzten Fahrt begleitet. Im zweiten Drittel des Films erwähnt Nicholas Ray beinahe beiläufig seinen ursprünglichen Filmentwurf – er wird dem Zuschauer hier erstmals vorgestellt und doch gleich wieder verworfen: »Why making the detour of turning him into a painter, because he's got your name? Why isn't he you, and why isn't he making films instead of painting?«, so die Entgegnung Wenders (ebd.: 143). Der fiktionale Erzählstrang ist auf ein bescheidendes Maß zurückgedrängt. *Nick's Film* erzählt schließlich nur noch die Geschichte zweier Filmemacher, die als Freunde die letzten Wochen des einen miteinander teilen und dabei einen Film zu drehen versuchen – von Wenders' aufwendig auf 35-mm-Format mit großem Team und Kamerafahrten inszeniert. Allerdings lässt er diese Bilder schon bald von einer zweiten, dokumentarischen Darstellungsebene durchkreuzen: Gleich in dem ersten Dialog der beiden Filmemacher – sie sind gerade erwacht und rufen sich von ihren Nachtlagern aus zu – sieht man auf dem Filmbild den zweiten Kameramann Tom Farrell mit seiner Videokamera die räumliche Distanz zwischen den beiden Protagonisten abschreiten. Dann wird auf das Bild seiner Kamera umgeschnitten, schließlich auch die Chronologie des Dialoges verlassen und in einer Montagesequenz von Videobildern die Szenerie hinter der ersten Kamera vorgestellt: Vorbereitung und Aufbau, Regieanweisungen und Rückfragen wie »Does it seem like acting, Wim?« (ebd.: 50) – bis das Videobild den Dialog wieder aufgreift und Wenders ein wenig später im Schnitt auf das 35 mm Material wechselt. Der vermeintliche Blick hinter die Kulissen ist elementare Geste des Films. Vergleichbare Binnenstrukturen findet man in mehreren Sequenzen, wobei das Videomaterial sukzessiv eine gesonderte Bedeutungszuschreibung erfährt.

Während der Dreharbeiten muss Nicholas Ray ins Krankenhaus eingeliefert werden. Wenders inszeniert die Nachricht vom drohenden Abbruch der Dreharbeiten auf 35 mm als Gespräch mit seinem Produktionsleiter, eingerahmt von einem barock wirkenden Arrangement des Produktionsapparats. In der folgenden Sequenz sieht man dann Nicholas Ray erstmals als einen von seiner Krankheit gezeichneten Mann, dem selbst die Artikulation im Dialog mit Wenders zunehmend schwer zu fallen scheint – diesmal präsentiert in Videobildern, die in ihrer klaren ästhetischen Abgrenzung vor allem eines verdeutlichen: dass die Umstände jenseits der Spielszenen eine Eigendynamik, einen ›Wirklichkeitsdruck‹ entwickelt haben, der, am inszenatorischen Kalkül der Regie vorbei, im Videomaterial seine unabwendbaren Spuren hinterlässt. Und es ist kein Zufall, dass dieser authentische Blick ein Blick der Videokamera ist: Wir sehen Nicholas Ray und die Zeichen seines Sterbens flankiert von unbeholfenen, zum Teil unmotiviert wirkenden Schwenks, als raue Bilder in einer Auflösung, die der des Filmmaterials weit unterlegen ist. Selbst der Kameraschnitt wird uns vorgeführt als optische und technische Störung, wird nicht kaschiert. Alles wirkt unprofessionell, ungewollt, zufällig, stillos und gleichzeitig nahezu distanzlos, beinahe unverschämt. Nach und nach überlagern diese im stillosen Bild sich manifestierenden Spuren authentischer Darstellung mit ihrer Dringlichkeit auch die Spielszenen, bis man in Nicholas Ray nur noch einen Mann sieht, dessen verbleibende Zeit in seinen Fingern zerrinnt, der nach 90 Minuten nur noch mühsam ein ›Cut‹ der Kamera entgegensetzt, mehrmals, bis endlich beide erlöst sind: Nicholas Ray und der Zuschauer.

Wenders motiviert die Präferenz des Videomaterials selbst durch Kommentartexte, wenn er z. B. aus dem ›Off‹ über das Bild eines Videomonitors spricht, das Nicholas Ray bei einem College-Vortrag in Großaufnahme zeigt:

> »I was getting very confused. Something was happening each time the camera was pointed at Nick, something that I had no control of. It was the camera itself, looking at Nick through the viewfinder. Like a very precise instrument, the camera showed clearly and mercilessly that his time was running out. No, you couldn't really see it with your bare eyes, there was always hope. But not in the camera. I didn't know how to take it. I was terrified« (WENDERS/SIEVERNICH 1981: 136).

Nick's Film war nicht gedacht als Dokument – vor allem das erklärt der Kommentar, der die Zeichen des Sterbens zu Fundstücken macht, von Wenders weder inszeniert noch gewollt. Sie erscheinen als autonomes Ergebnis einer Kamera, die ihre Optik klar und unbarmherzig an dem durch Hoffnung getrübten Blick des Filmemachers vorbei auf den Sterbenden richtet. Und als das zufällige Ergebnis eines technischen Instruments werden diese Bilder in den Film genommen, repräsentiert durch eine Videoästhetik, deren Ahnungslosigkeit sich in jeder Bildzeile aufspüren lässt – zumindest liegt diese Authentizitätszuschreibung im Interesse des Autors. Der dokumentarische Subtext manifestiert sich also vornehmlich in Videobildern, die mit ihrer rauen, stillosen Abbildqualität das Kalkül der eleganten 35-mm-Aufnahmen fortdauernd durchkreuzen. Die Authentizität der Darstellung erfährt damit performative Evidenz, gestützt durch eine Materialdifferenzierung, die auf eine entsprechende Differenzierung der Darstellungsebenen abzielt, wobei die Aufnahmen des 35-mm-Materials vor allem Fiktion und Inszenierung repräsentieren, das Videomaterial in gewollter Stillosigkeit die Unmittelbarkeit der Darstellung. Ihre Authentizität profitiert hierbei unverkennbar von der selbstreflexiven Darstellungsstruktur des Films – im gewissen Sinn wird sie durch diese erst evoziert.

Wim Wenders verarbeitet in *Nick's Film – Lightning over Water* das ganze bislang eruierte Ensemble authentisierender Strategien: Seine Kommentartexte erscheinen als Bildlegenden, die das acheiropoietische Potential der Kamera für den Zuschauer entfalten und ihn die gesuchte Ästhetizität der als stillos markierten unmittelbaren Zeichen des Videomaterials vergessen lassen. Zudem verbringt der Film einen Großteil seiner Zeit damit, die ungewöhnliche Entstehungsgeschichte transparent zu gestalten und sie mit nicht geringem Aufwand für den Zuschauer zu inszenieren. Die Legendisierung der Bilder findet hier also gleich in mehrfacher Weise statt: durch die Narration, den Kommentartext und – performativ – durch die Stillosigkeit des ›authentischen‹ Materials.

Allerdings ist diese Form der Autoren-Selbstdarstellung hier nicht nur Authentisierung des dokumentarischen Materials, sondern gleichzeitig auch Evokationsmöglichkeit einer Autoren-Unschuld, die für die ethisch-moralische Rahmung der Darstellung unverzichtbar erscheint. Denn die Aufrichtigkeit, mit der sich Wenders seinem Sujet nähert, die wiederholte Zustimmung Nicholas Rays zu den Bildern, die wir von ihm sehen – das alles scheint uns sehr für den Film einzunehmen, macht es uns leicht, den Verdacht eines spekulativen Interesses an problematischen Bildern von ihm (und von uns) zu weisen. Man wird Wenders nicht unbedingt strategische Hinterlist unterstellen müssen, wenn man hinter der selbstreflexiven Inszenierung kalkuliertes Interesse vermutet. Es ist, gegebenenfalls, ein Interesse, das uns die Bilder, die wir sehen, erst als solche zugänglich macht und uns vor allem der medienethischen Fragen entledigt, denen wir uns zweifellos ausgesetzt sähen angesichts der Schamlosigkeit einer Darstellung, die nur allzu offensichtlich die Persönlichkeitsgrenzen des sterbenskranken Protagonisten überschreitet. Der Film aber führt uns an diese Bilder heran, und er tut dies nicht ohne Raffinement: »Would you kill somebody for a great shot?« (ebd.: 325) – diese Frage fällt in der letzten Sequenz im Filmteam. Für den bis dahin gezeigten Film ist sie längst entschieden, denn Wenders etabliert gleich zu Beginn den ethisch-moralischen Rahmen, innerhalb dessen die Darstellung rezipiert werden soll. »You told me on the phone, that you wanted to see me, but I was afraid to come, too«, so Wenders in einem Dialog der dritten Sequenz: »I was aware that I would see you in weakness and that you might be worried about being seen in this way. But I feel, it is o.k. now. There is something else that came into my mind in the plane last night that I'm actually more afraid of. I thought that I could find myself being attracted to your weakness or to your suffering and if I realize I was I think I would have to leave you. I would feel like abusing you or betraying you« (ebd.: 69f.).

Mit einem kurzen »That won't happen« (ebd.) wischt Ray die Bedenken vom Tisch und entlastet damit nicht nur Wim Wenders. Von Schwäche und Leiden angezogen zu sein, es in Bildern zu betrachten, die den sozialen Aufwand entbehren, den uns die Erfahrung eines sterbenden Mannes unweigerlich abverlangen würde, dieser Verdacht lastet auch auf dem Zuschauer. Es ist der Verdacht, die soziale Existenz eines Menschen nur für ein Bild, für unsere Schaulust zu nehmen und ihm damit auch seine Würde. Von dieser Möglichkeit zu wissen, sie formuliert zu finden in einem ethischen Diskurs, der stellvertretend für den Zuschauer schon im Film geführt wird, scheint auszureichen, den Zuschauer von seiner Pflicht zu entbinden: Allein dadurch, dass Wenders die Frage nach seiner Verantwortung stellt, ist sie schon zu seinen Gunsten entschieden. Mehr noch: immer wieder werden wir auf die Notwendigkeit der Bilder hingewiesen: »All I knew was that Nick was in immense pain, that it might be better to stop shooting«, hören wir später aus dem Off von Wenders, »but that nothing might be more painful for him than that« (ebd.: 190). Nick Ray selbst lässt diese Bilder zu, sie liegen sogar in seinem vitalsten Interesse, und der Zuschauer nimmt Teil an dem altruistischen Projekt: »Well, I have one action which is to regain my self-image and my image in the rest of the world«, so Nick im Dialog mit Wenders, den er daraufhin auffordert, sein eigenes Darstellungsinteresse zu formulieren. »My action is going to be defined by your facing death«, ist seine Antwort, die wiederum von Ray die entsprechende Bestätigung erfährt: »Well that would mean you're stepping on my back. Which I don't mind. Hell, that's all I'm here for« (ebd.: 146).

Alles was wir über Wenders und seine Arbeit in diesem Film erfahren, überzeugt uns von seiner ›Interesselosigkeit‹, eben davon, wie fern es ihm liegt, die Umstände – Nicks Sterben – für einen ›Great Shot‹ zu nutzen. Zu ausführlich ist die Selbstdarstellung, als dass dieser Verdacht noch Raum fände: sie veranschaulicht bzw. generiert jene Autoren-Unschuld, die es ihm ermöglicht, den Bildern ihre Bedeutung erst auf dem Videomonitor abzulesen: überrascht und verwundert. Es ist ein Altruismus, der nur kurz, gegen Ende des Filmes, für einen Moment in jener Sequenz aufbricht, die

die letzten Aufnahmen Nick Rays vor seinem Tod zeigt: Wenn er erschöpft ein ›Cut‹ in die Kamera spricht und Wenders wiederholt auffordert, die Aufnahme abzubrechen. Erst hier drängt sich der Eindruck auf, einen Mann zu sehen, der aufgrund seiner physischen Bedrängnis (vor lauter Schmerzen) die mediale Situation nicht mehr überblickt, der sich nicht mehr dessen bewusst ist, was er dem Zuschauer bedeutet. Gleichzeitig tritt Wenders hier erstmals auf als Autor, der mit seinem ›Don't cut‹ zu verstehen gibt, dass gerade dieses Bild von ihm so gewollt ist.[44]

4.4 Zusammenfassung: Strategien dokumentarischer Authentizität im Film

Authentizität im Film hat Geschichte, vor allem aber Vor- und Frühgeschichte, die sie erbt. So gilt es, auch die Dokumentarfilmbeispiele des

44 Auch die Autoren-Unschuld, die ethisch-moralische Apologetik der Selbstinszenierung steht in Analogie zu den frühesten Authentisierungsmodellen der Bildgeschichte: Im sechsten Jahrhundert entwickeln die Bildlegenden der byzantinischen Acheiropoieten ihre authentisierende Argumentation als Reflex auf ein allmählich entstehendes, aber problematisches Kultinteresse: das Verlangen nach einer visuellen Darstellung der transzendentalen, *heiligen* Welt, die noch in vorkonstantinischer Zeit eindeutig sanktioniert war – das ›Heilige‹ darzustellen galt als *Idolatrie*, als Frevel. Wenn man das *Heilige* nun weiter fasst, es versteht im Sinne von *abgesondert*, den Grenzen kulturell determinierter Kommunikation *per definitionem* unzugänglich, dann lässt sich auch das Versprechen authentischer Darstellung in einem weiter gefassten Rahmen verstehen. Nimmt man den ›Tod‹, dann ist auch er in diesem Sinne ›heilig‹, der in den westlichen Gesellschaften des zwanzigsten Jahrhunderts immer als Tabu erscheint, in seiner medialen Präsentation brisant und schockierend, weil uns – nach Philippe Aries – das Zeichenrepertoire abhanden gekommen ist, ihn adäquat zu repräsentieren (vgl. SOBCHACK 1998: 188f.). Der Tod ist nicht darstellbar, ein Schritt zurück hinter die Zeichenhaftigkeit des kulturell determinierten Lebens. Seine Darstellung bedeutet eine semiotische Grenzüberschreitung, die sich sukzessiv schon im Prozess des Sterbens abzeichnet: »Man cannot act in front of the camera in the presence of death«, lässt Joris Ivens in seinem Dokumentarfilm über den spanischen Bürgerkrieg *Spanish Earth* den Sprecher Ernest Hemingway die Bilder republikanischer Soldaten kommentieren (offensichtlich versuchte er mit dieser Zuschreibung an dem Authentizitätsversprechen der zeichentheoretischen Grenzüberschreitung zu partizipieren). Um aber den damit verbundenen Tabu-Bruch zu legitimieren, behaupten schon die byzantinischen Legenden der Spätantike mit der *acheiropoietischen* Bildentstehung eine Distanz von Darstellung und Vermittler. Hier erscheint die Darstellung zumeist dadurch gerechtfertigt, dass sie von dem Dargestellten selbst veranlasst wird. Vergleichbar dazu liest sich die Selbstinszenierung Wim Wenders', die Transparenz der Filmentstehung und die stetige Beteuerung Nicholas Rays, die Darstellung seines Sterbens selbst zu wollen – alles zusammen als Versuch, die Grenze, die man überschreiten will, kenntlich zu machen und gleichzeitig den Zuschauer von dem nahe liegenden Verdacht der *Idolatrie* zu entlasten.

letzten Kapitels in dem weiter gefassten Rahmen der Bildgeschichte zu sehen und nicht allein im Rahmen der originären Mediengeschichte Film. Die Analogien, die nun die Bildgeschichte der Analyse unterschiedlicher Authentisierungsformen anbietet und die in der vorliegenden Untersuchung benannt werden konnten, sind bestechend:

1.) Als früheste Form erscheint die Akzentuierung der abbildgenauen, vorurteilsfreien Mechanik des Filmapparats, die zusammen mit den chemischen Eigenschaften des Bildträgers das Abbildversprechen acheiropoietischer Bildentstehung in technisch-medialer Form einlöst. Die acheiropoietische Bildentstehung als Qualität dokumentarfilmischer Darstellung steht weithin außer Frage – sie ist sozusagen das authentisierende Erbe des Vorgängermediums Photographie, das von dem neuen Medium allerdings erst zu dem Zeitpunkt angetreten wird, an dem die Problematisierung kinematographischer Authentizität einsetzt und apologetische Strategien notwendig erscheinen. Von nun an ist die acheiropoietische Bildentstehung Grundmuster der Authentisierung, genuines Abbildversprechen technischer Medialität, das folglich den Dokumentarfilm in seinen Programmen und Legenden über die jeweiligen Stufen der filmhistorischen Entwicklung hinaus begleitet.

2.) Fraglich hingegen erscheint bald die Hand, die den Apparat führt, also der Filmemacher, der mit seinen Vorahnungen und strukturierenden Eingriffen sich als verzerrendes Medium zwischen Abbild und Welt zu stellen droht. Diesem Vorbehalt begegnet die Authentizitätsapologetik mit der Proklamation der asketischen Transparenz des Vermittlers. In den genannten Dokumentarfilmbeispielen wird sie nahezu ausnahmslos eingefordert, doch lassen sich hier verschiedene Formen in ihrer historischen Abfolge und Komplexität differenzieren:

a) Zu Beginn steht zweifellos Robert Flahertys programmatischer Entwurf der non-preconception, dessen rezeptionsorientierte Wirksamkeit der Filmemacher durch die systematisch betriebene Legendisierung seiner Filme erzielt. Dort, und nur dort wird das Versprechen authentischer Darstellung mit der Beschreibung der Filmentstehung und der medialen Selbstlosigkeit des Vermittlers konstituiert. Authentizität ist zu Beginn also vornehmlich ein Effekt der literarisch konstruierten Selbstdarstellung von Medium und Filmemacher, die man in den verschiedensten Formen dem Filmpublikum zugänglich macht.

b) Im direct cinema findet man neben der authentisierenden Bildlegendisierung die stillos geführte Kamera, mit der das Ideal asketischer

Transparenz seine ästhetische Entsprechung mit performativer Evidenz erfährt: Im Bild werden nun alle Indizien kalkulierender Komposition und ästhetischer Bildkonvention ausgelassen, um mit der fehlenden Stilisierung auch die Abwesenheit aller gestaltenden und verstellenden Interessen des Filmemachers für den Betrachter einsehbar zu signalisieren. Man könnte auch sagen, dass die charakteristische Ikonographie der stillosen Darstellung in die authentisierende Funktion einer bildimmanenten Legende tritt; oder dass mit der spezifischen (Nicht-)Ästhetisierung der authentisierende Entstehungsprozess eines Filmes zum Bestandteil seiner formal-ästhetischen Struktur wird.

c) Die Beispiele reflexiver Authentisierung partizipieren an den zuvor schon entwickelten Strategien, nur, dass die bislang literarisch vermittelte Selbstdarstellung von Medium und Filmemacher nun selbst zum Darstellungsgegenstand des Filmes wird. Dabei umgehen die Filmemacher die mittlerweile verdächtig erscheinende Praxis, sich als asketisch transparente Vermittler zu präsentieren. Hierauf kann ohne weiteres verzichtet werden (ein entsprechender Verzicht signalisiert ja selbstreflexive Aufrichtigkeit), solange nur die transparent inszenierten Umstände der Bildentstehung einen dokumentarischen Subtext hervortreten lassen, der von den Filmemachern nicht intendiert war und entsprechend von der verstellenden Aspektierung einer anthropomorphen Einmischung in die Bildentstehung verschont bleibt. Auch dieser Subtext schreibt sich in die formale Struktur der filmischen Darstellung, ist erkennbar durch die ästhetische Differenzierbarkeit der verschiedenen Formate, die mit entsprechenden semantischen Funktionen konnotiert werden können, wobei das vermeintlich stillose Darstellungsformat aus der gezielt initiierten oppositionellen Struktur von (gestaltetem) Text und (subversivem) Nicht-Text seine Authentizität zieht.

Beschreibungsziel acheiropoietischer oder asketischer Authentisierung ist das gefundene Bild oder die auffindbaren, in der Wirklichkeit latent vorhandenen Strukturen natürlicher Dramaturgie. Mit der behaupteten ›Auffindbarkeit‹ werden die entsprechende Darstellung oder Strukturierung zu einem sich gleichsam zufällig manifestierenden, authentischen Selbstausdruck der Wirklichkeit sublimiert und gleichzeitig eine Autoren-Unschuld beschrieben, die den Vermittler als gestaltendes Subjekt von der Darstellung distanziert.

Die angeführten Beispiele dokumentarischer Authentizität im Film mögen durch ihre Anordnung im Text die Lesart nahe gelegt haben, dass

Authentisierungsstrategien im Dokumentarfilm sich sukzessiv ausgebildet und dabei immer diffizilere Formen angenommen haben. Natürlich ist die Anordnung so angelegt, dass sie diesen Nachweis erbringen kann, doch gilt es auch, zwei grundlegende Einschränkungen geltend zu machen: Wenn progressive Argumentationsmuster die Authentisierungsstrategien einer ästhetischen Vorstufe kritisch hinterfragen und mit entsprechenden Vermeidungsstrategien neue Formen der Authentisierung ausbilden, dann ist damit der ästhetischen Vorstufe keineswegs die produktionsökonomische Basis und rezeptive Akzeptanz entzogen. So kann z. B. der ›direct cinema‹-Filmemacher Don Alan Pennebaker in den neunziger Jahren mit War Room und *Moon over Broadway* ohne weiteres zwei Dokumentarfilme produzieren, die sich sowohl in ihrer Form als auch in der Sujetwahl kaum von ihren Vorbildern aus den sechziger Jahren unterscheiden (beide Filme könnte man durchaus als ›Remake‹ der ›direct cinema‹-Klassiker *Primary* und *Jane – The Jane Fonda Story* beschreiben). Darüber hinaus gilt es festzuhalten, dass der Dokumentarfilm – in seiner Popularität keineswegs mit den dokumentarischen Formen und Formaten des Fernsehens vergleichbar – eine eher randständige Gattung des Mediums ist und deshalb seine historisch spezifisch ausgebildeten Authentisierungsformen keine zwingenden Rückschlüsse auf die kulturell variierenden Bedingungen authentischer Darstellung zulassen. Während man in der Dokumentarfilmgeschichte in bestimmten historischen Perioden von einer Dominanz entsprechender Authentisierungsformen sprechen kann, greift diese Periodisierung, auf den Fernsehdokumentarismus angewendet, zweifellos ins Leere. Hier lösen sich verschiedene Modi in ihrer historischen Abfolge nicht einander ab, sondern existieren parallel nebeneinander, ohne damit Widerspruch zu provozieren. Die Akzeptanz unterschiedlicher dokumentarischer Repräsentationsmodi ist im Fernsehdokumentarismus historisch nicht zu differenzieren.

AUTHENTIZITÄT NACH DER FOTOGRAFIE

Die Diskursgeschichte authentischer Darstellung ist eng verbunden mit der Geschichte indexikalischer Referentialität. Immer wieder geht es um den Abdruck, den Kontakt, die Verletzung, geht es um die evidente oder latente Spur, die ein Darstellungsgegenstand durch Berührung auf einem Bildträger hinterlässt – und sei es als Lichtspur auf einer sensibilisierten Emulsionsschicht: Eingeschrieben ist das authentische Zeugnis der nichtmedialen Existenz des Dargestellten.

So eindeutig sich das indexikalische Referenzversprechen auf semiotischer Ebene auch formulieren lässt, im Hinblick auf bildästhetische Aspekte bleibt es unbestimmt. Ähnlichkeit (im Sinne von Abbildgenauigkeit), die vereindeutigen (aber auch täuschen) könnten, spielt in den jeweiligen Authentizitätsbehauptungen keine, nicht einmal eine untergeordnete Rolle. Sie ist bestenfalls ein Nebenprodukt. Die Spur, die eine Sache durch Berührung auf einem Bildträger hinterlässt, ist der Sache in größtem Maße unähnlich. Auf ästhetischer Ebene authentisierend wirken deshalb vor allem solche Bestandteile, die den Prozess der Bildentstehung in das Bild einschreiben, die die indexikalische Bildwerdung also transparent und lesbar werden lassen: Mängel der Aufnahme zum Beispiel, die die Aufmerksamkeit auf die Materialität und ihre Zeitlichkeit lenken (Kratzer und Staub auf dem Bildträger, zerschlissene Perforation und instabiler Bildlauf, Lichtblitze durch Überbelichtung usw.). Authentisierend wirken auch Bewegungsunschärfe und Handkameraästhetik, die als performatives Korrelat von situativem Kontrollverlust in Verbindung mit apparativer Autonomie gelesen werden können. Selbst dann, wenn das Sichtbare in das bloß Visuelle umschlägt, wenn sich kaum mehr als das Rauschen indifferenter Bildpunkte ausmachen lässt, kann im Hinblick auf eine mögliche Indexikalität auch diese Darstellung noch als authentisch gelesen werden:

als Medialisierung einer immer diffuser werdenden Idee von dem, was Welt eigentlich ist. »Je näher wir der Realität zu kommen scheinen, desto unschärfer und verwackelter wird sie«, schreibt Hito Steyerl in ihrem Aufsatz zur dokumentarischen Unschärferelation (2008: 7f.).

Die indexikalischen Parameter authentischer Darstellung lassen sich dabei natürlich nur auf analoge Bildmedien beziehen, nicht auf digitale. Woraus eigentlich folgen müsste, dass die Bildgeschichte authentischer Darstellung, würde man der oben skizzierten Erzählung konsequent folgen, mit der Einführung digitaler Bildverfahren zu ihrem Ende gekommen ist. Einiges spricht dafür. Die diversen materialinduzierten Mängel analoger Medien jedenfalls, deren authentisierende Effekte ich eben erst beschrieben habe, kann inzwischen jedes Kind als digitales Filter über Fotos und Bewegtbilder legen. Wenn aber Materialität und Zeitlichkeit nur noch simulieren wird, lässt sich damit keine Bildauthentizität mehr assoziieren, bestenfalls so etwas wie Authentizitätsnostalgie.

Andererseits: Digitale Bildverfahren aus dem Diskurs authentischer Darstellung auszuschließen hätte zur Folge, dass damit eine medienontologische Logik re-installiert würde, die sich bei der Analyse authentisierender Darstellungsformen als wenig hilfreich erwiesen hat. Die Argumentation der vorliegenden Arbeit war immer darauf ausgerichtet, Authentizität als Effekt einer diskursiven Rahmung zu verstehen, nicht als Effekt technischer Voraussetzungen. Die Bildlegenden der Antike, Spätantike und des Mittelalters konnten von authentisierenden Bildentstehungen berichten, ohne dass ihnen entsprechende technische Apparaturen zur Verfügung standen. Tatsächlich wurden die Bedingungen authentischer Darstellungen lange vor Fotografie, Film und Video formuliert und erst über die Mediendiskurse der Zeit mit den entsprechenden Apparaten in Verbindung gebracht.

Wenn es aber nicht die technischen Verfahren sind, die die Authentizität eines Bildes begründen, sondern das Milieu, in dem es erscheint und die Diskurse, die es rahmen, dann kann letztlich auch ein sich veränderndes, technisches Verfahren nicht als Ausschlusskriterium gelten. Eher müsste geschaut werden, wie Milieu und Diskurs auf die sich verändernden Bedingungen reagieren und inwieweit mit den neuen technischen Voraussetzungen sich die Parameter im semantischen Feld der Authentizität verschieben. Will man hier Klarheit schaffen, scheint es mir unabdingbar, die Diskursivierung digitaler Fotografie unter dem Aspekt der sich ablösenden Bildauthentizität im Folgenden näher zu betrachten.

Digitaler Weltverlust

Die Digitalisierung der Bildmedien reicht weit ins 20. Jahrhundert zurück. In den 1950er-Jahren wurden bereits Scanner entwickelt, mit denen Bildmaterialien digitalisiert werden konnten. 1975 stellte Eastman Kodak eine erste digitale Fotokamera der Öffentlichkeit vor; damals noch eine eher unhandliche, dreieinhalb Kilogramm schwere Apparatur, die zur Speicherung der Bilddaten auf eine handelsübliche Audiokassette zurückgreifen musste. Herzstück der Kamera war der wenige Jahre zuvor patentierte *CCD-Sensor*, der es möglich machte, Lichtimpulse auf einer gerasterten Fläche aufzufangen und in elektronische Ladung umzuwandeln. Parallel zur Entwicklung entsprechender Kameras entstanden auch digitale Bildbearbeitungsprogramme, die allerdings zunächst ausschließlich für professionelle Anwendungen konzipiert waren.

Der Diskurs um digitale Fotografie begann mit einem Skandal: 1982 verwendete *National Geographic* eine digital bearbeitete Fotografie für das Cover seiner Februarausgabe. Auf dem Cover zu sehen waren die Pyramiden von Gizeh. Für die hochformatige Veröffentlichung der breitformatigen Fotografie hatte man die Pyramiden im Hintergrund näher zusammengerückt und dazu ein zweites Foto aus derselben Reihe verwendet. Der Fotograf, vom Vorgehen der Bildredaktion des *National Geographic* nicht informiert, skandalisierte die Bearbeitung und löste damit eine erste, durchaus markante Debatte um das digitale Bild aus.

Die öffentliche Auseinandersetzung gewann an Dynamik, als mit der Einführung leistungsstarker und preiswerter PCs, Scanner und entsprechender Software die digitale Bildbearbeitung auch für ein breiteres Publikum zugänglich wurde und Nutzer:innen erste eigene Erfahrungen mit den neuen digitalen Möglichkeiten machen konnten (vgl. HOLSCHBACH 2004). Das neue Medium nahm man vor allem in Differenz zum alten wahr, wobei die Differenz so deutlich empfunden wurde, dass William J. Mitchell[45] in seiner 1992 veröffentlichten Monografie *The Reconfigured Eye* im Hinblick auf digitale Fotografie gleich von einer *Post-Photographic Era* spricht: »Although

45 William J. Mitchell (1944-2010) war Professor für Architektur am *MIT* und ist nicht zu verwechseln mit William J.T. Mitchell (*1942), seines Zeichens Professor für Englisch und Kunstgeschichte an der *University of Chicago*, der vor allem bekannt für seine Veröffentlichungen im Bereich der *visual culture* und Bildtheorie ist. Seine Bildanalysen werden im Weiteren noch eine Rolle spielen.

a digital image may look just like a photograph when it is published in a newspaper, it actually differs as profoundly from a traditional photograph as does a photograph from a painting« (MITCHELL 1992: 4)

Die Pflöcke des Diskurses waren bald fest eingerammt, der Tenor war einhellig, die Argumentation wurde gebetsmühlenartig wiederholt: Die technische Evolution hatte ein Medium in die Welt gesetzt, das unterhalb der vertrauten Oberfläche fotografischer Bilder einen ganz und gar unvertrauten Technikapparat verbarg. Der habitualisierte Umgang mit der Fotografie als ein dokumentarisches Medium war damit substantiell unterminiert. Angesichts der technischen Implikationen sprach man auch nicht mehr von Abbildern mit kausalem Bezug zum Abgebildeten (vgl. BOLZ 1993: 900), sondern nur noch von einem arbiträren System, das die Impulse der sichtbaren Welt in den binären Code des Digitalen überführt, der der Schrift näher steht als dem analogen Vorgängermedium (vgl. WINKLER 1997: 366). Von indexikalischer (und damit authentisierender) Bildwerdung konnte keine Rede mehr sein (vgl. LUNENFELD 2002: 166f.).

In gleicher Weise problematisch sah man den Umstand, dass die digitale Bildinformation uneingeschränkten Zugriff erlaubte, jedes Bild also beliebig manipuliert werden konnte und im Nachhinein nicht mehr zwischen Bildentstehung und Bearbeitung zu unterscheiden war. Beide Prozesse waren technisch identisch, womit ›Sein‹ und ›digitaler Schein‹ von nun an untrennbar ineinander verwoben waren (vgl. LIESSMANN 1995: 28). Das Organische war durch das Konstruierte ersetzt, die Welt dort draußen durch den Rechner hier drinnen (JÄGER 1996: 109). Noch im Jahr 2006 schreibt Hans Ulrich Reck, dass digitale Fotografie keine Referenz mehr habe: »Es gibt keinen Bezug auf ein Original, es gibt nichts Authentisches mehr ›darin‹ und ›dabei‹. Das allerdings ist anders als bei der bisherigen Fotografie und von kaum ermessbaren Folgen für unseren Umgang mit dem Sichtbaren« (RECK 2006: 277). Der Diskurs um die digitale Fotografie wurde dabei nicht nur in den Medien- und Bildwissenschaften geführt, sondern auch in der bildenden Kunst, die sehr bald schon damit angefangen hatte, das Potenzial des neuen Mediums experimentell auszuloten und das Realitätsversprechen der Fotografie mit unterschiedlichsten Bildverfahren zu konterkarieren und zu destabilisieren.

Liest man all diese frühen Diskursbeiträge im Rückblick, gewinnt man den Eindruck, dass es den Autor:innen nicht allein um die Diskreditierung der Digitalfotografie ging, sondern im gleichen Maße auch um die nachträgliche Nobilitierung der analogen. Diese Setzung ist immer dieselbe und wird stillschweigend vollzogen: Das analoge Verfahren ist authentisierend, das digitale ist es nicht mehr! Die Bilder der analogen Fotografie vergewisserten uns noch der Welt, die digitalen Fotografien künden nur noch von ihrer Digitalität. Alles Welthaltige ist ihnen abhandengekommen.

Darin gibt sich zum einen ein durchaus klassischer Krisen-Topos zu erkennen, wie er immer wieder in der Thematisierung neuer Mediensysteme zur Sprache kommt: Die sich abzeichnende Medienkonkurrenz bedroht den habitualisierten Mediengebrauch und damit auch das akkumulierte Wissen um die Medien und ihre Funktionalität. Entsprechend wird die sich ankündigende Kontingenzerfahrung des Neuen zuallererst als Verlust des Alten wahrgenommen.

Darüber hinaus aber handelt es sich – und das ist bemerkenswert – um eine Nobilitierung der analogen Fotografie *ex post*. Denn nur aus der historisierenden Perspektive ist die analoge Fotografie das Medium authentischer Bilder. Vor Einführung der digitalen Fotografie wurde auch die analoge kritisch beäugt; kritisiert wurde vor allem der Umstand, dass die emphatische Betonung der indexikalischen Bildwerdung fotografischer Bilder alle weiteren Aspekte der Bildgestaltung im gesamten Prozess verdeckt. Man denke nur an die Ideologiekritik der 1960er- und 1970er-Jahre mit ihren Abbilddebatten, nicht zuletzt an Rolands Barthes' Aufsatz zur *Rhétorique de l'image* aus dem Jahr 1967, in dem er den Authentizitätseffekt fotografischer Bilder als Naturalisierung der symbolischen Botschaft klassifiziert (vgl. BARTHES 1990: 40).

Digitale Authentizität

In der Dekade nach der Jahrtausendwende nimmt der Diskurs um die digitale Fotografie eine entscheidende, durchaus dramatische Wende – und zwar in zweierlei Hinsicht: Zum einen, weil die Neubewertung von einer Reihe von Fotografien mit hohem Affektpotential ausgelöst wurde, zum anderen, weil diese Fotografien die bis dahin geführte Debatte nicht nur abreißen lässt, sondern sie in ihr Gegenteil verkehrt.

Bei den Fotografien, die die Neubewertung auslösten. handelt sich um die Ende April 2004 zuerst im amerikanischen Fernsehen, wenig später im *New Yorker* veröffentlichten Bilder aus dem US-amerikanischen Gefängnis Abu Ghraib im Irak (HERSH 2004: 42-47): Es handelt sich um Darstellungen von entblößten und misshandelten Gefangenen, Männern, die in Stresspositionen verharren oder die man wie Hunde an die Leine gelegt hatte, allesamt fotografiert mit Digitalkameras amerikanischer Soldat:innen, die unmittelbar an den Folterungen beteiligt waren. Insgesamt handelt es sich um 279 Fotografien und 19 Videoclips. W.J.T. Mitchell nennt sie die »verblüffendsten und verstörendsten Bilder des gesamten Krieges gegen den Terror« (2011: 163).

Entstanden waren die Fotografien im Herbst 2003. Von ihren Urheber:innen wurden sie auf Harddisks und Festplatten gespeichert und schließlich im Internet verbreitet. Als das amerikanische Militär im Winter auf die Fotografien aufmerksam wurde, war man darum bemüht, der Bilder habhaft zu werden, ihre Verbreitung zu unterdrücken oder, als deutlich wurde, dass die Veröffentlichung nicht mehr zu verhindern war, sie zu diskreditieren (vgl. ebd.: 171).

Veröffentlicht wurden die Bilder nach dem April 2004 wiederholt und an verschiedenen Orten, in Zeitungen und Magazinen, immer wieder im Fernsehen und begleitend dazu im Internet. Der französische Fototheoretiker André Gunthert spricht in diesem Zusammenhang von einer internetgestützten und insofern digitalen »Ökonomie der Redundanz«, die in diesem Fall »zur Produktion und Reproduktion ikonischer Bilder« beigetragen habe (GUNTHERT 2019a: 43). Als »zentrale Ikone des Abu-Ghraib-Archivs« (MITCHELL 2011: 171) erscheint der sogenannte *Bagman* (*Kapuzenmann*), ein unzählige Male reproduziertes und weiterverarbeitetes Bild, das einen Gefolterten frontal und mit ausgebreiteten Armen auf einer Kiste stehend zeigt. An den Fingern rechts und links hängen Drähte, der Körper ist in Sack gehüllt, über den Kopf ist eine nach oben hin spitz zulaufende Kapuze gezogen, womit die Fotografie sich assoziativ mit Darstellungen des Ku-Klux-Klans oder der Kreuzigung Christi verbinden lässt. Das Wiedererkennen der Kreuzigungsikonographie in Gestalt der Folterszene scheint zumindest in westlichen Kulturkreisen dazu beigetragen zu haben, dass vor allem die Fotografie des *Bagman* stellvertretend für die Bilder aus Abu Ghraib steht – allerdings stieß die christliche Deutung schon 2004 und in den Folgejahren auf beträchtlichen Widerspruch (ebd.: 167).

Entscheidend in diesem Zusammenhang ist der Umstand, dass niemand die Authentizität der Fotografien in Frage stellte aufgrund der Tatsache, dass es sich um digitale handelte. Im Gegenteil: Es scheint, dass vor allem der Umstand, dass sie als digitale Bilder frei im Netz zirkulieren konnten und nicht über öffentliche Kanäle lanciert worden waren, sondern aus einer eigenen, bildsemantischen Dynamik heraus an die Öffentlichkeit drängten, ihre Authentizität zementieren half.[46]

Zugleich zeigten sich die zeitgenössischen Beobachter:innen durchaus erstaunt darüber, dass die bildtheoretischen Debatten um die digitale Fotografie offensichtlich obsolet geworden waren. Anlässlich der Ausstellung *Inconvenient Evidence* in New York, bei der siebzehn Bilder aus dem Korpus der Abu Ghraib-Fotografien ausgewählt worden waren, schreibt André Gunthert im November 2004 in den *Études photographiques*:

> »Wenn man sich daran erinnert, dass wenige Jahre zuvor die Einführung dieser [der digitalen] Technologie als eine »Veränderung im Wesen der Fotografie« beschrieben worden war, die deren »authentischen Charakter« in Frage stellen würde, dann kann die Rezeption der Bilder von Abu Ghraib überraschen« (GUNTHERT 2019a: 37f.).

Für Gunthert ist die Glaubwürdigkeit der Bilder auf ihre Rolle zurückzuführen, die sie im Kontext der kriminologischen Untersuchungen zu den Vorkommnissen durch General Antonio Taguba eingenommen hatten. Authentisierende Aspekte wie Kohärenz des Materials und die Gebrauchsweisen der Bilder treten in den Vordergrund, medienontologische Einwände scheinen ihm nicht plausibel (vgl. GUNTHERT 2019a: 40ff.). In

46 Für die immense Wirkung, die die Bilder innerhalb kürzester Zeit entfalten konnten, ist auch ihre Veröffentlichungsgeschichte mit verantwortlich. Zu dieser Geschichte zählt u. a. der Umstand, dass am 1. Mai 2004, also unmittelbar nach der Veröffentlichung der Fotografien im *New Yorker*, auf der Titelseite des britischen *Daily Mirror* Fotografien abgedruckt wurden, die die Folterungen irakischer Gefangener durch britische Soldaten zeigten. Es handelte sich hierbei allerdings um Schwarzweißfotografien, die sich damit deutlich von den Amateurfotos aus dem Abu Ghraib-Gefängnis unterschieden. Zudem erinnerte die Wahl der Bildausschnitte und die nahe Positionierung der Kamera eher an Konventionen der Pressefotografie, als an ein von Soldat:innen erstelltes Material. Im Gegensatz zu den zirkulierenden Digitalfotos aus Abu Ghraib erweckten die Bilder des *Daily Mirror* sofort Zweifel und lösten eine Debatte über ihren Staus aus (GUNTHERT 2019a: 40). Am 15. Mai 2004 musste der *Daily Mirror* schließlich in großen Lettern auf der Titelseite eingestehen, dass sie auf einen Fake hereingefallen waren: »Sorry... we were Hoaxed.« (https://www.mirror.co.uk/news/uk-news/sorry-we-were-hoaxed-539838 [21.04.2023]). Die Aufdeckung des Täuschungsversuchs hatte dabei keinerlei negativen Effekt auf die Glaubwürdigkeit der Amateurfotografien. Durch die Veröffentlichungen des *Daily Mirrors* waren die Amateurfotografien vielmehr in ein relationales Gefüge gestellt worden, bei dem die eine Seite eindeutig als in-authentisch klassifiziert werden konnte, während die andere eine entsprechende Aufwertung erfuhr. »Der Vergleich der beiden Seiten zeugt von einer bemerkenswerten Umkehrung des Verdachts, da die digitalen Bilder für glaubwürdiger als die analogen Fotografien gehalten worden waren«, schreibt André Gunthert schon 2004, also noch unter unmittelbarem Eindruck der Veröffentlichungen (ebd.). Die Amateurfotografien waren dabei nicht nur als Gegenstände einer forensischen Untersuchung authentisch, ihre Authentizität wurde in diesem relationalen Gefüge auch ästhetisch lesbar; d. h.: lesbar nicht nur als Amateurfotografie, sondern auch als digitales Bild mit seiner spezifischen Ästhetik (im Jahr 2004 hieß das: niedrige Auflösung und ein entsprechend geringer Kontrastumfang).

einem späteren Text aus dem Jahr 2013 geht er einen Schritt weiter und gibt zu bedenken, dass »die Fetischisierung der materiellen Kontinuität zwischen Dingen und Bildern [...], auf der die analoge Fotografie angeblich beruhen soll« ein theoretischer Irrweg[47] gewesen sei (vgl. GUNTHERT 2019b: 29) und dass es eigentlich nicht nötig gewesen wäre »auf das Auftauchen der digitalen Fotografie zu warten, um die Defizite des indexikalischen Ansatzes zu bemerken.« (ebd.: 30).

Durchaus ähnlich klingt die Einschätzung von W.J.T. Mitchell aus dem Jahr 2007. »[D]ie Frage der Authentizität, des Wahrheitswerts, der Autorität und der Legitimität von Photographien«; schreibt er, ist »von ihrem Charakter als ›digitale‹ oder ›analoge‹ Produktion ganz unabhängig« (MITCHELL 2007: 241). In seiner vier Jahre später erschienen Monografie zum Krieg der Bilder seit 9/11, in denen die Fotografien aus dem Gefängnis von Abu Ghraib ausführlich behandelt werden, klingt das allerdings schon wieder etwas anders. Zumindest versucht er hier, die Qualität der Fotografien an einen authentisierenden Aspekt der Bildentstehung rückzubinden, argumentiert damit erneut medienontologisch, auch wenn diesmal das digitale Bild das präferierte ist, die Argumentation also unter anderen Vorzeichen stattfindet. Er schreibt:

> »Wichtig ist [...], daß die Digitalfotografie eine neue Dimension der Legitimation und Glaubwürdigkeit, einen neuen Realitätsanspruch eröffnet. [D]ie digitale Fotografie [stellt] eine Technologie mit ›doppelter Buchführung‹ dar [...]. Wir können hier von der ›DNA des Bildes‹ sprechen, und sie erst ermöglicht das unendliche Klonen exakter Kopien und der Spuren ihres Produktionsprozesses. Wenn die Abu-Ghraib-Fotos mit herkömmlichen Analogkameras aufgenommen worden wären, hätte es sehr viel größere Schwierigkeiten bereitet, ihre Herkunft zu klären und festzustellen, an welchem Datum und zu welcher Uhrzeit sie aufgenommen wurden. Digitalfotografien sind dagegen unauffällig und unsichtbar mit Metadaten versehen« (MITCHELL 2011: 179).

47 Mit Verweis auf die quantenmechanische Dekonstruktion analoger Fotografie durch Jean-Marc Lévy-Leblond (»Die Photonen, die auf eine Glasplatte treffen, sind nicht dieselben, die aus ihr heraustreten« – zitiert nach GUNTHERT 2019b, 29) stellt André Gunthert den indexikalischen Begründungszusammenhang analoger Fotografie sogar grundlegend in Frage. »Man kann einen Fotoapparat nicht als einen transparenten Vermittler des Realen beschreiben: Es gilt eher, ihn als eine Maschine zu begreifen, mit der zwischen Optionen ausgewählt wird, einem Ensemble von Parametern entsprechend, die auf komplexe Weise interagieren und nach präzisen Entscheidungen verlangen. Ein Stellwerk eher als ein Spiegel.« (ebd.)

Tatsächlich spielten die Metadaten der Bilder bei der forensischen Aufarbeitung der Vorfälle eine entscheidende Rolle: Mit ihnen war es möglich, den genauen Zeitpunkt jeder einzelnen Aufnahme zu bestimmen und auch jeweils die Kamera, mit der die Aufnahme erstellt wurde. Auf diese Weise war es möglich, die einzelnen Bilder in eine präzise Reihenfolge einzuordnen, sowie Handlungsabläufe und Tathergänge zu rekonstruieren (vgl. ebd.). Wenn man so will, wurden die Metadaten der Amateuraufnahme von den Spezialisten ausgelesen, als wären es digitale Spuren der Ereignisse. Die Formulierung erinnert nicht ohne Grund an den klassischen Topos indexikalischer (und damit authentisierender) Bildwerdung, allerdings handelt es sich nur um eine Annäherung auf metaphorischer Ebene. Inzwischen lassen sich Metadaten genauso manipulieren, wie alle anderen Datensätze auch. Sie können gelöscht und überschrieben werden und haben den Nimbus der eingeschriebenen Spur längst verloren. Gut möglich, dass eine entsprechende Bearbeitung im Jahr 2004 noch nicht möglich war, denkbar auch, dass die amateurhaften Bildproduzent:innen der US-Army seinerzeit noch nichts davon wussten. Mitchell hätte allerdings schon im Jahr 2011 ahnen können, wie fragil und fraglich seine Authentizitätsbegründung authentischer Bilder ausfallen wird, wenn er sich primär auf die technischen Aspekte der Bildwerdung beruft.

Auf den ersten Blick, vor allem nach Lektüre von Mitchells Buch zum Krieg der Bilder nach 9/11 scheint es, als hätte sich der Diskurs um die digitale Fotografie um 180 Grad gedreht, als wäre das, was die digitale Fotografie zuvor noch diskreditiert hatte, nach Abu Ghraib ihre wesentliche Qualität. Ganz so einfach aber lassen sich die Verschiebungen nicht darstellen. Vor allem scheint es, dass frühere Kritikpunkte an Relevanz verloren hätten und als würde die digitale Fotografie nicht länger in Konkurrenz zur analogen stehen. Verlusterfahrungen werden nicht mehr thematisiert. Im Gegenteil: Mit den Fotografien aus Abu Ghraib findet sich erstmals ein politischer, sozialer und bildkultureller Kumulationspunkt, an dem die digitale Fotografie als eigenständiges (und nicht nur defizitäres) Medium wahrgenommen wird, das entsprechend theoretisiert werden kann.

Die Authentizität der Bilder ist, betrachtet man den Diskurs, nicht länger mehr ein Effekt ihrer medientechnischen Genese (insofern ist Gunthert und Mitchell unbedingt beizupflichten). Authentisch sind sie vielmehr, weil sie authentisch sein müssen, weil sie als Teil einer Gegenerzählung fungieren, die die hegemonialen Narrative der US-amerikanischen Administration unterlaufen, weil sie erst entdeckt wurden, dann unterdrückt und schließlich in ihrer Verbreitung nicht mehr zu kontrollieren waren. Sie erscheinen an der Oberfläche wie unkontrollierbare Affekte, die tieferliegende Wahrheiten zu Tage bringen: In dieser Weise bedient ihre Erscheinungsweise eine Rhetorik, die im eigentlichen Sinne der Subjektauthentizität zuzuordnen ist. Authentisch sind sie in dem Maße, wie sie die US-Administration als in-authentisch (unaufrichtig) demaskieren. Der Gebrauch der Bilder und ihre digitale Zirkulation, das scheint mir der entscheidende Punkt, verschiebt sie innerhalb der semantischen Felder der Authentizität.

text to image

Das digitale Bild – das wurde im vorherigen Abschnitt bereits deutlich – ist mehr als nur ein Bild, will sagen: nicht nur die Fläche, auf der sich etwas zeigt. Indem es gerechnet und »computational« wird, hat es »an einer anderen Logik [teil] als an der von Repräsentation und Identität«, so Daniel Rubinstein (2020: 10), der darauf insistiert, dass »das Sichtbare nicht für alles stehen kann« (ebd.: 9), vor allem dann nicht, wenn man begreifen will, auf welche Weise digitale Bilder ihren Weg durch die Netze finden und wirksam werden.

Weil sie ja bereits als Datenpakete existieren, ist die Verschränkung digitaler Bilder mit anderen Daten nur naheliegend, bei der digitalen Fotografie z. B. die Verschränkung mit Informationen zum Datum, Ort, zur Blendenzahl und Belichtungszeit, zum ISO-Wert und Kameratyp, eben die Verschränkung mit jenen Metadaten, die die Fotografien von Abu Ghraib zu visuellen Zeugnissen einer forensischen Untersuchung machten. Verschränkt werden digitale Bilder darüber hinaus mit linguistischen Datensätzen, sogenannten ALT-Attributen oder ALT-Tags, die ein Bild umschreiben, klassifizieren und kommentieren, die also als *linguistische Rezeptoren* das Bild für die textbasierte Suchanfrage im Netz überhaupt erst auffindbar machen. Tatsächlich tun sich die digitalen Maschinen bis zum jetzigen Zeitpunkt immer noch schwer, Bilddateien als Bilder auszulesen, also auf einer operationalisierbaren Basis zu verstehen, was sich auf einem Bild zeigt. Weshalb die Zirkulation von Bildern im Netz allein über maschinenlesbare Informationen, also über Metadaten gesteuert wird. Sie vermitteln »zwischen der algorithmischen, rechenbasierten Welt des Computernetzwerkes und der physikalisch-biologisch-sozialen Welt der Menschen« und bilden »dabei eine Schicht von vernetzbarem biokomputationalen Gewebe, *tissue*, das soziale Werte in etwas übersetzt, das Computer quantifizieren und verarbeiten können« (ebd.: 12; Hervh. i.O.).

Dieses Gewebe, von dem Rubinstein spricht, reduziert das Bild, also ikonisch komplexe und inhaltlich kaum fassbare Flächen des Sichtbaren, auf semantisch greifbare ALT-Tags, womit vom phänomenalen Gegenstand nur sehr wenig bleibt, letztlich nur eine Handvoll mehr oder weniger prägnanter Suchbegriffe. Von einem Primat des Visuellen gegenüber dem Textuellen kann dann nicht mehr gesprochen werden. Eher scheint es, als würden Bilder im Netz nur noch als Effekte von Texten erscheinen.[48] Wobei einschränkend angemerkt werden muss, dass es sich hierbei lediglich um eine temporäre Einschränkung handelt, also um den technischen Makel, der behoben sein wird, sobald es den Algorithmen und künstlichen neuronalen Netzwerken gelingt, Bilder als Bilder zu erfassen.

Die Anmerkung, dass digitale Bilder im Netz als Effekte von Texten zu verstehen seien, ist keineswegs bloß eine theoretische Spitzfindigkeit. Sie beschreibt vielmehr eine konkrete Erfahrung der verschränkte Abhängigkeit von Text und Bild, die seit dem Sommer 2022 (also seitdem KI-gestützte Bildgeneratoren wie DALL-E, Midjourney oder Stable Diffusion für die Allgemeinheit frei geschaltet wurden) von Nutzer:innen weltweit gemacht werden kann: KI-gestütze Bildgeneratoren werden über Texteingabe gesteuert, weshalb ihre Oberfläche auch weniger an ein Bildbearbeitungsprogramm erinnert, als vielmehr an einen Chat-Bot. Mit dem Bildgenerator interagiert wird über die *Commandline*, der direktesten Methode zur Interaktion von Menschen und Computer: Auf die verklausulierte Beschreibung einer Bildidee antwortet die KI mit einem Bild. Es ist, als würden die Nutzer:innen mit ihren kurzen Texteingaben (den *prompts*) Bilder aus den Tiefen des Netzes aufrufen – was als Metapher das konkrete Erleben vor dem Bildschirm beschreibt, natürlich aber nicht den tatsächlichen Prozess der Generierung.

48 Der Befund scheint kontraintuitiv. Der Intuition folgend würde man eher von einer stetig steigenden Schwemme an Bildern und Bewegtbildern sprechen, allerdings bezieht sich diese Wahrnehmung allein auf das Sichtbare, nicht auf die regulatorischen Dynamiken des Netzes. Dieser Schwund des Visuellen gegenüber dem Textuellen ist vor allem insofern bemerkenswert, als in den 1990er-Jahren gerade erst ein *pictorial turn* (MITCHELL 1992), resp. ein *iconic turn* (BOEHM 1994) diagnostiziert worden war, also eine allgemein-kulturelle Hinwendung zum Bildlichen, die mit Einführung der Fotografie Mitte des 19. Jahrhunderts ihren Anfang nahm und mit den Folgemedien Film und Fernsehen die Schriftkultur als Leitkultur abzulösen schien.

Kennzeichnend für die KI-gestützten Bildgeneratoren ist die Verbindung von einem *Large-Language-Modell* wie ChatGPT mit einem *Diffusionsmodell*, das Trainingsbilder (verkürzt gesagt) auseinandernimmt und wieder zusammensetzt und während des iterativen Lernprozesses die linguistische Information durchgehend mitberechnet. Es ist, als würde das neuronale Netzwerk lernen, die (über die Metadaten vermittelte) Idee hinter einem Bild zu verstehen und sich dadurch in die Lage zu versetzen, Bildideen mit visuellen Realisierungsformen zu verbinden.[49] KI-gestützte Bildgeneratoren ermöglichen damit ein vollkommen neues, aufgrund ihrer undurchsichtigen Verfahrensweise nicht selten auch irritierendes Verhältnis zu Bildern und Bildkulturen. Lev Manovich jedenfalls spricht bereits von einer epochalen Zäsur der Bildgeschichte, der wir uns mit den KI-generierten Bildern gegenübersehen: »Indeed, it is possible that it is as significant as the invention of photography in the nineteenth century or the adoption of linear perspective in western art in the sixteenth« (MANOVICH 2023: 2).

KI-generierte Bilder sind dabei keine Angelegenheit allein für Spezialist:innen. Sie haben längst den öffentlichen Diskurs erreicht; interessanterweise – wie bereits vierzig Jahre zuvor, als die digitale Fotografie Teil des öffentlichen Diskurses wurde – wieder mit einem Magazin-Cover. Im Sommer 2022 ließ die Redaktion der *Cosmopolitan* das Cover ihrer ›A.I. Issue‹ von dem KI-Bildgenerator *DALL-E* entwerfen und bewarb ihren Ein-

49 So in etwa beschrieb der Fotokünstler Boris Eldagsen die Vorgehensweise eines Diffusionsmodels bei seinem Vortrag an der Universität Hildesheim am 22. Mai 2023. Der versteckte Verweis auf die platonische Ideenlehre war als solcher intendiert, wobei Eldagsen sicherlich nicht behaupten würde, dass die KI tatsächlich über Ideen verfüge, die wie eigenständige Entitäten existierten. Interessant erscheint seine Verweis allerdings, insofern ihm das platonische Modell offensichtlich adäquat erschien, das unvertraute Verhältnis der KI-generierten Bilder zur Welt für die Zuhörer:innen zu skizzieren und zwar in der Weise, dass sie eben nicht die Welt abbilden, sondern Abbilder von Ideen seien. Mit diesem Rückgriff auf vormoderne Konzepte steht Eldagsen nicht allein. Das Autor:innenpaar Emanuele Arielli und Lev Manovich schreibt in ihrem 2022 erschienenen Aufsatz zu *AI aesthetics*, indem KI-Kunst in erster Linie gegen den Vorwurf verteidigt wird, dass sie nicht kreativ sein könne, weil sie sich auf immer schon Vorhandenes beziehe: »The fact that specific human processes appear to be more mechanical and procedural than we assume challenges the typically romantic conception of creative intuition. One should remember how the idea of pure creativity originates from an exaltation of individual autonomy that has established itself only in modernity. This was not conceivable in ancient times, where the dominant view saw people as being only able to remember (in the sense of Platonic anamnesis), reconstruct, and reproduce things that already existed. The artist, in this sense, was a discoverer, not a creator; art was not a domain of pure invention but of craft and skillful imitation of reality. True creativity, in the ancient and medieval sense of creation (ex-nihilo), was the prerogative of the divine only« (ARIELLI/MANOVICH 2022: 10).

fall mit der Bemerkung, dass für die Fertigstellung des Entwurfs lediglich 20 Sekunden benötigt worden seien. Die Aussage ist dabei nur teilweise korrekt: Die 20 Sekunden, von denen hier die Rede ist, beziehen sich lediglich auf die Zeit, die zur Errechnung des Bildes benötigt wurden. Nicht einberechnet ist der zeitliche Aufwand, den es brauchte, die zielführenden *prompts* zu finden, also das sogenannte *prompt-engineering* zu betreiben, dass sich wohl um einiges aufwendiger gestaltet hatte, als es der überschaubare Eingabetext erahnen lässt.[50]

Von dem Cover der *Cosmopolitan* provoziert zeigten sich vor allem Illustrator:innen und Layout Artists, was wenig verwundert, da der Verweis auf die Rechenzeit nicht nur die Leistungsfähigkeit der KI-Bildgeneratoren herausstellte, sondern auch die Leistung der kreativ Arbeitenden herabwürdigte. Was umso zynischer erscheint, wenn man bedenkt, dass bildgenerierende KIs mit Bildmaterial trainiert werden, das u. a. von Illustrator:innen und Layout Artists zuvor online gestellt wurde. Der Künstler David O'Reilly ließ auf Instagram keinen Zweifel daran, wie seiner Meinung nach die aktuelle Entwicklung einzuschätzen sei. Er schreibt, dass es sich bei den KI-gestützten Bildgeneratoren »letztlich um kaum etwas anderes [handelt] als um algorithmisch verfeinerte Plagiat-Produkte einer Black Box, die die Ausbeutung der individuellen Kreativität von Generationen in ein undurchsichtiges Geschäftsmodell verwandelt« (zitiert nach MEYER 2022: 51).

Bislang ist noch nicht abschließend geklärt, welchen Status man KI-generierten Bildern eigentlich zubilligen kann, welchen Status die Trainingsbilder haben und welchen die von der KI errechneten Kreationen. Eine durchaus relevante Frage, die letztlich auch geklärt werden muss, wem ein KI-Bilder eigentlich gehört, wer die Rechte an diesen Bildern hält und wer sie entsprechend vermarkten darf: Sind es die jeweiligen Nutzer:innen? Die Plattformen? Die Künstler:innen und Illustrator:innen, deren Bildmaterial die Basis aller KI-generierten Bilder darstellt? Mit diesen dringenden Fragen unmittelbar verbunden sind Fragen nach dem kreativen Potential, das einer KI zugebilligt werden kann – wobei es sich hierbei um Fragen

50 Das Cover ist (bis auf die Farbgebung) fotorealistisch und zeigt eine (aufgrund des taillierten Anzugs weiblich zu lesende) Astronautin vor einem weitwinklig gebeugten Sternenhimmel, die auf einen imaginären, von unten aufschauenden Kamerastandpunkt zuschreitet. Der Text, der zur Erstellung dieses Covers in die *Commandline* von DALL-E eingegeben worden war, lautet: »Wide-angle shot from below of a female astronaut with an athletic body walking with swagger toward camera on Mars in an infinite universe, synthwave digital art.« (zitiert nach MEYER 2022:52)

handelt, die bereits seit den Anfängen der KI-Forschung in den 1950er-Jahre gestellt werden und die ganz sicher nicht auf die Schnelle geklärt werden können.[51]

Authentizitätsfragen sind hiermit erst einmal noch nicht berührt. Im März 2023 allerdings kursierten eine Reihe KI-generierter Bilder in den sozialen Netzwerken, die aufgrund ihrer fotorealistischen Anmutung den Diskurs in eine neue Richtung drängten. Auf einem der Bilder war Papst Franziskus in einem weißen Daunenmantel zu sehen, wie ihn modebewusste Hip-Hop-Stars tragen. Das Bild verbreitete sich innerhalb kurzer Zeit als Meme auf Reddit, Instagram und Twitter und nicht wenige Nutzer:innen gingen davon aus, das Bild vom Papst im weißen Puffer-Coat wäre echt. Man musste schon sehr genau hinschauen, vor allem musste man wissen, worauf zu achten war, um das Bild als ein KI-generiertes Bild zu erkennen. Ungefähr zum selben Zeitpunkt tauchten Fotografien von der angeblichen Verhaftung Donald Trumps auf, auf denen zu sehen war, wie der ehemalige Präsident der Vereinigten Staaten von Polizisten niedergerungen wird. Trump hatte kurz zuvor über sein eigenes soziales Netzwerk *Truth Social* verkündet, dass die New Yorker Staatsanwaltschaft plane, ihn zu verhaften. Die Bilderserie war sozusagen die fotorealistische Imagination einer exekutiven Handlung, die für die Unterstützer:innen Trumps durchaus im Bereich des Möglichen lag und dadurch politische Brisanz erhielt – d. h. brisant wurden die Fotos der Serie, weil sie auf den ersten Blick aussahen wie Pressefotografien. Erst auf den zweiten Blick konnte man den »digitalen Schimmer« erkennen, der an »Bilder aus Videospielen erinnert« (KREYE 2023). Einen zweiten Blick aber lassen die affektiv aufgeladenen Social-Media-Kanäle nur selten zu.

Wenig später wird in London das Bild *Pseudomnesia/The Electrican* des Fotokünstlers Boris Eldagsen von der Jury der *Sony World Photography Awards*

51 Konkrete Klärung immerhin erfuhr der Copyright-Fall um den KI-generierten Fantasy Comic *Zarya of the Dawn* der Autorin Kristina Kashtanova. Der ursprünglich im September 2022 gewährte Copyrightschutz wurde dem Werk im Februar 2023 wieder entzogen, nach dem das *United States Copyright Office* darauf aufmerksam wurde, dass Kashtanova die KI *Midjourney* zur Erstellung der Bilder verwendet hatte. Das Urteil der US-amerikanischen Behörde ist eindeutig: Copyright kann nur einem Werk zugeschrieben werden, das von Menschen geschaffen wurde. Dass Kashtanova zur Erschaffung der Bilder kreativ ausformulierte, durch menschliche Autorschaft verbürgte *prompts* verwendet hatte (und insofern im Schaffensprozess maßgeblich beteiligt war), ließ das Office als Einwand nicht gelten. Vgl. hierzu: United States Copyright Office, Re: Zarya of the Dawn (Registration # VAu001480196); https://www.copyright.gov/docs/zarya-of-the-dawn.pdf [21. April 2023])

ausgezeichnet. Den Preis bekommt das Bild als Fotografie verliehen, obwohl es kein Foto ist, sondern ein KI-generiertes Bild, was in London offensichtlich niemandem aufgefallen war. Eldagsen hatte nicht beabsichtigt, die Öffentlichkeit zu täuschen (tatsächlich hatte er nicht einmal den Status seines Bildes verschleiert). Mit der Einreichung wollte er allerdings darauf aufmerksam machen, wie wenig vorbereitet die Öffentlichkeit auf Bilder dieses neuen Typus ist. »AI ist not photography«, schreibt er auf seiner Webseite. »It is promptography!« Den *Sony World Photography Award* lehnte Eldagsen ab und rief dazu auf, endlich mit einer Debatte über den Status dieser neuen Bilder zu beginnen.[52]

Ein handfester Skandal hatte sich damit noch nicht ereignet, allerdings zeigten sich erste Kommentator:innen angesichts der plötzlichen Omnipräsenz KI-generierter Bilder tief verunsichert. Vom »Verschwinden der Wirklichkeit« ist z. B. in einem Beitrag von Max Scharnigg in der *Süddeutschen Zeitung* vom 31. März 2023 zu lesen:

> »Wir haben uns [...] an Filter und Weichzeichner in den Gesichtern gewöhnt, an Photoshop-Fakes und inszenierte Realität. Aber das blieben Begleiterscheinungen, und ein Foto, sogar auf Instagram oder Tinder, hatte zumindest immer noch einen guten Restanteil Wahrheit. In den Nachrichten sowieso, da belegte es wie seit jeher eine Einheit von Zeit, Ort und Handlung. Nun, das ist vorbei. [...] Es entsteht eine Ohnmacht der Bilder. Denn schon eine einzige perfekte Fälschung stellt ja alle zukünftigen Bilder in den Verdacht der Unwahrheit. Wer auch nur einmal, wie beim Papst, darauf reingefallen ist, wird alle Fotos in Zukunft anders betrachten« (SCHARNIGG 2023).

Der Text erinnert in vielerlei Hinsicht an vorherige Abgesänge, vor allem an die Diskursivierung digitaler Bilder in den 1990er-Jahren, wo ja schon einmal das Abbildversprechen der Fotografie zur Disposition stand und Bildauthentizität grundsätzlich in Frage gestellt war. Insofern scheint sich auf diskursiver Ebene genau das zu wiederholen, was an verschiedenen Stellen dieser Arbeit bereits thematisiert wurde: Technische Neuerungen setzen Zäsuren nicht nur auf der Verfahrensebene, sie irritieren auch habitualisierte Gebrauchsweisen mit Bildern und evozieren Verlustdiskurse, die sich an der fraglich gewordenen Bildauthentizität

52 »We, the photo world, need an open discussion. A discussion about what we want to consider photography and what not. Is the umbrella of photography large enough to invite AI images to enter – or would this be a mistake? With my refusal of the award I hope to speed up this debate.« So Boris Eldagsen am 13.04.2023 bei der Verleihung in London; zitiert nach: https://www.eldagsen.com/sony-world-photography-awards-2023/ [21.04.2023]

abarbeiten. Diese Irritationen aber – man könnte auch sagen: diese medialen Kontingenzerfahrungen – evozieren wiederum neue Authentizitätsdiskurse, die notwendig sind, um die Authentizitätserwartungen an die neuen Verhältnisse anzupassen.

Ob sich die diskursiven Dynamiken auch im Hinblick auf die KI-generierten Bilder wiederholen, ist keineswegs sicher. Genauso denkbar wäre es, dass der Wandel diesmal grundlegender ausfällt, der Vertrauensverlust weitaus folgenreicher sein wird, der Nimbus der Fotografie möglicherweise sogar ganz verloren geht und ein fotografisches Bild in naher Zukunft gar nicht mehr als Fotografie gelesen werden kann – nicht zuletzt, weil sämtliche Bilder sich auf textuelle Informationen zurückführen lassen. Würde das geschehen, wäre nicht der »Restanteil Wahrheit« verloren, wie Scharnigg schreibt, sondern vor allem das Potential der Bilder, Gegendiskurse zu etablieren, die sich allein auf die Authentizität ihrer Darstellungen begründen, die also (im Sinne von *truth to power*) mit bildnerischen Mitteln gegen hegemoniale Weltdeutungen und propagandistische Narrative agieren. So wie 2004 mit den Amateurfotografien aus dem US-amerikanischen Gefängnis in Abu Ghraib geschehen; Bilder, ohne die es – wie Mitchell schreibt – gar keinen Skandal gegeben hätte: »Sprachliche Berichte, so detailliert oder glaubwürdig sie sein mochten, hätten niemals dieselbe Wirkung gehabt wie die Fotografien« (MITCHELL 2011: 169).

Dass die Bilder von Abu Ghraib als authentisch gelesen wurden, mag nicht zuletzt damit zusammenhängen, dass sie im politischen Diskurs unbedingt als authentisch zu bestehen hatten. Die theoretische Begründung folgte dem validierenden Umgang mit den Bildern; sprich: Sie waren authentisch, weil sie als authentische Zeugnisse behandelt wurden. Alles andere kam danach. Ob sich eine ähnliche Konstellation auch im Zusammenhang mit den KI-generierten Bildern einstellen wird, lässt sich zur Zeit noch nicht sagen. Was auch immer geschieht, es wird sich im diskursiven Umgang mit kommenden Skandalen und exzeptionellen Bildbeispielen zeigen.

LITERATURVERZEICHNIS

AITKEN, IAN (1998): *The Documentary Film Movement. An Anthology.* Edited and introduced by Ian Aitken. Edinburgh: Edinburgh University Press

ALBERTI, LEON BATTISTA (1877): Drei Bücher über die Malerei (1435). In: HUBERT JANISCHEK (Hrsg.): *Leone Battista Alberti: Kleinere kunsttheoretische Schriften.* Quellenschriften für Kunstgeschichte und Kunsttechnik des Mittelalters und der Renaissance, Band XI. Wien: Wilhelm Braumüller K. K. Hof und Universitätsbuchhändler

ALBERTI, LEON BATTISTA (1975): *Zehn Bücher über die Baukunst* (1485). Unveränderter reprografischer Nachdruck der 1. Auflage, Wien und Leipzig, 1912 – nach der Pariser Ausgabe von 1512. Darmstadt: Wissenschaftliche Buchgesellschaft

AMELUNXEN, HUBERTUS VON (1996): Fotografie *nach* der Fotografie. In: HUBERTUS V. AMELUNXEN; STEFAN IGLHAUT; FLORIAN RÖTZER (Hrsg.): *Fotografie nach der Fotografie.* München: Verlag der Kunst, S. 116-123

AMELUNXEN, HUBERTUS VON; IGLHAUT, STEFAN; RÖTZER, FLORIAN (Hrsg.) (1996): *Fotografie nach der Fotografie.* München: Verlag der Kunst

AMREIN, URSULA (2009): Einleitung. In: Dies. (Hrsg.): *Das Authentische. Referenzen und Repräsentationen.* Zürich: Chronos

ANGENENDT, ARNOLD (1992): Der »ganze« und »unverweste« Leib – eine Leitidee der Reliquienverehrung bei Gregor von Tours und Beda Venerabilis. In: HUBERT MORDEK (Hrsg.): *Aus Archiven und Bibliotheken: Festschrift für Raymund Kottje zum 65. Geburtstag.* Frankfurt/M.: Verlag Peter Lang, S. 33-50

ANGENENDT, ARNOLD (1994): *Heilige und Reliquien. Die Geschichte ihres Kultes vom frühen Christentum bis zur Gegenwart.* München: C.H.Beck

ARIELLI, EMANUELE; MANOVICH, LEV (2022): *AI-aesthetics and the Anthropocentric Myth of Creativity*. http://manovich.net/content/04-projects/117-ai-aesthetics-and-the-anthropocentric-myth-of-creativity/lm_ea_paper_for_nodes.pdf [21.04.2023]

ARIÈS, PHILIPPE; DUBY, GEORGE (Hrsg.) (1991): *Geschichte des privaten Lebens. 3. Band: Von der Renaissance zur Aufklärung.* Herausgegeben von Philippe Ariès und Roger Chartier. Frankfurt/M.: S. Fischer

ARISTOTELES (1989): *Rhetorik*. Übersetzt, mit einer Bibliographie, Erläuterungen und einem Nachwort von Franz G. Sieveke. München: Wilhelm Fink Verlag

ARNHEIM, RUDOLF (1977): Systematik der frühen kinematographischen Erfindungen (1933). In: HELMUT H. DIEDRICHS (Hrsg.): *Rudolf Arnheim: Kritiken und Aufsätze zum Film.* München, Wien: Carl Hanser Verlag, S. 25-41

ARRIENS, KLAUS (1999): *Wahrheit und Wirklichkeit im Film. Philosophie des Dokumentarfilms.* Würzburg: Königshausen und Neumann

ARTHUR, PAUL (1993): Jargons of Authenticity (Three American Moments). In: MICHAEL RENOV (Hrsg.): *Theorizing Documentary*. New York, London: Routledge, S. 108-134

ASSMANN, ALEIDA (2012) Authentizität – Signatur des abendländischen Sonderwegs? In: MICHAEL RÖSSNER; HEIDEMARIE UHL (Hrsg.): *Renaissance der Authentizität? Über die neue Sehnsucht nach dem Ursprünglichen*. Bielefeld: transcript, 2012, S. 27-42

ATHANASIUS (1917): Leben des heiligen Antonius (356). In: *Bibliothek der Kirchenväter (BKV). In der Reihenfolge des Erscheinens Band 31: Des Heiligen Athanasius Schriften, 2. Band: Gegen die Heiden. Über die Menschwerdung. Leben des heiligen Antonius.* Kempten, München: Verlag der Jos. Köselschen Buchhandlung

AUGUSTINUS, AURELIUS (1913): Bekenntnisse (um 400). In: *Bibliothek der Kirchenväter (BKV). In der Reihenfolge des Erscheinens Band 18: Des Heiligen Kirchenvaters Aurelius Augustinus ausgewählte Schriften. 7. Band.* München: Jos. Kösel & Friedr. Pustet

AUGUSTINUS, AURELIUS (1925): Vier Bücher über die christliche Lehre (397-426). In: *Bibliothek der Kirchenväter (BKV). In der Reihenfolge des Erscheinens Band 49: Des Heiligen Kirchenvaters Aurelius Augustinus ausgewählte Schriften, 8. Band.* München: Verlag Josef Kösel & Friedrich Pustet K.-G.

BACON, FRANCIS (1990): *Neues Organon* (1620). Teilband 1 und 2. Hamburg: Felix Meiner Verlag

BADSTÜBNER, ERNST (1992): *Kirchen der Mönche. Die Baukunst der Reformorden im Mittelalter.* 2. Aufl. Berlin, Leipzig: Koehler & Amelang

BAIER WOLFGANG (1980): *Quellendarstellungen zur Geschichte der Fotografie.* München: Schirmer/Mosel

BALTRUSAITIS, JURGIS (1984): *Imaginäre Realitäten. Fiktion und Illusion als produktive Kraft. Tierphysiognomik – Bilder im Stein – Waldarchitektur – Illusionsgärten.* Köln: DuMont

BANN, STEPHEN (Hrsg.) (1974): *The Tradition of Constructivsm.* New York: Thames and Hudson

BARCHET, MICHAEL (1994): Allegorien der Krise: Die Didaktik dokumentarischer Formen als kulturelle Hermeneutik. In: LOTHAR BREDELLA; GÜNTHER H. LENZ (Hrsg.): *Der amerikanische Dokumentarfilm. Herausforderung für die Didaktik.* Tübingen: Günther Narr Verlag, S. 39-66

BARNOUW, ERIK (1983): *Documentary. A history of the Non-Fiction Film.* Revised edition. Oxford/New York: Oxford University Press

BARSAM, RICHARD MERAN (1992): *Nonfiction Film. A Critical History.* Revised and expanded edition. Bloomington, Indianapolis: Indiana University Press

BARTHES, ROLAND (1986): *Die helle Kammer. Bemerkungen zur Photographie.* Zweite, durchgesehene Auflage. Frankfurt/M.: Suhrkamp

BARTHES, ROLAND (1990) Rhetorik des Bildes (1967). In: Ders.: *Der entgegenkommende und der stumpfe Sinn. Kritische Essays III.* Frankfurt/M.: Suhrkamp; S. 28-46

BASARAN, AYLIN; SABO, KLAUDIJA; KÖHNE, JULIA (Hrsg.) (2013): *Zooming in & out. Filmische Produktion des Politischen in neueren deutschsprachigen Dokumentationen.* Wien: Mandelbaum Verlag

BÄUMER, ROLF (1996): Parodien dokumentarischer Authentizitätskonvention. In: PETER ZIMMERMANN; DIETER ERTEL (Hrsg.): *Strategie der Blicke. Zur Modellierung von Wirklichkeit in Dokumentarfilm und Reportage.* CLOSE UP, Schriften aus dem Haus des Dokumentarfilms Bd. 5. Konstanz: UVK Medien, S. 83-104

BAXANDALL, MICHAEL (1988): *Die Wirklichkeit der Bilder. Malerei und Erfahrung im Italien des 15. Jahrhunderts.* Frankfurt/M.: Suhrkamp

BAZIN, ANDRÉ (1975) Ontologie des fotografischen Bildes (1945). In: HARTMUT BITOMSKY (Hrsg.): *André Bazin: Was ist Kino? Bausteine zur Theorie des Films.* Köln: DuMont, S. 21-27

BEDA VENERABILIS (1997) *Kirchengeschichte des englischen Volkes* (731). Darmstadt: Wissenschaftliche Buchgesellschaft

BEILENHOFF, WOLFGANG (Hrsg.) (1973): *Dziga Vertov. Schriften zum Film.* München: Carl Hanser Verlag

BEISSEL, STEPHAN (1991) *Die Verehrung der Heiligen und ihrer Reliquien in Deutschland im Mittelalter.* Unveränd. reprografischer Nachdr. der Orig.-Ausg., Herder, 1890. Darmstadt: Wissenschaftliche Buchgesellschaft

BELLOI, LIVIO (1995): Lumière und der Augenblick. In: FRANK KESSLER; SABINE LENK; MARTIN LOIPERDINGER (Hrsg.): *KINtop, Jahrbuch zur Erforschung des frühen Films 4: Anfänge des dokumentarischen Films.* Frankfurt/M.: Stroemfeld/Roter Stern, S. 27-49

BELTING, HANS (1981): *Das Bild und sein Publikum im Mittelalter. Form und Funktion früher Bildtafeln der Passion.* Berlin: Gbr. Mann Verlag

BELTING, HANS (1982): Die Reaktion der Kunst des 13. Jahrhunderts auf den Import von Reliquien und Ikonen. In: *Il medio Oriente e l'occidente nell' arte del XIII secolo. Atti del XXIV Congresso Internazionale die Storia dell'Arte – vol. II., a.c. die H. Belting.* Bologna, S. 35-53

BELTING, HANS (1991): *Bild und Kult. Eine Geschichte des Bildes vor dem Zeitalter der Kunst.* München: C.H. Beck

BELTING, HANS (1998): In Search of Christ's Body. Image or Imprint? In: HERBERT L. KESSLER; GERHARD WOLF (Hrsg.): *The Holy Face and the Paradox of Representation.* Bologna: Nuova Alfa Editoriale, S. 1-12

BELTING, HANS (2001): *Bild-Anthropologie. Entwürfe für eine Bildwissenschaft.* München: Wilhelm Fink Verlag

BELTING, HANS (2005): *Das echte Bild. Bildfragen als Glaubensfragen.* München: Verlag C.H. Beck

BELTING, HANS (2007) (Hrsg.): *Bilderfragen. Die Bildwissenschaften im Aufbruch.* München: Fink

BENJAMIN, WALTER (1977a): Das Kunstwerk im Zeitalter seiner technischen Reproduzierbarkeit (1936). In: Ders.: *Das Kunstwerk im Zeitalter seiner technischen Reproduzierbarkeit. Drei Studien zur Kunstsoziologie.* Frankfurt/M.: Suhrkamp, S. 7-44

BENJAMIN, WALTER (1977b): Kleine Geschichte der Photographie (1931). In: Ders.: *Das Kunstwerk im Zeitalter seiner technischen Reproduzierbarkeit. Drei Studien zur Kunstsoziologie.* Frankfurt/M.: Suhrkamp, S. 45-64

BERG, JAN (1980): Die Fiktion der Nichtfiktionalität. Zur Abbildtheorie von Klaus Wildenhahn. In: *Filme*, Nr.4, S. 29-31

BERG, JAN (1982): Wirklich und Wahrhaftig – Zu Mythos und Geschichte des Dokumentarfilms. In: ARBEITSGEMEINSCHAFT DER FILMJOURNALISTEN (Hrsg.): *Dokumentarfilm in der Kritik – Kritik des Dokumentarfilms*. Berlin, S. 57-65

BERG, JAN (1985): *Zur Theorie und Geschichte des spektatorischen Ereignisses.* Berlin: Unveröffentlichtes Typoskript der Habilitationsschrift

BERG, JAN (1987): Der Beute-Gestus. Dokumentarische Exotik im Film. In: THOMAS KOEBNER; GERHART PICKERODT (Hrsg.): *Die andere Welt. Studien zum Exotismus.* Frankfurt/M.: Athenäum, S. 345-362

BERG, JAN (1990): Offenbarung des Faktischen. Gefundene Bilder, gefundene Geschichten. In: CHRISTA BLÜMLINGER (Hrsg.): *Sprung im Spiegel. Filmisches Wahrnehmen zwischen Fiktion und Wirklichkeit*. Wien: Sonderzahl, S. 97-109

BERG, JAN (1994): Zur Natur der Filmbilder in Naturfilmen. In: JAN BERG; KAY HOFFMANN (Hrsg.): *Natur und ihre filmische Auflösung*. Marburg: Timbuktu, S. 185-198

BERG, JAN (1995): Nächste Zukunft als vollendete Gegenwart und Parodie. In: *Ästhetik & Kommunikation*, 24. Jg., Nr. 88, S. 16-21

BERG, JAN (1997): Formen szenischer Authentizität. In: JAN BERG; HANS-OTTO HÜGEL; HAJO KURZENBERGER (Hrsg.): *Authentizität als Darstellung.* MuTh – Medien und Theater, Band 9. Hildesheim, S. 155-174

BERG, JAN (2001): Techniken der medialen Authentifizierung Jahrhunderte vor der Erfindung des ›Dokumentarischen‹. In: KAY HOFFMANN; URSULA VON KEITZ (Hrsg.): *Die Einübung des dokumentarischen Blicks. Fiction Film und Non Fiction Film zwischen Wahrheitsanspruch und expressiver Sachlichkeit 1895-1945*. Marburg: Schüren Verlag, S. 51-70

BERG, JAN; HOFFMANN, KAY (Hrsg.) (1994): *Natur und ihre filmische Auflösung*. Marburg: Timbuktu

BERG, JAN; HÜGEL, HANS-OTTO; KURZENBERGER, HAJO (Hrsg.) (1997): *Authentizität als Darstellung.* MuTh – Medien und Theater, Band 9. Hildesheim

BERG, RONALD (2001): *Die Ikone des Realen. Zur Bestimmung der Photographie im Werk von Talbot, Benjamin und Barthes*. München: Wilhelm Fink Verlag

BERG-GANSCHOW, UTA (1990): Das Problem der Authentizität im Dokumentarfilm. In: HEINZ-B. HELLER; PETER ZIMMERMANN (Hrsg.): *Bilderwelten – Weltbilder. Dokumentarfilm und Fernsehen.* Marburg: Hitzeroth, S. 85-87

BERGHAUS, MARGIT (2011): *Luhmann leicht gemacht.* 3. Überarbeitete und ergänzte Auflage. Köln, Weimar, Wien: Böhlau Verlag

BEYERLE, MONIKA (1997): *Authentisierungsstrategien im Dokumentarfilm: Das amerikanische Direct Cinema der 60er Jahre.* Trier: Wissenschaftsverlag Trier

BEYERLE, MONIKA; BRINCKMANN, CHRISTINE N. (Hrsg.) (1991): *Der amerikanische Dokumentarfilm der 60er Jahre: Direct Cinema und Radical Cinema.* Frankfurt/M.: Campus

BITOMSKY, HARTMUT (Hrsg.) (1975): *André Bazin: Was ist Kino? Bausteine zur Theorie des Films.* Köln: DuMont.

BLUE, JAMES (1965a): Thoughts of Cinéma Vérité and a Discussion with the Maysels Brothers. In: *Film Comment,* Vol. 3, No. 4, S. 22-30

BLUE, JAMES (1965b): One Man's Truth. An Interview with Richard Leacock. In: *Film Comment* Vol. 3, No. 2, S. 15-22

BLUE, JAMES (1967): Jean Rouch in Conversation with James Blue. In: *Film Comment,* Vol. 5, No. 2-3, S. 84-86

BLUMENBERG, HANS (1955): Der kopernikanische Umsturz und die Weltstellung des Menschen. Eine Studie zum Zusammenhang von Naturwissenschaften und Geistesgeschichte. In: *Studium Generale,* 8. Jg., Nr. 10, S. 637-648

BLUMENBERG, HANS (1957): Nachahmung der Natur. Zur Vorgeschichte der Idee des schöpferischen Menschen. In: *Studium Generale,* 10. Jg., Nr. 5, S. 266-283

BLUMENBERG, HANS (1987): *Die Sorge geht über den Fluß.* Frankfurt/M.: Suhrkamp

BLUMENBERG, HANS (1989): *Die Genesis der kopernikanischen Welt.* 2. Aufl. Frankfurt/M.: Suhrkamp Verlag

BOCCACCIO, GIOVANNI (1952): *Das Dekameron* (1348). München: Winkler Verlag

BOEHM, GOTTFRIED (1994): Die Wiederkehr der Bilder. In: Ders. (Hrsg.): *Was ist ein Bild?* München: Wilhelm Fink Verlag; S. 11-38

BOEHM, GOTTFRIED (2004): Jenseits der Sprache? Anmerkungen zur Logik der Bilder. In: CHRISTA MAAR; HUBERT BURDA (Hrsg.): *Iconic Turn. Die neue Macht der Bilder.* Köln: DuMont; S. 28-43

BOLZ, NORBERT (1993): Wer hat Angst vorm Cyberspace? Eine kleine Apologie für gebildete Verächter. In: *Merkur. Deutsche Zeitschrift für europäisches Denken*, 48, Nr. 7, 1993, S. 897-904

BOLZ, NORBERT (2005): *Blindflug mit Zuschauer.* München: Wilhelm Fink Verlag

BONAVENTURA (1962): *Franziskus, Engel des sechsten Siegels. Sein Leben nach den Schriften des heiligen Bonaventura* (1263). Franziskanische Quellenschriften Band 7. Werl: Dietrich-Coelde-Verlag

BREDELLA, LOTHAR; LENZ, GÜNTHER H. (Hrsg.) (1994): *Der amerikanische Dokumentarfilm. Herausforderung für die Didaktik.* Tübingen: Günther Narr Verlag

BROTHERS, CAROLINE (1997): *War and Photography. A cultural history.* London, New York: Routledge

BROWN, PETER (1973): *Augustinus von Hippo. Eine Biographie von Peter Brown.* Frankfurt/M.: Societäts-Verlag

BROWN, PETER (1982): *Society and the holy in late antiquity*. Berkley/Los Angeles: University of California Press

BROWN, PETER (1982a): A Dark Age Crisis: Aspects of the Iconoclastic Controversy. In: PETER BROWN: *Society and the holy in late antiquity*. Berkley/Los Angeles: University of California Press, S. 251-301

BROWN, PETER (1989): Spätantike. In: PAUL VEYNE (Hrsg.): *Geschichte des privaten Lebens. 1. Band: Vom Römischen Imperium zum Byzantinischen Reich.* Herausgegeben von Philippe Ariès und Roger Chartier. Frankfurt/M.: S. Fischer, S. 229-298

BROWN, PETER (1993): *Die Gesellschaft und das Übernatürliche. Vier Studien zum frühen Christentum*. Berlin: Wagenbach

BROWN, PETER (1993a): Östliches und westliches Christentum in der Spätantike: Wie sich die Wege trennten. In: Ders.: *Die Gesellschaft und das Übernatürliche. Vier Studien zum frühen Christentum*. Berlin: Wagenbach, S. 48-65

BROWN, PETER (1994): *Die Keuschheit der Engel. Sexuelle Entsagung, Askese und Körperlichkeit am Anfang des Christentums*. München: dtv

BROWN, PETER (1995): *Macht und Rhetorik in der Spätantike. Der Weg zu einem »christlichen Imperium«*. München: dtv

BROWNLOW, KEVIN (1978): *The War, The West and The Wilderness.* London: Secker & Warburg

BRUNERT, MARIA-ELISABETH (1994): *Das Ideal der Wüstenaskese und seine Rezeption in Gallien bis zum Ende des 6. Jahrhunderts.* Münster: Aschendorff Verlag

BRUNHÖLZL, FRANZ (1975): *Geschichte der lateinischen Literatur des Mittelalters. Erster Band: Von Cassidor bis zum Ausklang der karolingischen Erneuerung.* München: Wilhelm Fink Verlag

BULGAKOWA, OKSANA (Hrsg.) (1997): *Kasimir Malewitsch: Das weisse Rechteck. Schriften zum Film.* Berlin: PotemkinPress

BUMKE, JOACHIM (1982a): Die Rolle der Frau im höfischen Literaturbetrieb. In: JOACHIM BUMKE (Hrsg.): *Literarisches Mäzenatentum. Ausgewählte Forschungen zur Rolle des Gönners und Auftraggebers in der mittelalterlichen Literatur.* Darmstadt: Wissenschaftliche Buchgesellschaft, S. 371-404

BUMKE, JOACHIM (Hrsg.) (1982): *Literarisches Mäzenatentum. Ausgewählte Forschungen zur Rolle des Gönners und Auftraggebers in der mittelalterlichen Literatur.* Darmstadt: Wissenschaftliche Buchgesellschaft

CAMERON, AVERIL (1979): Images of Authority: Elites and Icons in late sixth-century Byzantium. In: *Past and Present*, No. 84, S. 3-35

CAMERON, AVERIL (1981): *Continuity and Change in Sixth-Century Byzantium.* London: Variorum Reprints

CAMERON, AVERIL (1981a): The Sceptic and the Shroud. In: Dies.: *Continuity and Change in Sixth-Century Byzantium*. London: Variorum Reprints, S. 3-27

CAMERON, AVERIL (1983): The History of the Image of Edessa: The Telling of a Story. In: *Harvard Ukrainian Studies, Okeanos. Volume VII.* Harvard University, Cambridge/Massachusetts, S. 80-94

CAMERON, AVERIL (1994): *Das späte Rom.* München: dtv

CAMERON, AVERIL (1998): The Mandylion an Byzantine Iconoclasm. In: HERBERT L. KESSLER; GERHARD WOLF (Hrsg.): *The Holy Face and the Paradox of Representation.* Bologna: Nuova Alfa Editoriale, S. 33-54

CAVELL, STANLEY (1987): Denken – was heißt das in der Fotografie? In: KURT R. FISCHER; LUDWIG NAGL (Hrsg.): *Nach der Philosophie. Essays von Stanley Cavell.* Wien: Verl. d. Verbandes der Wiss. Gesellschaften Österreichs

CELANO, THOMAS VON (1994): *Leben und Wunder des heiligen Franziskus von Assisi* (1228/1247/1252). Franziskanische Quellenschriften Band 5. Werl: Dietrich-Coelde-Verlag

CHASTEL, ANDRÉ (1984): *Chronik der italienischen Renaissancemalerei, 1280-1580*. Würzburg: Arena Verlag

CHASTEL, ANDRÉ (Hrsg.) (1990): *Leonardo da Vinci: Sämtliche Gemälde und Schriften zur Malerei*. München: Schirmer/Mosel

COMOLLI, JEAN-LOUIS (1980): Machines of the Visible. In: TERESA DE LAURETIS; STEPHEN HEATH (Hrsg.): *The Cinematic Apparatus*. New York: St. Martins Press; S 121-142

COMOLLI, JEAN-LOUIS (1998): Der Umweg über das *direct* (1969). In: EVA HOHENBERGER (Hrsg.): *Bilder des Wirklichen. Texte zur Theorie des Dokumentarfilms*. Berlin: Vorwerk 8, S. 242-265

CONVENTS, GUIDO (1988): Documentaries and Propaganda before 1914. A View on early Cinema and colonial History. In: WILLEM DE GREEF; WILLEM HESLING (Hrsg.): *Image – Reality – Spectator. Essays on Documentary Film and Television*. Leuven, Amersfoort: Acco, S. 33-46

CORNER, JOHN (1999): *The art of record. A critical introduction to documentary*. Manchester, New York: Manchester University Press

COY, WOLFGANG (1996): Mit fotografischem Gedächtnis. In: HUBERTUS V. AMELUNXEN; STEFAN IGLHAUT; FLORIAN RÖTZER (Hrsg.): *Fotografie nach der Fotografie*. München: Verlag der Kunst, S. 67-72

CRARY, JONATHAN (1996): *Techniken des Betrachters. Sehen und Moderne im 19. Jahrhundert*. Dresden, Basel: Verlag der Kunst

CROY, HOMER (1978): *How Motion Pictures Are Made* (1918). Reprint of the edition published by Harper & Bros., New York 1918. New York: Arno Press

DAGUERRE, LOUIS JACQUE MANDÉ (1989): *Das Daguerreotyp und das Diorama oder genaue und authentische Beschreibung meines Verfahrens und meiner Apparate zu Fixierung der Bilder der Camera obscura und der von mir bei dem Diorama angewendeten Art und Weise der Malerei und der Beleuchtung*. Nachdruck der Ausgabe Stuttgart 1839. Stuttgart: Metzler

D'ARCIS, PIERRE (1980): Memorandum an Papst Clemens VII. in Avignon (1389). In: IAN WILSON (Hrsg.): *Eine Spur von Jesus. Herkunft und Echtheit des Turiner Grabtuches*. Freiburg, Basel, Wien: Herder, S. 295-300

DAVIDSOHN, ROBERT (1969): *Geschichte von Florenz. Die Frühzeit der Florentiner Kultur*. 4. Band, 3. Teil. Neudruck der Ausgabe 1896-1927. Osnabrück: Biblio

DECKER, CHRISTOF (1995): *Die ambivalente Macht des Films. Explorationen des Privaten im amerikanischen Dokumentarfilm*. Trier: Wissenschaftlicher Verlag Trier

DEUTELBAUM, MARSHALL (1983): Structural Pattering in the Lumière Films. In: JOHN L. FELL (Hrsg.): *Film before Griffith*. Berkeley, Los Angeles, London: University of California Press, S. 299-310

DÍAZ DEL CASTILLO, BERNAL (1988): *Geschichte der Eroberung von Mexiko* (1568). Frankfurt/M.: Insel Verlag

DIDEROT, DENIS (1986): *Das Theater des Herrn Diderot. Aus dem Französischen übersetzt von Ephraim Lessing* (1757). Stuttgart: Philipp Reclam Jun

DIDI-HUBERMAN, GEORGES (1995): *Fra Angelico. Unähnlichkeit und Figuration*. München: Wilhelm Fink Verlag

DIDI-HUBERMAN, GEORGES (1999): *Ähnlichkeit und Berührung. Archäologie, Anachronismus und Modernität des Abdrucks*. Köln: DuMont

DINZELBACHER, PETER (1990): Die »Realpräsenz« der Heiligen in ihren Reliquiaren und Gräbern nach mittelalterlichen Quellen. In: PETER DINZELBACHER; DIETER R. BAUER (Hrsg.): *Heiligenverehrung in Geschichte und Gegenwart*. Ostfildern: Schwabenverlag, S. 115-174

DINZELBACHER, PETER (1998): *Bernhard von Clairvaux. Leben und Werk des berühmten Zisterziensers*. Darmstadt: Wissenschaftliche Buchgesellschaft

DINZELBACHER, PETER; BAUER, DIETER R. (Hrsg.) (1990): *Heiligenverehrung in Geschichte und Gegenwart*. Ostfildern: Schwabenverlag

DOBSCHÜTZ, ERNST VON (1899): *Christusbilder. Untersuchung zur christlichen Legende*. Texte und Untersuchungen zur Geschichte der altchristlichen Literatur, herausgegeben von Oscar von Gebhardt und Adolf Harnack. Neue Folge, dritter Band. Leipzig: J.C. Hinrichs‹sche Buchhandlung

DOERING, OSCAR (Hrsg.) (1901): *Des Augsburger Patriciers Philipp Hainhofer Reisen nach Insbruck und Dresden*. Quellenschriften für Kunstgeschichte und Kunsttechnik des Mittelalters und der Neuzeit. Neue Folge, 10. Band. Wien: Verlag von Carl Graesser & Co

DREW, ROBERT L. (1988): An Independent with the Networks (1981). In: ALAN ROSENTHAL (Hrsg.): *New Challenges for Documentary*. Berkeley: University of California Press, S. 389-401

DRIJVERS, HAN J.W. (1998): The Image of Edessa in the Syriac Tradition. In: HERBERT L. KESSLER; GERHARD WOLF (Hrsg.): *The Holy Face and the Paradox of Representation*. Bologna: Nuova Alfa Editoriale, S. 13-32

DUBOIS, PHILIPPE (1998): *Der fotografische Akt. Versuch über ein theoretisches Dispositiv*. Schriftenreihe zur Geschichte und Theorie der Fotografie, 1. Band. Amsterdam, Dresden: Verlag der Kunst

DUMEIGE, GERVAIS (1985): *Nizäa II. Geschichte der ökumenischen Konzilien, Band IV*. Mainz: Matthias-Grünewald-Verlag

DUTTON, DENIS (2005): Authenticity in Art. In: JERROLD LEVINSON (Hrsg.): *The Oxford Handbook of Aesthetics*. Oxford: Oxford University Press, S. 259-274

EATON, MICK (1979): *Anthropology – Reality – Cinema. The Films of Jean Rouch*. London: BFI

ECCARDUS SANGALLENSIS (1980): *St. Galler Klostergeschichten* (um 1050). Darmstadt: Wissenschaftliche Buchgesellschaft

ECO, UMBERTO (1991): *Kunst und Schönheit im Mittelalter*. München/Wien: Hanser

EITZEN, DIRK (1995): When Is a Documentary? Documentary as a Mode of Reception. In: *Cinema Journal* 35, No. 1, S. 81-102

ELSAESSER, THOMAS; HOFFMANN, KAY (Hrsg.) (1998): *Cinema Futures: Cain, Abel or Cable? The Screen Arts in the Digital Age*. Amsterdam: Amsterdam University Press

ENGELL, LORENZ; SIEGERT, BERNHARD; VOGL, JOSEPH (Hrsg.): (2002) *Archiv für Mediengeschichte – Licht und Leitung*. Weimar: Universitätsverlag Weimar

ENGELL, LORENZ; VOGL, JOSEPH (Hrsg.) (2001): *Archiv für Mediengeschichte – Mediale Historiographie*. Weimar: Universitätsverlag Weimar

ENGLER, WOLFGANG (1989): *Die Konstruktion von Aufrichtigkeit. Zur Geschichte einer verschollenen diskursiven Formation*. Wien: Verlag des Verbandes der Wissenschaftlichen Gesellschaften Österreichs

ENGLER, WOLFGANG (2009): *Lüge als Prinzip. Aufrichtigkeit im Kapitalismus*. Berlin: Aufbau-Verlag

ENGLER, WOLFGANG (2017): *Authentizität! Von Exzentrikern, Dealern und Spielverderbern*. Berlin: Verlag Theater der Zeit

EUAGRIOS SCHOLASTIKOS (1860): Historia Ecclesiastica (593). In: J.-P. MIGNE (Hrsg.): *Patrologiae cursus completus. Series graeca*. Band LXXXVI, Paris, Sp. 2415-2912

EUSEBIUS VON CAESAREA (1989): *Kirchengeschichte* (317). Darmstadt: Wissenschaftliche Buchgesellschaft

FAYET, ROGER; KRÄHENBÜHL, REGULA (Hrsg.) (2018): *Authentizität und Material. Konstellationen in der Kunst seit 1900*. Outlines, Bd. 11. Zürich: SIK-ISEA

FELD, HELMUT (1994): *Franziskus von Assisi und seine Bewegung*. Darmstadt: Wissenschaftliche Buchgesellschaft

FELICETTI-LIEBENFELS, WALTER (1956): *Geschichte der byzantinischen Ikonenmalerei. Von ihren Anfängen bis zum Ausklange unter Berücksichtigung der Maniera Greca und der Italo–Byzantinischen Schule.* Olten/Lousanne: Urs-Graf-Verlag

FELL, JOHN L. (Hrsg.) (1983): *Film before Griffith.* Berkeley, Los Angeles, London: University of California Press

FISCHER-LICHTE, ERIKA (2007) (Hrsg.): *Inszenierung von Authentizität.* 2., überarb. und aktualisierte Aufl. Tübingen: Francke

FLAHERTY, FRANCES; LEACOCK, URSULA (1937): *Sabu – The Elephant Boy.* London: J.M. Dent & Sons LTD

FLAHERTY, FRANCES HUBBARD (1937): *Elephant Dance.* London: Faber and Faber Limited

FLAHERTY, FRANCES HUBBARD (1972): *The Odyssey of a Film-Maker. Robert Flaherty's Story.* New York: Arno Press & The New York Times

FLAHERTY, ROBERT (1932): *Samoa.* Berlin: Verlag von Reimar Hobbing in Berlin

FLAHERTY, ROBERT (1979): Filming Real People (1934). In: LEWIS JACOBS (Hrsg.): *The Documentary Tradition.* New York: W. W. Norton & Company Inc., S. 97-99

FLAHERTY, ROBERT; FLAHERTY, FRANCES HUBBARD (1924): *My Eskimo Friends. »Nanook of the North«.* New York: Doubleday, Page & Company

FOISIL, MADELEINE (1991): Die Sprache der Dokumente und die Wahrnehmung des privaten Lebens. In: PHILIPPE ARIÈS; GEORGES DUBY (Hrsg.): *Geschichte des privaten Lebens. 3. Band: Von der Renaissance zur Aufklärung.* Herausgegeben von Philippe Ariès und Roger Chartier. Frankfurt/M.: S. Fischer, S. 333-370

FRANK, KARL SUSO (1975a): *Frühes Mönchtum im Abendland. Erster Band: Lebensformen.* Zürich, München: Artemis Verlag

FRANK, KARL SUSO (1975b): *Frühes Mönchtum im Abendland. Zweiter Band: Lebensgeschichten.* Zürich, München: Artemis Verlag

FRANK, KARL SUSO (1993): *Geschichte des christlichen Mönchtums.* 5., verbesserte und ergänzte Auflage. Darmstadt: Wissenschaftliche Buchgesellschaft

FREEMAN, AN (Hrsg.) (1998): *Opus Caroli Regis Contra Synodum (Libri Carolini).* Monumenta Germaniae Historica. Concilia, Tomus II, Supplementum I, Hannover: Harrassowitz Verlag

FUNK, WOLFGANG; KRÄMER, LUCIA (2011): »Vorwort«. In: Dies. (Hrsg.): *Fiktionen von Wirklichkeit – Authentizität zwischen Materialität und Konstruktion*. Bielefeld: transcript, 2011, S. 7-24

GAINES, JANE M.; RENOV, MICHAEL (Hrsg.) (1999): *Collecting Visible Evidence.* Visible Evidence Vol. 6. Minneapolis, London: University of Minnesota Press

GALILEI, GALILEO (1987a): Sternenbotschaft – Sidereus Nuncius (1610). In: ANNA MUDRY (Hrsg.): *Galileo Galilei. Schriften – Briefe – Dokumente. Band I.* Berlin: Rütten & Loening, S. 95-143

GALILEI, GALILEO (1987b): Dialog über die beiden hauptsächlichen Weltsysteme, das ptolemäische und das kopernikanische – Dialogo sopra i due massimi sistemi del mondo, tolemaico, e copernicano (1632). In: ANNA MUDRY (Hrsg.): *Galileo Galilei. Schriften – Briefe – Dokumente. Band I.* Berlin: Rütten & Loening, S. 179-328

GAN, ALEXEI (1974): Constructivism (1922). In: STEPHEN BANN (Hrsg.): *The Tradition of Constructivsm*. New York: Thames and Hudson, S. 32-41

GEERLINGS, WILHELM (Hrsg.) (2002): *Theologen der christlichen Antike. Eine Einführung*. Darmstadt: Wissenschaftliche Buchgesellschaft

GERL, HANNA-BARBARA (1995): *Einführung in die Philosophie der Renaissance*. Darmstadt: Wissenschaftliche Buchgesellschaft

GERNSHEIM, HELMUT; ALISON GERNSHEIM (1968): *L. J. M. Daguerre. The History of the Diorama and the Daguerreotype.* Second Revised Edidition. New York: Dover Publications, Inc

GERNSHEIM, HELMUT (1971): *Die Fotografie*. Wien, München, Zürich: Verlag Fritz Molden

GHIBERTI, LORENZO (1920): *Denkwürdigkeiten des florentinischen Bildhauers Lorenzo Ghiberti* (1450). Berlin: Verlag Julius Bard

GLANVILL, JOSEPH (1970): *The Vanity of Dogmatizing: or Confidence in Opinions Manifested in a Discourse of the Shortness and Uncertainty of our Knowledge, And its Causes* (1661). Collected Works of Joseph Glanvill, Volume I. Hildesheim, New York: Georg Olms Verlag

GLANVILL, JOSEPH (1979): *Plus Ultra: or, the Progress and Advancement of Knowledge Since the Days of Aristotle* (1668). Collected Works of Joseph Glanvill, Volume IV. Hildesheim, New York: Georg Olms Verlag

GLOY, KAREN (1995): *Das Verständnis der Natur. Erster Band: Die Geschichte des wissenschaftlichen Denkens.* München: C.H. Beck

GLOY, KAREN (1996): *Das Verständnis der Natur. Zweiter Band: Die Geschichte des ganzheitlichen Denkens.* München: C.H. Beck

GLÜCKSELIG, LEGIS (1862): *Christus-Archäologie. Das Buch von Jesus Christus und seinem wahren Ebenbilde.* Prag: Verlag Nicolaus Lehmann

GODARD, JEAN-LUC (1971): Lexikon der amerikanischen Regisseure. In: FRIEDA GRAFE (Hrsg.): *Godard/Kritiker. Ausgewählte Kritiken und Aufsätze über den Film (1959-1970).* München: Carl Hanser Verlag, S. 158-162

GOODY, JACK; WATT, IAN (2002): Konsequenzen der Literalität. In: GÜNTER HELMES; WERNER KÖSTER (Hrsg.): *Texte zur Medientheorie,* Stuttgart: Reclam, 2002, S. 242-252

GORKIJ, MAXIM (1995): Maksim Gor‹kij über den Cinématographe Lumière (1896). Drei Texte mit einer Vorbemerkung von Jörg Bochow. In: FRANK KESSLER; SABINE LENK; MARTIN LOIPERDINGER (Hrsg.): *KINtop, Jahrbuch zur Erforschung des frühen Films 4: Anfänge des dokumentarischen Films.* Frankfurt/M.: Stroemfeld/Roter Stern, S. 11-27

GÖTTERT, KARL HEINZ (1991): *Einführung in die Rhetorik. Grundbegriffe – Geschichte – Rezeption.* München: Wilhelm Fink Verlag

GOULEMOT, JEAN MARIE (1991): Neue literarische Formen. Die Veröffentlichung des Privaten. In: PHILIPPE ARIÈS; GEORGES DUBY (Hrsg.): *Geschichte des privaten Lebens. 3. Band: Von der Renaissance zur Aufklärung.* Herausgegeben von Philippe Ariès und Roger Chartier. Frankfurt/M.: S. Fischer, S. 371-403

GRAFE, FRIEDA (Hrsg.) (1971): *Godard/Kritiker. Ausgewählte Kritiken und Aufsätze über den Film (1959-1970).* München: Carl Hanser Verlag

GRANT, BARRY KEITH; SLONIOWSKI, JEANETTE (Hrsg.) (1998): *Documenting the Documentary: close Readings of Documentary Film and Video.* Detroit: Wayne State University Press

GRAY, FRANK (1997): James Williamsons ›gestelltes Bild‹. Attack On A China Mission – Bluejackets To The Rescue. In: FRANK KESSLER; SABINE LENK; MARTIN LOIPERDINGER (Hrsg.): *KINtop, Jahrbuch zur Erforschung des frühen Films 6: Aktualitäten.* Frankfurt/M.: Stroemfeld/Roter Stern, S. 29-41

GREEF, WILLEM DE; HESLING, WILLEM (Hrsg.) (1988): *Image – Reality – Spectator. Essays on Documentary Film and Television.* Leuven/Amersfoort: Acco

GREENBLATT, STEPHEN (1994): *Wunderbare Besitztümer. Die Erfindung des Fremden: Reisende und Entdecker.* Berlin: Wagenbach

GREGOR VON TOURS (1990a): *Zehn Bücher Geschichten* (593/94). *Erster Band: Buch 1-5.* Darmstadt: Wissenschaftliche Buchgesellschaft

GREGOR VON TOURS (1990b): *Zehn Bücher Geschichten* (593/94). *Zweiter Band: Buch 6-10.* Darmstadt: Wissenschaftliche Buchgesellschaft

GREGOR, ULRICH (Hrsg.) (1966): *Wie sie filmen. 15 Gespräche mit Regisseuren der Gegenwart.* Gütersloh: Mohn

GRIERSON, JOHN (1932a): Robert J. Flaherty. In: *Cinema Quarterly*, Vol. 1, No. 1, S. 12-17

GRIERSON, JOHN (1932b): Documentary (I). In: *Cinema Quarterly*, Vol.1, No. 2, S. 67-72

GRIERSON, JOHN (1951): Flaherty as Innovator. In: *Sight and Sound*, Vol. 21, No. 2, S. 64-68

GRIERSON, JOHN (1998a): Untitled Lecture on Documentary (1927-33). In: IAN AITKEN (Hrsg.): *The Documentary Film Movement. An Anthology.* Edinburgh: Edinburgh University Press, S. 76f.

GRIERSON, JOHN (1998b): First Principles of Documentary (1932). In: IAN AITKEN (Hrsg.): *The Documentary Film Movement. An Anthology.* Edinburgh: Edinburgh University Press, S. 81-93

GRIERSON, JOHN (1998c): The Documentary Idea (1942). In: IAN AITKEN (Hrsg.): *The Documentary Film Movement. An Anthology*. Edinburgh: Edinburgh University Press, S. 103-114

GUIGNON, CHARLES (2004): *On Being Authentic.* London, New York: Routledge

GUNNING, TOM (1994): An Aesthetik of Astonishment: Early Film and the (In)Credulous Spectator. In: LINDA WILLIAMS (Hrsg.): *Viewing Positions. Ways of Seeing Film*. New Brunswick, New Jersey: Rutgers University Press, S. 114-133

GUNNING, TOM (1995): Vor dem Dokumentarfilm. Frühe *non-fiction*-Filme und die Ästhetik der ›Ansicht‹. In: FRANK KESSLER; SABINE LENK; MARTIN LOIPERDINGER (Hrsg.): *KINtop, Jahrbuch zur Erforschung des frühen Films 4: Anfänge des dokumentarischen Films.* Frankfurt/M.: Stroemfeld/Roter Stern, S. 111-122

GUNNING, TOM (1999) Embarrassing Evidence; The Detective Camera and the Documentary Impulse. In: JANE M. GAINES; MICHAEL RENOV (Hrsg.): *Collecting Visible Evidence.* Minneapolis, London: University of Minnesota Press, S. 46-64

GUNTHERT, ANDRÉ (2019a): Das digitale Bild zieht in den Krieg (2004). In: Ders.: *Das Geteilte Bild. Essays zur digitalen Fotografie*. Göttingen: Konstanz University Press; S. 37-46

GUNTHERT, ANDRÉ (2019b): Der digitale Abdruck. Theorie und Praxis der Fotografie im digitalen Zeitalter (2013). In: Ders.: *Das Geteilte Bild. Essays zur digitalen Fotografie.* Göttingen: Konstanz University Press; S. 23-36

GUYNN, WILLIAM HOWARD (1998): Der Dokumentarfilm und sein Zuschauer. In: EVA HOHENBERGER (Hrsg.): *Bilder des Wirklichen. Texte zur Theorie des Dokumentarfilms.* Berlin: Vorwerk 8, S. 266-285

GUYOT, PETER; KLEIN, RICHARD (Hrsg.) (1993): *Das frühe Christentum bis zum Ende der Verfolgungen. Eine Dokumentation. Bd. 1: Die Christen im heidnischen Staat.* Darmstadt: Wissenschaftliche Buchgesellschaft

GUYOT, PETER; KLEIN, RICHARD (Hrsg.) (1994): *Das frühe Christentum bis zum Ende der Verfolgungen. Eine Dokumentation. Bd. II: Die Christen in der heidnischen Gesellschaft.* Darmstadt: Wissenschaftliche Buchgesellschaft

HABERL, TOBIAS (2010): Authentisch. In: *Süddeutsche Zeitung Magazin*, 2010, Nr. 44, http://sz-magazin.sueddeutsche.de/texte/anzeigen/34916 _Stand 21.04.2023

HAGEN, WOLFGANG (2002): Es gibt kein digitales Bild. Eine medienepistemologische Anmerkung. In: LORENZ ENGELL; BERNHARD SIEGERT; JOSEPH VOGL (Hrsg.): *Archiv für Mediengeschichte – Licht und Leitung*. Weimar: Universitätsverlag Weimar, 103-112

HANKINS, THOMAS L.; SILVERMAN, ROBERT J. (1995): *Instruments and the Imagination*. Princeton, New Jersey: Princeton University Press

HARAWAY, DONNA (2017): Situiertes Wissen. Die Wissenschaftsfrage im Feminismus und das Privileg einer partialen Perspektive (1988). In: SUSANNE BAUER; TORSTEN HEINEMANN; THOMAS LEMKE (Hrsg.): *Science and Technology Studies. Klassische Positionen und aktuelle Perspektiven*. Berlin 2017: Suhrkamp; S. 369-403

HASKELL, FRANCIS (1995): *Die Geschichte und ihre Bilder. Die Kunst und die Deutung der Vergangenheit.* München: C.H.Beck

HATTENDORF, MANFRED (1994): *Dokumentarfilm und Authentizität. Ästhetik und Pragmatik einer Gattung.* CLOSE UP, Schriften aus dem Haus des Dokumentarfilms Bd. 4. Konstanz: UVK Medien

HATTENDORF, MANFRED (Hrsg.) (1995): *Perspektiven des Dokumentarfilms.* Diskurs Film, Münchner Beiträge zur Filmphilologie 7. München

HECHT, HERMANN (1993): *Pre-Cinema History. An Encyclopaedia and Annotated Bibliography of the Moving Image before 1896*. London, Melbourne, Munich, New Jersey: Bowker Saur

HELLER, HEINZ B.; ZIMMERMANN, PETER (Hrsg.) (1990): *Bilderwelten – Weltbilder. Dokumentarfilm und Fernsehen.* Marburg: Hitzeroth

HERLINGHAUS, HERMANN (Hrsg.) (1982): *Dokumentaristen der Welt in den Kämpfen unserer Zeit. Selbstzeugnisse aus zwei Jahrzehnten (1960-1981).* Berlin: Henschel Verlag

HERSH, SEYMOUR M. (2004): Torture at Abu Ghraib: American Soldiers brutalized Iraqis. How far up does the responsibility go? In: *The New Yorker*, 10.5.2004, S. 42-47, siehe: https://www.newyorker.com/magazine/2004/05/10/torture-at-abu-ghraib [21.04.2023]

HESLING, WILLEM (1988) Documentary Film and Rhetorical Analysis. In: WILLEM DE GREEF; WILLEM HESLING (Hrsg.): *Image – Reality – Spectator. Essays on Documentary Film and Television.* Leuven, Amersfoort: Acco, S. 101-131

HESSLER, MARTINA; MERSCH, DIETER (Hrsg.) (2009): Bildlogik oder Was heißt visuelles Denken? In: Dies.: *Logik der Bildlichkeit. Zur Kritik der ikonischen Vernunft.* Bielefeld: transcript, S. 8-62

HICK, ULRIKE (1994): Die optische Apparatur als Wirklichkeitsgarant. Beitrag zur Geschichte der medialen Wahrnehmung. In: *montage/av. Zeitschrift für Theorie & Geschichte audiovisueller Kommunikation.* 3/1, S. 83-96

HICK, ULRIKE (1999): *Geschichte der optischen Medien.* München: Wilhelm Fink Verlag

HIERONYMUS, EUSEBIUS (1914): Gegen Vigilantius. In: *Bibliothek der Kirchenväter (BKV). In der Reihenfolge des Erscheinens Band 15: Des Heiligen Kirchenvaters Eusebius Hieronymus ausgewählte Schriften. 1. Band.* Kempten, München: Verlag der Jos. Köselschen Buschhandlung

HIERONYMUS, EUSEBIUS (1936): Brief an Eustochium (384). In: *Bibliothek der Kirchenväter (BKV). Zweite Reihe, Band 16: Des Heiligen Kirchenvaters Eusebius Hieronymus ausgewählte Briefe. 2. Band.* München: Verlag Josef Kösel & Friedrich Pustet

HOFFMANN, KAY (1997a): Das dokumentarische Bild im Zeitalter der digitalen Manipulierbarkeit. In: Ders. (Hrsg.): *Trau – Schau – Wem. Digitalisierung und dokumentarische Form.* CLOSE UP, Schriften aus dem Haus des Dokumentarfilms Band 9. Konstanz: UVK Medien, S. 13-18

HOFFMANN, KAY (1998): ›I See, if I Believe it‹ – Documentary and the Digital. In: THOMAS ELSAESSER; KAY HOFFMANN (Hrsg.): *Cinema Futures: Cain, Abel or Cable? The Screen Arts in the Digital Age.* Amsterdam: Amsterdam University Press, S. 159-166

HOFFMANN, KAY (Hrsg.) (1997): *Trau – Schau – Wem. Digitalisierung und dokumentarische Form.* CLOSE UP, Schriften aus dem Haus des Dokumentarfilms Band 9. Konstanz: UVK Medien

HOFFMANN, KAY; VON KEITZ, URSULA (Hrsg.) (2001): *Die Einübung des dokumentarischen Blicks. Fiction Film und Non Fiction Film zwischen Wahrheitsanspruch und expressiver Sachlichkeit 1895-1945.* Schriften der Friedrich Wilhelm Murnau-Gesellschaft e.V., Bd. 7. Marburg: Schüren Verlag

HOHENBERGER, EVA (1988): *Wirklichkeit des Films. Dokumentarfilm – Ethnographischer Film – Jean Rouch.* Hildesheim, Zürich, New York: Georg Olms Verlag

HOHENBERGER, EVA (1998a): Dokumentarfilmtheorie. Ein historischer Überblick über Ansätze und Probleme. In: Dies. (Hrsg.): *Bilder des Wirklichen. Texte zur Theorie des Dokumentarfilms.* Berlin: Vorwerk 8, S. 8-43

HOHENBERGER, EVA (Hrsg.) (1998): *Bilder des Wirklichen. Texte zur Theorie des Dokumentarfilms.* Berlin: Vorwerk 8

HOLSCHBACH, SUSANNE (2004): *Foto/Byte. Kontinuitäten und Differenzen zwischen fotografischer und postfotografischer Medialität.* http://www.medienkunstnetz.de/themen/foto_byte/kontinuitaeten_differenzen/

JACOBS, LEWIS (Hrsg.) (1979): *The Documentary Tradition.* New York: W. W. Norton & Company Inc

JÄGER, GOTTFRIED (1996): Analoge und digitale Fotografie: Das technische Bild. In: HUBERTUS VON AMELUNXEN; STEFAN IGLHAUT; FLORIAN RÖTZER (Hrsg.): *Fotografie nach der Fotografie.* Dresden, Basel: Verlag der Kunst; S. 108-110

JÄGER, MICHAEL (1990): *Die Theorie des Schönen in der italienischen Renaissance.* Köln: DuMont

KALISCH, ELEONORE (2000): Aspekte einer Begriffs- und Problemgeschichte von Authentizität und Darstellung. In: ERIKA FISCHER-LICHTE; ISABEL PFLUG (Hrsg.): *Inszenierung von Authentizität.* Tübingen, Basel: Francke, S. 31-46

KALISCH, ELEONORE (2007) Aspekte einer Begriffs- und Problemgeschichte von Authentizität und Darstellung. In: ERIKA FISCHER-LICHTE et al. (Hrsg.): *Inszenierung von Authentizität.* 2., überarb. und aktualisierte Aufl. Tübingen: Francke, S. 31-44

KALLAB, WOLFGANG (1908): *Vasaristudien. Mit einem Lebensbilde des Verfassers aus dessen Nachlasse herausgegeben von Julius von Schlosser.* Quellenschriften für Kunstgeschichte und Kunsttechnik des Mittelalters und der Neuzeit. Neue Folge, xv. Band. Wien/Leipzig: Karl Fraeser & K B.G. Teubner

KEMP, WOLFGANG (Hrsg.) (1980): *Theorie der Fotografie: Eine Anthologie. Bd. 1, 1839-1912.* München: Schirmer/Mosel

KESSLER, FRANK; LENK, SABINE; LOIPERDINGER, MARTIN (Hrsg.) (1995): *KINtop, Jahrbuch zur Erforschung des frühen Films 4: Anfänge des dokumentarischen Films.* Frankfurt/M.: Stroemfeld/Roter Stern

KESSLER, FRANK; LENK, SABINE; LOIPERDINGER, MARTIN (Hrsg.) (1997): *KINtop, Jahrbuch zur Erforschung des frühen Films 6: Aktualitäten.* Frankfurt/M.: Stroemfeld/Roter Stern

KESSLER, HERBERT L.; WOLF, GERHARD (Hrsg.) (1998): *The Holy Face and the Paradox of Representation. Papers from a Colloquium held at the Bibliotheca Hertziana, Rome and the Villa Spelman, Florence, 1996.* Bologna: Nuova Alfa Editoriale

KIERKEGAARD, SÖREN (1964): *Entweder/Oder. Erster Teil* (1843). Gesammelte Werke, 1. Abteilung. Düsseldorf: Eugen Diederichs Verlag

KLAUE, WOLFGANG; LEYDA, JAY (Hrsg.) (1964): *Robert Flaherty. Staatliches Filmarchiv der DDR zur VII. Internationalen Leipziger Dokumentar- und Kurzfilmwoche.* Berlin: Henschel Verlag

KLEIN, DOROTHEE (1933): *St. Lukas als Maler der Maria. Ikonographie der Lukas-Madonna.* Berlin: Oskar Schloß Verlag

KLUGE, ALEXANDER (1975): *Gelegenheitsarbeit einer Sklavin. Zur realistischen Methode.* Frankfurt/M.: Suhrkamp

KNALLER, SUSANNE (2007): *Ein Wort aus der Fremde. Geschichte und Theorie des Begriffs Authentizität.* Heidelberg: Winter

KNALLER, SUSANNE; MÜLLER, HARRO (2006): Authentizität und kein Ende. In: Dies. (Hrsg.): *Authentizität. Diskussion eines ästhetischen Begriffs.* München: Wilhelm Fink Verlag, 2006, S. 7-16

KNALLER, SUSANNE; MÜLLER, HARRO (Hrsg.) (2006): *Authentizität. Diskussion eines ästhetischen Begriffs.* München: Wilhelm Fink Verlag

KOEBNER, THOMAS; PICKERODT, GERHART (Hrsg.) (1987): *Die andere Welt. Studien zum Exotismus.* Frankfurt/M.: Athenäum

KÖRNER, HANS; PERES, CONSTANZE; STEINER, REINHARD; TAVERNIER, LUDWIG (Hrsg.) (1990): *Die Trauben des Zeuxis. Formen künstlerischer*

Wirklichkeitsaneignung. Hildesheim, Zürich, New York: Georg Olms Verlag

KRACAUER, SIEGFRIED (1964): *Theorie des Films. Die Errettung der äußeren Wirklichkeit.* Frankfurt/M.: Suhrkamp

KRAFT, HEINRICH (1991): *Einführung in die Patrologie*. Darmstadt: Wissenschaftliche Buchgesellschaft

KRÄMER, SYBILLE (2007): Was also ist eine Spur? Und worin besteht ihre epistemologische Rolle? In: SYBILLE KRÄMER; WERNER KOGGE; GERNOT GRUBE (Hrsg.): *Spur. Spurenlesen als Orientierungstechnik und Wissenskunst*. Frankfurt/M.: Suhrkamp, S. 11-33

KRÄMER, SYBILLE (2007): Was also ist eine Spur? Und worin besteht ihre epistemologische Rolle? In: SYBILLE KRÄMER; WERNER KOGGE; GERNOT GRUBE (Hrsg.): *Spur. Spurenlesen als Orientierungstechnik und Wissenskunst*. Frankfurt/M.: Suhrkamp, S. 11-33

KRÄMER, SYBILLE (2012): Zu Paradoxon von Zeugenschaft im Spannungsfeld von Personalität und Depersonalisierung. In: MICHAEL RÖSNER; HEIDEMARIE UHL (Hrsg.): *Renaissance der Authentizität? Über die neue Sehnsucht nach dem Ursprünglichen*. Bielefeld: transcript Verlag: S. 15-26

KRÄMER, SYBILLE; KOGGE, WERNER; GRUBE, GERNOT (Hrsg.) (2007): *Spur. Spurenlesen als Orientierungstechnik und Wissenskunst*. Frankfurt/M.: Suhrkamp

KRAUT, GISELA (1986): *Lukas malt die Madonna. Zeugnisse zum künstlerischen Selbstverständnis in der Malerei.* Worms: Wernersche Verlagsgesellschaft

KREIMEIER, KLAUS (1997a): Authentizität und Fiktion. Strategien des Dokumentarischen in den technischen Bildern. In: *Zeitschrift für Literaturwissenschaft und Linguistik*, 27. Jg., Nr. 106, S. 94-107

KREIMEIER, KLAUS (1997b): Fingierter Dokumentarfilm und Strategien des Authentischen. In: KAY HOFFMANN (Hrsg.): *Trau – Schau – Wem. Digitalisierung und dokumentarische Form.* Konstanz: UVK Medien, S. 29-46

KRETZENBACHER, LEOPOLD (1977): *Das verletzte Kultbild. Voraussetzungen, Zeitschichten und Aussagewandel eines abendländischen Legendentypus*. München: Verlag der Bayerischen Akademie der Wissenschaft

KREYE, ANDRIAN (2023): Reingefallen. Papst Franziskus im Puffer-Parka war das Bild des Wochenendes. Entstanden ist es mit einer KI. Woran man das erkennen kann. In: *Süddeutsche Zeitung*, 27.03.2023;

https://www.sueddeutsche.de/kultur/papst-franziskus-mantel-bild-midjourney-kuenstliche-intelligenz-1.5776258 [21.04.2023]

KRIS, ERNST; KURZ, OTTO (1980): *Die Legende vom Künstler. Ein geschichtlicher Versuch.* Frankfurt/M.: Suhrkamp

KRÜCKEBERG, E. (1971): Authentizität. In: JOACHIM RITTER (Hrsg.): *Historisches Wörterbuch der Philosophie.* Band 1, A-C. Basel/Dtuttgart: Schwabe & Co Verlag; Sp. 692f.

KRÜGER, KLAUS (1992): *Der frühe Bildkult des Franziskus in Italien. Gestalt- und Funktionswandel des Tafelbildes im 13. und 14. Jahrhundert.* Berlin: Gbr. Mann Verlag

KURYLUK, EWA (1991): *Veronica and Her Cloth: History, Symbolism, and Structure of a ›True‹ Image.* Cambridge, Massachusetts: Basil Blackwell

LATOUR, BRUNO (2014): *Existenzweisen. Eine Anthropologie der Modernen.* Berlin: Suhrkamp

LEACOCK, RICHARD (1961): For an uncontrolled Cinema. In: *Film Culture,* No. 22/23, S. 23-25

LEACOCK, RICHARD (1963): Interview. In: *Movie,* No. 8, S. 16-18

LEACOCK, RICHARD (1965): One Man's Truth. In: *Film Comment* Vol. 3, No. 2, S. 15-22

LEACOCK, RICHARD (1966): Interview. In: ULRICH GREGOR (Hrsg.): *Wie sie filmen. 15 Gespräche mit Regisseuren der Gegenwart.* Gütersloh: Mohn, S. 263-291

LEACOCK, RICHARD (1971): Interview. In: G. ROY LEVIN (Hrsg.): *Documentary Explorations. 15 Interviews with Film-Makers.* Garden City/ New York: Doubleday, S. 195-222

LEACOCK, RICHARD (1991a): Interview mit Karin Bernard, Tanja Schmidt und Spiros Taraviras. In: MO BEYERLE; CHRISTINE N. BRINCKMANN (Hrsg.): *Der amerikanische Dokumentarfilm der 60er Jahre. Direct Cinema und Radical Cinema.* Frankfurt/M., New York: Campus, S. 124-133

LEACOCK, RICHARD (1991b): Das Leben auf der anderen Seite des Mondes. In: *Blimp,* Nr. 17, S. 4-10

LEFEBVRE, THIERRY (1997): Die Trennung der Siamesischen Zwillinge Doodica und Radica durch Dr. Doyen. In: FRANK KESSLER; SABINE LENK; MARTIN LOIPERDINGER (Hrsg.): *KINtop, Jahrbuch zur Erforschung des frühen Films 6: Aktualitäten.* Frankfurt/M.: Stroemfeld/Roter Stern, S. 97-102

LEGNER, ANTON (1995): *Reliquien in Kunst und Kult. Zwischen Antike und Aufklärung.* Darmstadt: Wissenschaftliche Buchgesellschaft

LENK, SABINE (1989): *Théâtre contre Cinéma. Die Diskussion um Kino und Theater vor dem Ersten Weltkrieg in Frankreich.* Münster: MAkS Publikationen

LENK, SABINE (1997): Der Aktualitätenfilm vor dem Ersten Weltkrieg. In: FRANK KESSLER; SABINE LENK; MARTIN LOIPERDINGER (Hrsg.): *KINtop, Jahrbuch zur Erforschung des frühen Films 6: Aktualitäten.* Frankfurt/M.: Stroemfeld/Roter Stern, S. 51-67

LETHEN, HELMUT (1996): Versionen des Authentischen: sechs Gemeinplätze. In: HARTMUT BÖHME; KLAUS R. SCHERPE (Hrsg.): *Literatur und Kulturwissenschaften. Positionen, Theorien, Modelle.* Reinbek b. Hamburg: Rowohlt, S. 205-231

LEVIN, G. ROY (Hrsg.) (1971): *Documentary Explorations. 15 Interviews with Film-Makers.* Garden City, New York: Doubleday

LIESEGANG, FRANZ PAUL (1986): *Dates and Sources. A contribution to the history of the art of projection and to cinematography* (1926). Translated and edited by Hermann Hecht. London: The Magic Latern Society of Great Britain

LIESSMANN, KONRAD PAUL (1995): Von Tomi nach Moor. Ästhetische Potenzen – nach der Postmoderne. In: *Kursbuch, Heft 122: Die Zukunft der Moderne.* Berlin: Rowohlt, S. 21-32

LIPPOLD, LUTZ (1993): *Macht des Bildes – Bild der Macht. Kunst zwischen Verehrung und Zerstörung bis zum ausgehenden Mittelalter.* Leipzig: Edition Leipzig

LOIPERDINGER, MARTIN (2001): Die Erfindung des Dokumentarfilms durch die Filmpropaganda im Ersten Weltkrieg. In: KAY HOFFMANN; URSULA VON KEITZ (Hrsg.): *Die Einübung des dokumentarischen Blicks. Fiction Film und Non Fiction Film zwischen Wahrheitsanspruch und expressiver Sachlichkeit 1895-1945.* Marburg: Schüren Verlag, S. 71-80

LUHMANN, NIKLAS (1984): *Soziale Systeme. Grundriß einer allgemeinen Theorie.* Frankfurt/M.: Suhrkamp Verlag

LUNENFELD, PETER (2002): Digitale Fotografie. Das dubitative Bild. In: HERTA WOLF (Hrsg.): *Paradigma Fotografie. Fotokritik am Ende des fotografischen Zeitalters.* Frankfurt/M.: Suhrkamp; S. 158-177

MAAR, CHRISTA; BURDA, HUBERT (Hrsg.) (2005): *Iconic Turn. Die neue Macht der Bilder.* Köln: DuMont

MACDONALD, KEVIN; COUSINS, MARK (1996): *Imagining Reality. The Faber Book of the Documentary.* London, Boston: Faber and Faber

MALEWITSCH, KASIMIR (1997a): Und die Gesichter bemalen die Leinwand. Zur Diskussion (1925). In: OKSANA BULGAKOWA (Hrsg.): *Kasimir Malewitsch: Das weisse Rechteck. Schriften zum Film.* Berlin: PotemkinPress, S. 33-44

MALEWITSCH, KASIMIR (1997b): Der Maler und der Film (1926). In: OKSANA BULGAKOWA (Hrsg.): *Kasimir Malewitsch: Das weisse Rechteck. Schriften zum Film.* Berlin: PotemkinPress, S. 45-57

MALINS, GEOFFREY H. (1993): *How I filmed the War. A record of the extraordinary Experience of the Man who filmed the great Somme Battles etc.* (1919). Edited by Low Warren. London: The Imperial War Museum

MANNONI, LAURENT; CAMPAGNONI, PESENTI DONATA; ROBINSON, DAVID (Hrsg.) (1995): *Light and Movement. Incunabula of the Motion Picture 1420-1896.* Gemona: Giornate del cinema muto/Cinémathèque francaise-Musée de cinéma

MANOVICH, LEV (2023) AI image and Generative Media. Notes on Ongoing Revolution. In: LEV MANOVICH; EMANUELE ARIELLI (Hrsg.): *Artificial Aesthetics. A critical guide to Ai, media and design.* http://manovich.net/content/04-projects/166-artificial-aesthetics/manovich-ai-image-and-generative-media.pdf [21.04.2023]

MANOVICH, LEV; ARIELLI, EMANUELE (2021-23): *Artificial Aesthetitics. A critical guide to Ai, media and design.* http://manovich.net/index.php/projects/artificial-aesthetics [21.04.2023]

MARANGONI, GIOVANNI (1747): *Istoria dell' antichissimi Oratorio o Capella di San Lorenzo nel Patriarchio Lateranense comunemente appellato Sancta Sanctorum e della celebre Immagine del ss. Salvatore detta Acheropita, che ivi conservasi,* Roma

MAYSELS, ALBERT (1971): Salesman. An Interview. In: ALAN ROSENTHAL (Hrsg.): *The New Documentary in Action. A Casebook in Film Making.* Berkely, Los Angeles, London: University of California Press, S. 76-85

MAYSELS, ALBERT (1981): »Truthful Witness«: An Interview. In: *Quarterly Review of Film Studies*, 6/2, Spring 1981, S. 154-179

MAYSELS, ALBERT (1982): Cinema direct – mit dem Leben Kopf an Kopf. Gespräch mit Herrmann Herlinghaus (1964). In: HERMANN HERLINGHAUS (Hrsg.): *Dokumentaristen der Welt in den Kämpfen unserer Zeit. Selbstzeugnisse aus zwei Jahrzehnten (1960-1981).* Berlin-Ost, S. 337-342

MAYSELS, ALBERT; MAYSELS, DAVID (1971): Interview. In: G. ROY LEVIN (Hrsg.): *Documentary Explorations. 15 Interviews with Film-Makers.* Garden City, New York, S. 271-294

METZ, CHRISTIAN (1972): *Semiologie des Films*. München: Wilhelm Fink Verlag

MEYER, ROLAND (2022): Im Bildraum von Big Data. Unwahrscheinliche und unvorhergesehene Suchkommandos: Über Dall-E 2. In: *cargo*, 55 (2022), S. 50-53

MICHELSON, ANNETTE (Hrsg.) (1984): *Kino-Eye. The Writings of Dziga Vertov*. Berkeley, Los Angeles, London: University of California Press

MIESSGANG, THOMAS (2014): Göttliche Reliquien. Slips, Videos und handgeschriebene Texte: In Beverly Hills wird eine große Sammlung von Memorabilien der Popsängerin Madonna versteigert. In: *Zeit*, Nr. 46/2014

MIGNE, J.P. (Hrsg.) (1857-1866): *Patrologiae cursus completus. Series graeca*. Paris

MITCHELL, WILLIAM J. (1992): *The Reconfigured Eye. Visual Truth in the Post-Photographic Era*. Cambridge, London: MIT Press

MITCHELL, WILLIAM J. T. (1992): *The Pictorial Turn*. In: *Artforum*, März 1992, Vol. 30, No. 7, S. 89ff.

MITCHELL, WILLIAM J. T. (2007): Realismus im digitalen Bild. In: HANS BELTING (Hrsg.): *Bilderfragen. Die Bildwissenschaften im Aufbruch*. München: Fink; S. 237-256

MITCHELL, WILLIAM J. T. (2011): *Das Klonen und der Terror. Der Krieg der Bilder seit 9/11*. Berlin: Suhrkamp

MOHN, ELISABETH (2002): *Filming Culture: Spielarten des Dokumentierens nach der Repräsentationskrise*. Stuttgart: Lucius & Lucius

MONTAIGNE, MICHEL DE (1992): *Essais [Versuche] nebst des Verfassers Leben nach der Ausgabe von Pierre Coste ins Deutsche übersetzt von Johann Daniel Tietz. Erster Teil* (1580). Zürich: Diogenes Verlag

MOULD, DAVID HARLEY (1983): *American Newsfilm, 1914-1919: The Underexposed War*. New York, London: Garland Publishing, Inc

MUDRY, ANNA (Hrsg.) (1987): *Galileo Galilei. Schriften – Briefe – Dokumente*. Band I und II. Berlin: Rütten & Loening

MUSSER, CHARLES (1984): Toward A History of Screen Practise. In: *Quarterly Review of Film Studies*, Vol. 9, No. 1, S. 59-69

MUSSER, CHARLES (1990): *The Emergence of Cinema: The American Screen to 1907. History of the American Cinema, Volume I*. New York: Charles Scribner's Sons

MUSSER, CHARLES (1998a): Der frühe Dokumentarfilm. In: GEOFFREY NOWELL-SMITH (Hrsg.): *Geschichte des internationalen Films*. Stuttgart, Weimar: Verlag J.B. Metzler, S. 80-88

MUSSER, CHARLES (1998b): Der Dokumentarfilm. In: GEOFFREY NOWELL-SMITH (Hrsg.): *Geschichte des internationalen Films*. Aus dem Englischen von Hans-Michael Bock u.a.. Stuttgart, Weimar: Verlag J.B. Metzler, S. 290-300

MUSSER, CHARLES (1998c): Cinéma Vérité und der neue Dokumentarismus. In: GEOFFREY NOWELL-SMITH (Hrsg.): *Geschichte des internationalen Films*. Aus dem Englischen von Hans-Michael Bock u.a. Stuttgart, Weimar: Verlag J.B. Metzler, S. 290-300

NAHMER, DIETER VON DER (1994): *Die lateinische Heiligenvita. Eine Einführung in die lateinische Hagiographie*. Darmstadt: Wissenschaftliche Buchgesellschaft

NÄSER, TORSTEN (2008): Authentizität 2.0 – Kulturanthropologische Überlegungen zur Suche nach ›Echtheit‹ im Videoportal YouTube, in: *kommunikation@gesellschaft*, Jg. 9, Beitrag 2, 2008, https://www.ssoar.info/ssoar/handle/document/12710 [21.04.2023]

NETTELBECK, UWE (1964): Richard Leacocks Vergötzung der Wirklichkeit. In: *Filmkritik*, 3/64, S. 124-128

NEUMANN, ECKHARD (1986): *Künstlermythen. Eine psycho-historische Studie über Kreativität*. Frankfurt/M., New York: Campus

NEWHALL, BEAUMONT (1989): *Geschichte der Photographie*. München: Schirmer/Mosel

NICHOLS, BILL (1991): *Representing Reality. Issues and Concepts in Documentary*. Bloomington: Indiana University Press

NICHOLS, BILL (1994a): *Blurred Boundaries. Questions of Meaning in contemporary Culture*. Bloomington/Indianapolis: Indiana University Press

NICHOLS, BILL (1994b): Geschichte, Mythos und Erzählung im Dokumentarfilm. In: *montage/av. Zeitschrift für Theorie & Geschichte audiovisueller Kommunikation*. 3/1/1994, S. 39-60

NICHOLS, BILL (1995): Performativer Dokumentarfilm. In: HATTENDORF, MANFRED (Hrsg.): *Perspektiven des Dokumentarfilms*. München, S. 149-166

NICHOLS, BILL (2001): *Introduction to Documentary*. Bloomington, Indianapolis: Indiana University Press

NIKOLAUS VON KUES (1995): *Idiota de mente – Der Laie über den Geist* (1450). Hamburg: Felix Meiner Verlag

NOWELL-SMITH, GEOFFREY (Hrsg.) (1998): *Geschichte des internationalen Films*. Stuttgart, Weimar: Verlag J.B. Metzler

O'CONNELL, P.J. (1992): *Robert Drew and the Development of Cinema Verite in America.* Carbondale/Edwardsville: Southern Illinois University Press

ODIN, ROGER (1990): Dokumentarischer Film – dokumentarisierende Lektüre (1984). In: CHRISTA BLÜMLINGER (Hrsg.): *Sprung im Spiegel. Filmisches Wahrnehmen zwischen Fiktion und Wirklichkeit.* Wien: Sonderzahl, S. 125-146

OSTERMANN, EBERHARD (2002): *Die Authentizität des Ästhetischen. Studien zur ästhetischen Transformation der Rhetorik.* München: Wilhelm Fink Verlag

OSTROGORSKY, GEORG (1963): *Geschichte des Byzantinischen Staates.* München: C.H. Beck

PALLADIUS VON HELENOPOLIS (1912): Leben der Heiligen Väter. In: *Bibliothek der Kirchenväter (BKV). In der Reihenfolge des Erscheinens Band 5: Griechische Liturgien. Leben der Heiligen Väter von Palladius. Leben der Hl. Melania von Geronius.* Kempten, München: Verlag der Jos. Köselschen Buchhandlung

PALME, JOS. (1892): *Die deutschen Veronicalegenden des XII. Jahrhunderts, ihr Verhältnis unter einander und zu den Quellen.* Prag

PANOFSKY, ERWIN (1990): *Die Renaissancen der europäischen Kunst.* Frankfurt/M.: Suhrkamp

PEARSON, KARL (1887): *Die Fronika. Ein Beitrag zur Geschichte des Christusbildes im Mittelalter.* Strassburg: Verlag Karl J. Trübner

PENNEBAKER, DON ALAN (1971a): Interview. In: G. ROY LEVIN (Hrsg.): *Documentary Explorations. 15 Interviews with Film-Makers.* Garden City, New York: Doubleday, S. 223-270

PENNEBAKER, DON ALAN (1971b): Don't Look Back and Monterey Pop (Interview). In: ALAN ROSENTHAL (Hrsg.): *The New Documentary in Action. A Casebook in Film Making.* Berkely, Los Angeles, London: University of California Press, S. 189-198

PERES, CONSTANZE (1990): Nachahmung der Natur. Herkunft und Implikation eines Topos. In: HANS KÖRNER; CONSTANZE PERES; REINHARD STEINER; LUDWIG TAVERNIER (Hrsg.): *Die Trauben des Zeuxis. Formen künstlerischer Wirklichkeitsaneignung.* Hildesheim, Zürich, New York: Georg Olms Verlag, S. 1-40

PHILLIPS, GEORGE (Hrsg.) (1876): *The Doctrine of Addai, the Apostle.* London: Trübner & Co., Ludgate Hill

PICKERODT, GERHART (1987): Aufklärung und Exotismus. In: THOMAS KOEBNER; GERHART PICKERODT (Hrsg.): *Die andere Welt. Studien zum Exotismus.* Frankfurt/M.: Athenäum, Seite 121-136

PLANTINGA, CARL RENDIT (1997): *Rhetoric and Representation in Nonfiction Film.* Cambridge: Cambridge University Press.

PLATON (1989): *Der Staat. Über das Gerechte.* Hamburg: Felix Meiner Verlag

PLINIUS SECUNDUS D.Ä, GAIUS (1994): *Naturkunde. Buch XXXVII: Steine: Edelsteine, Gemmen, Bernsteine.* München: Artemis & Winkler

PLINIUS SECUNDUS D.Ä., GAIUS (1992): *Naturkunde. Buch XXXVI: Die Steine.* München: Artemis & Winkler

PLINIUS SECUNDUS D.Ä., GAIUS (1997): *Naturkunde. Buch XXXV: Farben, Malerei, Plastik.* 2., überarbeitete Auflage. Düsseldorf, Zürich: Artemis & Winkler

PLUMPE, GERHART (1990): *Der tote Blick. Zum Diskurs der Photographie in der Zeit des Realismus.* München: Wilhelm Fink Verlag

POCHAT, GÖTZ (1990): *Theater und Bildende Kunst im Mittelalter und in der Renaissance.* Graz: Akademische Druck- u. Verlagsanstalt

PONECH, PREVOR (1999): *What is Non-Fiction Cinema? On the Very Idea of Motion Picture Communication*. Boulder, Oxford: Westview Press.

PORPHYROGENNETA, KONSTANTIN (1980): Narratio de imagine Edessena (944). In: IAN WILSON (Hrsg.): *Eine Spur von Jesus. Herkunft und Echtheit des Turiner Grabtuches*. Freiburg, Basel, Wien: Herder, S. 301-315

PÖTZL, WALTER (1986): Bild und Reliquie im hohen Mittelalter. In: *Jahrbuch für Volkskunde,* NF 9, S. 56-71

PRINZ, FRIEDRICH (1965): *Frühes Mönchtum im Frankenreich. Kultur und Gesellschaft in Gallien, den Rheinlanden und Bayern am Beispiel der monastischen Entwicklung (4. bis 8. Jahrhundert)*. München, Wien: R. Oldenbourg Verlag

PRINZ, FRIEDRICH (1980): *Askese und Kultur. Vor- und frühbenediktinisches Mönchtum an der Wiege Europas*. München: C.H. Beck

PROCOPIUS CAESARIENSIS (1970): *Perserkriege* (um 560). Werke Band III. München: Artemis & Winkler

PUNT, MICHAEL (1997): Die Panorama-Ansichten in EXECUTION OF CZOLGOSZ. Eine Neubetrachtung. In: FRANK KESSLER; SABINE LENK; MARTIN LOIPERDINGER (Hrsg.): *KINtop, Jahrbuch zur Erforschung des frühen Films 6: Aktualitäten.* Frankfurt/M.: Stroemfeld/Roter Stern, S. 89-95

QUINTILIANUS, MARCUS FABIUS (1972): *Ausbildung des Redners. Zwölf Bücher. Erster Teil: Buch I-VI.* Herausgegeben und übersetzt von Helmut Rahn. Darmstadt: Wissenschaftliche Buchgesellschaft

QUINTILIANUS, MARCUS FABIUS (1975): *Ausbildung des Redners. Zwölf Bücher. Zweiter Teil: Buch VII-XII.* Herausgegeben und übersetzt von Helmut Rahn. Darmstadt: Wissenschaftliche Buchgesellschaft

RECK, HANS ULRICH (2006): Authentizität als Hypothese und Material – Transformation eines Kunstmodells. In: SUSANNE KNALLER; HARRO MÜLLER (Hrsg.): *Authentizität. Diskussion eines ästhetischen Begriffs.* München: Fink; S. 249-281

REEVES, NICHOLAS (1986): *Official British film propaganda during the First World War.* London, Sydney, Wolfeboro, New Hampshire: Croom Helm

REEVES, NICHOLAS (1996): The real thing at last. Battle of the Somme and the domestic cinema audience in the autumn of 1916. In: *The historian: the magazine for members of the Historical Association.* No. 51, S. 4-8

REEVES, NICHOLAS (1997): Cinema, Spectatorship and Propaganda: ›Battle of the Somme‹ (1916) and its contemporary audience. In: *Historical Journal of Film and Television*, Vol. 17, No. 1, S. 5-28

RENOV, MICHAEL (Hrsg.) (1993): *Theorizing Documentary.* New York, London: Routledge

ROBERTS, ALEXANDER; DONALDSON, JAMES (Hrsg.) (1870): *Ante-Nicene Christian Library. Vol. XVI.: Apocryphal Gospels, Acts, and Revelations.* Edinburgh

ROHR, MORITZ VON (1925): *Zur Entwicklung der dunklen Kammer (camera obscura).* Sammlung optischer Aufsätze, herausgegeben von Dr. H. Harting. Heft 6. Berlin: Verlag der Central-Zeitung für Optik und Mechanik

ROSENTHAL, ALAN (Hrsg.) (1971): *The New Documentary in Action. A Casebook in Film Making.* Berkely, Los Angeles, London: University of California Press

ROSENTHAL, ALAN (Hrsg.) (1988): *New Challenges for Documentary.* Berkeley: University of California Press

RÖSSNER, MICHAEL; UHL, HEIDEMARIE (Hrsg.) (2012): *Renaissance der Authentizität? Über die neue Sehnsucht nach dem Ursprünglichen.* Bielefeld: transcript

ROTHER, RAINER (1995): Bei unseren Helden an der Somme. Eine deutsche Antwort auf die Entente-Propaganda. In: FRANK KESSLER; SABINE LENK; MARTIN LOIPERDINGER (Hrsg.): *KINtop, Jahrbuch zur Erforschung des frühen Films 4: Anfänge des dokumentarischen Films.* Frankfurt/M.: Stroemfeld/Roter Stern, S. 123-142

ROTHMANN, WILLIAM (1996): Eternal Verités. In: CHARLES WARREN (Hrsg.): *Beyond Document. Essays on Nonfiction Film.* Hanover, London: University Press of New England, S. 79-100

ROTHMANN, WILLIAM (1997): *Documentary Film Classics.* Cambridge: Cambridge University Press

ROTHMANN, WILLIAM (1998): The Filmmaker as Hunter. Robert Flaherty's *Nanook of the North.* In: BARRY KEITH GRANT; JEANETTE SLONIOWSKI (Hrsg.): *Documenting the documentary. Close Readings of Documentary Film and Video.* Detroit: Wayne State University Press, S. 23-39

RÖTTGER, K.; FABIAN, R. (1971): Authentisch. In: JOACHIM RITTER (Hrsg.): *Historisches Wörterbuch der Philosophie.* Band 1, A-C. Basel / Stuttgart: Schwabe & Co Verlag; Sp. 691f.

ROUCH, JEAN (1967): Jean Rouch in Conversation with James Blue. In: *Film Comment,* Vol. 5, No. 2-3, S. 84-86

ROUCH, JEAN (1971): Interview. In: G. ROY LEVIN (Hrsg.): *Documentary Explorations. 15 Interviews with Film-Makers.* Garden City, New York: Doubleday, S. 131-146

ROUCH, JEAN (1978a) Jean Rouch erzählt. In: *Filmkritik,* 22. Jg., Nr. 1, S. 5-31

ROUCH, JEAN (1978b): Ciné-transe: The Vision of Jean Rouch. In: *Film Quarterly,* Vol. 31, No. 3, S. 2-11

ROUSSEAU, JEAN-JAQUES (1978): *Julie oder Die Neue Héloise. Briefe zweier Liebenden aus einer kleinen Stadt am Fuße der Alpen. Gesammelt und herausgegeben durch Jean Jaques Rousseau* (1761). München: Winkler Verlag

RUBINSTEIN, DANIEL (2020): Das digitale Bild. In: Ders.: *Fotografie nach der Philosophie. Repräsentationsdämmerung.* Leipzig: Merve Verlag; S. 7-37

RUBY, JAY (1980): A reexamination of the early career of Robert J. Flaherty. In: *Quarterly Review of Film Studies,* 4/5, S. 431-457

RUBY, JAY (1988): The Image Mirrored: Reflexivitiy and the Documentary Film (1977). In: ALAN ROSENTHAL (Hrsg.): *New Challenges for Documentary.* Berkeley, London: University of California Press, S. 64-77

RUNCIMAN, STEVEN (1931): Some Remarks on the Image of Edessa. In: *Cambridge Historical Journals 3*, S. 238-252

SADOUL, GEORGES (1982): *Geschichte der Filmkunst.* Frankfurt/M.: Fischer Taschenbuch Verlag

SANDER, AUGUST (1980): *Menschen des 20. Jahrhunderts.* Herausgegeben von Gunther Sander. München: Schrimer/Mosel

SCHÄFER, GODEHARD (1855): *Das Handbuch der Malerei vom Berge Athos aus dem handschriftlichen neugriechischen Urtext übersetzt mit Anmerkungen von Didron d. Ä. und eigenen von Godeh. Schäfer.* Trier: Kintz

SCHARNIGG, MAX (2023): Das Verschwinden der Wirklichkeit. In: *Süddeutsche.de* vom 31.03.2023; https://www.sueddeutsche.de/projekte/artikel/gesellschaft/kuenstliche-intelligenz-papst-medien-e657196/ [21.04.2023]

SCHEIBLER, I. (1978): Zur Kunstgeschichte des Plinius. In: RODERICH KÖNIG; GERHARD WINKLER (Hrsg.): *C. Plinius Secundus d. Ä.: Naturkunde. Buch XXXV. Farben – Malerei – Plastik.* München: Heimeran Verlag

SCHEIBLER, SUSAN (1993): Constantly Performing the Documentary: The Seductive Promise of *Lightning Over Water.* In: MICHAEL RENOV (Hrsg.): *Theorizing Documentary.* New York, London: Routledge, S. 135-150

SCHILLING, ERIK (2020): *Authentizität. Karriere einer Sehnsucht.* München 2020: C.H. Beck Verlag

SCHLICH, JUTTA (2002): *Literarische Authentizität. Prinzip und Geschichte.* Tübingen: Max Niemeyer Verlag.

SCHLOSSER, JULIUS VON (1941): *Leben und Meinungen des Florentinischen Bildners Lorenzo Ghiberti.* München: Prestel-Verlag

SCHLOSSER, JULIUS VON (1988): *Schriftquellen zur Geschichte der karolingischen Kunst.* Zweiter Nachdruck der Ausgabe Wien 1892. Hildesheim, Zürich, New York: Georg Olms Verlag

SCHREINER, KLAUS (1966): Zum Wahrheitsverständnis im Heiligen- und Reliquienwesen des Mittelalters. In: *Saeculum. Jahrbuch für Universalgeschichte.* Band 17. Freiburg, München, S. 131-169

SCHULZE, RAINER (2011): Die Aktualität der Authentizität – Von der Attraktivität des Nicht-Hier und des Nicht-Jetzt in der modernen Sprachwissenschaft. In: WOLFGANG FUNK; LUCIA KRÄMER (Hrsg.): *Fiktionen von Wirklichkeit – Authentizität zwischen Material und Konstruktion.* Bielefeld: transcript, S. 25-50

SCHWARZLOSE, KARL (1970): *Der Bilderstreit – ein Kampf der griechischen Kirche um ihre Eigenart und um ihre Freiheit*. Unveränd. reprografischer Nachdr. der Orig.-Ausg. Gotha, 1890. Amsterdam: Editions Rodopi

SEEL, MARTIN (2000): *Ästhetik des Erscheinens*. München, Wien: Hanser Verlag.

SEVERUS, SULPICIUS (1914): Des Sulpicius Severus Schriften über den Heiligen Martinus (vor 397). In: *Bibliothek der Kirchenväter (BKV). In der Reihenfolge des Erscheinens Band 20: Sulpicius Severus. Vinzenz von Lerin. Regel des Hl. Benediktus.* Kempten, München: Verlag der Jos. Köselschen Buchhandlung

SMITHER, ROGER (1993): »A Wonderful Idea of the Fighting«: the question of fakes in ›The Battle of the Somme‹. In: *Historical Journal of Film, Radio and Television*, Vol. 13, No. 2, S. 149-168

SOBCHACK, VIVIAN (1998): Die Einschreibung ethischen Raums – Zehn Thesen über Tod, Repräsentation und Dokumentarfilm (1984). In: EVA HOHENBERGER (Hrsg.): *Bilder des Wirklichen. Texte zur Theorie des Dokumentarfilms*. Berlin: Vorwerk 8, S. 183-215

SOBCHACK, VIVIAN (1999): Toward a Phenomenology of Nonfictional Film Experience. In: JANE M. GAINES; MICHAEL RENOV (Hrsg.): *Collecting Visible Evidence.* Minneapolis, London: University of Minnesota Press, S. 241-254

STAMM, FERNAND (1850): Das Daguerreotyp. In: JOHANN GABRIEL SEIDL (Hrsg.): *Aurora. Taschenbuch für das Jahr 1850.* 26. Jg., Wien, S. 173-196

STEYERL, HITO (2003): Die Farbe der Wahrheit. Dokumentarismus und Dokumentalität. In: KARIN GLUDOVATZ (Hrsg.): *Auf den Spuren des Realen. Kunst und Dokumentarismus.* Wien: Museum Moderner Kunst Stiftung Ludwig; S. 91-107

STEYERL, HITO (2008): Die dokumentarische Unschärferelation. Was ist Dokumentarismus? In: HITO STEYERL: *Die Farbe der Wahrheit. Dokumentarismen im Kunstfeld*. Wien: Turia + Kant; S. 7-16

STRUB, CHRISTIAN (1997): Trockene Rede über mögliche Ordnungen der Authentizität. In: JAN BERG; HANS-OTTO HÜGEL; HAJO KURZENBERGER (Hrsg.): *Authentizität als Darstellung.* MuTh – Medien und Theater, Band 9, Hildesheim, S. 7-17

SUCHLA, BEATE REGINA (2002): Dionysius Areopagita. Das überfließende Eine. In: WILHELM GERRLINGS (Hrsg.): *Theologen der christlichen Antike. Eine Einführung*. Darmstadt: Wissenschaftliche Buchgesellschaft, S. 202-220

TALBOT, WILLIAM HENRY FOX (1981): Der Zeichenstift der Natur (1844/46). In: WILFRIED WIEGAND (Hrsg.): *Die Wahrheit der Photographie. Klassische Bekenntnisse zu einer neuen Kunst.* Frankfurt/M.: S. Fischer Verlag, S. 45-89

TERTULLIAN (1912): Über den weiblichen Putz (de cultu fem.). In: *Bibliothek der Kirchenväter* (BKV). *In der Reihenfolge des Erscheinens Band 7: Tertullians Schriften ins deutsche übersetzt. 1. Band.* Kempten, München: Verlag der Jos. Köselschen Buschhandlung, S.175-202

THON, NIKOLAUS (1979): *Ikone und Liturgie.* Trier: Paulinus Verlag

THÜMMEL, HANS GEORG (1992): *Die Frühgeschichte der ostkirchlichen Bilderlehre. Texte und Untersuchungen zur Zeit vor dem Bilderstreit.* Texte und Untersuchungen zur Geschichte der altchristlichen Literatur, begründet von Oscar von Gebhardt und Adolf Harnack, Band 139. Berlin: Akademie Verlag

TRAUTWEIN, ROBERT (1997): *Geschichte der Kunstbetrachtung. Von der Norm zur Freiheit des Blicks.* Köln: DuMont

TRILLING, LIONEL (1980): *Das Ende der Aufrichtigkeit.* München, Wien: Hanser

URICCHIO, WILLIAM (1997): Aktualitäten als Bilder der Zeit. In: FRANK KESSLER; SABINE LENK; MARTIN LOIPERDINGER (Hrsg.): *KINtop, Jahrbuch zur Erforschung des frühen Films 6: Aktualitäten.* Frankfurt/M.: Stroemfeld/Roter Stern, S. 43-50

VASARI, GIORGIO (1983): *Leben der ausgezeichneten Maler, Bildhauer und Baumeister von Cimabue bis zum Jahre 1567. Nachdruck der ersten deutschen Gesamtausgabe, Stuttgart und Tübingen 1832-1849* (1568). Darmstadt: Werner'sche Verlagsgesellschaft

VERTOV, DZIGA (1973a): Wir. Variante eines Manifestes (1922). In: WOLFGANG BEILENHOFF (Hrsg.): *Dziga Vertov. Schriften zum Film.* München: Carl Hanser Verlag, S. 7-10

VERTOV, DZIGA (1973b): Kinoki – Umsturz (1923). In: WOLFGANG BEILENHOFF (Hrsg.): *Dziga Vertov. Schriften zum Film.* München: Carl Hanser Verlag, S. 11-25

VERTOV, DZIGA (1973c): Das Prinzip des ›Kinoglaz‹ (1925). In: WOLFGANG BEILENHOFF (Hrsg.): *Dziga Vertov. Schriften zum Film.* München: Carl Hanser Verlag, S. 28f.

VERTOV, DZIGA (1973d): Verschiedenes über dasselbe (1926). In: WOLFGANG BEILENHOFF (Hrsg.): *Dziga Vertov. Schriften zum Film.* München: Carl Hanser Verlag, S. 30f.

VERTOV, DZIGA (1973e): Vorläufige Instruktion an die Zirkel des ›Kinoglaz‹ (1926). In: WOLFGANG BEILENHOFF (Hrsg.): *Dziga Vertov. Schriften zum Film.* München: Carl Hanser Verlag, S. 41-53

VEYNE, PAUL (Hrsg.) (1989): *Geschichte des privaten Lebens. 1. Band: Vom Römischen Imperium zum Byzantinischen Reich.* Herausgegeben von Philippe Ariès und Roger Chartier. Frankfurt/M.: S. Fischer

VOGL, JOSEPH (2001): Medien-Werden: Galileis Fernrohr. In: LORENZ ENGELL; JOSEPH VOGL (Hrsg.): *Archiv für Mediengeschichte – Mediale Historiographien.* Weimar: Universitätsverlag Weimar, S. 115-124

VORAGINE, JACOBUS DE (1993): *Legenda aurea* (um 1275). Gerlingen: Lambert Schneider

WALSH, JOHN (1965): *Das Linnen.* Frankfurt/M.: Verlag Heinrich Scheffler

WARREN, CHARLES (Hrsg.) (1996): *Beyond Document. Essays on Nonfiction Film.* Hanover, London: University Press of New England

WEIGL, ENGELHARD (1990): *Instrumente der Neuzeit. Die Entdeckung der modernen Wirklichkeit.* Stuttgart: J. B. Metzler

WENDERS, WIM (1988): *Die Logik der Bilder. Essays und Gespräche.* Frankfurt/M.: Verlag der Autoren

WENDERS, WIM; SIEVERNICH, CHRIS (1981): *Nick's Film – Lightning over Water.* Frankfurt/M.: Zweitausendeins

WESTON, EDWARD (1981): *Photographisch sehen* (1943). In: WILFRIED WIEGAND (Hrsg.): *Die Wahrheit der Photographie. Klassische Bekenntnisse zu einer neuen Kunst.* Frankfurt/M.: S. Fischer Verlag, S. 247-256

WHELAN, RICHARD (1989): *Die Wahrheit ist das beste Bild. Robert Capa, Photograph.* Köln: Kiepenheuer & Witsch

WIEGAND, WILFRIED (Hrsg.) (1981): *Die Wahrheit der Photographie. Klassische Bekenntnisse zu einer neuen Kunst.* Frankfurt/M.: S. Fischer Verlag

WILLIAMS, LINDA (Hrsg.) (1994): *Viewing Positions. Ways of Seeing Film.* New Brunswick, New Jersey: Rutgers University Press

WINKLER, HARTMUT (1997): *Docuverse. Zur Medientheorie der Computer.* Regensburg: Boer

WINSTON, BRIAN (1988a): Before Flaherty. Before Grierson: The Documentary in 1914. In: *Sight and Sound,* Vol. 57, No. 4, S. 277-279

WINSTON, BRIAN (1988b): Documentary: I Think We Are in Trouble (1978/79). In: ROSENTHAL, ALAN (Hrsg.): *New Challenges for Documentary.* Berkley, London, S. 21-33

WINSTON, BRIAN (1993): The Documentary Film as Scientific Inscription. In: MICHAEL RENOV (Hrsg.): *Theorizing Documentary*. New York, London: Routledge, S. 37-57

WINSTON, BRIAN (1997): Die Digitalisierung und das Dokumentarische. In: KAY HOFFMANN (Hrsg.): *Trau – Schau – Wem. Digitalisierung und dokumentarische Form*. CLOSE UP, Schriften aus dem Haus des Dokumentarfilms Band 9. Konstanz: UVK Medien, S. 47-58

WISEMAN, FREDERICK (1971): High School. An Interview. In: ALAN ROSENTHAL (Hrsg.): *The New Documentary in Action. A Casebook in Film Making*. Berkely, Los Angeles, London, S. 66-75

WITTKOWER, MARGOT; WITTKOWER, RUDOLF (1989): *Künstler. Außenseiter der Gesellschaft*. Stuttgart: Klett-Cotta

WOLF, GERHARD (1990): *Salus Populi Romani. Die Geschichte römischer Kultbilder im Mittelalter*. Weinheim: VCH, Acta Humaniora

WOLF, GERHARD (1998): From Mandylion to Veronica: Picturing the ›Disembodied‹ face and Disseminating the True Image of Christ in the Latin West. In: HERBERT L. KESSLER; GERHARD WOLF (Hrsg.): *The Holy Face and the Paradox of Representation*. Bologna: Nuova Alfa Editoriale, S. 153-180

WOLF, GERHARD (2002): *Schleier und Spiegel. Traditionen des Christusbildes und die Bildkonzepte der Renaissance*. München: Wilhelm Fink Verlag

WORTMANN, VOLKER (2003): Mediale Authentizität und Authentisierung in den Bildmedien der Antike. In: LORENZ ENGELL; BERNHARDT SIEGERT; JOSEPH VOGL (Hrsg.): *Medien der Antike*. Archiv für Mediengeschichte 3. Weimar: Universitätsverlag Weimar, S. 193-204

WORTMANN, VOLKER (2004): Die Magie der Oberfläche. Zum Wirklichkeitsversprechen der Fotografie. In: SIGRID SCHNEIDER; STEFANIE GREBE (Hrsg.): *Wirklich wahr! Realitätsversprechen von Fotografien*. Ostfildern-Ruit: Hatje Cantz Verlag; S. 11-22

WORTMANN, VOLKER (2006): Was wissen Bilder schon über die Welt, die sie bedeuten sollen? Sieben Anmerkungen zur Ikonographie des Authentischen. In: HARRO MÜLLER; SUSANNE KNALLER (Hrsg.): *Authentizität – Diskussion eines Begriffs*. München: Wilhelm Fink Verlag, S. 163-184

WORTMANN, VOLKER (2012): Reenactment als dokumentarisches Narrativ. Hybride Darstellungs-verfahren im Dokumentarfilm der 30er und 40er Jahre. In: JENS ROSELT; ULF OTTO (Hrsg.): *Theater als Zeitmaschine*. Bielefeld: transcript; S. 139-154

WORTMANN, VOLKER (2013): Ikonoklasmus als politisches Verfahren im Dokumentarfilm. Anmerkungen zu Anja Salomonowitz' ›Kurz davor ist es passiert‹. In: AYLIN BASARAN; KLAUDIJA SABO; JULIA KÖHNE (Hrsg.): *Zooming in & out. Filmische Produktion des Politischen in neueren deutschsprachigen Dokumentationen*. Wien 2013: Mandelbaum Verlag; S. 166-178

WORTMANN, VOLKER (2018): Authentizität als Wiedergänger. Die Konjunkturen eines ungeliebten Konzepts und ihre medialen Bedingungen. In: ROGER FAYET; REGULA KRÄHENBÜHL (Hrsg.): *Authentizität und Material. Konstellationen in der Kunst seit 1900*. Outlines, Bd. 11. Zürich: SIK-ISEA; S. 208-227

ZALOSCER, HILDE (1969) *Vom Mumienbildnis zur Ikone*. Wiesbaden: Harrassowitz

ZEH, JULI (2006): *Zur Hölle mit der Authentizität*. In: *Die Zeit*, 21.9.2006, Nr. 39, www.zeit.de/2006/39/L-Literatur [21.04.2023]

ZIMMERMANN, PETER; ERTEL, DIETER (Hrsg.) (1996): *Strategie der Blicke. Zur Modellierung von Wirklichkeit in Dokumentarfilm und Reportage*. CLOSE UP, Schriften aus dem Haus des Dokumentarfilms Bd. 5. Konstanz: UVK Medien

Medienwissenschaft

KEVIN PAULIKS / JENS RUCHATZ

Bildkritik durch Bilder. Soziale Medien als Ort einer praxeologischen Medienphilosophie

2024, ca. 180 S., ca. 60 Abb.,
Broschur, 213 x 142 mm, dt.
ISBN (Print) 978-3-86962-649-9
ISBN (PDF) 978-3-86962-650-5

Was geschieht in Medienereignissen, in denen ein Fest vor laufenden Kameras in die Katastrophe umschlägt und das etablierte Festskript brüchig wird? Dieser Band operationalisiert diesen liminalen Moment mithilfe des Störungsbegriffs und identifiziert mit dem Zusammenfall, dem Ausfall, dem Einzelfall und dem Zwischenfall vier Typen des Medienereignisses zwischen Fest und Katastrophe.

In Fallbeispielen aus den Jahren 1972 bis 2013 werden entlang dieser Typologie transhistorische Muster aufgespürt und nachgezeichnet, die das televisuelle Paradigma der Liveness als eine überdauernde Konstante des Medienereignisses ausweisen und das gegenwärtige Medienereignis als transmediales Phänomen verstehbar machen.

HERBERT VON HALEM VERLAG

Boisseréestr. 9-11 · 50674 Köln
http://www.halem-verlag.de
info@halem-verlag.de

Medienwissenschaft

ANNA ZEITLER

Störung der Bilder – Bilder der Störung.
Medienereignisse zwischen Fest und Katastrophe

2021, 576 S., 80 Abb., Broschur,
213 x 142 mm, dt.
ISBN (Print) 978-3-86962-607-9
ISBN (PDF) 978-3-86962-608-6

Was geschieht in Medienereignissen, in denen ein Fest vor laufenden Kameras in die Katastrophe umschlägt und das etablierte Festskript brüchig wird? Dieser Band operationalisiert diesen liminalen Moment mithilfe des Störungsbegriffs und identifiziert mit dem Zusammenfall, dem Ausfall, dem Einzelfall und dem Zwischenfall vier Typen des Medienereignisses zwischen Fest und Katastrophe.

In Fallbeispielen aus den Jahren 1972 bis 2013 werden entlang dieser Typologie transhistorische Muster aufgespürt und nachgezeichnet, die das televisuelle Paradigma der Liveness als eine überdauernde Konstante des Medienereignisses ausweisen und das gegenwärtige Medienereignis als transmediales Phänomen verstehbar machen.

HERBERT VON HALEM VERLAG

Boisseréestr. 9-11 · 50674 Köln
http://www.halem-verlag.de
info@halem-verlag.de